Joachim Gnilka · Der Kolosserbrief

HERDERS THEOLOGISCHER KOMMENTAR ZUM NEUEN TESTAMENT

Herausgegeben von Alfred Wikenhauser †
Anton Vögtle, Rudolf Schnackenburg

BAND X: FASZIKEL 1

DER KOLOSSERBRIEF

Auslegung von
Joachim Gnilka

HERDER
FREIBURG · BASEL · WIEN

DER
KOLOSSERBRIEF

Auslegung von
Joachim Gnilka

Professor am Fachbereich Katholische Theologie
der Universität München

1980

HERDER
FREIBURG · BASEL · WIEN

Alle Rechte vorbehalten – Printed in Germany
© Verlag Herder Freiburg im Breisgau 1980
Imprimatur. – Freiburg im Breisgau, den 11. August 1980
Der Generalvikar: Dr. Schlund
Herstellung: Freiburger Graphische Betriebe 1980
ISBN 3-451-19138-5

A. VÖGTLE
SEPTUAGENARIO
ET
R. SCHNACKENBURG
AMICIS

INHALT

Leseanweisung und Literatur IX

EINLEITUNG

1. Stadt und Gemeinde Kolossä 1
2. Inhalt, Aufbau und theologische Themen 4
3. Tradition und Sprache 11
4. Abfassung und Deuteronymität 19

AUSLEGUNG

Eröffnung (1, 1–8) 27
  1. Das Präskript (1, 1f) 27
  2. Die Danksagung (1, 3–8) 29

I. Abschnitt. Grundlegung: Das apostolische und universale Evangelium (1, 9–29) 39
  1. Fürbitte um den Fortschritt der Gemeinde zur vollkommenen Gestalt (1, 9–11) 39
  2. Aufforderung zu frohem Dank (1, 12–14) 44
  3. Christus, der Mittler der Schöpfung und der Versöhnung des Alls (1, 15–20) 51
  4. Die Gemeinde mit Gott versöhnt (1, 21–23) 88
  5. Paulus dient der Kirche aus den Völkern (1, 24–29) 93

II. Abschnitt. Kampf gegen die Häresie (2, 1–19) 107
  1. Die Fülle der Erkenntnis kann nur Christus gewähren (2, 1–3) . 107
  2. Am empfangenen Glauben festhalten (2, 4–7) 113
  3. Allein in Christus ist christliches Leben erfüllt (2, 8–15) 118
  4. Die Irrlehrer sind falsche Richter (2, 16–19) 144

III. Abschnitt. Weisung: Die Verwirklichung des neuen Lebens (2, 20–4, 6) 155
  1. Konsequenzen aus der Teilhabe am Tod Christi (2, 20–23) . . . 155
  2. Konsequenzen aus der Teilhabe an der Auferweckung Christi (3, 1–4) 170

Inhalt

   3. Der neue Mensch und die neue Menschheit (3,5–11) 177
   4. Christliche Gemeinde (3,12–17) 193
   5. Christlicher Alltag (3,18 – 4,1) 203
   6. Christliche Solidarität (4,2–6) 227

Ausleitung: Persönliches (4,7–18) 233

   1. Tychikos und Onesimos (4,7–9) 233
   2. Grüße der Mitarbeiter des Apostels an die Gemeinde (4,10–14) 236
   3. Grüße und Weisungedn an die Gemeinden (4,15–18) 243

EXKURSE

   1. Die theologiegeschichtliche Bedeutung des Christusliedes 77
   2. Die kolossische Häresie 163
   3. Die Haustafeln 205

Sachregister 249

LESEANWEISUNG UND LITERATUR

Leseanweisung: Der Leser möchte beachten, daß in der Kommentierung des laufenden Textes jeweils drei Schritte unternommen werden, die durch römische Zahlen gekennzeichnet sind:
I Analyse, II Kommentar, III Zusammenfassung.

Kommentare zum Kolosserbrief werden nur mit Verfassernamen zitiert. Es handelt sich dann immer um eine Stellungnahme zu dem gerade besprochenen Vers. Nur in Ausnahmefällen erfolgt Seitenangabe.

Die Zitation der biblischen Bücher und außerkanonischen Schriften geschieht nach der in dieser Kommentarreihe üblichen Weise. Die Werke der klassischen Autoren, Philos und der rabbinischen Literatur werden nach den bewährten Abkürzungen des Theologischen Wörterbuchs zum Neuen Testament I, S. 1*–24*, zitiert.

Den Abkürzungen der wissenschaftlichen Zeitschriften und monografischen und Kommentar-Reihen liegt S. SCHWERTNER, Internationales Abkürzungsverzeichnis für Theologie und Grenzgebiete (Berlin 1974), zugrunde.

In das folgende Literaturverzeichnis zum Kolosserbrief sind nur die Kommentare und die abgekürzt zitierte Literatur aufgenommen. Alle übrige Literatur wird an Ort und Stelle genau angegeben. Die allgemeinen Hilfsmittel sind zusammengestellt bei J. GNILKA, Der Epheserbrief (Herders Theol. Kommentar X, 2) (Freiburg ²1977) S. XI f.

LITERATUR

A. Kommentare

I. ALTERTUM

a) Ostkirche
Johannes Chrysostomos († 407), In Epistolam ad Colossenses, in: PG 62, 299–392.
Johannes Damascenus († um 750), In Epistolam ad Colossenses, in: PG 95, 883–904.
Oecumenius von Tricca (4. Jahrhundert), Pauli Apostoli ad Colossenses Epistula, in: PG 119, 11–56, und bei K. Staab, Pauluskommentare aus der griechischen Kirche (Münster 1933) 453–455.
Photius von Konstantinopel († 891), bei Staab, Pauluskommentare 631–633.
Severian von Gabala († um 430), bei Staab, Pauluskommentare 314–328.
Theodor von Mopsuestia († 428), In Epistolas b. Pauli commentarii. The Latin Version with the Greek Fragments, ed. H. B. Swete, Bd. 1 (Cambridge 1880) 253–312.
Theodoret von Cyrus († um 466), Interpretatio epistolae ad Colossenses, in: PG 82, 591–628.
Theophylakt von Achrida († 1108), Epistolae divi Pauli ad Colossenses expositio, in: PG 124, 1205–1278.

Literatur

b) Westkirche
Ambrosiaster (4. Jahrhundert), In Epistolam ad Colossenses, in: CSEL 81/3, 165–207.

II. MITTELALTER

Cassiodor (Pseudo-Primasius), in: PL 68, 651–660.
Sedulius Scotus, in: PL 103, 223–230.
Haimo von Auxerre, in: PL 117, 753–766.
Hrabanus Maurus, in: PL 112, 507–540.
Atto von Vercelli, in: PL 134, 607–644.
Lanfrancus, in: PL 150, 319–332.
Bruno der Kartäuser, in: PL 153, 373–398.
Hervaeus, in: PL 181, 1313–1356.
Petrus Lombardus, in: PL 192, 257–288.
Euthymius Zigabenus, Commentarii graece editi a Nicephoro Calogera, Bd. 2 (Athen 1887) 113–156.
Thomas von Aquin, Super Epistolas s. Pauli Lectura (ed. R. Cai), Bd. 2 (Rom [8]1953) 125–161.
Dionysius der Kartäuser, In omnes b. Pauli epistulas commentarii (Köln 1533) 99–104.

III. REFORMATIONSZEIT UND AUFKLÄRUNG

Balduin, F.; Didactica apostolica, hoc est, s. Apostoli Pauli epistula ad Colossenses (Wittenberg 1624).
Bengel, J. A., Gnomon Novi Testamenti (Tübingen [3]1773) 508–517.
Beza, T., Jesu Christi domini nostri Novum Testamentum annotationes (Genf [4]1598) 286–301.
Bugenhagen, J., Annotationes in epistolas Pauli ad Gal. Eph. etc. (Straßburg [2]1534) 53–67.
Bullinger, H., Commentarii in omnes Pauli Apostoli epistolas (Zürich 1603) 363–381.
Calmet, A., Commentaire littéral sur tous les livres de l'ancien et du nouveau Testament, Bd. 8 (Paris 1726) 483–506.
Johannis Calvini opera omnia, Bd. 52 (CR) (Braunschweig 1895, Nachdruck New York 1964) 77–132.
Davenant, J., Expositio epistolae D. Pauli ad Colossenses (Genf 1655).
Desiderii Erasmi opera omnia, Bd. 6 (Hildesheim 1962) 881–898.
Estius, W., In omnes b. Pauli et aliorum Apostolorum epistolas commentaria I (Paris 1661) 680–712.
Fell, J., A Paraphrase and Annotations upon all St. Paul's Epistles (London [3]1702) 259–282.
Grotius, H., Annotationes in Novum Testamentum, Bd. 2 (Paris 1646), 623–648.
Melanchthon, Scholia in Epistolam Pauli ad Colossenses, Werke Bd. 4 (ed. P. F. Barton) (Gütersloh 1963) 209–303.
Suicer, J. H., In epistolam S. Pauli ad Colossenses commentarius critico-exegeticus (Zürich 1699).
Zwingli, H., Opera Bd. 6/2 (ed. M. Schuler – J. Schulthess) (Zürich 1838) 220–228.

IV. 19. JAHRHUNDERT

Abbott, T. K., The Epistle to the Ephesians and Colossians (ICC) (Edinburgh 1897) (wiederholte Nachdrucke).
Bähr, K. C. W. F., Commentar über den Brief Pauli an die Kolosser (Basel 1883).
Bleek, F., Vorlesungen über die Briefe an die Kolosser, den Philemon und an die Epheser (Berlin 1865).
Böhmer, W., Theologische Auslegung des Sendschreibens an die Kolosser (Breslau 1835).
Braune, K., Die Briefe St. Pauli an die Epheser, Kolosser usw. (Bielefeld 1867).

Literatur

Cramer, J. A., Catenae in Novum Testamentum, Bd. 6 (Oxford 1842).
Flatt, J. P., Vorlesungen über die Briefe Pauli an die Philipper, Kolosser usw. (Tübingen 1829).
Franke, A. H., Kritisch-exegetisches Handbuch über die Briefe Pauli an die Philipper, Kolosser und Philemon (KEK) (Göttingen ⁵1886).
Hofmann, J. C. K. von, Die Briefe Pauli an die Kolosser und an Philemon, in: Die hl. Schrift zum Neuen Testament IV/2 (Nördlingen 1870).
Huther, J. E., Commentar über den Brief Pauli an die Colosser (Hamburg 1841).
Klöpper, A., Der Brief an die Colosser (Berlin 1882).
Lightfoot, J. B., St. Paul's Epistles to the Colossians and to Philemon (Grand Rapids ³1879).
Meyer, H. A. W., Kritisch-exegetisches Handbuch über die Briefe Pauli an die Philipper, Kolosser und an Philemon (KEK) (Göttingen ⁴1874).
Oltramare, H., Commentaire sur les épîtres de S. Paul aux Colossiens, aux Éphesiens et au Philémon, Bd. 1 (Paris 1891).
Soden, H. von, Die Briefe an die Kolosser, Epheser, Philemon. Die Pastoralbriefe (HC) (Freiburg ²1893).
Steiger, W., Der Brief Pauli an die Kolosser (Erlangen 1835).
Wette, W. M. L. de, Kurze Erklärung der Briefe an die Colosser, an Philemon, an die Epheser und Philipper (KEH) (Leipzig 1843).

V. VON 1900 BIS 1945

Bieder, W., Der Kolosserbrief (Proph.) (Zürich 1943).
Ewald, P., Der Brief des Paulus an die Epheser, Kolosser und an Philemon (KNT) (Leipzig ²1910).
Hastings, E., The Epistle to the Philippians and to the Colossians (Edinburgh 1930).
Haupt, E., Die Gefangenschaftsbriefe (KEK) (Göttingen ⁷⁺⁸1902).
Knabenbauer, J., Commentarius in S. Pauli epistulas. Epistola ad Ephesios, ad Philippenses et ad Colossenses (CSS) (Paris 1912).
Kühl, E., Erläuterung der paulinischen Briefe unter Beibehaltung der Briefform, Bd. 2 (Gr. Lichterfelde-Berlin 1909).
le Seur, P., Der Brief an die Epheser, Kolosser und an Philemon (BhG 10) (Leipzig 1936).
Lueken, W., Die Briefe an Philemon, an die Kolosser und an die Epheser (SNT Bd. 2) (Göttingen ³1917).   [⁴1931).
Meinertz, M. (– Tillmann, F.), Die Gefangenschaftsbriefe des hl. Paulus (HSNT 7) (Bonn
Peake, A. S., The Epistle of Paul to the Colossians (The Expositor's Greek Testament 3) (London 1903).
Radford, L. B., The Epistle to the Colossians and the Epistle to Philemon (WC) (London 1931).
Schlatter, A., Die Briefe des Paulus, in: Erläuterungen zum NT, Bd. 2 (Stuttgart ⁴1928).
Scott, E. F., The Epistle of Paul to the Colossians, to Philemon and to the Ephesians (MNTC) (London 1930).
Toussaint, G., L'épître de s. Paul aux Colossiens (Paris 1921).
Westcott, F. B., A Letter to Asia: Being a Paraphrase and Brief Exposition of the Epistle of Paul the Apostle to the Believers at Colossae (London 1914).
Williams, A. L., The Epistle of Paul the Apostle to the Colossians and to Philemon (CGTC) (Cambridge 1907).

VI. SEIT 1945

Beare, F. W., The Epistle to the Colossians (IntB 11) (New York – Nashville 1955).
Benoit, P., Les Épîtres de s. Paul aux Philippiens, aux Colossiens, à Philémon, aux Ephésiens (SB) (Paris 1949).
Bruce, F. F., (– Simpson, E. K.), Commentary on the Epistles to the Ephesians and Colossians (NLC) (London – Edinburgh 1957).

Literatur

Carson, H. M., The Epistles of Paul to the Colossians and to Philemon (TNTC) (London 1960).
Conzelmann, H., (– Becker, J. – Friedrich, G.), Die Briefe an die Galater, Epheser, Philipper, Kolosser, Thessalonicher und an Philemon (NTD 8) (Göttingen ¹⁴1976).
Dibelius, M., An die Kolosser, Epheser, an Philemon (HNT 12) Tübingen ³1953, bearbeitet von H. Greeven.
Ernst, J., Die Briefe an die Philipper, an Philemon, an die Kolosser, an die Epheser (RNT) (Regensburg 1974).
Gray, C., Epistles of Paul to the Colossians and Philemon (London 1948).
Huby, J., S. Paul. Les Épîtres de la Capitivité (VSal 8) (Paris ²1947).
Johnston, G., Ephesians, Philippians, Colossians and Philemon (CeB) (London 1967).
Lohmeyer, E., Die Briefe an die Philipper, Kolosser und an Philemon (KEK) (Göttingen ¹³1964). Ergänzungsheft von W. Schmauch.
Lohse, E., Die Briefe an die Kolosser und an Philemon (KEK) (Göttingen 1968).
Masson, C., L'épître de s. Paul aux Colossiens (CNT) (Neuchâtel 1950).
Moule, C. F. D., The Epistles of Paul the Apostle to the Colossians and to Philemon (CGTC) (Cambridge 1957).
Mußner, F., Der Brief an die Kolosser (Geistliche Schriftlesung) (Düsseldorf 1965).
Rendtorff, H., u. a., Die kleineren Briefe des Apostels Paulus (NTD 8) (Göttingen ⁷1955).
Ridderbos, H. (– Grosheide, F. W.), Efeziërs-Kolossenzen (CNT) (Kampen 1960).
Schweizer, E., Der Brief an die Kolosser (EKK) (Zürich 1976).
Staab, K., Die Gefangenschaftsbriefe (RNT) (Regensburg ³1959).
Synge, F. C., Philippians and Colossians (TBC) (London 1951).
Thompson, G. H. P., The Letters of Paul to the Ephesians, to the Colossians and to Philemon (CNEB) (Cambridge 1967).
Vine, W. E., Epistles to the Philippians and Colossians (London 1956).

B. Abgekürzt zitierte Literatur

(Die hier angegebene Literatur wird mit Verfassername und Stichwort zitiert.)

Baggott, B. J., A New Approach to Colossians (London 1961).
Bauer, W., Griechisch-deutsches Wörterbuch zu den Schriften des NT und der übrigen urchristlichen Literatur (Berlin ⁵1958).
Beyer, K., Semitische Syntax im NT, Bd. 1: Satzlehre Teil 1 (StUNT 1) (Göttingen 1962).
Billerbeck, P. – Strack, H., Kommentar zum NT aus Talmud und Midrasch, 4 Bde. (München ³1961), zitiert: Billerbeck.
Bonhöffer, A., Epiktet und das NT (RVV 10) (Gießen 1911).
Bornkamm, G., Die Häresie des Kolosserbriefes, in: Das Ende des Gesetzes. Paulusstudien. Gesammelte Aufsätze Bd. 1 (BEvTh 16) (München 1958) 139–156.
Braun, H., Qumran und das NT, 2 Bde. (Tübingen 1966).
Bujard, W., Stilanalytische Untersuchungen zum Kolosserbrief als Beitrag zur Methodik von Sprachvergleichen (StUNT 11) (Göttingen 1973).
Burger, C., Schöpfung und Erlösung. Studien zum liturgischen Gut im Kolosser- und Epheserbrief (WMANT 46) (Neukirchen-Vluyn 1975).
Deichgräber, R., Gotteshymnus und Christushymnus in der frühen Christenheit (StUNT 5) (Göttingen 1967).
Dittenberger, W., Orientis Graeci Inscriptiones Selectae, 2 Bde. (Leipzig 1903–1905), zitiert: OGIS.
Dittenberger, W., Sylloge inscriptionum Graecarum, 4 Bde. (Leipzig ³1915–1924).
Dupont, J., Gnosis. La connaissance religieuse dans les épîtres de s. Paul (Löwen-Paris ²1960).
Gabathuler, H. J., Jesus Christus. Haupt der Kirche – Haupt der Welt (AThANT 45) (Zürich 1965).
Gnilka, J., Der Epheserbrief (HThK) (Freiburg ²1977).
Gnilka, J., Der Philipperbrief (HThK) (Freiburg ²1976).
Gnilka, J., Die Verstockung Israels (StANT 3) (München 1961).

Literatur

Griffiths, J. G. (ed.), Apuleius of Madauros, The Isis-Book (Metamorphoses, Book XI) with an Introduction, Translation and Commentary (EPRO) (Leiden 1975).
Hegermann, H., Die Vorstellung vom Schöpfungsmittler im hellenistischen Judentum und Christentum (TU 82) (Berlin 1961).
Hengel, M., Judentum und Hellenismus (WUNT 10) (Tübingen 1969).
Hockel, A., Christus der Erstgeborene. Zur Geschichte der Exegese von Kol 1,15 (Düsseldorf 1965).
Jones, A. H. M., The Cities of the Eastern Roman Provinces (Oxford ²1971).
Kamlah, E., Die Form der katalogischen Paränese im NT (WUNT 7) (Tübingen 1964).
Käsemann, E., Eine urchristliche Taufliturgie, in: Exegetische Versuche und Besinnungen, Bd. 1 (Göttingen 1964) 34–51.
Kehl, N., Der Christushymnus im Kolosserbrief. Eine motiv-geschichtliche Untersuchung zu Kol 1,12–20 (SBM 1) (Stuttgart 1967).
Kremer, J., Was an den Leiden Christi noch mangelt. Eine interpretationsgeschichtliche und exegetische Untersuchung zu Kol 1,24b (BBB 12) (Bonn 1956).
Kuhn, K. G., Konkordanz zu den Qumrantexten (Göttingen 1960).
Lähnemann, J., Der Kolosserbrief. Komposition, Situation und Argumentation (StNT 3) (Gütersloh 1971).
Lamarche, P., Structure de l'épître aux Colossiens, in: Bib 56 (1975) 453–463.
Liddell, H. G. – Scott, R. – Jones, H. St., A Greek-English Lexicon. A Supplement (Oxford 1968), zitiert: Liddell – Scott.
Merk, O., Handeln aus Glauben. Die Motivierungen der paulinischen Ethik (MThSt 5) (Marburg 1968).
Ollrog, W.-H., Paulus und seine Mitarbeiter. Untersuchungen zu Theorie und Praxis der paulinischen Mission (WMANT 50) (Neukirchen-Vluyn 1979).
Pape, W. – Sengbusch, M., Griechisch-deutsches Handwörterbuch (Braunschweig ³1880, Nachdruck 1906), zitiert: Pape – Sengebusch.
Passow, F., Handwörterbuch der griechischen Sprache, 4 Bde. (Leipzig ⁵1841–1857), zitiert: Passow.
Percy, E., Die Probleme der Kolosser- und Epheserbriefe (Lund 1946).
Pohlenz, M., Die Stoa. Geschichte einer geistigen Bewegung, 2 Bde. (Göttingen ³1964).
Preisigke, F. – Kießling, E., Wörterbuch der griechischen Papyrusurkunden, 3 Bde. (Berlin 1925–1931), zitiert: Preisigke – Kießling.
Schille, G., Frühchristliche Hymnen (Berlin 1965).
Schrage, W., Die konkreten Einzelgebote in der paulinischen Paränese (Gütersloh 1961).
Schürer, E., Geschichte des jüdischen Volkes im Zeitalter Jesu Christi, 3 Bde. (Nachdruck Hildesheim 1964), zitiert: Schürer.
Sevenster, J. N., Paul and Seneca (NT. S 4) (Leiden 1961).
Spicq, C., Notes de Lexicographie Néotestamentaire, 2 Bde. (Orbis biblicus et orientalis 22) (Fribourg – Göttingen 1978).
Steinmetz, F. J., Protologische Heilszuversicht. Die Strukturen des soteriologischen und christologischen Denkens im Kolosser- und Epheserbrief (FTS 2) (Frankfurt a. M. 1969).
Suhl, A., Paulus und seine Briefe. Ein Beitrag zur paulinischen Chronologie (StNT 11) (Gütersloh 1975).
Tachau, P., „Einst" und „Jetzt" im NT (FRLANT 105) (Göttingen 1972).
Vögtle, A., Die Tugend- und Lasterkataloge exegetisch, religions- und formgeschichtlich untersucht (NTA 16,4–5) (Münster 1936).
Wengst, K., Christologische Formeln und Lieder des Urchristentums (StNT 7) (Gütersloh 1972).
Wibbing, S., Die Tugend- und Lasterkataloge im NT und ihre Traditionsgeschichte unter besonderer Berücksichtigung der Qumran-Texte (BZNW 25) (Berlin 1959).
Zeilinger, F., Der Erstgeborene der Schöpfung. Untersuchungen zur Formalstruktur und Theologie des Kolosserbriefes (Wien 1974).

Der Kolosserbrief

Einleitung

1. STADT UND GEMEINDE KOLOSSÄ

Kolossä[1] ist im Städtedreieck Hierapolis, Laodikeia, Kolossä die südlichste Ansiedlung. Die Entfernung zwischen den Städten ist gering. Von Kolossä nach Laodikeia hatte man etwa 15 km und von dort nach Hierapolis nochmals die gleiche Entfernung. Kolossä liegt, von Bergen umgeben, zu beiden Seiten des Lykos, eines Nebenflusses des Mäander. Auf der rechten oder nördlichen Seite befindet sich die Nekropole, auf der linken oder südlichen die eigentliche Stadt. Herodot VII, 30, 1 weiß zu berichten, daß hier der Lykosfluß in einem Erdspalt verschwinden würde, um nach fünf Stadien wieder an die Oberfläche zu treten. Wenn dies je zutraf, ist das Landschaftsbild verändert worden. Denn heute ist nichts mehr davon zu erblicken. Die häufigen für Phrygien verzeichneten Erdbeben könnten eine Veränderung der Landschaft bewirkt haben. Der günstigen Lage an der Straße von Ephesos/Milet, die einerseits nach Syrien, andererseits zum Euphrat weiterführte, hat Kolossä sicher manches zu verdanken. Auf ihr sind nicht allein Waren und Handelsgüter befördert worden. Kaufleute brachten auch Ideen und Berichte aus fremden Ländern mit.

Die Anfänge der Stadt liegen einigermaßen im dunkeln. Xerxes kam anläßlich seines Zuges der Zehntausend im Jahr 481 v. Chr. nach Kolossä, die Herodot VII, 30, 1 bei dieser Gelegenheit „eine große Stadt Phrygiens" heißt. Auch Kyros der Jüngere berührte sie etwa 80 Jahre später auf seinem Heereszug[2]. Die Bevölkerung Phrygiens und Lydiens galt als zivilisiert und geschäftstüchtig[3]. Bei Apuleius ist von den „uralten Phrygiern" die Rede[4]. Die Menschen von Kolossä wie überhaupt im Lykostal lebten weitgehend von der Schafzucht. Die Wolle war geschätzt und wurde in zahlreiche Provinzen exportiert. Eine uns nicht näher bekannte Farbe der Schafwolle wurde nach der ihrer Färberei wegen berühmten Stadt „kolossisch" (κολοσσηνός) genannt[5]. Die Hänge des Lykostales werden von Schafherden bevölkert gewesen sein. Münzen seit dem

---

[1] Vgl. PAULY-WISSOWA XI, 1 Sp. 1119f (RUGE); LIGHTFOOT 1–72 (hier S. 1 Anm. 1 umfangreiche Angaben zur älteren Literatur, die nur teilweise überholt ist); A. H. M. JONES, The Cities of the Eastern Roman Provinces (Oxford ²1971) 28–94; B. LEVICK, Roman Colonies in Southern Asia Minor (Oxford 1967); D. MAGIE, Roman Rule in Asia Minor, 2 Bde. (Princeton 1950); W. M. RAMSAY, The Cities and Bishoprics of Phrygia (Oxford 1895/96). – Die Schreibweise von Kolossä schwankt zwischen Κολοσσαί, Κολόσαι, Κολασσαί. Das erste ist zu bevorzugen.
[2] Xenophon, an. I, 2, 6: „eine (von Griechen) bewohnte, glückliche und große Stadt".
[3] JONES (Anm. 1) 37. Die Mysier hingegen waren unzivilisiert und kriegerisch.
[4] Met. XI, 5, 2: primigenii Phryges.
[5] Strabo XII, 8, 16. Zur Wollindustrie vgl. MAGIE (Anm. 1) I, 48.

2. Jahrhundert v. Chr. mit der Aufschrift ΚΟΛΟΣΣΗΝΩΝ bezeugen, daß man der Stadt gewisse kommunale Selbständigkeit beließ. Inschriftlich werden die Ämter des Archon und Grammateus erwähnt. Eine Wende zum Schlechteren bedeutete für das ältere Kolossä die Gründung von Laodikeia durch Antiochos III. um die Mitte des 3. Jahrhunderts v. Chr. (vgl. zu 2, 1). Laodikeia wurde bald wirtschaftlicher und verwaltungsmäßiger Mittelpunkt. Dort gab es im 1. Jahrhundert v. Chr. die reichen Familien des Zenon, dessen Sohn Polemon von Augustus zum König von Pontus und Bosporus ernannt wurde, und des Hieron, der seiner Stadt mehr als 2000 Talente vermachte und sie mit vielen schönen Geschenken schmückte[6]. Kolossä mußte demgegenüber verblassen. Strabo († nach 23/26 n. Chr.) nennt die Stadt ein πόλισμα und deutet damit wahrscheinlich die geringe Bedeutung an[7]. Wenn Plinius der Ältere († 79 n. Chr.) Kolossä neben Ancyra, Andria, Celaenae unter die berühmten Städte Phrygiens einordnet, hat er die Vergangenheit im Blick[8]. Im 7. Jahr des Kaisers Nero, das heißt 60/61 n. Chr., wird das Lykostal von einem schweren Erdbeben heimgesucht. Tacitus berichtet: „Laodikeia, von einem Erdbeben zerstört, baute sich aus eigenen Mitteln, ohne Hilfe von uns, wieder auf."[9] Sehr wahrscheinlich war Kolossä in dieses Erdbeben miteinbezogen. Der Kirchenschriftsteller Orosius im 5. Jahrhundert bezieht sich vermutlich auf dasselbe Ereignis: „In Asien wurden drei Städte, das sind Laodikeia, Hierapolis, Kolossä, von einem Erdbeben zerstört."[10]. Dieselbe Überlieferung teilt Eusebios[11]. Die christlichen Schriftsteller bringen das Ereignis in Verbindung mit dem Brand Roms im Jahr 64. Die Sibyllinischen Orakel erinnern auch an das Geschehen: „Leidvolles Laodikeia! Dich stürzt ein Erdbeben zu Boden. Doch wirst du abermals als Stadt mit breiten Straßen aufgebaut" (4,107f; vgl. 3,471; 5,318). Wenn Laodikeia zu einem raschen Wiederaufbau fähig war, dürfte Kolossä längere Zeit von den Spuren des Erdbebens gezeichnet gewesen sein.

Im Lykostal gab es einen jüdischen Bevölkerungsanteil, nachdem der genannte Antiochos III. Juden in Phrygien und Lydien angesiedelt hatte. Die in einem fingierten Brief des Antiochos überlieferte Nachricht bei Josephus verdient Glaubwürdigkeit: „Ich habe beschlossen, in den Festungen und den am meisten gefährdeten Plätzen zweitausend jüdische Familien aus Mesopotamien und Babylonien mit der nötigen Ausrüstung anzusiedeln." Gleichzeitig wird den Juden ein Leben nach ihren eigenen Gesetzen zugestanden (ant. 12, 147–153)[12]. Ähnlich lautet ein Brief des Magistrats von Laodikeia an den Konsul Gaius Rubilius. Er enthält die Bitte, „es möge den Juden gestattet sein, ihre Sabbate und ihre übrigen gottesdienstlichen Verrichtungen nach den väterlichen Gesetzen beizubehalten" (ant. 16, 241–243). Lightfoot hat sogar die

---

[6] Vgl. M. ROSTOVTZEFF, Die hellenistische Welt. Gesellschaft und Wirtschaft II (Stuttgart 1955) 648.
[7] XII, 8, 13.
[8] Hist. nat. 5, 145. Celaenae ist der alte Name für Apamea.
[9] Ann. 14, 27, 1. Vgl. MAGIE (Anm. 1) I, 564; II, 1421.
[10] Hist. adv. paganos VII, 7, 12.
[11] Chronik (GCS 20, 215).
[12] Vgl. SCHÜRER III, 12f.

Zahl der im Gebiet von Laodikeia wohnhaften Juden zu berechnen versucht. Dies ist möglich aufgrund einer Notiz bei Cicero, die Flaccus betrifft, der im Jahre 62 v. Chr. Proprätor in der Provinz Asia war. Von Cicero verteidigt, wurde dieser beschuldigt, jüdische Gelder, die als Tempelsteuer für Jerusalem bestimmt waren, in Apamea, Laodikeia, Adramyttium und Pergamon konfisziert zu haben. Im Bezirk Laodikeia waren es 20 Pfund Gold. Das ergibt bei einer Taxe von einem halben Schekel pro Mann mindestens 11000 freie Juden, da Frauen, Kinder und Sklaven keine Tempelsteuer zu zahlen brauchten[13].
Hierapolis war Zentrum phrygischer Mysterienkulte (Strabo XIII, 4, 14) und Sitz eines Quellenheiligtums[14]. Das religiöse Leben war für manche Einflüsse offen.

Das Evangelium kam nicht durch den Apostel Paulus, sondern durch Epaphras (Kol 1, 7; 4, 12f) nach Kolossä. Dieser hat als der Missionar des Lykostales zu gelten und hat auch die Gemeinden in Laodikeia und Hierapolis gegründet. Wir werden sicher damit rechnen können, daß er dies im Auftrag des Apostels getan hat, den er in der ersten Hälfte der fünfziger Jahre in Ephesos kennengelernt haben und von dem er für den christlichen Glauben gewonnen worden sein dürfte. Trifft dies zu, so bestätigt es die paulinische Missionsmethode. Danach konzentrierte sich der Apostel mit seiner persönlichen Arbeit auf die größeren Städte und sorgte dafür und vertraute darauf, daß sich von hier aus das Evangelium auf das Hinterland ausbreiten werde. Der ephesinische Aufenthalt des Paulus ist mit einer Gefangenschaft verknüpft[15]. Schon damals hat sich Epaphras bewährt (vgl. Phm 23). In Kolossä fand die Glaubensverkündigung aufnahmebereite Herzen. Die junge Gemeinde setzte sich überwiegend aus Heidenchristen zusammen. Ein judenchristlicher Einschlag in der Gemeinde tritt nirgends eindeutig hervor. Die jüdischen Elemente in der synkretistisch-christlichen Irrlehre, mit der sich der Brief auseinandersetzt, lassen sich durch indirekten Einfluß hinreichend erklären. Ob die Hausgemeinde des Philemon in Kolossä zu suchen und somit der Philemonbrief ein zweiter nach Kolossä gerichteter Brief ist, ist nicht sicher (vgl. zu 4, 9 und 16). Auffallend bleibt, daß Philemon im Kolosserbrief nicht erwähnt wird. Vom Leben der Christen in Kolossä erhalten wir gleichsam nur eine Momentaufnahme, durch unseren Brief. Wir sehen die Gemeinde im Kampf mit der sie bedrängenden Häresie. Spätere Fakten oder Namen von herausragenden Christen sind uns nicht bekannt mit Ausnahme jener, die in unserem Brief genannt werden. Die

---

[13] Cicero, pro Flacc. 28: Apameae manifesto deprehensum, ante pedes praetoris in foro expensum esse auri pondo centum paullo minus per Sex. Caesium, equitem Romanum, castissimum hominem atque integerrimum; Laodiceae viginti pondo paullo amplius per hunc L. Peducaeum, judicem nostrum. Vgl. LIGHTFOOT 20f; SCHÜRER III, 13 und 112 Anm. 45. Solche Konfiskationen kamen auch an anderen Orten vor. Vgl. Josephus, ant. 14, 111f. Auf Münzen zur Zeit des Severus erscheint sogar ein jüdisches Symbol, eine Darstellung von Noe, seiner Frau, der Arche und dem Vogel mit dem Olivenzweig. Wähnte man hier den Ararat? Bei LIGHTFOOT 21 Anm. 1.
[14] Vgl. MAGIE (Anm. 1) II, 987f Anm. 24. Aus ihrer Darstellung auf Münzen schließt man auf eine Verehrung der Magna Mater. Ab dem 2. Jahrhundert n. Chr. wird Apollo Archegetes zum Hauptgott dieser Stadt.
[15] Vgl. GNILKA, Philipperbrief 21–23.

Gemeinde hat keine Geschichte gemacht im Gegensatz zu Hierapolis (vgl. zu 4, 13). Wir können nicht einmal sicher sagen, wie der Streit mit den Irrlehrern ausgegangen ist. Mit hoher Wahrscheinlichkeit hat sich die Gemeinde nicht beirren lassen. Doch könnte es sein, daß der Häresie in der späteren kleinasiatischen Sekte der Hypsistarier ein Nachleben möglich war[16]. Die Gemeinde verschwindet zusammen mit der Stadt Kolossä aus dem Blickfeld, die im 3. Jahrhundert – durch das Erdbeben unter Gallienus im Jahr 262? – oder wahrscheinlicher durch ein späteres Erdbeben zerstört und dann von den Bewohnern aufgegeben wurde[17]. Im 5. Jahrhundert jedenfalls ist südlich der alten Stadt an deren Stelle eine neue Stadt mit einem neuen Namen getreten, die als Bischofssitz bezeugt ist. Der Bischof von Chonä (Χῶναι, das heutige Chonos) führte mit seiner Gemeinde die Tradition der Christen von Kolossä fort, wenn sein Name als Bischof von Kolossä und dann als „Bischof von Kolossä, das heißt Chonä", seit dem Konzil von Chalkedon (451) in den Akten verschiedener kleinasiatischer Konzilien erscheint[18]. Kümmerliche Ruinen des einstigen Kolossä künden heute noch von einer Stadt, die in ihrer wechselvollen und meist im dunkeln verbleibenden Geschichte durch unseren Brief in einen erleuchteten Blickpunkt tritt.

2. INHALT, AUFBAU UND THEOLOGISCHE THEMEN

1. In der Eröffnung des Briefes wird die Gemeinde an Glaube, Liebe, Hoffnung erinnert, die sie durch das Evangelium, das das Wort der Wahrheit genannt wird, empfing. Dieses Evangelium, das ein weltweit verkündetes ist, kam nach Kolossä durch Epaphras, der von einem erfreulichen Stand der Gemeinde berichten kann. Epaphras hat in seinem Wirken den den Kolossern nicht persönlich bekannten Apostel vertreten (1, 1–8).

In einer Fürbitte für die Gemeinde (1, 9–11) wird für diese Erkenntnis des Willens Gottes, Weisheit, geistige Einsicht erbeten. Die Häufung der noetischen Tugenden ist auffällig. Sie deutet bereits eine Gefährdung an. Ziel des Erkennens ist freilich das christliche Leben: würdig des Herrn zu wandeln. Eine knappe Aufforderung zur Danksagung (1, 12–14) ist durch den Rückblick auf die Taufe begründet, in der Gott an den Glaubenden handelte. Sie erfuhren eine Neuorientierung, eine Verwandlung ihrer Existenz. Aus der Unheilssphäre der Finsternis wurden sie in den lichtvollen Herrschaftsbezirk des Sohnes Gottes versetzt. Damit ist der Übergang zu einem Christuslied gewonnen, das als das christliche Bekenntnis der kolossischen Gemeinde angesehen werden kann (1, 15–20). In ihm bekennt sich der Glaube zur suprema potestas Christi, der

---
[16] Vgl. BORNKAMM, Häresie 153–156. Auch unten Exkurs 2.
[17] LIGHTFOOT 71 Anm. 1 und 38 Anm. 1 hält 262 für das Jahr des Untergangs. Doch existiert noch eine kolossische Inschrift aus der Zeit des Kaisers Constantius (293–306). Vgl. LÄHNEMANN, Kolosserbrief 83 Anm. 128.
[18] Belege bei LIGHTFOOT 72 Anm. 1. Auf dem Chalcedonense war der Bischof Epiphanios von Kolossä nicht persönlich anwesend. Für ihn unterschrieb der Bischof Nunechios von Laodikeia.

als der göttliche Vermittler der Schöpfung, ihres Bestehens und einer universalen Versöhnung gefeiert wird. Christus ist über alle kosmischen Mächte und Potenzen gesetzt, aber nur die Kirche ist sein Leib. Die Kirche, die in ihrer ökumenischen Dimension gesehen wird, ist der Ort, wo seine rettende Herrschaft erfahren werden kann. Die theologische Akzentsetzung in der Interpretation des Liedes liegt aber nicht darin, daß ein Einblick in Weltzusammenhänge gegeben werden soll, sondern im Gedanken der Versöhnung, die der am Kreuz sterbende Christus gestiftet hat. In einer Art Nachgang zum Hymnus wird dieser in 1,21–23 auf die Gemeinde hin ausgelegt: „Euch hat er versöhnt." Im Schema von Einst und Jetzt wird den Kolossern erneut der Standortwechsel bewußt gemacht, der ihnen durch ihr Christsein zuteil wurde. Wiederum läßt die Warnung, im Glauben zu bleiben, von der Hoffnung nicht abzuweichen, die Gefährdung ahnen. Die weltweite Verkündigung des Evangeliums ist die Aufgabe des Apostels, der seinen Dienst am Evangelium und an der ökumenischen Kirche durch Leiden glaubwürdig erfüllte (1,24–29). Das den Abschnitt beherrschende Paulusbild zeigt diesen als Märtyrer, Völkerapostel und Seelsorger. Der Reichtum des apostolischen Evangeliums erweist sich darin, daß es einem Geheimnis entspricht, das vor Zeiten verborgen war, jetzt aber von Gott den Glaubenden, den Heiligen, geoffenbart worden ist.

In beschwörendem Ton wird übergeleitet (2,1–3). Der Einsatz des Apostels diente letztlich ihrer Paraklese, ihrer Stärkung und Einsicht. Die Bedeutsamkeit der Erkenntnis tritt erneut in den Vordergrund. Dabei wird betont, daß allein in Christus die Fülle der Weisheit und Gnosis gefunden werden kann. Die Weisungen werden konkret. Zum erstenmal im Brief wird unmißverständlich vor der Agitation von Glaubensverfälschern gewarnt (2,4–7). Lob der Gemeinde und Warnung, Vertrauen und Sorge mischen sich. Entscheidend ist in dieser Situation, am überlieferten Glauben festzuhalten, im übernommenen Christenstand zu verharren. Mit einer wiederholten Warnung beginnt ein Abschnitt, in dem die Entfaltung der eigenen Glaubenslehre und die Bekämpfung der Irrlehre ineinandergreifen (2,8–15). Fülle, Leben, Auferweckung, Mächte und Gewalten, das sind Stichwörter, die die Auseinandersetzung leiten. Die Gemeinde muß sich darauf besinnen, daß ihr alles, was sie zum Heil bedarf, durch die Taufe und die damit gewonnene Verbindung mit Christus und seinem Schicksal geschenkt wurde. Kosmische Potenzen und Schicksalsmächte braucht sie nicht zu fürchten. Christus hat diese entwaffnet. Die von ihnen drohend erhobenen Forderungen bedeuten nichts mehr. In der Argumentation fällt auf, daß an Begriffe und Zusammenhänge des Christusliedes angeknüpft wird. Pleroma, Haupt, Mächte und Gewalten haben auch dort eine Rolle gespielt. Das Bekenntnis wird ausgelegt. Damit erweist sich dieser Abschnitt als zentral. Mit einer dritten Warnung vor den Häretikern schließlich wird ein Text eröffnet, in dem konkrete Forderungen dieser Leute aufgegriffen und karikiert werden (2,16–19). Es sind Speise- und Tabugebote, Regeln, die Feste, Neumonde und Sabbate betreffen. Was sie lehren, gleicht dem Schatten. Sie haben Christus, das Haupt, vergessen, der allein seiner Kirche Festigkeit und Wachstum verleiht.

Mit 2,20–23 sind wir in der Paränese des Briefes. Zwar wird auch hier die

Irrlehre weiter unmittelbar angegriffen. Das aber geschieht so, daß aus dem gewonnenen Christsein Konsequenzen gezogen werden. Die Glaubenden sind in der Taufe mit Christus gestorben. Darum sind sie frei von der Knechtschaft gesetzlicher Forderungen. Sie sind in der Taufe mit Christus auferweckt worden (3, 1–4). Darum sollen sie ihren Sinn nach oben richten. Christus ist ihr Leben geworden. Dieses Leben hat Zukunft. Der Zusammenhang ist theologisch bedeutsam, weil die Parusie in den Blick tritt. Im Brief ist dies nur hier der Fall. Dabei ist das eschatologische Konzept durchaus eigenständig und von dem der alten Paulusbriefe unterschieden. Von hier an bestimmen Imperative den Wortlaut. Im Mittelpunkt steht die Überwindung des alten Menschen, der mit seinen bösen Werken getötet werden muß (3, 5–11), und die Gewinnung des neuen, der wie ein neues Kleid angelegt werden soll (3, 12–17). Das Sein bestimmt das Sollen. Was sie einst waren, dürfen sie jetzt nicht mehr sein. In zwei Fünferreihen von Lastern und in einer Pentade von Tugenden, alle das gemeinschaftliche Leben betreffend, wird dies veranschaulicht. Dabei soll in ihnen das Bild Christi zum Vorschein treten, der als der neue Mensch κατ' ἐξοχήν die verlorene Menschenwürde Adams wiedergewonnen hat. Der alte Mensch war von der Lebenslüge geprägt, der neue soll von der Agape erfüllt sein. Die Neugestaltung der Existenz wirkt sich aus auf die Kirche, in der völkische, rassische, soziale Unterschiede nicht mehr zählen, Grieche, Jude, Barbar, Skythe, Sklave, Freier den gleichen Rang einnehmen. Die Haustafel-Paränese (3, 18 – 4, 1) wendet sich an die verschiedenen Stände. Angesichts möglicher asketisch-weltflüchtiger Tendenzen ruft sie zurück zur Erfüllung der alltäglichen Pflicht. Es handelt sich nicht um billige Berufsmoral oder Ständeregeln. Im Zentrum steht der Kyrios Christos, der Eheleuten, Eltern, Kindern, Herren, Sklaven die Möglichkeit anbietet, ihr familiäres, berufliches, bürgerliches Leben christlich zu deuten. Die Aufforderung zum Gebet (4, 2–6) weckt nochmals die Verantwortung jedes einzelnen für das universale Evangelium. Am Ende dieses Teils steht der mündige Christ, der sein Leben gemäß dem Evangelium lebt und in seinem Glauben Rede und Antwort stehen kann. In einer Lage des bedrohten Glaubens ist dies um so notwendiger.

Die Ausleitung bringt Persönliches. Wir hören von einer Sendung des Tychikos und Onesimos nach Kolossä (4, 7–9). In einer umfangreichen Grußliste, in der Epaphras der herausragende Mann ist, erfahren wir etwas über die Mitarbeiter in der paulinischen Mission (4, 10–14) und richten wir mit dem Autor unseren Blick auf die Gemeinden des Lykostales (4, 15–18). Der apostolische Gruß und Segenswunsch beschließt den Brief.

2. Der *Aufbau* des Briefes wurde mit der Beschreibung seines Inhalts schon angedeutet. Hier soll vor allem gefragt werden, ob es formale Kriterien gibt, die die Struktur anzeigen, Signale, die eine Gliederung markieren. Herkömmlicherweise gliedert man die Briefe des Corpus Paulinum und auch den Kolosserbrief – von Prä- und Postskript abgesehen – in einen belehrenden und einen paränetischen Teil[1]. Das Verhältnis von Indikativ und Imperativ ist dabei

---

[1] LOHSE, SCHWEIZER, CONZELMANN. Auch P. LAMARCHE, Structure de l'épître aux Colossiens, in: Bib 56 (1975) 453–463. – LÄHNEMANN, Kolosserbrief 61f, gliedert das Hauptkorpus

das theologische Leitbild. Es fragt sich, ob man mit diesem Schema für den Kolosserbrief, der mit seinem Kampf gegen eine besondere Häresie seine Eigenheit besitzt, auskommt und alle von ihm selbst gebotenen Nuancierungen erfaßt. Schaut man sich die verschiedenen Gliederungsvorschläge der Kommentatoren an, so fällt darüber hinaus auf, daß die Überleitung vom Briefeingang zum Hauptteil einen weiteren strittigen Punkt ausmacht. Einzelne Erklärer empfanden, daß der Briefeingang über das Präskript (1,1f) hinausgreift[2]. Wo beginnt der erste Hauptteil? Nahezu unumstritten hingegen ist, daß 4,7–18 mit seinen persönlichen Nachrichten das Postskript ausmacht[3].

Das Prooemium ist – wie in Paulusbriefen üblich – in Gebetsform gehalten: Auf ein Dankgebet (1,3) folgen eine Fürbitte (1,9) und eine erneute Aufforderung zum Dank (1,12). Dieser Dreischritt ist ungewöhnlich. Man wird mit διὰ τοῦτο (1,9) einen Einschnitt angezeigt sehen, der den ersten Hauptabschnitt eröffnet. Hinzu kommen inhaltliche Argumente[4]. Zäsuren im ersten Abschnitt sind ferner das zweifache relative „der da ist" (ὅς ἐστιν: 1,15 und 18b), das einen hymnischen Text einleitet, der Wechsel zur Anrede in 1,21 und der Übergang zur 1. Person Singularis in 1,24: „Jetzt freue ich mich", zusätzlich markiert durch νῦν[5]. Der erste Abschnitt (1,9–29) hat demnach fünf Teile: 1,9–11.12–14.15–20.21–23.24–29.

Hat der bezeichnete erste Teil grundlegenden Charakter, so ist unschwer zu erkennen, daß der folgende dem Kampf gegen die Häresie gewidmet ist. Um diese seine besondere Funktion herauszustellen, empfiehlt es sich, ihn vom ersten Teil zu trennen. Hinzu kommt, daß Belehrung und Paränese in ihm sich mischen. Markierungspunkte für eine Gliederung sind die drei expliziten Warnungen vor den Irrlehrern in 2,4.8 und 16 (mit μηδείς bzw. μή τις), die jeweils am Beginn eines Unterabschnitts stehen. Die Verse 2,1–3 haben Übergangsfunktion. Zwar wird hier die auf den leidenden Apostel bezogene Rede in der 1. Person Singularis von 1,24–29 fortgesetzt, inhaltlich aber werden die positiven Anliegen in der Auseinandersetzung mit der Irrlehre zusammengefaßt: Festigkeit und Erkenntnis. Der kleine Abschnitt ist wie eine Überschrift über dem zweiten, auf die Häresie ausgerichteten Hauptteil, der sich dann in vier kleinere Kapitel einteilen läßt: 2,1–3.4–7.8–15.16–19.

Der dritte Hauptteil ist der eindeutig paränetische. Die meisten Autoren möchten 2,20–23 noch zum Voraufgegangenen ziehen[6], vor allem deshalb, weil hier die unmittelbare Bekämpfung der Häretiker weitergeführt wird. Dabei übersehen sie ein klares, vom Text gebotenes Einteilungsprinzip. 2,20

---

des Briefes in drei, LOHMEYER 15 in vier Teile. – MASSON und HUGEDÉ verzichten auf eine Gliederung. Ihre vier Kapitel schließen sich an die Kapiteleinteilung des Briefes an, abgesehen davon, daß man 4,1 zum 3. Kapitel zählt. – Vgl. noch L. RAMAROSON, Structure de Colossiens 1,3 – 3,4, in: ScEc 29 (1979) 313–319.

[2] LOHSE, SCHWEIZER, LOHMEYER, LAMARCHE (Anm. 1). Die Vorschläge weichen allerdings voneinander ab.
[3] LAMARCHE (Anm. 1) 460f betrachtet 4,2–18 als Abschluß des Briefes.
[4] Vgl. unten S. 39f.
[5] V 23c: ἐγὼ Παῦλος hat Übergangscharakter.
[6] LOHSE, SCHWEIZER, CONZELMANN, LÄHNEMANN, Kolosserbrief 61.

ist nahezu völlig parallel mit 3,1 gestaltet: „Wenn ihr also mit Christus gestorben bzw. auferweckt worden seid..." (εἰ οὖν: Konditionalsatz + Folgerung)[7]. Aus der in 2,8–15 gebotenen Tauflehre werden in paralleler Abstimmung paränetische Konsequenzen für das praktische Leben gezogen. In einem weiteren antithetischen Parallelismus in 3,5 (νεκρώσατε) und 12 (ἐνδύσασθε), der sich auf das Töten des alten und das Bekleiden mit dem neuen Menschen bezieht, werden diese fortgesetzt. Der folgende Text (3,18 – 4,1: Haustafel) ist durch die sechs Anreden in 3,18f.20f.22 und 4,1 eindeutig markiert. 4,2–6 enthält zwar wegen der Bitte um das Gebet für den Apostel eine gewisse persönliche Note, vom Inhalt her aber ist der Abschnitt zur Paränese zu rechnen. Auch sollte die Klammer, die zwischen εὐχαριστοῦντες (3,17) und ἐν εὐχαριστίᾳ (4,2) besteht, nicht übersehen werden. Somit ergeben sich für den dritten Hauptabschnitt sechs Teile: 2,20–23; 3,1–4.5–11.12–17.18–4,1.2–6. – Als Postskript mit seinen persönlichen Nachrichten hebt sich 4,7–18 davon ab[8]. Zusammengefaßt erhalten wir diesen Aufbau:

Eröffnung (1,1–8)
1. Grundlegung (1,9–29)
2. Kampf gegen die Irrlehre (2,1–19)
3. Weisung (2,20 – 4,6)
Ausleitung (4,7–18).

3. Will man *theologische Themen* unseres Briefes herausstellen, hat man die gegnerische Front zu berücksichtigen. Jedoch erschöpft sich der Verfasser keinesfalls in der Bekämpfung der Irrlehre, vielmehr entwickelt er angesichts der Bedrohung positiv die christliche Verkündigung. So wird die Christusbotschaft zum ersten und zentralen Thema des Schreibens. Christus ist der universale Erlöser der Menschen[9]. Im grundlegenden Christusbekenntnis werden die entscheidenden Akzente gesetzt. Als das Bild des unsichtbaren Gottes ist er Mittler der Schöpfung und ihres Fortbestehens. Als Erstgeborener aus den Toten ist er der Anfang einer neuen und mit Gott versöhnten Welt. Als Träger des ganzen Pleromas ist er Ursprung und Ziel des Alls (1,15–20). Die kosmische Dimension dieser Christologie wird einerseits vom Verfasser durchgehalten, denn in 2,9 und 14–16 erläutert er, daß Christus Haupt jeder Macht und Gewalt ist und in seiner triumphalen Auffahrt die kosmischen Potenzen an den Pranger stellte. Andererseits biegt er die kosmische Dimension in das Soteriologische um, wenn er nachdrücklich feststellt, daß die Allversöhnung durch das am Kreuz vergossene Blut erwirkt wurde (1,20) und die mit Christus eröffnete

---

[7] Die Stellung des οὖν in 2,20 ist textlich umstritten. Vgl. unten S. 156 Anm. 1.
[8] SCHWEIZER 130f bemerkt, daß sich im ersten Teil des Briefes ausschließlich die Wendung „in Christus" findet, im zweiten hingegen „im Herrn". Auch sonst erscheine der Kyrios nur im paränetischen Kontext (Anm. 446). Diese gute Beobachtung trifft zu, wenngleich der zweite Satz eine gewisse Einschränkung bedeutet (vgl. Kol 1,3.10; 2,6). „In Christus" findet sich dreimal (1,2.4 und 28), „im Herrn" viermal (3,18.20; 4,7.17), das Christusprädikat 25mal, das Kyriosprädikat 15mal, davon nur 3mal im ersten Teil an den genannten Stellen.
[9] Vgl. W. BARCLAY, The All-Sufficient Christ. Studies in Paul's Letter to Colossians (London 1963); J. O'NEILL, The Source of Christology in Colossians, in: NTS 26 (1979/80) 87–100.

Fülle des göttlichen Lebens dazu bestimmt ist, daß die Glaubenden an ihr Anteil gewinnen (2, 9 f). Wie Christus an der Stelle Gottes steht, ja selbst Gott ist, wie er als der absolute Herr der Schöpfung gesehen wird, so bleibt er seiner Kirche in besonderer Weise zugewendet (2, 19), aber auch der gnädige und das Leben ganz und gar bestimmende Kyrios für jeden Christen.

Das zweite Thema, das sich aus dem ersten ergibt, ist die Kirche. Dem Pantokrator Christus entspricht die ökumenische, weltweite Kirche. Die Einbettung der Ortsgemeinde in diese macht geradezu ein Proprium des Briefes aus. Das Evangelium, das in der ganzen Welt Frucht bringt und wächst, ist jetzt bis nach Kolossä gelangt (1, 6). Die Einbeziehung der Heidenvölker in das Evangelium ist der Inhalt eines Geheimnisses, das bislang verborgen gewesen ist (1, 26 f). Leib Christi ist nicht das All, wie es einer kosmischen Sicht der Dinge entspricht, sondern die ökumenische Kirche (1, 18). Die der Welt zugedachte Versöhnung und der Friede Christi sind zunächst in der Gemeinde wirksam geworden (1, 20–22). Darum ist es ihre Aufgabe, dem Evangelium weltweit zum Durchbruch zu verhelfen, ihm eine Tür zu öffnen (4, 3 f). Das größte Verdienst in der Weltmission kommt dem Apostel Paulus zu, der sowohl Diener des Evangeliums (1, 23) als auch der Kirche heißt (1, 25). In seinem Leiden ist er für die Kirche eingetreten und hat sogar als Evangeliumsverkünder die rettenden Drangsale Christi ergänzt (1, 24 f). Als Werkzeug Gottes hat er das Geheimnis ans Licht gebracht und das Wort Gottes zu seiner Erfüllung (1, 25 f). Das richtige und rettende Evangelium ist darum das apostolische, das man erhält, wenn man die apostolische Tradition bewahrt (2, 6).

Der Kolosserbrief akzentuiert die reale Erlösung, die die Christusgläubigen bereits erfahren haben. Dies betrifft das Konzept seiner Eschatologie, die in Taufkontexten entfaltet wird[10]. Der Vater hat die Getauften dem Machtbereich der Finsternis entrissen und sie in das Reich seines geliebten Sohnes versetzt (1, 13). Sie sind zusammen mit Christus begraben und auferweckt (2, 12), mit ihm lebendig gemacht worden, da sie tot waren (2, 13). Sie haben in Christus die Fülle erlangt (2, 10). Was ihnen aber zuteil wurde, ist insbesondere die Vergebung der Sünden (1, 14; 2, 13; 3, 13). Dennoch sind sie noch nicht am Ziel. Im Blickpunkt der Eschatologie unseres Briefes steht die Parusie Christi, wenngleich diese in den Rahmen eines eigenständigen Konzeptes eingepaßt ist. Christus wird „unser Leben" genannt. Das Leben der Getauften ist mit Christus in Gott verborgen. Der endzeitliche Akt der Vollendung wird nicht Auferstehung der Toten genannt. Diese ist prinzipiell mit der Taufe geschehen. Was sich dann ereignen wird, ist das Hervortreten dessen, was schon verborgene Wirklichkeit ist. Mit dem Hervortreten des Parusie-Christus sollen auch die Glaubenden in Herrlichkeit offenbar werden (3, 1–4). Bemerkenswert ist, daß die zeitlichen Kategorien der Vergangenheit und Zukunft durchkreuzt sind von den räumlichen des Oben und Unten. Was oben ist, ist vollendet, obwohl für die Menschen unten dies nach wie vor ein Hoffnungsgut bleibt (1, 5). Es liegt aber in den Himmeln schon bereit.

Daß die Vollendung noch nicht erreicht ist, wird durch die Paränese bestä-

---

[10] Vgl. STEINMETZ, Heils-Zuversicht passim.

Einleitung

tigt, die weitgehend Taufparänese ist. Jeder hat die Wandlung, die er durch die Taufe erfuhr, in seinem Leben zu verwirklichen, der neue Mensch zu werden, der er grundsätzlich schon ist. Der neue Mensch schlechthin ist Christus, das Bild Gottes. Er hat die verlorene Gottebenbildlichkeit des Menschen und damit die verlorene Menschenwürde wiederhergestellt (vgl. 3,10). Die konkrete Aufgabe besteht darin, den alten Menschen der Sünde absterben zu lassen und in der Nachahmung Christi ein neues Leben zu beginnen (3,5–17). In Anlehnung an ein vorgegebenes Schema werden die Glieder des alten und des neuen Menschen mit schlechten bzw. guten Eigenschaften, mit Lastern und Tugenden identifiziert. Dabei ist zu berücksichtigen, daß die Tugenden durchweg solche sind, die das gemeinschaftliche Leben fördern. Somit tritt an dieser Stelle auch wieder die Kirche in den Blick. Die Erneuerung des Getauften zu einem neuen Menschen ist auf die Kirche bezogen. In ihr als dem Leib Christi will eine neue Welt zum Durchbruch gelangen, in der völkische, rassische, religiöse, soziale Gegensätze und Spannungen aufgehoben sind (3,11). Letztlich bedeutete dies die Durchsetzung des Friedens Christi in dem einen Leib, in den sie hineingerufen wurden (3,15). Das Ideal stößt sich an den weltlichen Realitäten, die nicht unberücksichtigt bleiben können. Die Haustafeln lassen den Zwiespalt erkennen (3,18 – 4,1). Auch hier zeigt sich, daß die eschatologische Vollendung durchaus noch nicht erreicht ist (vgl. Exkurs 3).

Ein letztes Thema unseres Briefes betrifft das apostolische Evangelium angesichts der Bedrohung durch die Häresie. Die Grenze zwischen Orthodoxie und Heterodoxie, die jeweils eine entsprechende Praxis miteinschließen, die Front zwischen Großkirche und Sektierertum ist aufgebrochen. In dieser Gefahr will der Brief – wie oben schon angezeigt wurde – die Gemeinde noch fester an das apostolische und universale Evangelium binden. Diese Verbindung aber wird zusätzlich gewährleistet durch einen Mann, der gleichsam den Apostel Paulus vertritt. Es ist Epaphras, der Missionar des Lykostales. Konkludierend eröffnet und beschließt in gewisser Weise sein Name den Brief. In 1,7 wird ihm bescheinigt, daß er „ein treuer Diener Christi an unser Statt" ist[11]. Das heißt, im Auftrag des Apostels hat er gewirkt. Daneben ist wichtig, daß das ihm in 4,12f ausgestellte Zeugnis seine apostolische Qualität herausstellt. Wie Paulus hat er gewirkt, ist er Sklave Christi (vgl. 4,7), kämpft und leidet er für die Gemeinden in Kolossä, Laodikeia und Hierapolis (vgl. 1,29f). Nicht allein das ausgerichtete Wort ist richtig oder falsch, das Zeugnis des Verkünders muß hinzutreten, das dieser in den Anfechtungen und Leiden für das Evangelium ablegt. Wie der Apostel in der besonderen Nachfolge Christi steht (1,24), so der Apostelschüler in der Nachfolge des Apostels. Inzwischen hat Epaphras in Archippos einen Nachfolger gefunden, der unter ähnlichen Bedingungen seinen Dienst übernommen hat, zu dessen rechter Verwaltung er aber ermahnt werden muß (4,17). Die personale Komponente in der Absicherung der Botschaft ist aufschlußreich für spätere Entwicklungen[12].

---

[11] Zur strittigen Überlieferung des Textes vgl. zu 1,7.
[12] Darum ist die theologiegeschichtliche Einordnung unseres Briefes durch J. M. ROBINSON in: H. KÖSTER – J. M. ROBINSON, Entwicklungslinien durch die Welt des frühen Christentums (Tübingen 1971) 10, nicht zutreffend. Er sieht zwei Linien der nachpaulinischen Entwicklung.

3. TRADITION UND SPRACHE

1. In der inhaltlichen und thematischen Beschreibung des Briefes ist bereits angeklungen, daß dieser von Paulus abweicht. Wir finden beides nebeneinander: Themen paulinischer Theologie in weiterentwickelter oder abgewandelter Form und Überlieferungen, die verändernd auf diese Themen eingewirkt haben. Dies ist primär ein traditionsgeschichtliches Problem. Im folgenden soll dies so dargestellt werden, daß wir die Differenzen zu Paulus herausstellen und dann die Überlieferungen benennen, die danebenstehen. Es soll gezeigt werden, daß der Brief sich zwar im Rahmen paulinischen Denkens bewegt, diesen aber aufsprengt. Für den detaillierten Aufweis sind die einschlägigen Textinterpretationen zu vergleichen.

Die Christologie ist die Mitte des Briefes. Jedoch kreist das Denken nicht wie bei Paulus um Christi Heilstod für uns, die durch ihn gewirkte Befreiung von Sünde und Nomos und die Rechtfertigung des Menschen allein durch den Glauben. Gewiß bleibt das Kreuz nicht unerwähnt (1,20; 2,14), spielt der Kampf gegen eine anders gelagerte, durch die Situation bedingte gesetzliche Mentalität eine wichtige Rolle, Christus aber wird vorgestellt als der Herr über alles, der Pantokrator, insbesondere der Bezwinger der das menschliche Leben bedrohenden Mächte, der Stifter einer universalen Versöhnung, die in der Gemeinde wirksam wurde. – Wenn Paulus die Vorstellung von der Gemeinde als Leib entwickelt (Röm 12,4ff; 1 Kor 12,14ff), hat er die Ortsgemeinde im Blick. Er will die Notwendigkeit des Zusammenwirkens aller erklären. Darum spricht er im Anschluß an das Bild von den Gliedern des Leibes. Dieses fehlt nicht nur in unserem Brief, der Autor denkt – obwohl er sich an eine Ortsgemeinde wendet – an den Leib der über die Welt verstreuten ökumenischen Kirche, deren Haupt Christus ist (1,18; 2,19). – Wie Paulus in Röm 6,1–11 betont Kol 2,12f die durch die Taufe gewirkte sakramentale Gemeinschaft mit Christus. Es besteht aber ein beachtenswerter Unterschied. Während Paulus die Anteilhabe an der Auferweckung Christi in die Zukunft verweist, ist der Getaufte nach Kol 2,12 schon mit Christus auferweckt worden. Diese präsentisch akzentuierte Eschatologie ist räumlich konzipiert. Eine Aussage wie: „Er (der Vater) errettete uns aus der Macht der Finsternis und versetzte uns in das Reich seines geliebten Sohnes" (Kol 1,12), wird man in den alten Paulusbriefen nicht finden. Die Herrschaft (βασιλείαν) Christi, von der Paulus in 1 Kor 15,24 redet, wird bei der Parusie vom Reich Gottes abgelöst. Das Reich des Sohnes von Kol 1,12 steht als Bereich des Lichtes dualistisch dem Machtbereich der Finsternis gegenüber und ist der schon präsente Raum der Vollendeten (vgl. 4,11). – Die Verkündigung des Evangeliums ist für Paulus das dem Ende zulaufende, eschatologische Ereignis, das den Menschen die endgültige Rettung

---

Die eine führe von Paulus über den Epheser-, den 1. Petrusbrief, Lukas, die Pastoralbriefe und weiter zur Orthodoxie, die andere über den Kolosserbrief zu Valentin, Basilides, Markion und weiter zur Häresie. Es gibt vielmehr eine Linie, die vom Kolosserbrief über den Epheser- zu den Pastoralbriefen führt. Die Beurteilung der Pastoralbriefe bedarf freilich noch anderer Aspekte. Vgl. noch F. ZEILINGER, Die Träger der apostolischen Tradition im Kolosserbrief, in: A. FUCHS, Jesus in der Verkündigung der Kirche (SNTU A/1) (Linz 1976) 175–190.

im Gericht Gottes anbietet. Diese eschatologische Dimension ist im Kolosserbrief gleichfalls nicht mehr vorhanden. Die Glaubenden sind Gerettete (2, 11–13). Das Evangelium offenbart den Heiligen, das heißt, den Christen, ein seit Äonen und Geschlechtern verborgenes Geheimnis (1, 26), ist Epifanie eines Mysteriums. Zwar ist es für alle bestimmt, ist aber „denen draußen" unverständlich (4, 3–5). Entsprechend wird die Rolle des Apostels Paulus hier und dort gesehen. Ist er etwa nach Röm 15, 20f darum bemüht, durch seine Predigt in den verschiedenen Provinzen die eschatologische Vollendung vorbereiten zu helfen, so erscheint er nach Kol 1, 23–29 als Diener des Evangeliums, fast als Mystagoge, der ein ewiges, göttliches Geheimnis aufzudecken beauftragt ist. Paulus schränkte das Wort „offenbaren" (φανεροῦν) auf Gottes bzw. Christi Offenbarungstätigkeit ein. Nach Kol 4, 4 ist gerade dies die Tätigkeit des Apostels.

Auch in der Paränese sind bemerkenswerte Unterschiede festzustellen. Der rettende Glaube ist nicht mehr primär der existentielle Glaubensvollzug, die fides qua – dies wäre genuin paulinisch –, sondern jetzt steht der Glaube, in dem man unterrichtet wird (2, 7), in dem man bleiben muß (1, 23), der Glaube an Christus Jesus (1, 4), der inhaltlich gefüllte Glaube, die fides quae im Vordergrund. Dementsprechend heißt das Evangelium Wort der Wahrheit (1, 5)[1]. Ähnlich ist die Hoffnung mit dem Evangelium verknüpft (1, 23). Betonte Paulus das Vertrauen und die Geduld des Wartens auf das Künftige, das Paradoxon im Hoffen des Christen wider die Hoffnung (etwa Röm 4, 18), so wird in Kol 1, 5 die Hoffnung zu einem Hoffnungsgut, das für die Gläubigen in den Himmeln bereitliegt. Die Taufparänese unseres Briefes ist geprägt von der Gewinnung des neuen Menschen (3, 10). Der alte Mensch der Sünde ist abgelegt, der neue ist anzuziehen. Paulus sagt gleichfalls in Röm 6, 6, daß unser alter Mensch mitgekreuzigt worden sei, vermeidet aber die Rede vom neuen Menschen. Dies dürfte kein Zufall sein. Statt dessen erinnert er die Gemeinde daran, daß alle, die auf Christus getauft worden sind, Christus angezogen haben (Gal 3, 27). Das heißt, daß an die Stelle des neuen Menschen Christus selbst tritt, mit dem die Getauften gleichsam identifiziert, mit dem sie eins wurden. Diese Identifikation nimmt unser Brief zurück. Der neue Mensch, den es zu verwirklichen gilt, ist Bild dessen, der ihn schuf (3, 10). Der Getaufte ist Bild des Bildes. Allein Christus ist Urbild (vgl. 1, 15). Die Abhängigkeit und Abwandlung der Vorstellung von Gal 3, 27f wird besonders deutlich, wenn man sieht, daß in Kol 3, 11 ganz ähnliche Folgerungen gezogen werden.

Für die skizzierte Umprägung paulinischer Theologie und Theologumena ist es entscheidend, zu sehen, daß sie durch die Aufnahme von Traditionen und Vorstellungen bedingt ist, die das frühe Christentum vom Diasporajudentum übernommen und für seine Anliegen dienstbar gemacht hatte. Sie sind kosmologischer Art und entstammen der hellenistischen Synagoge, wie sie insbesondere durch Philo von Alexandreia repräsentiert wird. Daneben aber sind Überlieferungen zu benennen, die in der Apokalyptik oder im Qumran-Judentum

---

[1] In 2 Kor 6, 7 ist der Begriff nicht mit dem Evangelium verbunden. – In Kol 2, 12 hingegen kommt die paulinische Sicht des Glaubens zum Zuge.

ihre Parallelen haben. Diese Traditionen waren in vielleicht schon schriftlich aufgezeichneten Texten meist hymnischer Art zugänglich. In ihrem größeren Umfang aber werden sie mündlich weitergegeben worden sein. Ihr Vorhandensein ist ein Argument dafür, daß es eine christliche Theologen- oder Katechetenschule (oder deren mehrere?) gegeben hat. Zwar kommen diese Überlieferungen auch in den alten Paulusbriefen, wenigstens da und dort, zum Zuge. Sie vermochten aber bei weitem nicht so die Theologie des Apostels zu beeinflussen, wie das in unserem Brief der Fall ist.

An erster Stelle ist der klar abgrenzbare Christushymnus 1,15–20 zu erwähnen, der den bekenntnismäßigen Ausgangspunkt unseres Briefes ausmacht und aus dem unser Autor zunächst seine kosmisch orientierte Christologie bezieht. Christi Stellung über den Mächten hat im übrigen im Christuslied Phil 2,6–11, die Ausrichtung auf das All in 1 Kor 8,6 eine Entsprechung. Paulus und unser Autor – wer immer es war – schöpfen hier aus sehr verwandten Quellen. In Phil 2,6ff und 1 Kor 8,6 ist Paulus sicher von Vorgaben abhängig. Besteht zwischen dem Philipper- und Kolosserhymnus die frappierende Übereinstimmung, daß in beiden Fällen – wie man weithin annimmt – der Briefschreiber jeweils das Kreuz als für ihn notwendige theologische Ergänzung einbringt (Phil 2,9[2], Kol 1,20), so macht der Autor ad Colossenses Christi Hauptstellung über die Mächte und Gewalten zu einem Angelpunkt seiner Argumentation. Er sieht sich dabei veranlaßt, den Gedanken der Allversöhnung (1,20) durch die Vorstellung der Niederwerfung der Mächte durch den auffahrenden Christus zu verdeutlichen (2,10.14f)[3]. Auch das Modell von der universalen Kirche als Leib Christi ist in der Kosmologie verwurzelt. Das Christuslied bot hier gleichfalls den Anstoß. Denn ihm liegt das Konzept von der Welt als Leib oder als einem großen Menschen zugrunde, wie es Philo kennt. Erst sekundär bog der Briefautor dieses Konzept ekklesiologisch um, indem er erklärend den Leib auf die Kirche bezieht (vgl. zu 1,18). Damit ist die weltweite Kirche im Blick, der Christus als Haupt, das sie versorgt, gegenübersteht, wie nach Philo der Weltleib vom Logos als Haupt überragt wird (2,19; 1,18). War es dort der Kosmos, so ist es jetzt die Kirche, die durch Bänder und Gelenke zusammen- und am Leben erhalten wird (2,19; 3,14). Das Pleroma, das in Christus wohnt, wird vom Autor soteriologisch gedeutet und auf die göttliche Lebensfülle bezogen (1,19; 2,9f). Von Haus aus aber ist Pleroma ein kosmologischer Begriff. Der Logos erfüllt – wiederum nach Philo – das All und ermöglicht damit sein Fortbestehen. Wenn wir in 3,5.8.12 Pentaden (Fünferreihen) von Lastern oder Tugenden haben, aus denen sich der alte bzw. neue Mensch zusammensetzt, so muß auch dies im kosmologischen Horizont gesehen werden. Dabei ist die bekannte Umkehrung: die Welt ein großer Mensch, der Mensch eine kleine Welt, im Spiel, die die Übersetzung des kosmologischen Konzepts ins Anthropologische begreiflich macht. Rücksicht genommen ist auf eine Erklärung der Welt, nach der diese sich aus fünf Elementen zusammensetzt (vgl. zu 3,5).

Die Eschatologie mit ihrem Oben und Unten ist in ihrer Räumlichkeit zu-

---

[2] Vgl. GNILKA, Philipperbrief 124.
[3] In 2,14f liegt kein vorformulierter Hymnus vor, wie gelegentlich angenommen wird. Dazu vgl. unten S. 119–121.

nächst auch kosmologisch bestimmt. Diese Bestimmung ermöglichte gedanklich die präsentische Eschatologie, nach der die Christen schon in das Reich des geliebten Sohnes versetzt (1, 13), schon mit ihm auferweckt worden sind (2, 12). Im Licht-Finsternis-Dualismus, in der Metaforik vom Losanteil unter den Heiligen kommt eine Motivik zur Geltung, die in Qumran ihre Entsprechungen besitzt (1, 12 f). In den präsentisch-eschatologischen Taufaussagen aber (2, 12 f) fußt der Autor ad Colossenses auf einer Tradition, die er mit Paulus teilt. Das heißt, daß die Übereinstimmungen mit Röm 6, 3–6 sich nicht unbedingt aus literarischer Abhängigkeit erklären. In der Abwandlung käme dann letztlich wieder die ältere Überlieferung zur Sprache. – In Kol 1, 26 f wird das für unseren Brief spezifische Verständnis der Verkündigung des Evangeliums als Offenbarung eines Geheimnisses nach dem Revelationsschema vorgetragen. Das heißt, ein seit Ewigkeit in Gott verborgenes Geheimnis wird jetzt, nach so langem Schweigen, bekanntgemacht. Dasselbe Schema treffen wir innerhalb der Protopaulinen in 1 Kor 2, 6–8 und Röm 16, 25, der sekundären Schlußdoxologie des Römerbriefes, an. Der Gedanke, daß ewige, göttliche Geheimnisse, die die Schöpfung und die endgeschichtliche Erlösung betreffen, dem Kreis der erwählten Gemeinde mitgeteilt werden, ist in der Apokalyptik beheimatet. Aus ihr schöpft eine verbreitete christliche Überlieferung. Zu wiederholten Malen bietet unser Autor Traditionen besonders paränetischer Art, die wir ähnlich in den Handschriften von Qumran nachweisen können. Hier sei nur auf die Übereinstimmung des kleinen Tugendkatalogs in 3, 5 mit 1 QS 4, 9 ff aufmerksam gemacht. Wenn die Tugenden in 3, 5 und 8 nach dem Muster von Dekalog-Geboten zusammengestellt sind, dürfte das im hellenistischen Judentum Vorbilder haben. Zum Schluß sei auf eine besonders auffällige Parallele verwiesen, die noch einmal mit der philonischen Kosmologie zu tun hat. Der neue Mensch als Bild des Bildes, der in dieser Differenzierung sich von der paulinischen, unmittelbaren unio cum Christo des Getauften abhebt, entspricht dem Menschenbild des Alexandriners. Dieser unterscheidet zwischen Mensch und Mensch. Der erste vollkommene Mensch, der Bild Gottes genannt werden kann, ist der Logos. Der irdische, weniger vollkommene Mensch hingegen kann nur auf vermittelte Weise Bild Gottes heißen, denn er wurde nach dem Logos geschaffen, ist also Bild des Bildes (vgl. zu 3, 10).

Andere oben festgestellte Unterschiede zur paulinischen Theologie haben ihre Ursache in erster Linie in der allgemeinen Situation unseres Briefes. Der Glaube als inhaltlich bestimmter Glaube, die vergegenständlichte Hoffnung, die Absicherung des Evangeliums als Wort der Wahrheit, auch die zunehmende Bedeutung der apostolischen Tradition zielen darauf ab, die bedrohte christliche Lehre unverfälscht zu bewahren.

Überblickt man die verschiedenen Traditionen, unter denen die mit der philonischen Kosmologie verwandte sicherlich am wirksamsten wurde, entsteht die Frage, von welchem Geist der Brief stärker bestimmt ist, von dem des Paulus oder von dem jener Überlieferung. Sicher ist es nicht falsch, zu sagen, daß unser Autor Überlieferungen im Sinn paulinischer Theologie interpretiert[4],

---

[4] So LOHSE 256.

denn letztlich setzt sich die geschichtliche Dimension paulinischen Denkens durch. Das Kreuz und die Kirche werden insbesondere als geschichtliche Instanzen für die Rettung des Menschen zur Geltung gebracht. Daneben aber kann der bestimmende Einfluß auch jener anderen Traditionen nicht übersehen werden, so daß man für andere Zusammenhänge wird sagen müssen, daß diese Traditionen paulinisches Denken interpretieren, neu fassen und umgestalten. Die Auffassung ist verbreitet – besonders bei den Verfechtern der paulinischen Abfassung unseres Briefes –, die Abwandlungen im Vergleich mit der Theologie der paulinischen Hauptbriefe seien darin begründet, daß sich der Kolosserbrief mit der Häresie auseinandersetzt und deren Terminologie und Vorstellungswelt sich angleiche. Diese nur bedingt richtige Auffassung muß im geschilderten Sinn korrigiert werden. Das hat Konsequenzen für die Verfasserfrage.

Schließlich verdient noch ein weiterer Punkt in diesem Zusammenhang unsere Beachtung, die Verwandtschaft der Theologie des Kolosser- mit der des Epheserbriefes. Das vielverhandelte Verhältnis beider Briefe zueinander läßt sich befriedigend nicht durch literarische Abhängigkeit des letzteren von unserem Brief allein verständlich machen. Hinzutreten muß die Überlegung, daß beide Briefe zusätzlich auf gemeinsame Traditionen und Vorstellungen zurückgreifen können. Dies soll jetzt noch thesenartig für den Epheserbrief gezeigt werden[5]. Auch nach Eph 1,21 ist Christus über jede Obrigkeit, Macht, Gewalt und Herrschaft gestellt, ist er Haupt über alles (1,22), erfüllt er das All (4,10), soll sogar in ihm als dem Haupt das All zusammengefaßt werden (1,10). Das Konzept von der universalen Kirche ist inzwischen weiterentwickelt worden, hat sich zur Idee von der Kirche aus Juden und Heiden entwickelt und ist das beherrschende Thema dieses Briefes. Die kosmologischen Vorgegebenheiten jedoch sind noch unschwer zu erkennen, wenn die Kirche Christi Leib genannt wird, „die Fülle dessen, der das All in allem erfüllt" (1,23), wenn die kos-

---

[5] Vom Standpunkt des Epheserbriefes wurde die These vorgetragen bei GNILKA, Epheserbrief 7–13. Die zeitliche Priorität des Kolosserbriefes ist vorausgesetzt. LOHSE 255 macht auf besondere Verwandtschaften zwischen dem Kolosser- und Römerbrief aufmerksam und glaubt, folgende Punkte feststellen zu können: der Aufbau der Briefe in einen lehrhaften und einen ermahnenden Teil; Paulus hat beide Gemeinden nicht persönlich gekannt; in den Adressen fehlt der Begriff ἐκκλησία; in den Anfängen beider Briefe steht ein übernommenes Bekenntnis; beide betonen den paulinischen Völkerapostolat; die Tauflehre in Röm 6,1ff und Kol 2,5ff; jeweils begründe der Indikativ der Heilszusage den ethischen Imperativ; beide Briefe enden mit einer umfänglichen Grußliste. Diese Gemeinsamkeiten relativieren sich bei näherem Zusehen sehr. Bekenntnisse haben wir auch in anderen Briefen an exponierter Stelle (Phil; Hebr); auch im Philipperbrief wird das Wort ἐκκλησία vermieden; die Tauf paränesen erscheinen, traditionsgeschichtlich betrachtet, in einem anderen Licht; Indikativ/Imperativ, lehrhafter/ermahnender Teil sind Schemata, die auch für andere Briefe reklamiert werden; die Grußlisten sind in gewisser Weise ebenso zufällig wie die Tatsache, daß Paulus weder den Kolossern noch den Römern persönlich bekannt war. Daneben aber ist festzustellen, daß die Rechtfertigungslehre, die den Römerbrief beherrscht, im Kolosserbrief keine Rolle spielt. Zum Problem vgl. auch E. P. SANDERS, Literary Dependance in Colossians, in: JBL 85 (1966) 28–45, der in der Bestimmung der literarischen Abhängigkeit unseres Briefes von den Protopaulinen zu weit geht, und A. LINDEMANN, Paulus im ältesten Christentum (BHTh 58) (Tübingen 1979) 114–122.

mische Begrifflichkeit der Länge, Breite, Höhe, Tiefe auf sie angewendet wird (3,18) oder wenn – wahrscheinlich im Anschluß an ein vorgegebenes Lied[6] – die im Kreuz gestiftete Versöhnung der Welt sich mit der Vorstellung einer kosmischen, die irdischen und himmlischen Bereiche trennenden Mauer verbindet (2,14–17). Die Eschatologie ist präsentisch und räumlich konzipiert, die Christen sind bereits in die himmlischen Bereiche versetzt, mit Christus auferweckt worden (2,5f; 1,3). In Eph 2,5f kommt die gleiche Tauftheologie zum Zuge wie in Kol 2,12f. Das „Reich Christi und Gottes" in Eph 5,5 kann mit dem „Reich des Sohnes seiner Liebe" in Kol 1,13 verglichen werden. Beide Male ist auf die bereits gegenwärtige, obere Welt der Vollendung abgehoben. Wenn im Epheserbrief ein Kol 3,1–4 vergleichbarer Text fehlt, zeigt dies eine auch in der Eschatologie inzwischen erfolgte Fortentwicklung an. Auch das Revelationsschema wird in Eph 3,5–9 nicht nur angewendet, sondern auch mit der Verkündertätigkeit des Apostels, des „Dieners" des Evangeliums, verbunden, der die Aufgabe übernahm, das Geheimnis an das Licht zu bringen. Wie im Kolosserbrief ist die Paränese weitgehend Taufparänese und geprägt von der Überwindung des alten und dem Anziehen des neuen Menschen. Wenn dabei die gleiche Zurückhaltung gegenüber einer unmittelbaren Gleichsetzung des neuen Menschen mit Christus zu beobachten ist wie in Kol 3,10 (4,24), macht dies eine besonders auffällige Übereinstimmung aus. Pentadenreihen treten zurück, sind aber noch vorhanden (4,31). Die Berührung mit der Sprache und Begrifflichkeit der Qumranschriften besonders im paränetischen Bereich sticht gleichfalls in die Augen[7].

Wir haben oben von situationsbedingten Veränderungen in der Theologie unseres Briefes gegenüber Paulus gesprochen. Wenn auch diese im Epheserbrief fortwirken, wird man zur Erklärung allein mit literarischer Abhängigkeit auch hier nicht auskommen. Der inhaltlich bestimmte und zu bewahrende Glaube ist Glaube an den Herrn Jesus (1,15) und erweist sich vor allem als ein und derselbe (4,5.13). Auch die Hoffnung erscheint als einheitsstiftende Kraft (4,4). Sie ist objektiviert und ekklesial gedeutet, denn der Christ erlangt sie mit seiner Berufung in die Kirche (4,4; 1,18).

Die Verwandtschaft beider Briefe, ihre gemeinsame Abhängigkeit von Paulus und ihre gemeinsame Distanz, das Aufgreifen und Weiterreflektieren eigener Ideen machen die Frage nach dem Zustandekommen unseres Briefes dringlich, haben aber eine Antwort schon vorbereiten helfen.

2. Zuvor aber ist noch ein Wort zur Sprache unseres Briefes zu sagen, die gewiß mit der paulinischen Sprache verwandt ist, sich jedoch in bemerkenswerter Weise von ihr auch unterscheidet. Es kommt darauf an, die Eigenheit dieser

---

[6] Vgl. GNILKA, Epheserbrief 147–152; DERS., Christus – unser Friede – ein Friedens-Erlöserbrief in Eph 2,14–17, in: Die Zeit Jesu (Festschrift H. Schlier) (Freiburg 1970) 190–207. Die These wurde energisch bestritten von H. MERKLEIN, Zur Tradition und Komposition von Eph 2,14–18, in: BZ 17 (1973) 79–102. Eine Auseinandersetzung kann hier nicht stattfinden. Was aber bedeutet es für Merkleins Position, wenn dieser die Möglichkeit eines hymnischen Fragments für Eph 2,14b nicht ausschließt (101)?

[7] Vgl. K. G. KUHN, Der Epheserbrief im Lichte der Qumrantexte, in: NTS 7 (1960/61) 334–346.

Sprache zu erfassen und hier wenigstens anzudeuten. Wir beginnen am äußeren Rand dieser Sprache, der Wortstatistik. Man hat 34 Wörter gezählt, die innerhalb des Neuen Testaments nur in unserem Brief begegnen[8]. Einige hiervon hängen mit der Auseinandersetzung mit der Häresie zusammen[9], andere mit der Übernahme des Christusliedes[10], andere sind nichttheologischer Art und darum wichtiger[11]. Hinzu kommen 28 Wörter, die innerhalb der unumstrittenen Protopaulinen nicht vorkommen. Auffällig ist, daß umgekehrt für die paulinische Theologie und Terminologie bedeutsame Begriffe im Kolosserbrief keine Erwähnung finden, wie z.B. δικαιοσύνη, δικαιόω und Verwandtes, ἐπαγγελία und Verbum, καύχημα und Verbum, κοινωνία, νόμος, πιστεύω, ὑπακοή.

E. Schweizer hat beobachtet, daß Paulus in allen seinen Briefen die Adressaten mit dem Brudernamen anredet, selbst im kleinen Philemonbrief. Im Kolosserbrief ist dies nicht der Fall[12]. Man muß hinzufügen, daß jede Anrede fehlt, abgesehen von den Haustafeln, die eine geprägte Anrede an die verschiedenen Stände enthalten (3,18 – 4,1). Der Römerbrief, der wie unser Brief an eine Paulus fremde Gemeinde geht, weist 22, der Philipperbrief, den man gelegentlich mit dem Kolosserbrief gleichzeitig abgefaßt wissen wollte, 10 Anreden auf[13]. Die Lebendigkeit des paulinischen Stils ist gewichen und hat einer feierlich-pleroforischen Sprache Platz gemacht. Bujard hat diese in seinen vorzüglichen stilanalytischen Untersuchungen beschrieben. Im einzelnen sind folgende Besonderheiten zu nennen: Genitive werden gehäuft: „durch das Wort der Wahrheit des Evangeliums" (1,5); „Anteil des Erbes der Heiligen" (1,12); „Reich des Sohnes seiner Liebe" (1,13); „durch das Blut seines Kreuzes" (1,20) usw. Synonyme Begriffe werden nebeneinandergestellt: „betend und bittend" (1,9); „zu jeder Geduld und Langmut" (1,11); „heilig, untadelig und unbescholten" (1,22); „gegründet, verwurzelt und nicht wankend" (1,23); „seit Äonen und Generationen" (1,26); „verwurzelt und auferbaut" (2,7) usw. Die figura etymologica bereichert das Bild: „mit der ganzen Stärke gestärkt" (1,11); „entsprechend seiner Kraft, die in mir kräftig ist" (1,29); „mit einer Beschneidung beschnitten" (2,11); „er wächst das Wachstum" (2,19). Zwar haben wir diese Stileigentümlichkeiten, die im übrigen auch den Text der Qumran-Handschriften prägen, auch bei Paulus, aber in weit geringerer Zahl[14]. Der Kolosser- teilt ihre Häufigkeit mit dem Epheserbrief[15]. Wirken sie bei Paulus spontaner, so hinterlassen sie in unserem Brief vielfach den Eindruck phraseologisch verfestigter Wortgruppen. Eine weitere Besonderheit ist der

---

[8] Übersichtliche Listen bei LOHSE 133–135.
[9] Zum Beispiel φιλοσοφία (2,8); νεομηνία (2,16); ἐμβατεύω (2,18); ἐθελοθρησκία (2,23); ἀφειδία (2,23).
[10] ὁρατός (1,16); πρωτεύω (1,18).
[11] Zum Beispiel προακούω (1,5); ἀρεσκεία (1,10): μετακινῶ (1,23); στερέωμα (2,5); μομφή (3,13); παρηγορία (4,11).
[12] Auch nicht im Eph und den Pastoralbriefen. Vgl. E. SCHWEIZER, Zur Frage der Echtheit des Kolosser- und des Epheserbriefes, in: Neotestamentica (Zürich 1963) 429.
[13] Vgl. die Tabelle bei BUJARD, Untersuchungen 214.
[14] Vgl. BUJARD, Untersuchungen 164f.
[15] GNILKA, Epheserbrief 31f.

verschwommene Gebrauch der Präposition ἐν, die man „das Mädchen für alles unter den neutestamentlichen Präpositionen" genannt hat[16]. Charakteristisch für den Kolosser- und Epheserbrief (und Qumran) ist nachgestelltes ἐν + Substantiv: „im Wort der Wahrheit" (1,5); „in Wahrheit" (1,6); „im Geist" (1,8); „in aller Weisheit und Einsicht" (1,9) usw. Auch dies ist bei Paulus ungleich seltener zu beobachten. Die Pleroforie der Sprache wird weiter gefördert durch den ungewöhnlich häufigen Gebrauch von „alle", „alles". Nach Lohse ziehen sich die einschlägigen Stellen wie ein roter Faden durch den Brief[17]. Auch das erinnert an die Toten-Meer-Rollen. Beachtung verdient das formelhafte, unveränderte erklärende ὅ ἐστιν (1,24; 3,14; eventuell 2,10.17)[18], das Paulus nicht kennt (vgl. Eph 5,5).

Bedeutungsvoller noch ist die Gedankenführung. Dabei ist zu beachten, daß sie sich in die Beobachtungen zur Phraseologie ganz einfügt. Die Gedankenführung ist assoziativ. Ein Stück hängt sich stets locker an das Vorhergehende an, ohne daß zum voraus ein Abschluß abzusehen wäre[19]. Es mangelt an klaren Über- und Unterordnungen, die Pleroforie ist nicht selten tautologisch. Konkret stellt sich dies so dar, daß Partizipialkonstruktionen, Infinitive und vor allem Relativsätze aneinandergereiht erscheinen, wobei oft eine klare Zuordnung schwerfällt. Ganz anders ist es in den Protopaulinen. Paulus entwickelt seine Gedanken argumentativ-zwingend und führt seinen Leser auf einen bestimmten Weg des Denkens. Er kann den Leser, indem er Fragen stellt und Einwände macht, in einen fingierten Dialog hineinnehmen. Symptomatisch sind besonders zugespitzte Formulierungen und meist antithetisch formulierte Strukturierungen. J. Weiß bemerkte bereits zutreffend, daß Pauli ganzes Reden und Denken einen antithetischen Rhythmus besitze und daß diese Eigentümlichkeit im innersten Wesen seiner Persönlichkeit und seiner ganz persönlichen Geschichte begründet sei[20]. Im Kolosserbrief findet sich kein einziger Fragesatz. An die Stelle der Antithese ist die summierende Assoziation getreten, die Bujard[21] mit den Worten Abundanz und Unbestimmtheit gekennzeichnet hat. Wiederholungen haben wir auch bei Paulus. Während sie aber bei ihm einen Gedanken weiterführen, erfolgen sie im Kolosserbrief einfach im Rückgriff auf etwas vorher Gesagtes und wirken so tautologisch. Der für den Apostel charakteristische vorausstehende bzw. korrespondierende Relativsatz ist fast nicht mehr vorhanden und durch den assoziativen ersetzt. Der Autor ad Colossenses hantiert nicht, wie Paulus, mit dem Florett, sondern mit dem Säbel[22].

---

[16] BUJARD, Untersuchungen 129.
[17] LOHSE 30 Anm. 1
[18] Vgl. zu den Stellen.
[19] Vgl. BLASS-DEBR § 458.
[20] J. WEISS, Das Urchristentum (Göttingen 1917) 312f.
[21] Untersuchungen 217, im Anschluß an H. ZILLIACUS, Die Abundanz der spätgriechischen Gebrauchssprache (Commentationes Humanarum Litterarum Societas Scientiarum Fennica, 41/2) (1967). Das 2. Kapitel dieses Buches trägt diesen Titel.
[22] Vgl. BUJARD, Untersuchungen 86–100.63–71.165. Aufschlußreich sind die detaillierten Listen von Wiederholungen in Kol; Röm 1–2,15; 12f; Phil 3 (91–95). – Mir fiel auch die Vorliebe für Dreierstrukturen auf: Glaube – Liebe – Hoffnung und Christus Jesus – Gott – Geist (Kol 1,3–8); heilig – untadelig – unbescholten (1,22); 3 Relativsätze erläutern das

Für die Wertung der Beobachtungen ist wichtig, daß sie sich als Einheit, die die rhetorische Gestaltung und die gedankliche Entfaltung betrifft, zusammenfügen. Moderne Sprachwissenschaftler verlangen für die Beurteilung eines Stils, daß Einzelbeobachtungen sich als Teile eines Gefüges nachweisen lassen und das Totalbild eines Stils ins Auge gefaßt wird[23]. Die ermittelten rhetorischen und stilistischen Eigenheiten erstrecken sich über den gesamten Brief, nicht nur einzelne Kapitel. Eine gewisse Ausnahme bilden nur das Christuslied (1, 15–20) und die Haustafeln (3, 18 – 4, 1). Hier werden die langen, pleroforen Formulierungen von kürzeren Sätzen durchbrochen. Dies hängt mit der besonderen Traditionslage dieser beiden Stücke zusammen. Es ist aber aufschlußreich, daß auch hier die Stileigenheiten des Autors sich eine gewisse Geltung verschafft haben, nämlich im Lied in 1, 20 und innerhalb der Haustafel in der Weisung an die Sklaven (4, 22–25). Dies kann man als äußeres Anzeichen dafür nehmen, daß der Autor eine schriftlich oder mündlich vorliegende Tradition aufgearbeitet hat. Die Andersartigkeit der ganzheitlich betrachteten Sprache unseres Briefes führt zu dem Schluß, daß die Denkstrukturen, auf die der Brief verweist, andere sind als jene, auf die die Protopaulinen verweisen[24]. Sind die Verfasser personidentisch?

4. ABFASSUNG UND DEUTERONYMITÄT

Verschiedene Autoren halten an der paulinischen Abfassung des Kolosserbriefes fest[1], andere sind unentschieden und lassen die Frage offen[2]. Wer für Paulus als Verfasser eintritt, muß die geschilderten, nicht unerheblichen theologischen, sprachlichen und stilistischen Unterschiede erklären. Die Erklärungen weisen in drei Richtungen: Paulus habe sich, angesichts des Martyriums, einer feierlich-pathetischen Sprache bedient[3], oder der Brief trage den Stil des inzwischen gealterten Apostels[4], oder die Besonderheiten erklärten sich von der behandelten Sache und der antihäretischen Polemik her[5]. Damit ist das grundsätzliche Problem der Wandelbarkeit eines Stiles berührt. Jedoch, das Pathos des Apostels angesichts einer ihn existentiell bedrohenden Gefährdung, falls man überhaupt von einem solchen sprechen will, sieht anders aus (vgl. Philip-

---

Evangelium (1, 23); dreimaliges πάντα ἄνθρωπον (1, 28); verwurzelt – auferbaut – gefestigt (2, 7); drei erläuternde Partizipien in 2, 18; 3, 16; vgl. 1, 23; drei Tabugebote in 2, 21; dreifaches „es grüßt euch" in 4, 10–12.
[23] Etwa L. SPITZER, Stilstudien II (München ⁴1969) 513, der vom Totalbild eines Stils redet.
[24] Vgl. BUJARD, Untersuchungen 114f. 220–235.
[1] Unter den Kommentatoren sind dies CAIRD 157, HUGEDÉ 10f; LOHMEYER 8–15; MOULE 13f.
[2] ERNST 148–152 (ist zumindest unentschieden); LÄHNEMANN, Kolosserbrief 177–182; J. SCHMID, Einleitung in das NT (Freiburg ⁶1973) 468–470.475; nicht eindeutig auch E. KÄSEMANN in: RGG ³III, 1728.
[3] LOHMEYER 8–14.
[4] A. WIKENHAUSER, Einleitung in das NT (Freiburg ⁴1961) 298f; L. CERFAUX, Le Christ dans la théologie de saint Paul (LeDiv 6) (Paris ²1954) 314.
[5] W. G. KÜMMEL, Einleitung in das NT (Heidelberg ¹⁶1969) 245–249.

per- und Philemonbrief). Die polemische Auseinandersetzung mit der Irrlehre kann die Besonderheiten des Briefes ebenfalls nicht auf befriedigende Weise verständlich machen, wie die Untersuchung der – außerhalb der Irrlehre liegenden – Traditionen ergab. Gerade an dieser Stelle muß gesagt werden, daß sich Paulus niemals so in die Abhängigkeit von Traditionen begab. Und wer meint, eine Entwicklung der paulinischen Sprache vom 1. Thessalonicher- zum Römerbrief feststellen zu können, wird sehen, daß diese nicht in Richtung Kolosserbrief verläuft[6].

Ein besonderer Versuch, bedingt bei der paulinischen Autorschaft zu bleiben, besteht in der Auffassung, ein knapper Paulusbrief sei später redaktionell überarbeitet und ausgeweitet worden. Dies sei durch den Verfasser des Epheserbriefes geschehen, der damit seinem Schreiben größere Autorität verleihen wollte. Diese erstmals von H. J. Holtzmann[7] entworfene und unabhängig von diesem durch Masson[8] neubegründete These kann sich zwar auf die Verwandtschaft beider Briefe berufen, scheitert aber daran, daß die gedankliche Entwicklung klar vom Kolosser- zum Epheserbrief hin gegangen ist und daß eine solche mechanisch vorgestellte Redaktion keinem Redaktor zugemutet werden kann. Letztlich müßte der älteste Kolosserbrief dann nur jene Stücke enthalten haben, die im Epheserbrief keine Parallele besitzen. Diese Subtraktionsaufgabe ist unlösbar, wie die unterschiedlichen Resultate ergeben[9]. Gegen ihren Sinn spricht nicht zuletzt die Geschlossenheit des Briefes.

Ist Paulus nicht der Autor, wer verfaßte den Brief, und wie kam es im konkreten Fall zur deuteronymen Autorschaft? In diese Frage etwas mehr Licht zu bringen, wäre hilfreich, denn unser Brief ist höchstwahrscheinlich die älteste erhaltene deuteropaulinische Schrift. Auszugehen ist vom konkreten Anlaß des Schreibens, der Bedrohung der Christen von Kolossä durch eine gefährliche Irrlehre. Was wir über diese erfahren, die Art und Weise der Auseinandersetzung ist so konkret, daß an der Aktualität für Kolossä nicht gezweifelt werden kann[10]. Die Strategie des Schreibens besteht darin, daß die Gemeinde über Epaphras an das gültige und apostolische Evangelium zurückgebunden werden

---

[6] Vgl. Bujard, Untersuchungen 224–231.
[7] Lehrbuch der historisch-kritischen Einleitung in das NT (Freiburg ²1886) 280–283.
[8] 159. – Eine Überarbeitungshypothese akzeptierten Synge 51–57; P. N. Harrison, The Author of Ephesians, in: StEv II (TU 87) (Berlin 1964) 595–604, hier 598; (R. Knopf – H. Lietzmann –) H. Weinel, Einführung in das NT (Berlin ⁵1949) 91, hält eine Überarbeitung für möglich. Zur Diskussion vgl. Schmid (Anm. 2) 468f.
[9] Nach Holtzmann umfaßte der alte Kolosserbrief 1,9b–12.14–24.26–28. 2,2b–3.7a. 9–11.15.17–19.22–23; 3,1–2.4–11.14–16.18–25; 4,1.9.15–17. Nach Masson enthielt er nur 38 bzw. 39 Verse oder Halbverse; nach Harrison fügte der Autor ad Ephesios 1,9b–25; 2,7 – 3,1 ein. Vgl. oben Anm. 7 und 8.
[10] P. Vielhauer, Geschichte der urchristlichen Literatur (Berlin 1975) 200, hält die Kolosser-Adresse für fiktiv, die Personalangaben seien überholt. Ähnlich Lohse 255, wenn er damit rechnet, daß die kolossische Gemeinde durch das Erdbeben vom Jahr 60/61 n. Chr. aufgehört habe zu existieren, der Brief aber später abgefaßt worden sei. Die Annahme, die Gemeinde sei untergegangen, ist zurückzuweisen. Siehe oben S. 2–4. Vielhauer formuliert selbst den entscheidenden Einwand: „Andererseits muß man sich fragen, ob die vom Autor wirklich Gemeinten sich von einem an eine andere Gemeinde gerichteten Brief betroffen fühlen konnten." Die Antwort lautet eindeutig: Nein.

soll, das dieser ihr einst im Auftrag des Paulus verkündet hat. Aber nicht nur Epaphras ist gemäß der Grußliste 4, 10–17, deren Vorhandensein in einem deuteropaulinischen Gemeindebrief Bedeutung hat[11], eine den Adressaten bekannte Persönlichkeit. Die geplante Sendung des Markus (4, 10) kann kaum eine Fiktion sein, noch weniger die des Tychikos und Onesimos, die vermutlich den Brief überbrachten (4, 7–9). Die anderen Namen, soweit sie mit der Grußliste des Philemonbriefes übereinstimmen (Phm 23 f), hat der Autor eingefügt, nicht weil er den Philemonbrief in diesem Punkt imitiert, sondern weil er aus der Kenntnis dieses Briefes damit rechnen kann, daß diese Namen den Kolossern bekannt sind. Es ist keinesfalls auszuschließen, daß der Autor mit den genannten Personen noch persönlichen Kontakt hat. Im übrigen ist die Grußliste des Philemon- mit der unseres Briefes nicht völlig identisch[12].

Es besteht kein Zweifel darüber, daß die pastorale und missionarische Tätigkeit der Mitarbeiter des Apostels während der Zeit, in der dieser durch äußere Umstände – etwa eine Gefangenschaft in Ephesos – gehindert war, weiterging. Der Philipper- und Philemonbrief bestätigen das zur Genüge. Auch nach dem Tod des Apostels hörte nicht alles auf. Sein Erbe mußte bewahrt, seine Gemeinden mußten weiter betreut werden. Es läßt sich gut vorstellen, daß der Übergang in die nachpaulinische Zeit mit Schwierigkeiten verbunden war. Konsolidierungs- und Abgrenzungstendenzen setzten ein. Die Inanspruchnahme der Autorität des Paulus in deuteropaulinischen Schriften spricht für sich. Man hat in diesem Zusammenhang öfters von einer Paulus-Schule gesprochen. Diese Einsicht ist richtig, wenn man den Begriff Schule nicht allzu eng faßt und die Möglichkeit von Entwicklungen mit einbezieht. Wir haben es mit einem sehr komplexen Gebilde zu tun. Letztlich ist dieser Entwicklung der Erhalt der auf uns gekommenen Paulusbriefe und die Entstehung dessen zuzuschreiben, was man den Deuteropaulinismus nennt[13]. Die Anfänge der Schule könnten in die letzte Lebenszeit Pauli zurückreichen, wo dieser durch die Haft von seinen Gemeinden abgeschnitten und sein gewaltsames Todesgeschick zu befürchten war. Die Entstehung des Kolosserbriefes gehört in die Frühzeit der Schule bzw. des Deuteropaulinismus. Auf eine bereits in Gang gekommene Schultätigkeit könnte die Bereitstellung der im Brief verarbeiteten Traditionen sprechen, die weitgehend der hellenistischen Synagoge entlehnt sind. Die Konfrontation dieser Traditionen mit Themen paulinischer Theologie läßt die Offenheit für weiterführende Probleme wie die Bindung an das Überkommene in der hier geleisteten theologischen Reflexion erkennen. Dennoch muß der Brief letztlich als das Werk eines einzelnen angesehen werden, der innerhalb

---

[11] 2 Thess hat keine Grußliste.
[12] Vgl. unten zu 4, 7–17. W. MARXSEN, Einleitung in das NT (Gütersloh 1963) 160, beobachtet, daß nach Phm 23 Epaphras, nach Kol 4, 10 Aristarch Mitgefangener ist. Der Kolosserbrief ist jedoch nicht „eine Art von Pastoralbrief" (156). Die Pastoralbriefe gehen nicht an Gemeinden.
[13] Vgl. H.-M. SCHENKE, Das Weiterwirken des Paulus und die Pflege seines Erbes durch die Paulus-Schule, in: NTS 21 (1975) 505–518, besonders 515f; H. CONZELMANN, Paulus und die Weisheit, in: NTS 12 (1965/66) 231–244, der sogar mit einem von Paulus organisierten Schulbetrieb rechnet.

Einleitung

des Teams, das sich des paulinischen Werks und der Gemeinden des Apostels – vielleicht auch nur im asianischen Bezirk – annahm, eine herausragende Rolle gespielt hat. Man hat an Epaphras gedacht[14]. Es ist richtig, daß Epaphras aus sachlichen Gründen nicht im Präskript erwähnt werden konnte. Die Vertrautheit mit Anliegen der paulinischen Theologie, die eher der persönlichen Kenntnis als dem Studium der Paulusbriefe zuzuschreiben ist, führt zu einem anderen Namen, zu Timotheus. Es ist umstritten, ob der Kolosserbrief, außer dem Philemonbrief, die Kenntnis anderer Paulusbriefe voraussetzt. Wegen der Stoicheia und Kol 3,11 hat man an den Galaterbrief, wegen der Deutung des Leidens des Apostels in 1,24 an den 2. Korintherbrief (1,3–7), wegen der Gefangenschaft an den Philipperbrief gedacht[15]. Eine Sammlung der Paulusbriefe hat in dieser Zeit sicher noch nicht vorgelegen. Die Reflexion erweckt auch nicht den Eindruck, daß Paulusbriefe schon zum Gegenstand des Tradierens geworden sind[16]. Timotheus, der als der bedeutendste Mitarbeiter des Apostels gelten kann, zeichnet als Mitabsender im 2. Korinther-, Philipper- und 1. Thessalonicherbrief (hier mit Silvanus). Er hat den Theologen und Missionar Paulus am besten gekannt. Es müßte gefragt werden, was die Mitabsenderschaft, für die es in der antiken Briefliteratur nur wenige Parallelen gibt, bedeutet. Sicher ist Paulus der verantwortliche Verfasser der genannten Briefe. Aber könnte es nicht sein, daß er zuvor die anstehenden Probleme mit dem Mitabsender durchsprach und sich beraten ließ?[17] Könnte es dann sein, daß der Römer- und Galaterbrief, die allein mit seinem Namen gedeckt sind, die ureigensten Äußerungen seines Denkens darstellen? Daneben gilt, daß wir uns die Mitarbeiter des Apostels nicht als dessen Sklaven vorstellen dürfen[18]. Paulus hat ihren selbständigen Einsatz durchaus gewürdigt (vgl. 2 Kor 1,19). Wenn Timotheus den deuteropaulinischen Kolosserbrief verfaßt hat, hätte er an eine in protopaulinischen Briefpräskripten zum Ausdruck kommende Praxis angeknüpft. Er hätte damit den literarischen Deuteropaulinismus initiiert.

Bezüglich einer sicheren Bestimmung von Abfassungsort und -zeit tappen wir im dunkeln. Die Aktualität der kolossischen Bedrohung empfiehlt einen Ort in der Nähe, am ehesten Ephesos, wo man auch den Sitz der Paulus-Schule vermutet hat. Die Abfassungszeit kann nicht gut die ephesinische Gefangenschaft des Apostels gewesen sein[19]. Dann hätte dieser wahrscheinlich den Brief

---

[14] SUHL, Paulus 168 Anm. 93. [15] Vgl. LOHSE 255f.
[16] Vgl. A. LINDEMANN, Paulus im ältesten Christentum (BHTh 58) (Tübingen 1979) 114–122.
[17] CONZELMANN (Anm. 13) 234 formuliert überspitzt: „Man fragt sich, ob nicht immer noch die Suggestion von Paulus als dem übersprudelnden Genie, das seine Briefe in erhobener Stimmung herausschleudert, in der Auslegung nachwirkt. Vor diesem Bilde sollte schon die Tatsache warnen, daß Paulus Mitabsender nennt." – G. J. BAHR, Paul and Letter Writing in the Fifth Century, in: CBQ 28 (1966) 465–477, hier 476f, erwähnt Cicero, Att. XI, 5, 1. Hier spricht Cicero von einem Brief, den Atticus und andere an ihn gerichtet haben. Nach Bahr seien bei Briefen mit Ko-Autoren stets die Gedanken aller eingebracht worden. Vokabular, Stil und Grammatik gingen jedoch jeweils auf einen einzigen zurück. Vgl. OLLROG, Mitarbeiter 183–189.
[18] Dies zu zeigen, ist ein Anliegen von OLLROG, Mitarbeiter, besonders 203–233.
[19] Hierfür plädieren SCHWEIZER 27f und OLLROG, Mitarbeiter 232, die auch beide Timotheus für den wahrscheinlichen Autor des Briefes ansehen.

selber geschrieben. Die distanzierte, unbiografische und sachliche Art, wie Paulus zu Wort gebracht wird[20], läßt vermuten, daß der Autor das letzte Leiden und Martyrium des Apostels vor Augen hat. Es spricht der „erhöhte" Paulus. So könnte der Brief um das Jahr 70 entstanden sein[21].

2. Ist soeben das Zustandekommen des Kolosserbriefes als einer deuteronymen Schrift beschrieben worden, so bedarf das Problem der neutestamentlichen Deuteronymität bzw. Pseudonymität einer eigenen Erörterung. Diese kann hier nur in einem bestimmten Rahmen geschehen, der die Belange unseres Briefes vielleicht noch deutlicher hervortreten läßt. Dabei soll in Anlehnung an die eingebürgerten Begriffe Deuteropaulinismus, deuteropaulinisch von Deuteronymität gesprochen werden. Das Problem ist gegenwärtig lebhaft diskutierter Forschungsgegenstand. Anregend und befruchtend hat insbesondere W. Speyer gewirkt[22]. Vieles ist noch umstritten. Die anstehenden Fragen sind nicht nur moral-psychologische, sondern vor allem auch theologische und exegetische. Man hat den Eindruck, daß der moral-psychologische Aspekt zu stark in den Vordergrund gerückt wurde und die besonderen Belange des Historikers, Exegeten und Theologen immer noch vernachlässigt sind. In der prinzipiellen Frage, ob die neutestamentliche in die antike Pseudepigrafie, die bei Griechen und noch mehr bei Juden bekannt gewesen ist, ganz eingeordnet oder auf ihre eigenen Auffassungen hin untersucht werden muß, ist nachdrücklich zu fordern, daß letzteres keinesfalls ausgeklammert werden darf. Nach Möglichkeit sollten die je eigenen Voraussetzungen jeder deuteronymen Schrift oder Schriftengruppe überprüft werden.

W. Speyer hat das Wort von der echten religiösen Pseudepigrafie geprägt, die besonders im Judentum beheimatet gewesen sei. In ihr spreche oder schreibe der Autor, der sich auf Visionen oder Auditionen beruft, als Stimme Gottes, des Göttlichen, eines Engels, wie es in der alttestamentlichen Profetie oder im griechischen Orakel der Fall sei. Was neben dieser echten oder mythischen an religiöser Pseudepigrafie existiert, sei Fälschung oder Kunst. Jedoch dem aus einem pneumatischen Antrieb Schreibenden könne nicht mit den Mitteln eines rationalen Weltverständnisses begegnet werden. Durch das andersartige Den-

---

[20] Aufschlußreich neben 1,24ff ist auch die objektive, in die vollzogene Sache des Evangeliums eingebundene Verwendung des ἐγὼ Παῦλος in 1,23, die in den Protopaulinen keine Parallele hat. Dort unterstreicht es stets die Gewinnung der persönlichen Beziehung, wie SCHWEIZER 21 Anm. 11 treffend beobachtete. Vgl. Phm 19; 2 Kor 10,1; Gal 5,2; 1 Thess 2,18.
[21] Ähnlich SCHENKE (Anm. 13) 513. Vgl. H. KÖSTER, Einführung in das NT (Berlin 1980) 704. Die Verfechter der protopaulinischen Abfassung nehmen überwiegend die römische Gefangenschaft Pauli als Abfassungszeit und -ort an: KÜMMEL (Anm. 5) 250, der auch Caesarea für möglich hält; MOULE 25; CAIRD 160. Die Bezeugung des Kolosserbriefes erfolgt relativ spät. Der erste sichere Zeuge ist Eirenaios von Lyon († ca. 202), adv. haer. III, 14,1. Die Verweise auf Autoren der apostolischen Väterzeit sind samt und sonders fragwürdig: 1 Clem 49,2 (Kol 3,14?); Ign Trall 5,2 (Kol 1,16?); Polyk 12,2 (Kol 1,12?). Justin († ca. 165) scheint den Christus-Hymnus gekannt zu haben: dial. 84,2; 85,2; 100,2; 125,3; 138,2; kannte er auch den Kolosserbrief?
[22] Die literarische Fälschung im heidnischen und christlichen Altertum (HAW I/2) (München 1971).

ken, Erleben und Schaffen seien dem modernen Kritiker Grenzen gesetzt[23]. K. Aland hingegen beurteilt die neutestamentliche bzw. frühchristliche Pseudepigrafie als eine Erscheinung eigenster Art im Rahmen der ältesten christlichen Literatur, die er als Einheit verstanden wissen möchte. In dieser Epoche des Anfangs hätten sich die Autoren nicht als Schriftsteller, sondern als Werkzeug des in ihnen wirkenden heiligen Geistes begriffen. Wer damals der Gemeinde Weisungen gab, habe das aus der Kraft des Geistes heraus getan. Was sich im Schrifttum vollzieht, sei nur die Verlagerung der Botschaft vom Mündlichen in das Schriftliche. Heilige Schrift kenne für die frühe Christenheit keine Verfasser im modernen Sinn. Anonymität und Pseudonymität seien darum in jener Zeit das Normale gewesen. Nicht sie bedürften einer Erklärung, sondern der umgekehrte Fall, wenn ein Autor seinen Namen nennt. Um die Mitte des 2. Jahrhunderts, bedingt durch das Nachlassen der Erfahrung des Geistes und der Parusieerwartung, sei ein Wandel eingetreten. Jetzt werde es zur Regel, daß die Autoren ihre Schriften mit ihren Namen decken[24].

So wichtig der Hinweis auf das Profetisch-Inspiratorische ist, den Speyer und Aland von ganz unterschiedlichen Standpunkten aus geben, mit ihm allein wird man das Phänomen der religiösen und insbesondere der neutestamentlichen Pseudepigrafie nicht voll befriedigend erklären können. Wir werden gleich zu zeigen haben, welche Voraussetzungen für das Zustandekommen deuteronymer Schriften innerhalb des Corpus Paulinum gegeben gewesen sein müssen. Doch jetzt schon ist anzumerken, daß man ohne die Einbeziehung „religiöser" Traditionen oder der den deuteronym schreibenden Autoren und ihren Adressaten gemeinsamen, als verpflichtend angesehenen Überlieferungen und ihrer Reflexion nicht auskommt. Von da aus wird auch der Zusammenhang, der zwischen Deuteronymität und Anonymität sinnvoll hergestellt werden kann, einsichtig[25]. Beide Male geschieht etwas ganz Ähnliches. In den Evangelien etwa wird die Überlieferung von Jesu Worten und Taten durch anonym schreibende Autoren weitergetragen und für ihre Adressaten verbindlich ausgelegt. In deuteronymen Schriften werden kirchliche Traditionen, seien es paulinische oder andere, unter dem Namen des Apostels oder einer anderen kirchlichen Autorität aufgegriffen und vorgetragen. Es kommt darauf an, zu sehen, daß der deuteronyme oder anonyme Autor nicht etwas Neues beginnt, sondern aus der allgemein anerkannten Tradition seine Legitimation empfängt. Will man für ihn von einem profetischen Charisma reden, so ist es das der geistgewirkten Auslegung.

---

[23] Vgl. W. SPEYER, Religiöse Pseudepigraphie und literarische Fälschung im Altertum, in: N. BROX, Pseudepigraphie in der heidnischen und jüdisch-christlichen Antike (WdF 484) (Darmstadt 1977) 195–263, hier besonders 235–246.262.
[24] K. ALAND, Das Problem der Anonymität und Pseudonymität in der christlichen Literatur der ersten beiden Jahrhunderte, in: Studien zur Überlieferung des NT und seines Textes (ANTT 2) (Berlin 1967) 24–34, besonders 29f; DERS., Falsche Verfasserangaben?, in: ThRv 75 (1979) 1–10; DERS., Noch einmal: Das Problem der Anonymität und Pseudonymität in der christlichen Literatur der ersten beiden Jahrhunderte, in: Pietas (Festschrift B. KÖTTING) (JAC. E 8) (Münster 1980) 121–139.
[25] Vgl. H. HEGERMANN, Der geschichtliche Ort der Pastoralbriefe, in: Theologische Versuche II (hrsg. von J. ROGGE und G. SCHILLE) (Berlin 1970) 47–64, hier 50–54.

Deuteropaulinische Schriften wie der Kolosser- oder Epheserbrief haben im Leben und Wirken des Apostels Paulus und in den Erfahrungen seiner Gemeinden manche wichtige Anknüpfungspunkte. Die paulinischen Gemeinden kannten die Erfahrung der Abwesenheit des Apostels[26]. Von ihm gegründet, wurden sie bald wieder von ihm verlassen, der weiterzog, um in anderen Städten das Evangelium zu predigen. Es entwickelten sich verschiedene Formen der Kommunikation und Repräsentation des fernen Apostels. Zunächst sind es seine Briefe, die die Verbindung herstellten, aber auch Briefe der Gemeinden an ihn. Der Brief legte sich auch nach dem endgültigen Ausscheiden Pauli durch den Tod als Kommunikationsmittel nahe. Paulus hatte zu wiederholten Malen Männer aus seinem Mitarbeiterkreis in die Gemeinden gesandt, die nach dem Rechten zu sehen hatten. Wenn sie diese Briefe zu überbringen hatten, fungierten sie keinesfalls nur als Briefträger, sondern gleichsam als mit Vollmacht ausgerüstete apostolische Delegaten. Timotheus hatte sich in diesem Aufgabenbereich besonders bewährt (vgl. 1 Kor 4, 17; 16, 10; Phil 2, 19; 1 Thess 3, 2 und 6). Daneben hatte sich bereits zu Pauli Wirkungszeit und teilweise bereits davor eine christliche Tradition entwickelt, die als richtungsweisend genommen werden konnte. Der Apostel hat sein Evangelium nicht gegen diese Tradition gestellt, sondern vielmehr selbst in gewisser Weise traditionelles Denken entfaltet (vgl. nur 1 Kor 15, 1–11).

In nachpaulinischer Zeit setzt verstärkt die Besinnung auf die Anfänge ein. Die Zeit des Ursprungs wird zur Norm. Dies ist verknüpft mit der Einsicht dessen, was man dann das Apostolische genannt hat. An der Vergangenheit, die als überlegen empfunden wird, zu partizipieren ist eine auch den Griechen vertraute Vorstellung[27]. Besonderes Gewicht erhält sie im Judentum. Wenn in der jüdisch-apokalyptischen Literatur Schriften unter dem Namen des Esra, Henoch oder der Patriarchen herausgegeben werden, trägt man der verbreiteten Meinung Rechnung, daß der Geist der Profeten erloschen ist. Nur die Inanspruchnahme der großen Namen der Vergangenheit und die fiktive Rückversetzung in deren Zeit sichert die Autorität dieser Schriften ab. Gemeinsamkeit und Unterschiede, die zwischen diesem Verfahren und den Deuteropaulinen bestehen, sind evident. Hier rekurriert man nicht beziehungslos auf eine Größe in grauer Vorzeit, sondern auf den Apostel, der als Gestalt der jüngsten Vergangenheit mit den Gemeinden noch auf vielfältige Weise, über sein zu Tradition und Lehre werdendes Evangelium, über seine Mitarbeiter und – wie im Fall des Kolosser- und Epheserbriefes vermutet – über eine „Schule" verbunden ist[28]. Der Rekurs auf seinen Namen ist nicht Fiktion wie beim Rückgriff auf Henoch oder Esra in der Apokalyptik. Vielmehr bedeutet er, daß man bewußt an seiner Lehre anschließt und die eigene, durch neue Herausforderungen notwendig gewordene Weisung am apostolischen Ursprung ausrichten will.

---

[26] Vgl. N. Brox, Falsche Verfasserangaben. Zur Erklärung der frühchristlichen Pseudepigraphie (SBS 79) (Stuttgart 1975) 112.
[27] Vgl. Brox (Anm. 26) 105.
[28] Auch H. R. Balz, Anonymität und Pseudepigraphie im Urchristentum, in: ZThK 66 (1969) 403–436, hier 431, rechnet für Kol und Eph mit einer Schultradition. Im übrigen fordert er die genaue Beachtung der Gattung innerhalb der Pseudepigraphie.

Einleitung

Eine letzte Voraussetzung schließlich für die Deuteronymität darf nicht vergessen werden. Sie ist sogar von entscheidendem Rang. Es ist die Akzeptation der deuteronymen Schriften durch die Kirche. Zunächst war dies jeweils die Annahme durch die Lokalkirche einer Gegend oder Provinz. Sie erkannte in dem literarischen Produkt die Übereinstimmung mit ihrem Evangelium oder genauer: mit ihrer Tradition. Die Legitimation durch diese Kirche drückte gleichsam dem Schreiben das Siegel der Gültigkeit auf. Dieser Vorgang ist für den Prozeß der Kanonbildung von Wichtigkeit. Die Geschichte des Urchristentums müßte als Geschichte der Lokalkirchen und ihrer Traditionen auf dem Weg zur Großkirche geschrieben werden. Faktisch war später für die kanonische Geltung einer Schrift die auto- oder deuteronyme Abfassung von großer Bedeutung. Sie war aber nicht ausschlaggebend. Den letzten Ausschlag gab jeweils der Inhalt[29], die Weisung, das vermittelte Wort, das als gültig anerkannt oder als falsch oder bedeutungslos zurückgewiesen wurde. Das Problem der Deuteronymität ist letztlich ohne diesen ekklesiologischen Horizont nicht zu verstehen[30].

---

[29] Interessante Belege bei BROX (Anm. 26) 120–129. Vgl. auch DERS., Zum Problemstand in der Erforschung der altchristlichen Pseudepigraphie, in: BROX (Anm. 23) 311–334.
[30] Dies betont zu Recht W. TRILLING, Untersuchungen zum zweiten Thessalonicherbrief (EThS 27) (Leipzig 1972) 151–155. Vgl. noch J. ZMIJEWSKI, Apostolische Paradosis und Pseudepigraphie, in: BZ 23 (1979) 161–171, der seine Beobachtungen anhand von 2 Petr macht.

Auslegung

Eröffnung (1, 1–8)

Zur Eröffnung des Briefes zählen wir das Präskript (1, 1f) und das Prooemium, in dem eine Eucharistia vorgetragen wird (1, 3–8). Das Besondere des Prooemiums unseres Briefes besteht darin, daß eine wichtige Person erwähnt wird: Epaphras, der Glaubensbote des Lykostales. Er ist am Ort der Abfassung des Briefes (4, 12 f). Seine Nachrichten über die Gemeinde der Kolosser klingen zunächst gut (1, 8). Sicher aber hat er vor allem über die Bedrohung der Gemeinde durch eine Irrlehre berichtet. Das wird zunächst noch nicht ausdrücklich gesagt, sondern erst allmählich vorbereitet. Dies ist jedoch als der hauptsächliche Anlaß für die Entstehung unseres Schreibens anzusehen. Diese Besonderheit empfiehlt es, die Eröffnung des Briefes im vorgeschlagenen Sinn abzustecken.

1. DAS PRÄSKRIPT (1, 1f)

1, 1 Paulus, Apostel Christi Jesu durch den Willen Gottes, und Timotheus, der Bruder, 2 an die Heiligen in Kolossä und gläubigen Brüder in Christus. Gnade euch und Friede von Gott, unserem Vater.

I

Die Form des Präskriptes ist die in Briefen übliche. Sowohl im Orient als auch im Okzident wurden bei der Eröffnung eines Briefes die Namen des Absenders und des Adressaten genannt. Folgte im griechischen Brief als Begrüßung das knappe χαίρειν (vgl. Jak 1, 1; Apg 15, 23), so war im jüdischen ein Friedensgruß üblich: „Euer Friede mehre sich" (LXX Dan 3, 31), oder einfach: „Friede"[1]. An den Wunsch „Gnade euch und Friede" kommt am nächsten der Briefeingangsgruß in ApkBarsyr 78, 2 heran: „Erbarmen und Friede euch". Weil Gnade und Erbarmen außerhalb eines Brieftextes den Erwählten auch Weish 3, 9; 4, 15 zugesprochen werden, aber auch sonst als Zuspruch nicht selten anzutreffen sind, wird man den zweiten Satz des Präskriptes als Segenswort anzusprechen haben[2]. Griechischer Einfluß – etwa in dem Sinn, daß das klangverwandte χάρις griechisches χαίρειν ersetzt habe – ist nicht zu vermuten[3]. Die

---
[1] So in einem Brief Simeon Bar Kokhbas an Jejoschua ben Gilgola. Vgl. J. T. MILIK, Discoveries in the Judaean Desert II (Oxford 1961) 159–161.
[2] Das Material ist zusammengetragen bei K. BERGER, Apostelbrief und apostolische Rede. Zum Formular frühchristlicher Briefe, in: ZNW 65 (1974) 190–231, hier 198 Anm. 33.
[3] Gegen LOHSE 33.

Ableitung des Wunsches „von Gott, unserem Vater" hat keine Parallele und ist paulinisch-christlich. Auffällig ist, daß das sonst bei Paulus übliche zusätzliche „und dem Herrn Jesus Christus" fehlt[4]. Trotz der Stereotypie des paulinischen Briefeingangswunsches ist die Annahme, daß sie bereits auf eine liturgische Formel zurückgreift, nicht zutreffend. Das Fehlen von Artikeln ist jedenfalls kein Argument[5]. Gleichwohl ist der Segenswunsch im Zusammenhang mit der abschließenden Formel 4, 18b zu sehen, mit der zusammen er dem Brief, der für die Verlesung in der Gemeindeversammlung von Kolossä bestimmt ist, ein gewisses liturgisches Gepräge verleiht.

II

V 1f Paulus ist wie in 1 Kor 1, 1; 2 Kor 1, 1; Eph 1, 1; 2 Tim 1, 1 als der durch den Willen Gottes bestellte Apostel eingeführt. Seine unmittelbare Berufung durch Gott, die ihn zum Apostel für die Heidenvölker bestimmte, hat ihre nächste Analogie in der Berufung alttestamentlicher Profeten und Gottesmänner (vgl. Gn 12, 1–3; Ex 3, 1 – 4, 17; Is 6; Jer 1, 4–10)[6], wie Paulus in Gal 1, 15 in die Darstellung seiner Berufung Worte aus Jer 1, 5; Is 49, 1 einfließen läßt. Im Gegensatz zu Kol 1, 9; 4, 12 ist der Wille Gottes hier der erwählende und beauftragende. Das Apostelamt hat sich Paulus nicht selbst verliehen. Seine Autorität ist freilich für die kolossischen Adressaten unbestritten. Im Gegenteil, wenn der dem Apostel nahestehende Verfasser sich auf die Autorität Pauli beruft, kann er davon ausgehen, daß der Name Pauli seinen Ausführungen Gewicht verleiht. Als Mitabsender zeichnet wie in 2 Kor 1, 1; Phil 1, 1; 1 Thess 1, 1; 2 Thess 1, 1[7]; Phm 1 Timotheus. Timotheus wird als „der Bruder" deutlich vom Apostel abgesetzt[8]. Er gilt als der dem Apostel treueste Mitarbeiter, dem jener in Phil 2, 19–23 ein einzigartiges Zeugnis ausstellte. Früher dachte man gelegentlich daran, daß Timotheus dem Apostel als Schreiber des Briefes gedient habe[9]. Dies trifft nicht zu. Anders die Meinung, daß er als Mitabsender auf die Gestaltung des Schreibens eingewirkt hat. Vermutlich ist Timotheus sogar der Verfasser unseres deuteropaulinischen Briefes (hierzu vgl. oben die Einleitung S. 22). Wenn er in der Grußliste am Schluß nicht erwähnt wird, will er als Sachwalter des Apostels ganz hinter dessen Person zurücktreten. Die Adressaten werden nicht als ἐκκλησία (wie 1 Kor 1, 2; 2 Kor 1, 1; Gal 1, 2; 1 Thess 1, 1; 2 Thess 1, 1; Phm 2), sondern als die Heiligen in Kolossä angesprochen[10]. Damit sind sie mit einem biblischen Begriff als jene gekennzeichnet, die Gott zu seinem Volk berufen hat. Jeder einzelne aus ihnen kann sich mit

---

[4] ℵ A C I ℜ G lat vg^clem tragen sekundär καὶ κυρίου (1877 ἡμῶν) Ἰησοῦ Χριστοῦ nach.
[5] Zutreffend G. FRIEDRICH, Lohmeyers These über das paulinische Briefpräskript kritisch beleuchtet, in: ThLZ 81 (1956) 343–346, gegen E. LOHMEYER, Probleme paulinischer Theologie (Darmstadt/Stuttgart 1954) 9–29.
[6] Vgl. ERNST, SCHWEIZER.
[7] In den beiden Thessalonicherbriefen wird als Mitabsender noch Silvanus genannt.
[8] Den Brudernamen erhält Röm 16, 23 Quartus, 1 Kor 1, 1 Sosthenes, 1 Kor 16, 12 Apollos. Vgl. 2 Kor 8, 18; 12, 18.
[9] EWALD, SODEN.
[10] Einzelne Handschriften lesen ἐν Κολασσαῖς (I K). Die Änderung in Kolassä dringt auch in Texte Herodots, Xenophons ein. Vgl. SODEN; LIGHTFOOT 16–18.

dieser Adresse angesprochen fühlen. Vielleicht ist dies bereits ein erster Hinweis auf die Bedrohung durch die Irrlehre, mit der sich der Brief auseinandersetzen wird. Die für das Präskript eines Briefes des Corpus Paulinum einmalige Ansprache „an die gläubigen Brüder in Christus" hingegen hebt kaum auf die von ihnen zu bewahrende Treue ab[11]. Vielmehr beschreibt sie ihre Gemeinschaft als Bruderschaft der Gläubigen. „Die Gläubigen" haben eine schon nahezu technische Bedeutung gewonnen. Man könnte dafür „die christusgläubigen Brüder" sagen. Wenn die „Schwestern" nicht eigens angesprochen werden, erklärt sich das aus der antiken Familienstruktur, könnte aber Bedeutung gewinnen für den umrätselten Vers 4,15[12]. Die für die paulinische Theologie bezeichnende Formel „in Christus"[13], die die „Heiligen" und die „gläubigen Brüder" näher beschreibt, ruft in das Bewußtsein, daß die Adressaten dem Christus-Leib der Kirche zugehören und damit unter der sie bestimmenden Christusherrschaft stehen. Das Segenswort, nach 1 Thess 1,2 das kürzeste in einem Briefpräskript des Corpus Paulinum, wünscht der Gemeinde mit Gnade und Friede die heilvolle Zuwendung Gottes. Wenn hier auch die ausdrückliche christologische Ableitung des Heils ausgelassen ist[14], besteht doch kein Zweifel, daß die Vaterprädikation Gottes sich im Licht des durch Christus gewonnenen neuen Zugangs zu Gott versteht.

2. DIE DANKSAGUNG (1,3–8)

3 Wir danken Gott, dem Vater unseres Herrn Jesus Christus, allezeit, wenn wir für euch beten, 4 da wir von eurem Glauben an Christus Jesus und der Liebe hörten, die ihr zu allen Heiligen habt, 5 wegen der Hoffnung, die euch in den Himmeln aufbewahrt ist. Von ihr habt ihr früher gehört durch das Wort der Wahrheit des Evangeliums, 6 das bei euch anwesend ist, wie auch in der ganzen Welt, fruchtbringend und wachsend, wie auch bei euch, seit dem Tag, da ihr die Gnade Gottes in Wahrheit hörtet und erkanntet; 7 wie ihr (es) lerntet von Epaphras, unserem geliebten Mitknecht, der an unser Statt ein treuer Diener Christi ist. 8 Er hat uns auch berichtet von eurer Liebe im Geist.

I

Der Eingang des Briefkontextes (Prooemium) weist in den Briefen des Corpus Paulinum in der Grundstruktur gewisse Übereinstimmungen auf. Dazu gehört

---

[11] Gegen LIGHTFOOT.
[12] In der Haustafel 3,18 werden die Ehefrauen eigens angesprochen.
[13] Auffällig ist ἐν Χριστῷ an dieser Stelle. In Phil 1,1; 1 Kor 1,2 spricht Paulus von den „Heiligen bzw. Geheiligten in Christus *Jesus*". Zahlreiche Handschriften ergänzen: A D* G lat.
[14] Für die Auslassung braucht man bei der Variabilität der Präskripte im einzelnen nach keinem besonderen Grund zu suchen. EWALD sieht einen Zufall bzw. ein Überhören beim Diktat im Spiel.

der an Gott gerichtete Dank, der sich mit dem Gedenken (μνεία) im Gebet verbinden kann und in der Regel damit begründet wird, daß Paulus den gegenwärtigen Stand der Gemeinde und besonders deren Anfänge bedenkt. Innerhalb des Themas sind Variationen möglich. So kann sich mit dem Dank die ausdrückliche Fürbitte verbinden (wie Phil 1, 3–11) oder an seine Stelle eine Eulogie treten (wie 2 Kor 1, 3ff). Wenn im Galaterbrief der Dank fehlt, hängt das mit dem gefährdeten Gemeindezustand zusammen. Dies beweist aber nur, daß sich der Apostel nicht sklavisch an das Schema gebunden weiß. Im Kolosserbrief haben wir nur den Dank, der mit dem Blick auf die Gläubigen in Kolossä und die Gründung ihrer Gemeinde motiviert ist, das Gedenken (μνεία) fehlt. Wie im Philipperbrief schließt sich an die Eucharistia eine Fürbitte an (1, 9ff). Diese aber ist abgesetzt. Wiederholt wurde behauptet, der Dank im Briefeingang stelle eine Anlehnung an eine hellenistische Briefpraxis dar[1]. In der Tat besitzen wir Papyrus-Briefe seit dem 2. Jahrhundert v. Chr., die nach dem Präskript mit einem Dank an die Götter (mit χάρις τοῖς θεοῖς, εὔχομαι oder εὐχαριστῶ) anheben[2]. Dessen Begründung aber wie die Tatsache, daß es sich um Briefe von Person zu Person handelt, lassen erhebliche Unterschiede wahrnehmen. Der Inhalt des Dankes ist fast ausschließlich die gute Gesundheit des Adressaten, wie der Absender versichern kann, daß es ihm gesundheitlich gut geht[3]. Zum Vergleich bieten sich darum eher Gemeindebriefe aus dem jüdischen Bereich an, in denen sowohl das Gebet als auch das Gedenken vorkommt (ApkBarsyr 78, 3; 86, 3; 1 Makk 12, 11; 2 Makk 1, 3–5). – In der Forschung umstritten ist die Abgrenzung des Prooemiums nach vorwärts. Während Schweizer es mit V 8 beendet sein läßt, reicht nach Lohse die Briefeinleitung bis V 11, nach Lohmeyer sogar bis V 29[4]. Die Abgrenzung mit V 8 ist vorzuziehen. In V 9 beginnt mit διὰ τοῦτο etwas Neues, nämlich trotz der fortbestehenden Gebetsform der lehrhafte Teil des Briefes. V 12 kann schon von der Satzstruktur (Partizip) her nicht als Neueinsatz aufgefaßt werden. Der vom Hymnus beherrschte Teil ist so gewichtig, daß er nicht zum Prooemium geschlagen werden kann (gegen Lohmeyer). Auch läßt sich eine rhythmische oder strophische Struktur des Abschnitts VV 3–8 nicht erkennen[5], dagegen aber ein durch die Verbformen markierter gedanklicher Fortschritt. In 3–4a spricht der Verfasser in der 1. Person Plural von seinem Tun; ἀκούσαντες leitet über. 4b–7a beschreiben

---

[1] Besonders Lohse 41.
[2] Reichhaltiges Material ist gesammelt von P. Schubert, Form and Function of the Pauline Thanksgivings (BZNW 20) (Berlin 1939) 158–179. Vgl. O. Roller, Das Formular der paulinischen Briefe. Ein Beitrag zur Lehre vom antiken Brief (BWANT 58) (Stuttgart 1933) 63f.463; P. Wendland, Die urchristlichen Literaturformen (HandbNT I/2–3) (Tübingen ²⁻³1912) 413f. – Epiktet und Philo betonen den Dank als ethische Haltung. Vgl. Schubert, a.a.O. 122–142.
[3] So dankt in einem Brief, der im 2. Jahrhundert n. Chr. von Italien nach Ägypten ging, ein gewisser Apion, daß ihn der Kyrios Sarapis aus den Wellen des Meeres gerettet hat. Bei Schubert (Anm. 2) 166. Ansonsten wirkt der Gesundheitswunsch formelhaft.
[4] Ernst 155 meint, daß die Abgrenzung des Prooemiums zum Briefkorpus in unserem Brief nicht sehr scharf gezogen sei.
[5] Lohmeyer 20 möchte vier Dreizeiler herausschälen: 3, 4–5a, 5b–6, 7–8. Daß jeweils ein Verb die Dreizeiler einleite, ist bei der Fülle der im Abschnitt vorkommenden Verben eine unzureichende Signatur.

in der 2. Person Plural Tätigkeiten der Kolosser, die in der Gegenwart und (überwiegend) in der Vergangenheit liegen. Genauer sind es ihr gegenwärtiger Glaube und ihre einstige Übernahme des Glaubens. V 6 a berichtet als eine Art kleiner eingeschalteter Exkurs vom Schicksal des Evangeliums in Kolossä und in der Welt. In 7 b–8 wird schließlich Epaphras (relativischer Anschluß mit ὅς ἐστιν) charakterisiert, der der Gründer der Gemeinde und Mittelsmann zu Paulus ist. Auffällig im Abschnitt sind gewisse Dreierstrukturen: Glaube – Liebe – Hoffnung (4 f); der Glaube an *Christus Jesus* (4), die Gnade *Gottes* (6) und „eure Liebe im *Geist*" (8). Die universalisierende Ausrichtung, die uns auch im folgenden begegnen wird und durch das Wörtchen πᾶς gekennzeichnet ist, prägt bereits das Prooemium: sie haben Liebe zu *allen* Heiligen (4), das Evangelium bringt ἐν παντὶ τῷ κόσμῳ Frucht (6).

II

V 3 Am Briefeingang steht – wie bei Paulus üblich – ein Dankgebet an Gott. Dies ist weder eine captatio benevolentiae noch ein „Vorherglätten" der Gemeinde (Theodoret), sondern Ausdruck der inneren Verbundenheit des Apostels mit den Gemeinden. Der Eingang des Dankgebetes im Kolosserbrief zeichnet sich durch ein Zweifaches aus. Einmal ist er im Plural formuliert (Röm 1,8; 1 Kor 1,4; Phil 1,3; Phm 4 spricht Paulus im Singular), zum anderen ist von Gott, dem Vater unseres Herrn Jesus Christus, die Rede (an den genannten Stellen von θεός μου). Letzteres setzt das Bekenntnis zu Gott dem Vater und zum Kyrios Jesus Christus voraus (vgl. 1 Kor 8,6; Phil 2,11; Röm 10,9) und spiegelt eine bereits geprägte Sprache wider (vgl. 2 Kor 1,3; Eph 1,3; 1 Petr 1,3; Röm 15,6), die vermutlich in der Gemeindeliturgie verwurzelt ist (vgl. 2 Kor 11,31)[6]. Die Vorstellung Gottes als Vater ist zwar dem Alten Testament und auch dem Griechentum bekannt, zu Gott aber im Gebet Vater zu sagen ist im Judentum nur spärlich belegt. Wenn die Griechen Zeus als Vater anrufen können, steht dahinter eine ganz andere und von der Bibel stets streng gemiedene Vorstellung, nämlich die von einer natürlichen Verwandtschaft zwischen Gott und den Menschen[7]. Der christliche Vater-Gott ist an Jesus Christus gebunden, und nur über diesen gewinnt der Christ die Möglichkeit, zu Gott Vater zu sagen. Für den Juden ist Jahve der Gott unserer Väter, für den Christen ist er der Vater unseres Herrn Jesus Christus. Das Dankgebet richtet sich an Gott, nicht an Christus. Christus ist der Mittler des Gebetes, in seinem Namen wird es gesprochen[8]. Dies verdeutlicht, daß „das Betenkönnen keine Selbstverständlichkeit"[9], sondern gnadenvolle Eröffnung ist. Die pluralische Form des

---

[6] Vgl. LOHSE 44. – Während die zitierten Stellen von „Gott und Vater" sprechen, ist in Kol 1,3 das καί ausgefallen. ℵ A I K vg ergänzen es, D* G führen den Artikel τῷ πατρί ein. Χριστοῦ fehlt in 1739.
[7] Vgl. G. SCHRENK – G. QUELL, in: ThWb V 946–981. Zur Anrufung Zeus' als Vater ThWb V 952 Anm. 31. Zur Anrufung Gottes als Vater im Judentum vgl. J. JEREMIAS, Neutestamentliche Theologie. I. Teil: Die Verkündigung Jesu (Gütersloh 1971) 68–72.
[8] Zum Problem vgl. G. LOHFINK, Gab es im Gottesdienst der neutestamentlichen Gemeinden eine Anbetung Christi?, in: BZ 18 (1974) 161–179.
[9] CONZELMANN.

Dankgebetes ist vielfach gedeutet worden. Lohmeyer sah in dem Wir das Verhältnis des Apostels zur kolossischen Gemeinde angezeigt, die Paulus persönlich nicht kannte. Andere bemessen dem Wechsel zwischen Wir und Ich keine besondere Bedeutung bei [10]. Nach Caird drückt das ἐγώ „clarity or emphasis" aus. Weil im Kolosserbrief Dank- und Fürbittgebet (V 9) in der Wir-Form gehalten sind, wird man vermuten dürfen, daß auf ein gemeinsames Gebet von Paulus und Timotheus hingelenkt ist [11]. Die Stellung der Zeitbestimmung πάντοτε ist strittig: dankt der Apostel jederzeit, wenn er für die Kolosser betet, oder dankt er, jederzeit für sie betend [12]? Der manchesmal schwebende Stil des Briefes läßt eine eindeutige Beziehung kaum zu, doch empfiehlt sich das erste. So kommt die Größe des Dankes klar zum Ausdruck.

V 4 Anlaß für die Eucharistia ist der gute Stand der Gemeinde, von dem der Apostel gehört hatte. Wegen der unbestimmten Formulierung, die sich deutlich an Phm 5 anlehnt, ist es unsicher, ob das Hören sich – wie in V 8 – auf Nachrichten bezieht, die Epaphras überbracht hatte. Die lobende Rückbesinnung auf die guten Anfänge könnte durchaus bereits im Blick auf die Bedrohung durch die Häresie erfolgen [13]. Das Gewonnene darf nicht verlorengehen. Dieses wird mit Glaube und Liebe umschrieben. Wenn in V 5 die Hoffnung folgt, ist die auch sonst bei Paulus nachzuweisende Trias gegeben (vgl. 1 Thess 1, 3; 5, 8; 1 Kor 13, 13) [14]. Es bleibt aber zu berücksichtigen, daß Hoffnung hier das objektive im Himmel bereitliegende Hoffnungsgut und nicht ein subjektives Hoffen meint. Dennoch dürfte Übernahme der bereits formelhaften Trias vorliegen, weil ansonsten für das himmlische Gut ein anderes Wort näher gelegen hätte. Die πίστις ἐν Χριστῷ Ἰησοῦ wird in der Regel von der paulinischen In-Christus-Aussage her als Bestimmung des Glaubens durch seinen Grund, den dieser im Herrschaftsbereich des Christus gewinnt, interpretiert. Wahrscheinlicher aber ist, daß – wie in Eph 1, 15 – der Glaube an Christus Jesus gemeint ist, demnach bereits eine inhaltliche Bestimmung vorliegt [15]. Dies empfehlen Phm 5: πίστιν... πρὸς τὸν κύριον Ἰησοῦν, und das folgende parallele ἀγάπην... εἰς πάντας τοὺς ἁγίους (vgl. Kol 2, 5). Wie der Glaube auf Christus gerichtet ist, so die Liebe auf alle Heiligen [16]. Christlicher Glaube kann von der Liebe zu den Menschen nicht getrennt und nicht dispensiert werden. Die pleroforisch wirkende Ausrichtung auf alle Heiligen will weder die Größe dieser Liebe preisen [17] noch an die Kollekte für die Armen in Jerusalem erinnern, an

---

[10] LOHSE.   [11] Mit SODEN, HUGEDÉ.
[12] Das erste bevorzugen EWALD, HUGEDÉ, LIGHTFOOT, das zweite ABBOTT, LOHMEYER, MUSSNER. Wenn B D* G statt περί ὑπέρ lesen, könnte dies Angleichung an Parallele Eph 1, 16 sein.
[13] Mit HUGEDÉ.
[14] Die Trias ist als christliche entstanden, wie der Vorrang des Glaubens ausweist, und nicht als Ableitung aus einer gnostischen Viererreihe zu erklären. Zur Auseinandersetzung mit R. REITZENSTEIN vgl. LOHSE 45 und Anm. 3.
[15] Vgl. G. JEREMIAS, Der Lehrer der Gerechtigkeit (StUNT 2) (Göttingen 1963) 145f; GNILKA, Epheserbrief 88.
[16] Die LA τὴν ἀγάπην τὴν εἰς πάντας τοὺς ἁγίους (𝔐 sy^p) ist Angleichung an Parallele Eph 1, 15.   [17] LOHSE.

der sich die Kolosser großzügig beteiligt hätten[18]. Die Kollekte wird im Brief nicht erwähnt. Es handelt sich vielmehr um eine grundsätzliche Aussage. Die Liebe versteht sich vom Zusammenleben in der Kirche her. Diese ist von vornherein als die eine gesehen, zu der alle Heiligen in den verschiedenen Ortsgemeinden gehören. „Die allerpersönlichste christliche Liebesäußerung findet in ‚ökumenischer Bewegung' statt."[19]

V 5 Als Grund (διά) wird die Hoffnung angegeben, aber wofür? Entweder begründet die Hoffnung den Dank des Apostels – dabei betrachtet man V 4 als Parenthese[20] – oder Glaube und Liebe der Kolosser. Das erste scheitert unter anderem daran, daß das Dankgebet in den Prooemien der Briefe des Corpus Paulinum stets mit dem Zustand der Gemeinde verbunden ist[21]. Das zweite erweckt die Vorstellung eines durch die Aussicht auf himmlischen Lohn motivierten Glaubens und Liebens, eines amour désintéressé. Es fragt sich, was mit der ἐλπίς gemeint ist, da ihr ja als einer im Himmel bereitliegenden der „Gedanke einer Substanzialität" (Lohmeyer) eignet und sie infolgedessen nicht das unmittelbare christliche Hoffen beschreiben kann. Als nächste Analogie kommt 2 Tim 4,8 in Frage, wonach Paulus und andere des „Kranzes der Gerechtigkeit" sicher sein können, der für sie am Tag des Gerichtes bereitliegt. Im Hintergrund steht die jüdisch-apokalyptische Idee, daß der Gerechte einen Schatz im Himmel besitzt: „Beim Höchsten ist für sie ein Schatz von guten Werken hinterlegt, doch wird er dir nicht bis zum jüngsten Tag gezeigt" (4 Esr 7, 72). „Gern warten die Gerechten auf das Ende, und ohne Furcht verlassen sie das Leben, weil sie bei dir einen Schatz von Werken haben" (ApkBarsyr 14, 12; vgl. 24, 1; 4 Esr 7, 14; 2 Makk 12, 45). Auch nach Philo ruht der wahre Reichtum, den man durch Weisheit und Frömmigkeit erwartet, im Himmel (praem. poen. 104)[22]. Wahrscheinlich geht das Ganze auf einen Brauch des persischen Königshofes zurück, wie das in diesen Texten häufigere ἀπόκειμαι (= bereitliegen, aufbewahrt sein) nahelegt. Danach wurden verdiente Männer in das Staatsarchiv eingetragen und ihnen zugesichert, daß der königliche Dank und der Titel eines Wohltäters für sie „aufbewahrt" ist[23]. Die zeitgeschichtlichen Parallelen legten es nahe, die bereitliegende Hoffnung von Kol 1,5 mit den guten Taten des Menschen zu identifizieren[24]. Im Kolosserbrief wird die Vorgabe umgedeutet. In 1,23 wird von der Hoffnung des Evangeliums gesprochen, nach 1,27 ist Christus die Hoffnung auf Herrlichkeit. Dies berechtigt aber nicht, die Hoffnung mit Christus gleichzusetzen[25]. Wenn letztlich die Herrlich-

---

[18] Vermutung von Mussner, Ernst.
[19] Bieder. Vgl. Conzelmann.
[20] Abbott, Haupt, Rendtorff.
[21] Weitere Argumente bei Lightfoot.
[22] Reiches Belegmaterial bei Billerbeck I 429f (zu Mt 6,17). Verwandt mit der Idee vom Schatz, aber aus anderen motivgeschichtlichen Quellen gespeist, ist die Vorstellung vom Buch des Lebens, Schicksalsbuch, Buch der Taten eines Menschen und Buch des göttlichen Weltplans. Dazu vgl. Billerbeck II 169–176.
[23] Vgl. F. Pfister, Zur Wendung ἀπόκειταί μοι ὁ τῆς δικαιοσύνης στέφανος, in: ZNW 15 (1914) 94–96. Belege auch bei Dibelius, Lohse.
[24] So Pfister.   [25] Gegen Lohse, Mussner.

keit, das heißt die endgültige Teilhabe am göttlichen Leben, das Hoffnungsgut ist, ist dieses nicht getrennt von Christus zu denken[26]. Wir werden mit ihm zusammen in Herrlichkeit offenbar werden (3, 4). Das objektiv-räumliche Konzept der Hoffnung, das das zeitliche Moment zwar nicht aufhebt, aber doch stark zurücktreten läßt, bedeutet gegenüber Paulus einen Wandel[27]. Paulus betont die Erwartung des Künftigen, das Vertrauen und die Geduld des Wartens, die paradoxe Hoffnung wider die Hoffnung (Röm 4, 18)[28]. Freilich gibt es bei ihm auch ein erhofftes eschatologisches Heilsgut[29].

Von diesem Hoffnungsgut haben die Kolosser vorher gehört (προηκούσατε). Das griechische Wort bedeutet eigentlich „etwas hören, bevor das Gehörte geschieht"[30]. Demnach müßte sich das „vorher" auf die Parusie beziehen. Es wird jedoch auf die Anfänge der Gemeinde zurückgelenkt, als das Evangelium, auf das sie jetzt erneut verwiesen werden, zum erstenmal an sie erging. Das Evangelium wurde ihnen als das Wort der Wahrheit verkündet. Auch dieser Begriff ist gegenüber Paulus, der vom Wort Gottes (1 Kor 14, 3; 2 Kor 2, 17; Phil 1, 14; 1 Thess 2, 13), vom Wort der Versöhnung (2 Kor 5, 19), vom Wort des Herrn (1 Thess 1, 8) sprechen kann, neu[31]. Er hat seine Vorgabe im Alten Testament: „Entziehe meinem Mund nicht das Wort der Wahrheit" (Ps 119, 43)[32]. Die Wahrheit ist von der Bibel her das verläßliche, zuverlässige Wort[33]. Angesichts der kolossischen Irrlehre in einer veränderten Situation wird Wahrheit auch das inhaltlich zu umschreibende, richtige Wort mit einbeziehen, das Wort, das auf den richtigen Weg schickt, von dem sie abgebracht werden sollen.

V 6 Ein kleiner Exkurs[34] kommt auf das Evangelium zu sprechen, das wie eine selbstwirkende Größe vorgestellt ist. Seine Ankunft in Kolossä wird vor seiner Vermittlung durch Epaphras (V 7) erwähnt. Die Apostel und Missionare sind nur seine Diener (1, 23). Bei seinem Zug durch die Welt kam es auch nach Kolossä, wo es nunmehr Aufnahme gefunden hat. V 6 ist durch einen zweifachen Vergleich (doppeltes καθώς) bestimmt[35], der die Gemeinde und die Welt

---

[26] Vgl. MASSON, HUGEDÉ. LOHMEYER 24 denkt an den Doxa-Leib der Auferstehung.
[27] Die Andersartigkeit der Hoffnungsstruktur im Kol gegenüber Paulus betont scharf G. BORNKAMM, Die Hoffnung im Kolosserbrief. Zugleich ein Beitrag zur Frage der Echtheit des Briefes, in: Studien zum NT und zur Patristik (Festschrift E. Klostermann) (TU 77) (Berlin 1961) 56–64. Vgl. W. GROSSOUW, L'espérance dans le NT, in: RB 61 (1954) 508–532.
[28] Vgl. R. BULTMANN, in: ThWb II 527–529.
[29] BULTMANN (Anm. 27) 528 mit Verweis auf 2 Kor 3, 1–18 und andere Stellen.
[30] Vgl. CAIRD.   [31] Vgl. jedoch 2 Tim 2, 15.
[32] Vgl. Ps 119, 142: „Deine Weisung ist Wahrheit"; 119, 160: „Das Wesen deines Wortes ist Wahrheit." TestGad 3, 1: „Höret die Worte (Plural!) der Wahrheit."
[33] Gut beschrieben von SCHWEIZER 36 f.
[34] Auch DIBELIUS spricht von einer Unterbrechung.
[35] Syntaktisch bereitet doppeltes καθώς Schwierigkeiten. Am besten faßt man καρποφορούμενον καί αὐξανόμενον als Apposition (mit SODEN, DIBELIUS, LOHMEYER, CONZELMANN, LOHSE, ERNST. Vgl. die Übersetzung). STAAB, MASSON lassen mit dem ersten καθώς einen neuen Satz beginnen: „... das zu euch gekommen ist. Wie es in der ganzen Welt Frucht bringt und wächst, so auch bei euch." Verschiedene Hss haben vor ἐστίν erleichternd ein καί eingeschoben (𝔎G). Die Phrase καί αὐξανόμενον fehlt in 𝔎, wahrscheinlich ein Versehen.

angeht. Wiederum ist das Anliegen erkennbar, daß die Ortsgemeinde sich als ein in die ökumenische Kirche eingefügtes Teil verstehen soll[36]. Der erste Vergleich betrifft die Anwesenheit des Evangeliums in Kolossä und „in der ganzen Welt". Man wird den Gedanken mit herauslesen dürfen, daß es dasselbe Evangelium ist, das sie weltweit untereinander verbindet. Die Häresie hat ein partikuläres Sonderevangelium, das die Ökumene zerspaltet. Es entspricht einer auch sonst in paulinischen Briefprooemien nachzuweisenden Gewohnheit, die Ortsgemeinde auf ihren Zusammenhang mit den übrigen Gemeinden aufmerksam zu machen (Röm 1,8; 1 Kor 1,2; 1 Thess 1,8f). Nur im Kolosserbrief aber wird diese Verbindung explizit vom Evangelium her gedacht. Es ist das unbestreitbare geschichtliche Verdienst des Völkerapostels, das Evangelium zu den Heiden getragen und damit endgültig von seinem jüdischen Mutterboden gelöst zu haben. Darüber wird in Eph 3, 8f reflektiert. Der Bezug auf die ganze Welt entspringt der Auffassung, daß die verstreuten und zahlenmäßig noch nicht zu groß zu denkenden Gemeinden wie ein Sauerteig die Welt durchsäuern[37].

Der zweite Vergleich betrifft das durch das Evangelium hervorgerufene Fruchtbringen und Wachsen in der ganzen Welt und in Kolossä. Das aus dem pflanzlichen Bereich genommene Bild stammt aus der Apokalyptik. Dort wird es auf das Gesetz angewandt: „Doch nahmst du nicht das böse Herz von ihnen, daß dein Gesetz in ihnen Frucht trüge" (4 Esr 3,20; vgl. 9,31)[38]. Auffällig ist, daß das Fruchtbringen vor dem Wachsen angeführt wird. Das gleiche geschieht in Mk 4,8, dem Gleichnis vom Sämann, wo aber das Fruchtbringen in einem dreifachen Schritt entfaltet wird: aufgehen, wachsen, (Frucht) tragen. Im Gegensatz zum Gleichnis, das die Aussaat beschreibt, steht hier im Hintergrund das Bild von einem Baum. Dennoch dürfte die Ersterwähnung der Frucht Hinweis darauf sein, daß die praktische Verwirklichung des Evangeliums im Leben, das „Fruchtbringen in jedem guten Werk" (V 10), wichtiger ist als die missionarische Ausbreitung, das Wachsen des Evangeliums. Denn dieses ist ohne das von Christen gelebte Evangelium nicht denkbar[39]. Erst so erlangt das Evangelium Glaubwürdigkeit.

Am Evangelium, seiner Frucht und seinem Wachstum, haben die Kolosser Anteil, seitdem sie sich gläubig der Botschaft öffneten. Als deren Inhalt wird jetzt die Gnade Gottes angegeben (vgl. Röm 5,2.15–21; 6,14f; 2 Kor 6,1; Gal 2,21; Phil 1,7). Zu ihrem Hören trat das Erkennen hinzu. Die Übernahme des Evangeliums ist auch Sache des prüfenden Verstandes. In den Pastoralbriefen wird die Wendung „die Erkenntnis der Wahrheit" zum technischen Ausdruck

---

[36] Vgl. LIGHTFOOT, ABBOTT. Letzterer sagt: „παντὶ τῷ κόσμῳ here is not an insignificant hyperbole, but intimates the catholicity of the true gospel."
[37] SCHWEIZER 37 beschreibt die günstigen geschichtlichen Bedingungen der christlichen Mission gegenüber dem jüdischen Bemühen, Proselyten zu werben, zu dem die christlichen Missionare bald in Konkurrenz traten.
[38] Zitiert bei LOHMEYER. Vgl. Polyk 1,2: „Die Wurzel des Glaubens bringt Frucht im Hinblick auf unseren Herrn Jesus Christus."
[39] LOHMEYER erblickt in der Ersterwähnung der Frucht ein Paradoxon, das das unerwartete göttliche Wirken beschreibt. Er zitiert hierzu Meister Eckehart: „Die Natur macht den Mann aus dem Kinde und das Huhn aus dem Ei. Gott macht den Mann vor dem Kind und das Huhn vor dem Ei."

für das Hingelangen zum oder Festhalten am als rechter Lehre aufgefaßten Evangelium[40]. Dies setzt die Auseinandersetzung mit der Irrlehre voraus. Dieser technische Gebrauch ist in unserem Brief noch nicht vorhanden, bahnt sich aber an. Darum ist die Wahrheit (ἐν ἀληθείᾳ) nicht mit dem Erkennen, sondern dem Erkannten zu verbinden[41]. Sie erkannten bei der Übernahme des Evangeliums dieses als das wahre, gültige. Wiederum tritt die Irrlehre in den Blick, wie die Erkenntnis weiter eine wichtige Rolle spielen wird (vgl. 1,9f; 2,2; 3,10).

V 7 Die Verkündigung des Evangeliums in Kolossä ist verbunden mit dem Namen Epaphras, von dem sie es gelernt haben. Das Lernen stellt das Evangelium als Lehre dar (vgl. Röm 16,17; Phil 4,9). Diese Sicht steht in Verbindung mit der Häresie, die „Satzungen und Lehren von Menschen" verbreitet (2,22). Ganz ähnlich heißt es in 2 Tim 3,14: „Bleibe bei dem, was du gelernt hast."[42] Es ist darüber hinaus berechtigt, sich Epaphras als christlichen Lehrer vorzustellen[43]. Kol 2,7 formuliert analog: „gefestigt durch den Glauben, wie ihr belehrt worden seid". Weil die Einführung des Epaphras noch von dem Tag des Hörens (V 6) abhängt, hat er darüber hinaus als der Begründer der kolossischen Gemeinde, aber auch der Gemeinden von Laodikeia und Hierapolis (4,12f), kurz: als der Missionar des Lykostales zu gelten. Über Epaphras[44] sind wir nur spärlich unterrichtet. Auf jeden Fall ist er Bürger und Gemeindemitglied von Kolossä (4,12: „der aus euch"), möglicherweise dort geboren. Wie er Christ wurde, ist unbestimmt, am wahrscheinlichsten durch Paulus. Trifft dies zu, könnte ihn Paulus während seines zweijährigen Aufenthalts in Ephesos gewonnen haben (Apg 19). In Phm 23 nennt ihn der Apostel seinen Mitkriegsgefangenen. Das bedeutet, daß er mit Paulus eine Gefangenschaft in Ephesos geteilt hat[45]. Zur Zeit der Abfassung unseres Briefes ist er nicht in Kolossä, da Grüße von ihm bestellt werden (4,12). Ebensowenig kann er als Überbringer des Briefes gedacht werden[46]. Dann hätte er in 4,7–9 erwähnt werden müssen.

Die Epitheta, die Epaphras erhält, sind außerordentlich auszeichnend. Als „unser geliebter Mitsklave" ist er nicht als Bediensteter des Apostels gedacht, sondern mit diesem zusammen als Sklave Jesu Christi. Den Sklaven-Titel hat Paulus sich selbst und ausgewählten Mitarbeitern vorbehalten. Er ist in der griechischen Literatur nicht belegbar – diese spricht von Sklaven stets im soziologischen Sinn – und stammt aus dem Alten Testament. Dort heißen Mose, Josua, David, die Profeten, Israel, Nebukadnezar, Kyros Knechte Gottes, weil

---
[40] Vgl. 2 Tim 2,25; 3,7; 1 Tim 2,4; 4,3 und M. DIBELIUS, Ἐπίγνωσις ἀληθείας, in: Botschaft und Geschichte. Gesammelte Aufsätze II (Tübingen 1956) 1–13.
[41] Mit LOHMEYER, LOHSE, anders SODEN.
[42] Nach Eph 4,20 ist der Inhalt der Lehre einfach „Christus", nach Diog 1 „die Gottesverehrung der Christen", nach Barn 21,1 sind es „die Rechtsforderungen des Herrn".
[43] Vermutung von ERNST.
[44] Der Name ist Abkürzung von Epaphroditos. Es besteht aber nicht die geringste Veranlassung, Epaphras mit dem Epaphroditos von Phil 2,25 gleichzusetzen.
[45] Hierzu vgl. unten S. 237. ABBOTT meint, daß man den Ausdruck Mitgefangener auch auf eine innige Anteilnahme an der Gefangenschaft des Apostels beschränken könnte.
[46] Gegen W. MARXSEN, Einleitung in das NT (Gütersloh 1963) 154, der dies für möglich hält.

Gott durch sie etwas Besonderes getan hat oder tun wollte. Als Sklaven Christi sind Paulus und seine Mitarbeiter allein diesem Herrn hörig und nicht Menschen (besonders deutlich Gal 1,10)[47]. Der Ausdruck „Mitsklave", der auf den gemeinsamen Herrn hinweist (vgl. Mt 18,28–33; 24–49) – im Corpus Paulinum nur Kol 1,7; 4,7 –, scheint in der christlichen Apokalyptik beheimatet zu sein[48]. „Treuer Diener Christi" wandelt die erste Kennzeichung ab. Diakonos, hier noch kein Amtstitel (wie Phil 1,1; 1 Tim 3,8.12), bezeichnet schlicht den Helfer, hebt vielleicht im besonderen auf die Verkündigungs- und Unterweisungstätigkeit ab. Ist der Gebrauch in diesem Sinn in den alten Paulusbriefen relativ selten (1 Kor 3,5; 2 Kor 3,6: „Diener des neuen Bundes"; 11,23: „Diener Christi"; 1 Thess 3,2: „Diener Gottes"), fällt seine wiederholte Verwendung in unserem Brief auf (1,23.25; 4,7). Die Größe des Dienens ist durch die Ausrichtung auf Christus gesichert. Typisch aber ist die Betonung der Zuverlässigkeit des Künders. Während in den unbestrittenen Paulinen die Treue Gottes herausgestellt wird[49], verzeichnen die Pastoralbriefe die Zuverlässigkeit des Wortes (1 Tim 1,15; 3,1; 2 Tim 2,11; Tit 3,8), unser Brief hingegen die Zuverlässigkeit der Mitarbeiter des Apostels (4,7.9). Die Treue des Epaphras besteht nicht nur darin, daß er in der Ausübung seines missionarischen Dienstes alles tat, sondern vor allem auch darin, daß er in der Vermittlung des Evangeliums unbedingt zuverlässig war. „Der Apostel gibt sein Siegel auf die Lehre des Epaphras" (Abbott)[50]. Seine Verbindung mit Paulus wird dadurch unterstrichen, daß er „Diener an unser Statt" (ὑπὲρ ἡμῶν) heißt. Die Textüberlieferung ist allerdings nicht sicher. Andere Textzeugen lesen ὑπὲρ ὑμῶν, für euch. Dies bedeutete, daß sein Dienst für die Kolosser erfolgte, ihnen zugute kam. Der Kontext aber empfiehlt nachdrücklich das erste[51]. Epaphras hat mit seiner Arbeit im Lykostal Paulus vertreten, vermutlich in seinem Auftrag dort gearbeitet. Seine Tätigkeit erfolgte nicht auf eigene Faust, sondern aufgrund apostolischer Sendung. Wir dürfen weiter vermuten, daß das missionarische Wirken des Apostels die Arbeitsteilung kannte. Paulus konzentrierte sich auf die größeren Städte, seine Mitarbeiter wirkten in deren Umgebung[52].

V 8 Über den Stand der dem Paulus und dem Timotheus persönlich unbekannten Gemeinde erstattete Epaphras Bericht. Dieser Bericht ist eine Art

---

[47] Vgl. G. Sass, Zur Bedeutung von δοῦλος bei Paulus, in: ZNW 40 (1941) 24–32.
[48] Vgl. Apk 6,11; 19,10; 22,9; auch IgnEph 2,1; Magn 2,1.
[49] Vgl. die Formel πιστὸς ὁ θεός (1 Kor 1,9; 10,13; 2 Kor 1,18; vgl. 1 Thess 5,24). In 1 Kor 4,2 hebt der Apostel darauf ab, daß die Verwalter der Geheimnisse Gottes treu sein müssen.
[50] Ewald meint zusätzlich, daß Epaphras hinsichtlich seiner Zuverlässigkeit von den Irrlehrern angegriffen worden sei.
[51] Die Mehrheit der Interpreten befürwortet ὑπὲρ ἡμῶν: Abbott, Bieder, Dibelius, Ernst, Ewald, Lohmeyer, Lohse, Lightfoot, Marxsen (Anm. 45), Moule, Mussner, Rendtorff, Scott, Staab, Schweizer. Die LA bieten P⁴⁶ ℌ D* G. – ὑπὲρ ὑμῶν bevorzugen die Texteditoren Tischendorf; Nestle-Aland, The Greek NT, ferner Baggott, Approach 40; Ollrog, Mitarbeiter 101; Conzelmann, Hugedé, Masson, Meyer, Soden, gelegentlich mit dem Hinweis, ἡμῶν sei Verschreibung aufgrund des 5 Wörter vorausgehenden ἡμῶν. Dem läßt sich entgegenhalten, daß ὑμῶν Angleichung an 4,12f sein könnte. ἡμῶν ist sicher die lectio difficilior. ὑμῶν bieten ℵᶜ C 𝔐 lat sy.
[52] Vgl. Soden.

Die Danksagung

Rechenschaft gegenüber dem Auftrag des Apostels[53], dem über die Gemeinden im Lykostal, die im Einzugsgebiet von Ephesos liegen, die letzte Verantwortung zugeschrieben wird. Epaphras konnte mitteilen, daß der Stand der Gemeinde gut ist. Dies wird so wiedergegeben: „Er tat uns kund eure Liebe im Geist." Die mit ἀγάπη beschriebene gute Gemeinschaft betrifft – trotz des betonten ὑμῶν – nicht allein die Verbindung der Gemeinde mit dem ihr unbekannten Apostel und seinen Mitarbeitern, sondern die Bruderliebe[54]. Diese ist das Signum jeder christlichen Gemeinde. Als Liebe im Geist ist sie mehr als menschliche Sympathie und Zuneigung. Sie hat ihren Ursprung im Geist Gottes. V 8 ist die einzige Stelle in unserem Brief, an der der für Paulus wichtige Begriff des Geistes theologische Verwendung findet[55]. Schweizer hat zutreffend beobachtet, daß typisch paulinische Geist-Verbindungen im Kolosserbrief fehlen[56]. An die Stelle des Geistes tritt Christus oder das Evangelium[57], dessen inhaltlich bestimmbare Wahrheit wichtig wird. Man wird diese Akzentverschiebung nur von der die Kolosser bedrohenden Gefahr her verständlich machen können. Man hat inzwischen erfahren, daß auf den Geist sich auch Pseudoprofeten und Irrlehrer berufen. Ihnen gegenüber ist das christliche Evangelium, wie es der Apostel übergeben hat, zu verteidigen. Die Verarmung, die mit dieser Dispensierung des Geistes für eine Gemeinde gegeben ist, liegt auf der Hand. Dennoch war in dieser Lage der Rückzug auf das tradierte Evangelium und das Festhalten an ihm vorübergehend notwendig.

---

[53] Zu δηλόω vgl. 1 Kor 1,11, wo eine ähnliche Situation vorausgesetzt ist.
[54] Dies empfiehlt nachdrücklich einleitendes διὰ τοῦτο in V 9, mit dem – rückblickend auf die Meldungen des Epaphras – der lehrhafte Teil des Briefes beginnt. Auf die Liebe zu Paulus (und seinen Kreis) wollen Abbott, Ewald, Soden einschränken.
[55] In 2,5 wird πνεῦμα im Gegensatz zu σάρξ anthropologisch verwendet. In 1,9; 3,16 kommt das Adjektiv πνευματικός vor. Lakonisch bemerkt Moule: „There is practically nothing in this epistle about the Holy Spirit." Dennoch wird man ἐν πνεύματι in 1,8 nicht auf die Bedeutung von πνευματικός reduzieren dürfen.
[56] 38f. Zu 1 Thess 1,6 „mit Freude heiligen Geistes" vgl. Kol 1,11; zu Gal 5,22 „Frucht des Geistes" Kol 1,6 und 10; zu Röm 2,29 „Beschneidung des Herzens im Geist" Kol 2,11. Weitere Beispiele bei Schweizer 38, Anm. 64. Vgl. E. Schweizer, Christus und Geist im Kolosserbrief, in: Christ and Spirit in the New Testament (Festschrift C. F. D. Moule) (Cambridge 1973) 297–313.
[57] Vgl. Kol 1,5 / 1 Thess 1,5; Kol 2,6 / Gal 5,25; Kol 2,11 / Röm 2,29.

I. Abschnitt:
Grundlegung: Das apostolische und universale Evangelium (1, 9–29)

Es sind im wesentlichen zwei Gedanken, die diesen Abschnitt bestimmen. Zum einen ist es das Bekenntnis zu Christus, dem Kosmokrator und Erlöser des Alls. Dieses war – wie im einzelnen zu zeigen sein wird – dem Autor in einem Christuslied vorgegeben (1, 15–20). Zum anderen ist es der Gedanke, daß dieses Heil durch das Evangelium allen Menschen nahegebracht werden muß und daß der Apostel Paulus die Verkündigung dieser Botschaft an die Völker aus den Heiden übernommen hat (1, 24–29). Alles weitere ordnet sich um diese beiden Anliegen an. Die Fürbitte für die Gemeinde um die Fülle der Erkenntnis (1, 9–11) und die Aufforderung zur Eucharistia (1, 12–14) bereiten das Christusbekenntnis vor. Die Erinnerung daran, daß die universale Versöhnung in der Gemeinde wirksam geworden ist, appliziert es auf die Situation der Kolosser (1, 21–23). Die Feststellung einer für alle Menschen allein in Christus gewirkten Erlösung und ihre Verwurzelung in der apostolischen Verkündigung bilden Ausgangspunkt und Grundlage unseres Schreibens.

1. FÜRBITTE UM DEN FORTSCHRITT DER GEMEINDE ZUR VOLLKOMMENEN GESTALT (1, 9–11)

9 Deshalb hören wir auch nicht auf, für euch zu beten und zu bitten, von dem Tag an, da wir davon hörten, daß ihr mit der Erkenntnis seines Willens erfüllt werden mögt, in jeglicher Art von geistlicher Weisheit und Einsicht, 10 um würdig des Herrn zu wandeln, zum vollen Wohlgefallen; daß ihr in jedem guten Werk Frucht bringt und wachst durch die Erkenntnis Gottes; 11 daß ihr mit der ganzen Kraft gestärkt werdet, nach der Stärke seiner Herrlichkeit, zu jeder Ausdauer und Großmut.

I

Eine selbständige Fürbitte am Briefanfang (mit προσεύχομαι) ist im Corpus Paulinum nur noch in Phil 1, 9; 2 Thess 1, 11, verbunden mit dem Substantiv προσευχή in Röm 1, 10; Eph 1, 16 anzutreffen. In Phm 4; 1 Thess 1, 2, wo gleichfalls das Substantiv vorkommt, ist sie in die Eucharistia eingeflochten. Die besondere Form der Fürbitte unseres Briefes zeigt sich in plerophorischem „wir hören nicht auf" (wie Eph 1, 16) und in der Verbindung von προσευχόμενοι καὶ αἰτούμενοι, die die Intensität des Bittens unterstreicht. Obwohl die Fürbitte V 3 aufgreift, beginnt mit „deshalb" (wie Eph 1,15) ein neuer Abschnitt, der erste Hauptteil des Briefes[1]. Dies erkennt man auch daran, daß die Fürbitte sich zwar mit V 11 abgrenzen läßt, aber Überleitungscharakter hat. Der regierende Satz ist V 9a (οὐ παυόμεθα), der vom Beten des Apostels (im Plural) redet. 9b nennt zusammenfassend den Inhalt der Bitte: „Ihr möget erfüllt werden." Der Infinitiv „würdig des Herrn zu wandeln" (10) gibt das Ziel der Bitte an. Drei Partizipien – fruchtbringend, wachsend, erstarkend – erläutern den Wandel. Wieder verdient die Dreierstruktur Beachtung. Die einzelnen Redefiguren entfernen sich immer mehr vom regierenden Satz. Im Mittelpunkt steht der des Herrn würdige Lebenswandel. Zwei feierliche Präpositionalfiguren (mit κατά und εἰς) schließen ab. Kennzeichnend für den Abschnitt ist wieder das Wörtchen πᾶς, das aber nicht – wie in der Eucharistia – extensiv (alle Heiligen, die ganze Welt), sondern intensiv verwendet wird. Der erflehte Idealzustand der Gemeinde wird ins Auge gefaßt[2].

II

V 9 Die Fürbitte ist veranlaßt (διὰ τοῦτο) durch die Nachrichten, die Epaphras überbrachte. Das Hören seiner Nachrichten greift auf V 4 zurück. Waren seine Meldungen gut, so geht es nunmehr um den Fortbestand und die Fortentwicklung der Gemeinde. Stillstand ist nicht möglich. Seit jenem Tag sind Paulus und die Gemeinde verbunden – im Gebet (vgl. 4,3). Das unablässige Beten ersetzt die persönliche Bekanntschaft. Der Inhalt der Fürbitte für die Kolosser klingt recht abstrakt: Sie sollen mit der Erkenntnis des Willens Gottes[3] erfüllt werden. Die Sprechweise ist jüdisch-alttestamentlich. Daraus ergibt sich der Praxis- und Lebensbezug des Erkennens. Nur der fordernde Wille Gottes kann gemeint sein. Gott ist aber nicht bloß der Fordernde, sondern auch jener, der die volle Erkenntnis seines Willens gewähren muß. Ähnlich betet der Psalmist: „Lehre mich, deinen Willen zu tun" (Ps 143,10). Gut ist es, den „Weg des Herrn zu kennen" (Jer 5,5). Nach Sir 17,7 erfüllte Gott die Menschen mit kluger Einsicht[4]. Worin aber besteht der göttliche Wille? Konkrete Weisung wird hier noch nicht geboten. Für den Juden liegt er im Gesetz beschlossen, für den Christen im Handeln Gottes, das sich an Christus ereignete und jetzt nach den Menschen greift (vgl. Kol 2,2; 3,10). Der Wille Gottes aber wird zunächst nicht inhaltlich, sondern pleroforisch entfaltet: in jeglicher geistlichen Weisheit und Einsicht. Ältere Autoren verweisen auf das Griechentum, in dem seit den großen attischen Philosophen verschiedene Weisen des Erkennens unterschieden

---

[1] Mit SCHWEIZER, anders LOHSE, der die Fürbitte zum Prooemium zählt.
[2] LAMARCHE, Structure 454f, faßt 1,3–20 im Sinn eines Chiasmus zusammen: Dank (3a), Bitte (3b), Nachrichten (4–8), Bitte (9–11), Dank (12–20). Die Struktur wirkt gekünstelt wie der Versuch von LOHMEYER 31, vier Doppelkola herauszuschälen. Zum Ganzen vgl. BUJARD, Untersuchungen 86–88.
[3] αὐτοῦ ist auf Gott zu beziehen, da sich die Fürbitte an Gott richtet. καὶ αἰτούμενοι fehlt in B K.
[4] Vgl. Ex 28,3; 35,31; Hos 5,4 usw. Die atl. Vergleichsstellen wurden oft zusammengetragen. Vgl. die Konkordanz unter θέλημα und πληρόω.

werden. Nach Aristoteles sucht die Weisheit nach dem Grund der sichtbaren Dinge[5]. Nach den Stoikern ist sie „das Verstehen der göttlichen und menschlichen Dinge und ihrer Ursachen"[6]. Für Cicero ist sie die erste aller Tugenden[7]. Die Einsicht (σύνεσις) hingegen hat kritische Funktionen[8], sie unterscheidet das Schöne, Gute vom Schändlichen. Im biblisch-jüdischen Bereich, in dem unser Brief hinsichtlich des Erkennens steht, richtet sich dieses nicht auf das vorgegebene Sein, sondern auf die Manifestationen Gottes. Sache und Stil haben neuerdings ihre Parallele in den Qumram-Handschriften, in denen immer wieder die der Gemeinde von Gott geschenkte und sie rettende Erkenntnis gepriesen wird: „Du allein hast gelehrt alle Erkenntnis" (1 QS 11, 17f). Die Gemeinde hat erfahren „Verstand und Einsicht und kraftvolle Weisheit" (1 QS 4, 3)[9]. Der Unterschied aber besteht darin, daß in Qumran die Erkenntnis sich auf die Schrift richtet, die neue Offenbarungen aus sich entläßt, und diese – im prädestinatianischen Sinn – nur den Gemeindemitgliedern zugänglich sind. Wenn unser Vers Weisheit und Einsicht „geistlich" nennt, bedeutet das keine Christianisierung eines vorgegebenen Konzeptes von Erkenntnis[10], sondern „die irrationale Bedingtheit dieser scheinbar rationalen Anweisung" (Dibelius). Läßt auch die Häufung noetischer Begriffe die angepeilte Auseinandersetzung mit der Irrlehre vermuten, so stammt die Motivation aus einem „ganz anderen" Bereich.

V 10 Aus der Erkenntnis des Willens Gottes folgt notwendig der entsprechende Lebenswandel[11]. Diese Folgerung ist ebensogut jüdisch wie christlich[12]. Darum kann der Begriff „wandeln" nicht vom griechischen Peripatos, er muß alttestamentlich gedeutet werden: „Ich wandle auf den Wegen der Gerechtigkeit" (LXX Spr 8, 20; vgl. 4 Kg 20, 3; ψ 11, 8)[13]. Der Begriff, der das Bild vom Weg des Lebens hervorruft, wird besonders häufig in den Qumran-Handschriften verwendet[14]. Maßstab für den christlichen Lebensstil ist der Kyrios. Im Kolosserbrief bezeichnet Kyrios stets Jesus Christus und ist dieser Titel das führende christologische Prädikat. Dem Christen wurde das Bekenntnis zum Kyrios bei der Taufe anvertraut. Man wird deshalb mit der allgemeinen Wendung „würdig des Kyrios" einen Verweis auf die Taufe und den sie begleitenden Unterricht sehen dürfen[15]. Das auf den Kyrios Jesus ausgerichtete Leben

---

[5] Metaph. 1, 2, bei U. WILCKENS, in: ThWb VII 471 Anm. 44.
[6] Aetius, Placita 1, 2, bei U. WILCKENS, in: ThWb VII 473 Anm. 59. Vgl. LIGHTFOOT.
[7] De offic. 1, 43, bei LIGHTFOOT.
[8] Aristoteles, Eth. Nic. 6, 11, bei LIGHTFOOT. Vgl. ABBOTT.
[9] Das Material ist gesammelt bei GNILKA, Verstockung 175–183. Vgl. LOHSE; K. G. KUHN, Die Sektenschrift und die iranische Religion, in: ZThK 49 (1952) 269–316, hier 314; F. NÖTSCHER, Zur theologischen Terminologie der Qumran-Texte (BBB 10) (Bonn 1956) 55–58.
[10] Gegen LOHMEYER 33. – Die Weisheit wird noch Kol 1, 28; 2, 3.23; 3, 16; 4, 5 erwähnt, bei Paulus vor allem in 1 Kor 1–3; vgl. 1 Kor 12, 8; Röm 11, 33; 2 Kor 1, 12.
[11] περιπατῆσαι ist mit Dibelius als Infinitiv des Zwecks zu bestimmen. Der Reichstext fügt nach dem Infinitiv ἡμᾶς ein.
[12] LOHMEYER z. St.: „Wie hier Paulus spricht, so könnte nicht klarer und inniger ein frommer Jude den Gott seiner Väter um gottwohlgefälligen Lebenswandel bitten."
[13] Gegen HUGEDÉ.   [14] Belege bei LOHSE.   [15] Mit CONZELMANN.

ist nur dem Christen möglich und unterscheidet diesen von seiner nichtchristlichen Umgebung.

„Zu jedem Wohlgefallen" ist floskelhaft und erinnert an die alttestamentliche Formel „wohlgefällig vor Gott"[16]. Liegt eine Anspielung vor, wäre der Bezug auf Gott sichergestellt. Das seltene Wort (hapax legomenon im NT) aber ist beziehungslos eingesetzt. Darum vermuten manche Ausleger einen Hinweis auf einen Lebensstil, der vor den Menschen, vor den Brüdern, vor der Gemeinde Zustimmung findet[17]. ἀρεσκεία ist die Zustimmung, die Billigung, die auch auf die Menschen ausgerichtet sein kann, gewinnt aber nicht selten eine negative Färbung: die Gefallsucht, die Kriecherei. Die Sklaven sollen nach Kol 4,22 nicht ἀνθρωπάρεσκοι, nicht Menschen zu Gefallen sein[18]. Legt sich eine Ausrichtung auf Gott näher, wird der Wandel, „würdig des Herrn", Gott dargebracht. Im einzelnen heißt das „in jedem guten Werk Frucht bringen und wachsen durch die Erkenntnis Gottes"[19]. Zwar ist es für Paulus klar, daß wir im göttlichen Gericht nach unseren guten und bösen Taten gerichtet werden (vgl. 2 Kor 5,10; Röm 2,7–10), die Rede von den guten Werken aber begegnet bei ihm verhältnismäßig selten (vgl. 2 Kor 8,9). Sie ist häufig in den Pastoralbriefen anzutreffen[20]. Sie stammt aus dem Judentum[21]. Das rabbinische Judentum verstand darunter die Werke der Barmherzigkeit, wie Krankenbesuch, Beherbergung von Fremden, Unterstützung der Armen[22]. Nach Test Naph 8,5 gibt es beim guten Werk „ein gutes Angedenken bei Gott". Auch der Qumran-Fromme ist aufgerufen, „anzuhangen allen Werken des Guten" (1 QS 1,5), ist sich aber bewußt, daß „bei dem höchsten Gott alle gerechten Werke sind" (1 QH 4,31), das heißt, der Mensch ist unvollkommen und muß von Gott zum guten Werk befähigt werden. Unser Brief reflektiert nicht über das Verhältnis von Gnade und Werken. Im Bild vom Fruchtbringen und Wachsen aber, in dem wieder gegen die Natur das Fruchtbringen vor dem Wachsen genannt ist, ist V 6 aufgegriffen. Dies bedeutet, daß das Evangelium, das Gnade Gottes ist, die guten Werke des Menschen ermöglicht und einfordert. Frucht und Wachstum werden in Analogie zum Evangelium sowohl das gelebte Evangelium als auch den Einsatz für dessen Ausbreitung bezeichnen wollen[23]. Bestätigt wird diese Sicht dadurch, daß (wie in V 6) die Erkenntnis als Grund für Frucht und Wachstum angeführt wird. Die Erkenntnis Gottes ist letztlich die gläubige Annahme des (wahren) Evangeliums[24].

---

[16] LXX Spr 21,3; Bar 4,4; vgl. Dn 4,34; Lv 10,19 usw.
[17] LOHMEYER, ERNST, BIEDER.
[18] Eine Priener Inschrift spricht von πρὸς τὴν εἰς τὸ πλῆθος ἀρεσκείαν. Bei MOULTON-MILLIGAN s.v. Belege auch bei PREISIGKE s.v.
[19] Man wird die Figur nicht, wie HUGEDÉ 42 Anm. 115 vorschlägt, chiastisch auflösen können: „complément + verbe et verbe + complément". Vielmehr erläutern beide näheren Bestimmungen beide Verben. Vgl. MOULE.
[20] 1 Tim 2,10; 5,10.25; 6,18; 2 Tim 2,21; 3,17; Tit 1,16; 2,7.14; 3,1.8.14; vgl. Eph 2,10.
[21] Die LXX spricht nicht von guten Werken des Menschen. Dafür heißt es Sir 39,33: „Alle Werke Gottes sind gut." [22] Vgl. BILLERBECK IV 536.
[23] Auch Tit 3,14 sind die guten Werke als Frucht aufgefaßt.
[24] Die LAA ἐν τῇ ἐπιγνώσει (ψ 1611) und εἰς τὴν ἐπίγνωσιν (𝔐) sind „verfehlte Verbesserungsversuche" (EWALD).

V 11 Daß die christliche Existenz sich Gott verdankt, wird am Ende der Fürbitte doxologisch ausgesprochen. Die Kraft (δύναμις), mit der die Kolosser in jeder Hinsicht gekräftigt werden sollen, ist „göttliche Tat" (Lohmeyer), nicht menschliche Eigenschaft[25]. Paulus kann göttliche Kraft und menschliche Schwachheit verbinden (2 Kor 12,9) und im Gekreuzigten Gottes Kraft erkennen (1 Kor 1,24). Obwohl hier nicht ausdrücklich genannt, sind Anfechtung, Angst, Versuchung die Orte, an denen der Christ auf Gottes Hilfe besonders angewiesen ist. Das Vertrauen auf diese Hilfe kann sich auf Gottes Größe berufen. Stärke (κράτος) ist fester Bestandteil in christlichen Doxologien und verbindet sich dort mit analogen Begriffen[26]. In unserem Vers ist „Herrlichkeit" als Erläuterung aufzufassen: „gemäß seiner herrlichen Stärke"[27]. Am nächsten kommt Eph 6,10: „Erstarket im Herrn und in der Kraft seiner Stärke" (= gemäß seiner starken Kraft).

Mit der Ausrichtung auf Geduld und Großmut, die eine implizite Mahnung ist, wendet sich die Fürbitte dem konkreten Alltag zu. Die Erwähnung gerade dieser beiden Erfordernisse christlichen Lebens hat zu der Vermutung Anlaß gegeben, daß eine Leidenssituation angesprochen ist[28]. Zwar ist die ὑπομονή die Tugend der Märtyrer (darum besonders häufig in LXX 4 Makk anzutreffen), ihr Sinn aber greift über diese Form der Anfechtung hinaus. Als Geduld, Ausdauer, Standhaftigkeit umschreibt sie die Haltung des Soldaten, der seinen Posten nicht aufgibt. Im Hinblick auf den Christen meint sie das aktive Ausharren beim übernommenen Glauben gerade dann, wenn dies schwierig wird und Verzicht fordert. Die μακροθυμία hat noch mehr Nuancen und wird oft in der Weisheitsliteratur empfohlen[29]. Sie ist der große und langmütige Umgang mit komplizierten und unausstehlichen Menschen[30]. Ihr Gegenteil ist der Jähzorn (ὀξυχολία)[31]. Für das Leben in einer Gemeinschaft, in der man sich die Partner nicht auswählen kann, für eine Gemeinde ist sie unverzichtbar. Richtet sich die ὑπομονή mehr nach draußen, so die μακροθυμία mehr nach drinnen. Manche Interpreten möchten die Freude (μετὰ χαρᾶς) mit der Geduld und Großmut verbinden[32], teilweise mit Hinweis darauf, daß Leiden und Freude auch sonst im Neuen Testament beisammen stehen[33]. Aus strukturellen Gründen ist dies abzulehnen[34], wenngleich die den Stil des Kolosserbriefes kennzeichnenden Partizipialverbindungen Übergänge nicht selten in der Schwebe lassen.

---

[25] Gegen SODEN. Dieser beruft sich zu Unrecht auf 1 Thess 1,5; 1 Kor 4,19f.
[26] Verbunden mit δόξα 1 Petr 4,11; Apk 1,6; 5,13. Vgl. auch 1 Tim 6,16; 1 Petr 5,11; Jud 23.
[27] Die doxologischen κατά-Wendungen sind semitisierend und haben zahlreiche Parallelen in den Qumran-Handschriften und in der jüdischen Literatur. Vgl. K. G. KUHN, Der Epheserbrief im Lichte der Qumrantexte, in: NTS 7 (1960/61) 334–346, hier 335f; PERCY, Probleme 195f.   [28] LOHMEYER, der μακροθυμία als Verstärkung von ὑπομονή auffaßt.
[29] Z.B. Spr 25,15; Sir 5,11; das Verb μακροθυμέω Spr 19,11; Sir 2,4; 18,11; 29,8.
[30] Vgl. hierzu die köstliche Geschichte im Midrasch Prd 7,8, bei BILLERBECK III 595 (zu Eph 4,2). Paulus sagt: ἡ ἀγάπη μακροθυμεῖ (1 Kor 13,4).
[31] So Herm (m) 5,1,3; 6,5,2.
[32] MOULE, SCOTT, SCHWEIZER, THOMPSON. Vgl. auch die Verseinteilung sowie die Textüberlieferung in P[46] aeth, die nach χαρᾶς ein καί einfügt.
[33] MOULE verweist auf Mt 5,12; Apg 5,41; Jak 1,2f; 1 Petr 4,13.
[34] Präpositionalfiguren mit εἰς sind als Abschluß gut geeignet, die Figur mit μετά paßt weitaus besser zum folgenden Verb.

III

Überblickt man die Fürbitte, so besteht ihr Grundanliegen darin, den Kolossern klarzumachen, daß eine christliche Gemeinde nie am Ziel ist, sondern beständig bestrebt sein muß, innerlich und äußerlich zu wachsen. Die gestellten Aufgaben sind so vielgestaltig, daß es der Fülle der Erkenntnis des Willens Gottes bedarf, um zu jeglicher Art von guten Werken bereit und fähig zu sein. Angesichts einer Bedrohung durch Widersacher und Irrlehrer verschärft sich die Bewährung. Bei allem Einsatz aber müssen Christen auf die Hilfe Gottes vertrauen, der in jeder Lage mächtig ist, den richtigen Weg zu weisen und zu führen. Es ist richtig, wenn man bemerkt hat, daß diese Weisungen sich auch an eine jüdische Gemeinde richten könnten[35], atmet doch der Verfasser als Christ den Geist jüdischer Traditionen. Allein im Kyrios, dessen sie sich würdig erweisen sollen, empfängt das Ganze die christliche Orientierung.

2. AUFFORDERUNG ZU FROHEM DANK (1,12–14)

Mit Freude 12 danket dem Vater, der euch befähigt hat zur Teilnahme am Los der Heiligen im Licht, 13 der uns errettete aus der Macht der Finsternis und hineinversetzte in das Reich seines geliebten Sohnes, 14 in dem wir die Befreiung haben, die Vergebung der Sünden.

I

Obwohl der Text partizipial fortfährt (εὐχαριστοῦντες), ist mit V 12 ein Neueinsatz gegeben. Nicht mehr wird die Fürbitte des Apostels inhaltlich erläutert, sondern zum Danksagen aufgerufen[1]. Der Dank richtet sich an den Vater[2], dessen Handeln in der Vergangenheit (Aorist) beschrieben wird, zunächst in einem Partizipial- (12), dann in einem Relativsatz (13). Dabei ist der Wechsel vom „euch" zum „uns" bemerkenswert[3]. In einem abschließenden Relativsatz wird auf die durch den Sohn, der am Ende von V 13 erwähnt wurde, gewirkte Erlösung verwiesen (14). Damit ist auf den folgenden Christushymnus hingelenkt. Der Abschnitt hat überleitenden bzw. hinführenden Charakter. In welchem Verhältnis steht er insgesamt zum Hymnus in 15–20? Manche Autoren

---

[35] LOHSE 64. K.-G. ECKART, Exegetische Beobachtungen zu Kol 1,9–20, in: ThViat 7 (1959/60) 87–106, möchte den Abschnitt als Bestandteil einer christlichen Taufliturgie verstehen. Die Traditionsfrage ist für 1,12–20 neu zu stellen, 1,9–11 kann unmöglich als vorgegebene Tradition angesehen werden.

[1] Der Nachweis imperativischer Bedeutung des Partizips bei LOHSE 66 Anm. 1.

[2] Die Textüberlieferung ist an dieser Stelle außerordentlich vielfältig. ℵ* 69 it vg^clem sy^p lesen: „Gott, dem Vater"; 330 451 2492: „dem Vater Christi"; 88 104: „dem Gott und Vater"; 1495: „dem Vater und Gott"; P^46 B: „zugleich dem Vater" (ἅμα τῷ πατρί). Die Varianten dürften sich durch liturgischen Einfluß erklären.

[3] A C D G ℜ lesen bereits in V 12 ἡμᾶς. Dies ist als Anpassung an V 13 zu werten. ὑμᾶς (B ℵ) ist zweifelsfrei die schwierigere Lesart und darum zu bevorzugen. Gegen KÄSEMANN, Taufliturgie 38.

betrachten 12–20 bzw. 13–20 als vorgegebene Einheit[4]. Gegen jene, die V 12 von 13 trennen wollen, ist zunächst zu sagen, daß beide Verse sowohl aus strukturellen Gründen – antithetischer Parallelismus: Licht/Finsternis – als auch wegen des gleichgelagerten religionsgeschichtlichen Hintergrundes zusammengehören. Auf letzteren ist in der Interpretation zurückzukommen. 12–14 hingegen muß von 15–20 abgelöst werden. Beides kann nicht unter dem Stichwort Bekenntnis zusammengehalten werden[5]. 15–20 ist ein Hymnus, 12–14 ist etwas anderes. Hinzu kommt, daß 12–14 von einem anderen Milieu bestimmt ist als 15–20 (s. Interpretation). 12–14 ist von Deichgräber als Dankgebet für die Erlösung in Prosaform definiert worden[6]. Auch hierfür fehlen neutestamentliche Parallelen[7]. Patristische Texte, die zum Vergleich herangezogen werden könnten, fallen strukturell anders aus[8]. Dieser Befund bestärkt die Meinung, daß der Text ad hoc gebildet worden ist, und zwar vom Verfasser des Briefes[9]. Die oben erwähnten Stileigentümlichkeiten sprechen keinesfalls dagegen, sondern eher dafür. Der Text stellt noch keine geprägte Form dar, wenngleich er sich einer gehobenen, „liturgischen" Sprache bedient. Das Vorhandensein mehrerer Wörter, die der Kolosserbrief sonst nicht kennt, könnte gegen eine Abfassung durch den Briefautor ins Feld geführt werden[10]. Abgese-

---

[4] KÄSEMANN, Taufliturgie, im Anschluß an E. NORDEN, Agnostos Theos (Darmstadt Nachdruck 1956) 250–254; SCHILLE, Hymnen 81–85; G. GIAVINI, La struttura letteraria dell'inno cristologico de Col. 1, in: RivBib 15 (1967) 317–320, grenzen 12–20 aus. NORDEN 253 spricht von einer „Doxologie Gottes auf Vater und Sohn". LOHMEYER 41–47; D. M. STANLEY, „Carmenque Christo quasi Deo dicere", in: CBQ 20 (1958) 173–191, hier 187; G. BORNKAMM, Das Bekenntnis im Hebräerbrief, in: Studien zu Antike und Urchristentum. Gesammelte Aufsätze Bd. 2 (BEvTh 28) (München 1963) 188–203, hier 196, grenzen 13–20 aus. ECKART (vgl. oben S. 44 Anm. 35) betrachtet 1,9–20 als dreiteilige Taufliturgie. 9–12 sei die Eingangsparänese, die in der Aufforderung zum Bekenntnis (12) gipfele. Der Bekennende Lobpreis der Getauften (13f) und ein Christushymnus (15–20) schlössen sich an.
[5] Diese Auffassung geht zurück auf BORNKAMM (Anm. 4). Daß εὐχαριστοῦντες terminus technicus für das hymnische Christusbekenntnis sei, ist jedoch im NT nicht nachzuweisen. Vgl. DEICHGRÄBER, Gotteshymnus 145.
[6] Gotteshymnus 78.
[7] DEICHGRÄBER, Gotteshymnus 78, erblickt zwischen Kol 1,12–14 und Eph 1,3ff; 1 Petr 1,3 ff auffällige Berührungen. Bei den beiden letztgenannten Texten haben wir Eulogien bzw. im Kontext Briefeingangseulogien vor uns.
[8] IgnPhld 6,3; 11,1; Did 10,4 wird der Grund für die Eucharistia in einem ὅτι-Satz angegeben, Did 9,2f; 10,1 der Anlaß für den Dank mit ὑπέρ umschrieben. Am nächsten kommt Barn 7,1. Hier aber wird die Pflicht des Dankens eingeschärft, kein Eucharistiatext geboten.
[9] KÄSEMANN, Taufliturgie, möchte den Text einer vorausliegenden Redaktion zuweisen. Diese habe 12–14 geschaffen und mit dem Hymnus, der ein nichtchristlich-gnostischer gewesen sei, verbunden und diesen so verchristlicht. Die Annahme eines nichtchristlichen Hymnus trifft ebensowenig zu. BURGER, Schöpfung 68–70, schreibt 12–14 dem Briefautor zu, hält aber τὴν ἄφεσιν τῶν ἁμαρτιῶν für den Nachtrag eines Glossators.
[10] Dazu gehören ἐξουσία, verstanden als Machtbereich, der Licht-Finsternis-Dualismus, ἱκανόω. Jedoch stimmt die in 1,12–14 vorausgesetzte Eschatologie mit der des Kolosserbriefes völlig überein. ἱκανόω statt des erwarteten καλέω fällt nicht so ins Gewicht, wie DEICHGRÄBER, Gotteshymnus 79 Anm. 3, meint. Anders ist es, wenn man Paulus für den Verfasser des Briefes hält. Deichgräber bietet hier einen gespaltenen Eindruck. Er weist nach, daß die Terminologie in 12–14 „ausgesprochen unpaulinisch" sei, hält den Kol für paulinisch und 12–14 für einen ad hoc verfaßten, das heißt dann doch von Paulus verfaßten Text (78–82). ἱκανόω wie καλέω (3,15) kommen im Kol nur je einmal vor. Offenbar unter dem Eindruck

hen davon, daß für weitreichende Urteile dieser Art der Brief einen zu geringen Umfang hat, gibt es Kennzeichen *für* dessen Eigenart. Hierzu gehören der Dativ τῷ πατρί, auf Gott bezogen, in einem preisenden oder dankenden Satz (vgl. 1,3; 3,17)[11] – εὐχαριστοῦντες τῷ πατρί hat seine unmittelbare Parallele in 3,17 –, und das qumranverwandte jüdische Milieu. Wir haben somit 1,12–14 als einen vom Briefautor ad hoc abgefaßten Text anzusehen.

II

V 12 Die Aufforderung an die Gemeinde zum Dank, die sich an die Fürbitte des Apostels anschließt, kommt nicht unvermittelt, da sie in der Erlösung begründet ist, die die Gemeinde an sich erfuhr. Von diesem durch das Evangelium vermittelten Erlösungswerk war im vorausgehenden wiederholt die Rede. Die Freude, mit der das Danksagen geschehen soll, kennzeichnet die Gemeinde als eine eschatologische (vgl. Phil 4,4–6); die Versammlungen, in denen die Gemeindemitglieder von Jerusalem zusammenkamen, waren vom Jubel geprägt (Apg 2,46). Die Freude ist nach Gal 5,22 nach der Liebe die zweite Frucht des Geistes. Auch das rabbinische Judentum wußte darum, daß der Dank in die endzeitlich-eschatologische Zeit hinein fortbesteht: Wenn der Ewige König über die ganze Erde sein wird, werden alle Opfer in Wegfall kommen, „das Dankopfer aber wird nimmer in Wegfall kommen"[12]. Der Dank richtet sich an den Vater. Vom Vater im absoluten Sinn wird – im Gegensatz etwa zum „Vater unseres Herrn Jesus Christus" – im Corpus Paulinum nur selten gesprochen (vgl. Röm 6,4; Eph 2,18). Dennoch kann der Vater hier nicht unmittelbar auf die Gemeinde bezogen[13], er muß in seiner Relation zum Sohn und der durch diesen vermittelten Vaterschaft Gottes gesehen werden, wie es der in V 13 genannte „geliebte Sohn" empfiehlt. Zu Gott Vater zu sagen zeichnet die Eucharistia der Christen aus[14]. Der Vater hat ihnen eine neue Lebensqualität verliehen. Sie wurden zu einem neuen Leben tauglich und fähig gemacht[15], das sie sich selbst niemals hätten geben können. Die Aoristform verweist auf ein einmaliges Geschehen, ihren Eintritt in die Gemeinde und die damit verbundene Taufe. Damals gewannen sie Anteil am Los der Heiligen im Licht. μερίς und κλῆρος sind zunächst rechtliche Begriffe, die einen Anspruch an einem Besitzanteil ausdrücken (Weish 2,9; Gn 31,14). In der Landverteilung an die israelitischen Stämme wird der Losanteil zur Einlösung einer Verheißung (Jos 18,11 – 19,51) und geeignet, das dem Menschen von Gott zugedachte endzeitlich-endgültige Schicksal zu erinnern. In der Apokalyptik, in der sich der Glaube an ein Fortleben nach dem Tod durchsetzt, kann vom „Los des

---

der Paulusbriefe, in denen καλέω häufig, ἱκανόω dagegen nur einmal und noch dazu in einem etwas anders gelagerten Sinn begegnet (2 Kor 3,6), ändern D* G 33 it ἱκανώσαντι in καλέσαντι um.

[11] In den paulinischen Homologumena gibt es nur eine vergleichbare Stelle: Phil 4,20.
[12] MidrLv 27,29 (Übs. nach J. Fürst).   [13] Dies schlägt Ewald vor.
[14] Lohse 69f führt den Nachweis, daß die Vater-Anrede Gottes in den Qumranschriften nicht gebräuchlich ist.
[15] ἱκανόω hat soteriologische Bedeutung, anders 2 Kor 3,6.

ewigen Lebens" gesprochen werden (Henaeth 34,4; vgl. 39,8; 48,7; Dn 12,13)[16]. Doch verdient schon das Wort Gottes an Aaron Beachtung: „Ich bin dein Besitz und Erbteil" (Nm 18,20). In der Qumrangemeinde wird der Losbegriff im Rahmen eines prädestinatianisch geprägten Denkens verwendet. Die Frommen sind dazu bestimmt, „sich zu heiligen von allen abscheulichen Greueln und von schuldhafter Untat, in die Einung zu treten mit den Söhnen deiner Wahrheit und in ein Los mit deinen Heiligen" (1 QH 11,11f)[17]. Auch hier fällt der Erwerb des schicksalhaften Losanteils zusammen mit dem Eintritt in die Gemeinde. Die Heiligen, an deren Los die Kolosser Anteil erhielten, werden auf die Engel[18], die Engel bzw. Vollendeten[19], die Engel, Gerechten und Auserwählten (Lohmeyer) oder die Christen als das neue Gottesvolk[20], die Judenchristen im Gegensatz zu den Heidenchristen (Caird) oder unbestimmt eine Gruppe im „Raum der Kirche" (Schweizer) bezogen. Zieht man in Anlehnung an die gewohnte Verwendung des Begriffs „die Heiligen" einen Bezug auf die auf dieser Welt lebenden Christen vor, wäre es konsequent, die Näherbestimmung „im Licht" „fast wie ein Adjektiv"[21] (dann: das lichtvolle Los der Heiligen) aufzulösen. Wir werden jedoch hier wieder mit der räumlich und präsentisch geprägten Eschatologie unseres Briefes konfrontiert. Die Heiligen sind – analog einer in Qumran zu belegenden Vorstellung – die Engel[22]. Gleichzeitig an die verstorbenen Christen zu denken erscheint nicht sinnvoll. Zwischen den verstorbenen und lebenden Gläubigen besteht kein prinzipieller Unterschied, da alle Getauften bereits mit Christus von den Toten auferweckt worden sind (2,12). Das Licht ist der Raum, in den Gott die Gläubigen versetzt hat und in dem sie Gemeinschaft mit den Engeln gewannen[23]. Die Versetzung veranschaulicht den realen Herrschaftswechsel, dem wiederum in Qumran in ähnlichen dualistischen Aussagen Ausdruck verliehen werden konnte. Die Herrschaft Gottes in diesem Lichtbereich muß sich darin auswirken, daß die Menschen auf den Wegen des Lichtes gehen, zu Kindern des Lichtes werden[24]. Der vollzogene Herrschaftswechsel wird deutlich in 2 Kor 6,14 vorausgesetzt: „Welche Gemeinschaft besteht zwischen Licht und Finsternis?"[25] Daß wir es

---

[16] Zu beachten ist, daß LXX Dn 12,13 übersetzt ἐπὶ τὴν δόξαν, Θ dagegen εἰς τὸν κλῆρον. Die beiden Begriffe sind demnach eng verwandt.
[17] Vgl. Kuhn, Konkordanz s.v. *goral;* Braun, Qumran I 226f.
[18] Lohse; Deichgräber, Gotteshymnus 80f.
[19] Käsemann, Taufliturgie 44. Conzelmann denkt an die seligen (offenbar die verstorbenen) Gläubigen.
[20] Soden, Dibelius, Ernst.
[21] Vgl. Schweizer 48 Anm. 98.
[22] Vgl. 1 QM 10,12; 12,1; 1 QS 11,7f; 1 QH 11,11; 3,21f; 4,25; 1 QSb 3,26; auch Eph 2,19.
[23] ἐν φωτί bezieht sich auf εἰς τὴν μερίδα κτλ.
[24] Zu den „Söhnen des Lichtes" vgl. 1 QS 1,9; 2,16; 3,13.24f; 1 QM 1,1.3.9.11.13; zu den „Wegen des Lichtes" 1 QS 3,3.20. Auch K. G. Kuhn, Der Epheserbrief im Lichte der Qumrantexte, in: NTS 7 (1960/61) 334–346, hier 339f. Der Licht-Finsternis-Dualismus begegnet in derselben Form wie in Qumran in den Test XII: TestLev 19,1; Naph 2,10; Gad 5,7; As 20,2; Benj 5,3; 11,2; Jos 20,2.
[25] Zum besonderen Charakter von 2 Kor 6,14 – 7,1 vgl. J. Gnilka, 2 Kor 6,14 – 7,1 im Lichte der Qumranschriften und der Zwölf-Patriarchen-Testamente, in: Ntl. Aufsätze (Festschrift J. Schmid) (Regensburg 1963) 86–99.

mit Bekehrungsterminologie zu tun haben, kann JosAs 15,12 erläutern: „Gepriesen sei der Herr, dein Gott, der dich gesandt hat, mich aus der Finsternis zu retten, und mich aus tiefstem Abgrund an das Licht zu führen."[26] Jedoch ist für den Kolosserbrief im Auge zu behalten, daß mit der Bekehrung eine räumlich-anschauliche und eschatologisch konzipierte Veränderung an den Bekehrten erfolgte, die sie zu neuen Menschen gemacht hat[27].

V 13 Diese Veränderung wird erneut in einer schroffen Antithese beschrieben, wobei der Autor in das bekennende Wir überwechselt. Sie führte uns aus der Finsternis in das Reich Christi. Gott hat sich – wie schon oft im Alten Testament – als Erretter bewährt (ἐρρύσατο). Gott errettete den einzelnen, aber auch das Volk aus vielfältigen Gefahren, aus Krankheit, Tod und drohender Vernichtung[28]. Paulus knüpft an diese Terminologie an, wenn er Gott für die Errettung aus der Hand der Verfolger preist (Röm 15,31; 2 Kor 1,10). Die umfassende endgültige Rettungstat erwartet er für die Zukunft, für das Ende (1 Thess 1,10; Röm 7,24; 11,26). Nach unserem Brief hat diese Tat bereits stattgefunden. Die ἐξουσία τοῦ σκότους ist der Bereich, in dem die Macht der Finsternis ihr unheilvolles Regiment ausübt. Es wäre zu wenig, Macht als abstrakte Tyrannis zu verstehen[29]. Die Unmöglichkeit für den Menschen, sich selbst zu retten, bestand gerade darin, daß er sich in der Herrschaftszone der Finsternis befand, aus der ihn nur ein Mächtigerer herauszureißen vermag[30]. Man wird dabei ein Zweifaches mitzubedenken haben. Einmal ist die Macht mythologisch-personal aufzufassen. Auch dies ergibt eine Übereinstimmung mit qumranischen Vorstellungen[31]. Zum anderen ist der Machtbereich der Finsternis die Welt, so daß alle Menschen ihr verfallen sind. Das Unheil ist umfassend. Die Befreiung führt zu einer positiven Bestimmung. Wir wurden hineinversetzt in das „Reich seines geliebten Sohnes", das mit dem Lichtbereich gleichzusetzen ist. Obwohl ein Ortswechsel vorausgesetzt ist, sollte man nicht von einer „Himmelfahrt der Seele" reden[32]. Nicht ist das bessere Ich des Menschen von einem als böse empfundenen Leib oder aus einer als Ursache des Bösen gedachten Materie befreit worden. Das hochgestimmte Errettungsbewußtsein wird auch nicht zum Schwärmertum. Vielmehr wurde dem ganzen Menschen eine grundlegende Neuorientierung, ein neuer Standort, eine neue Existenz zuteil. Der Kampf gegen das Böse besteht weiter fort (3,5ff), ja, ist jetzt überhaupt erst ermöglicht worden. Die Schicksalswende bildete die Taufe,

---

[26] Vgl. 1 Thess 5,5; Röm 13,12; 2,19; auch Js 2,5: „Kommt, wir wollen leben im Licht des Herrn".
[27] Dasselbe gilt für den Epheserbrief. Vgl. GNILKA, Epheserbrief 122–128.
[28] ῥύομαι ist besonders häufig im Psalter und bei Jesaja. Vgl. HATCH-REDPATH, Concordance s. v.
[29] Vgl. LIGHTFOOT; HUGEDÉ 45, der sich auf R. REITZENSTEIN, Poimandres (Darmstadt Nachdruck 1966) 48, beruft. Für Reitzenstein mischt sich in den Gebrauch von ἐξουσία der Begriff des Wissens ein.
[30] MOULE zitiert als Parallele Apg 26,18; SODEN Gal 1,4.
[31] Vgl. nur 1 QS 3,20f: „In der Hand des Engels der Finsternis liegt alle Herrschaft über die Söhne des Unrechts, auf den Wegen der Finsternis wandeln sie usw."
[32] Gegen SCHILLE, Hymnen 82.

die der Christ als Handeln Gottes an sich erfuhr. Weil sie dem Machtbereich der Finsternis entrissen sind, wäre ihre Rückkehr zur Verehrung überirdischer Mächte neben Gott ein Widerspruch gegen Gottes Heiltat[33].

Paulus spricht in seinen Briefen von der Basileia Gottes, die als endgültige Offenbarung Gottes zukünftig ist und die irdische Geschichte beenden wird[34]. Daneben kennt er die Basileia Christi, die er nur in 1 Kor 15,24 erwähnt. In ihr herrscht Christus, der Erhöhte. Sie ist zeitlich begrenzt auf die Zeit zwischen Erhöhung und Parusie und wird vom ewig währenden Reich Gottes abgelöst werden. Die Apokalyptik (ApkBarsyr 39,7) und Qumran kennen auch die Herrschaft des Gesalbten Gottes, den „Bund der Königsherrschaft über sein Volk", der dem Sproß Davids und seinem Samen gegeben werden wird (4 QPatr 4); diese stehen aber noch aus[35]. In unserem Brief ist die Basileia des geliebten Sohnes zwar wie in 1 Kor 15,24 als etwas Gegenwärtiges gedacht, aber im Gegensatz hierzu endgültig, räumlich fixiert, dem Herrschaftsbereich der Finsternis gegenübergestellt (vgl. Eph 5,5). Die Getauften gehören ihr jetzt bereits an, wenngleich diese Zugehörigkeit erst am Ende offenbar werden soll, darum gegenwärtig eine verborgene ist. Über die Christus-Prädikation „Sohn seiner Liebe" hat die alte Exegese spekuliert und in der Besonderheit des Ausdrucks etwas Besonderes angezeigt gesehen. Augustinus, dem sich noch Lightfoot anschließt, sagte: „Die Liebe des Vaters ... ist nichts anderes als seine Natur und sein Wesen (eius ipsa natura et substantia) ... und darum ist der Sohn seiner Liebe kein anderer als jener, der aus seinem Wesen gezeugt wurde."[36] Indes liegt der Formulierung keine ontologische Aussage, sondern ein Hebraismus zugrunde, der gleichbedeutend ist mit „sein geliebter Sohn" (= sein einziger Sohn) und aus dem Taufkontext stammt (vgl. Mk 1,11 parr.). Kann der Sohn-Gottes-Titel als das führende christologische Prädikat bei Paulus gelten[37], so forciert der Genitiv „Sohn seiner Liebe" den Gedanken, daß der Sohn das Objekt der Liebe des Vaters ist. Dem darf man im Zusammenhang entnehmen, daß die den Getauften geschenkte Errettung als Tat Gottes über den Sohn vermittelt ist. Gott liebt sie wegen ihrer Zugehörigkeit zu Christus, dem „Sohn seiner Liebe". In diesem ist ihnen das Heil verbürgt.

V 14 In einem abschließenden Relativsatz wird die christliche Heilstat herausgestellt. „In ihm" hat hier nicht den prägnanten Sinn der paulinischen In-Christus-Formel, sondern hebt ab auf den Vermittler des Heils[38]. Im Hinter-

---

[33] DIBELIUS sieht in V 13 zu Recht auch eine Spitze gegen die Irrlehre.
[34] Vgl. Röm 14,17; 1 Kor 4,20; 6,9f; 15,20; Gal 5,21; 1 Thess 2,12. Zu Kol 4,11 vgl. unten z.St.
[35] Vgl. auch TgIs 53,10 und R. SCHNACKENBURG, Gottes Herrschaft und Reich (Freiburg ³1963) 23–47. 224–245.
[36] DE TRIN. 15,19, bei LIGHTFOOT.
[37] Vgl. M. HENGEL, Der Sohn Gottes (Tübingen 1975). Nach KÄSEMANN, Taufliturgie 43, hat das Sohnesprädikat des Christus seine eigentliche Wurzel im urchristlichen Taufbekenntnis.
[38] DIBELIUS. Dies berührt sich mit dem Epheserbrief. Vgl. GNILKA, Epheserbrief 66–69. Im Kol ist die Bedeutung von ἐν Χριστῷ, ἐν κυρίῳ o.ä. nicht einheitlich.

grund steht das Kreuz[39]. Dieses Heil ist für die Gemeinde voll gegenwärtig (ἔχομεν)[40], freilich ist es kein unverlierbarer Besitz. Es wird auf zweifache Weise erläutert. Einmal heißt es ἀπολύτρωσις. Dieses recht allgemeine Wort, das Erlösung, Befreiung bedeutet, kann im Corpus Paulinum für die schon geschehene (1 Kor 1,30), aber auch die noch ausstehende Befreiung (Röm 8,23: „Erlösung unseres Leibes"; Eph 4,30: „Tag der Erlösung") verwendet werden[41]. Konkrete Bedeutung gewinnt es dort, wo es die Befreiung eines Gefangenen oder Sklaven aus der Gefangenschaft oder Sklaverei bezeichnet. Die Befreiung erfolgte mit Hilfe von Waffengewalt oder – zu einem späteren Zeitpunkt – durch Loskauf[42]. Da in V 13 unsere Errettung aus der Macht der Finsternis erwähnt wurde, können wir damit rechnen, daß hier die Vorstellung vom Loskauf aus der Sklaverei auf Christi Tat übertragen ist[43]. Damit dürfte die kolossische Häresie getroffen sein, die die Versklavung an überirdische Mächte auch für die Christen noch als gegeben ansah. Es interessiert nicht, wem der Kaufpreis bezahlt wurde, sondern allein, daß der Christ aus jeder Form der Sklaverei befreit ist. Noch anschaulicher wäre die Aussage, wenn sie ein Stichwort der Häresie aufnähme, die dann für sich behauptet hätte, daß allein sie die ἀπολύτρωσις garantiert. Spätere gnostische Häresien nehmen dies unter Aufnahme unseres Stichwortes für sich in Anspruch[44]. Wenn es auch nicht erlaubt ist, eine direkte Beziehung zwischen der kolossischen und späteren Häresien herzustellen, bleibt das Gefälle zu beachten.

Besteht eine Querverbindung zwischen ἀπολύτρωσις und V 13a, so dürfen wir eine solche auch zwischen ἄφεσις τῶν ἁμαρτιῶν, dem zweiten erläuternden Begriff für das gewonnene Heil, und V 13b vermuten. Bei der Versetzung in das Reich des Gottessohnes, die mit der Aufnahme in die christliche Gemeinde zusammenfällt, wurden ihnen die Sünden nachgelassen durch die Taufe. Die mit der Taufe verbundene Sündenvergebung ist auch an anderen Stellen bezeugt. Der Begriff ist liturgisch geprägt. Ein Beispiel aus späterer Zeit: „Wir stiegen ins Wasser herab und empfingen den Nachlaß unserer früheren Sünden."[45] Wie ist Sündenvergebung erfahrbar? Schweizer spricht von einer

---

[39] Einzelne Handschriften – 35 1912 vg^{clem} sy^h – ergänzen διὰ τοῦ αἵματος αὐτοῦ. Dies aber ist Einfluß von Eph 1,7.
[40] Wenn B die Aoristform ἔσχομεν setzt, ist das Angleichung an die vorausgehenden Verben.
[41] Vgl. TestZab 9,8; TestJos 18,2 zum Gebrauch des Verbs.
[42] Ex 21,8; Josephus, ant. 12,24. LXX Dn 4,34 verwendet das Substantiv für die Befreiung Nebukadnezars vom Wahnsinn. Vgl. F. BÜCHSEL, in: ThWb IV 354–359.
[43] Mit DIBELIUS, HUGEDÉ. Dibelius bemerkt zutreffend, daß der Vorstellungsgehalt von ἀπολύτρωσις bei Paulus immer durch den Kontext näher bestimmt ist.
[44] Belege aus der gnostischen Sekte der Markosjaner bei LIGHTFOOT und ABBOTT. Aus den Nag-Hammadi-Texten vgl. Die drei Stelen des Seth, in: ThLZ 100 (1975) 576: „Und jene, die du wolltest, hast du erlöst"; Die dreigestaltige Protennoia, in: ThLZ 99 (1974) 736: „Wir allein sind [es, die du erlöst hast von der] sichtbaren Welt"; EvVer f. VI p. 31 (MALININE-PUECH-QUISPEL S. 77): „Er hat ihnen Gedanken und Weisheit gegeben und Erbarmen und *Erlösung* und den Geist."
[45] Herm (m) 4,3,1. Vgl. Apg 2,38; 10,43; Barn 11,1. Sonst noch Apg 5,31; 13,38; 26,18; Herm (m) 4,4,4; Barn 8,3. Die Formel „Nachlaß der Sünden" ist schon mit der Johannestaufe verbunden: Mk 1,4 parr. Auch der Qumran-Beter weiß, daß er Vergebung der Sünden empfangen hat: 1 QH 4,37; 7,35; 9,13.34; 10,21; 11,9 u.ö. Im Achtzehnbitten-Gebet betet der

„Aufhebung der Entfremdung von Gott"[46]. Büchsel meint: „Sündenvergebung ist keine greifbar vorliegende Wirklichkeit, sondern Handlung und Haltung des jenseitigen Gottes, die uns durch sein Wort offenbar und zu Teil wird."[47] Voll greifbar werde sie erst im Endgericht. Im Kontext unseres Briefes ist auf 3,13 hinzuweisen. Dort wird aus der geschenkten Sündenvergebung die Pflicht abgeleitet, daß wir uns gegenseitig ertragen und vergeben sollen, im übrigen in völliger Übereinstimmung mit der Weisung Jesu (Lk 11,4 par.). Die Aufforderung zum Dank klingt christologisch aus. Damit ist der Anschluß an den folgenden Christushymnus hergestellt.

3. CHRISTUS, DER MITTLER DER SCHÖPFUNG UND DER VERSÖHNUNG DES ALLS (1,15–20)

I

Der Text 1,15–20[1], seit Jahrzehnten intensivster Gegenstand der Forschung, hat unterschiedlichste Beurteilungen erfahren[2]. Die Divergenzen betreffen die Abfassung, die Struktur und Metrik, den religionsgeschichtlichen Hintergrund und insbesondere die Abgrenzung eines eventuell vorgegebenen Hymnus. Völlig einig ist man sich letztlich nur in der Meinung, daß wir es mit einem in gehobener Sprache verfaßten Text zu tun haben, den man als Hymnus – wenigstens im weiteren Sinn – zu bestimmen bereit ist. Um dem Leser einen Einblick in die Forschungslage zu bieten, sollen verschiedene Positionen kurz vorgestellt werden. Der Übersicht halber werden diese blockartig zusammengenommen.

Einzelne Autoren rechnen mit Paulus als Verfasser des Hymnus[3]. Sie gehen dabei davon aus, daß Paulus auch der Autor des Briefes ist. Ihre Argumente sind mehr negativ, das heißt, sie setzen sich mit jenen auseinander, die von einem vorgegebenen traditionellen Hymnus reden. So sagt man, Paulus sei durchaus zu gehobener, poetischer Sprache fähig gewesen. Er kenne die Weisheitsspekulationen, die das Lied voraussetze. Zudem bemüht man sich, paulinische Theologie im Hymnus nachzuweisen. Schwierigkeiten bereitet die Allversöhnung in V 20[4]. Manche Autoren, die Brüche im Text erkennen, aber

---

Jude: „Vergib uns, unser Vater, denn wir haben gegen dich gesündigt. Tilge und entferne unsere Verfehlungen vor deinen Augen weg, denn deine Barmherzigkeit ist groß." Bei BILLERBECK I 421. Vgl. 4 Esr 8,34–36.
[46] 49.
[47] ThWb IV 356.
[1] Der Text findet sich auf S. 58f.
[2] Gute Forschungsüberblicke bieten GABATHULER, Jesus Christus 11–124; BURGER, Schöpfung 3–26 (vgl. die Tabellen 9–11.15f); P. BENOIT, L'hymne christologique de Col 1,15–20. Jugement critique sur l'état des recherches, in: Christianity, Judaism and Other Greco-Roman Cults (Festschrift M. Smith Bd. 1) (SJLA) (Leiden 1975) 226–263, hier 226–250.
[3] CAIRD 174f; A. FEUILLET, Le Christ sagesse de Dieu d'après les épitres pauliniennes (EtB) (Paris 1966) 260–262; M. S. FUKUCHI, The Letter of Paul to the Colossians, in: BiTod 60 (1972) 762–776; C. MAURER, Die Begründung der Herrschaft Christi über die Mächte nach Kolosser 1,15–20, in: WuD NF 4 (1955) 79–92; MOULE 58–62.
[4] MOULE 62: „The idea of the reconciliation of ‚all things' is perhaps the hardest to accommodate to the rest of St. Paul's thought."

dennoch an der paulinischen Verfasserschaft festhalten oder diese doch wenigstens nicht ausschließen wollen, schlagen komplizierte Lösungen vor. So meint Benoit, Paulus oder ein in seinem Auftrag schreibender Mitarbeiter habe den Hymnus abgefaßt, indem er ein Lied, das die kosmische Bedeutung der Sophia pries, aufgriff. Dieses liege den VV 15–17 zugrunde. Paulus bzw. der andere habe nicht bloß den die Erlösung betreffenden Teil des Textes (18 b–20) gedichtet, sondern auch einen im voraus gefertigten Hymnus anläßlich der Niederschrift unseres Briefes neu redigiert. Mit Hilfe der zweiten Redaktion glaubt Benoit, den Vers 18 a, der zu früh auf die Soteriologie umschaltet, aber auch die Erwähnung der Mächte in 16 b erklären zu können[5]. Auch für Kehl ist das Verwurzeltsein der Grundform des Hymnus in der paulinischen Theologie das vordringliche Anliegen. So wird es für ihn „ziemlich belanglos, ob die literarische Formulierung von Paulus selbst oder aus seinem Kreis stammt"[6]. Der Autor ad Colossenses habe den Hymnus in seiner Anwendung auf die Situation in Kolossä erneut gefaßt. Auf eine genaue Beschreibung der Genese wird verzichtet. Der letzten Redaktion werden die VV 16 cd und 20 b zugeschrieben[7]. Caird hingegen nimmt im Anschluß an Burney an, die Besonderheiten von Kol 1, 15–20 ließen sich damit erklären, daß Paulus einen rabbinischen Midrasch auf die Sophia/Thora aufgegriffen und auf Christus adaptiert habe. Der Midrasch habe sich auf Gn 1, 1 (*Bereshith*) und Spr 8, 22 bezogen, wo die Weisheit *Reshith* (Anfang) genannt werde[8].

Die große Mehrzahl der Interpreten geht davon aus, daß der Autor ad Colossenses in 1, 15–20 einen vorgeprägten, in der Überlieferung der kleinasiatischen Gemeinden gegenwärtigen Hymnus mitteile. Ausgangspunkt für diese Erkenntnis war eine formale Beobachtung, der Parallelismus der beiden Reihen, die mit ὅς ἐστιν εἰκών (15) und ὅς ἐστιν ἀρχή (18 b) eröffnet werden. Dieser Parallelismus setzt sich fort mit einer πρωτότοκος-Aussage und einem Begründungssatz: ὅτι ἐν αὐτῷ. Ferner zählte man hierzu den Gleichklang der Präpositionen ἐν – διά – εἰς (16 und 19 f) und die Erwähnung von Himmel und Erde bzw. Erde und Himmel (16 und 20), wobei die ab- und aufsteigenden Linien aufeinander abgestimmt erscheinen. Daneben glaubte man eine Parallelismus-membrorum-Struktur aufeinander folgender Zeilen entdecken zu können[9]. Wichtiger ist das Vorkommen seltener Wörter und Begriffe, die weder im Brief noch bei Paulus nachzuweisen sind. Als entscheidend sieht man

---

[5] (Anm. 1) 250–263. BENOIT bemerkt einschränkend, es sei unmöglich, die literarische Genese des Hymnus mit letzter Präzision zu bestimmen (259).
[6] Christushymnus 163.
[7] 162–165. Auf S. 37 stellt KEHL die Ausgangsform des Hymnus vor. Dieser erscheint erheblich zusammengestrichen. Er umfaßt zwei Strophen, die erste mit 5 Zeilen und 41 Silben, die zweite mit 6 Zeilen und 47 Silben. Wie stellt sich K. die Erweiterungen vor? Was haben diese veranlaßt?
[8] CAIRD 175. Vgl. C. F. BURNEY, Christ as the APXH of Creation, in: JTS 27 (1926) 160–177. MAURER (Anm. 2) nimmt die VV 17.18 a zum Ausgangspunkt und versucht, den Hymnus als Auseinandersetzung des Paulus mit der besonderen in Kolossä gegebenen Bekenntnissituation zu verstehen. Im Sinn eines Midrasch interpretiert auch F. MANNS, Col. 1, 15–20: midrash chrétien de Gen. 1,1, in: RevSR 53 (1979) 100–110.
[9] DEICHGRÄBER, Gotteshymnus 150f.

die Tatsache an, daß ein vorgegebener Hymnus durch den Briefautor interpretiert wurde. Dies geschieht durch Zusätze im Lied, durch den unmittelbaren Kontext (besonders 1,21–23), aber auch an anderen Stellen des Briefes, wo auf den Hymnus Bezug genommen werde. Im folgenden biete ich eine Übersicht über die Passagen des Textes, die als Zusätze angesehen worden sind, und deute die Begründungen der Forscher an:

15b[10] τοῦ θεοῦ τοῦ ἀοράτου. Das parallele Prädikat ἀρχή verlange eine entsprechend knappe Wendung.

16b[11] ἐν τοῖς οὐρανοῖς καὶ ἐπὶ τῆς γῆς, wurde als Auffüllung, schnörkelhafter Putz bezeichnet, der semitischem Wesen fremd, hellenistischem vertraut sei.

16c[12] τὰ ὁρατὰ καὶ τὰ ἀόρατα, verfiel einem ähnlichen Verdikt, bzw. man erblickte eine Diskrepanz im Gebrauch von ἀόρατα im Vergleich mit V 15.

16d[13] εἴτε θρόνοι εἴτε κυριότητες εἴτε ἀρχαὶ εἴτε ἐξουσίαι, wurde als Auffüllung betrachtet, bzw. die als typisch jüdisch angesehene Aufzählung der Mächte widerspreche der hellenistischen Zusammenfassung des Kosmos in „Sichtbares und Unsichtbares".

16e[14] τὰ πάντα δι' αὐτοῦ καὶ εἰς αὐτὸν ἔκτισται, sei eine sekundäre Zusammenfassung des Vorausgegangenen bzw. sei Bestandteil einer sekundären „Zwischenstrophe", die stoische Weltanschauung widerspiegle.

17a[15] καὶ αὐτός ἐστιν πρὸ πάντων, wurde der „Zwischenstrophe" zugerechnet, bzw. man sagte, die Passage verrate sich als sekundär, weil sie gegenüber V 15 kaum etwas Neues einbringe.

17b[16] καὶ τὰ πάντα ἐν αὐτῷ συνέστηκεν, wurde zur „Zwischenstrophe" geschlagen. Ebenfalls:

18a[17] καὶ αὐτός ἐστιν ἡ κεφαλὴ τοῦ σώματος τῆς ἐκκλησίας.

18b[18] τῆς ἐκκλησίας, störe mit seiner soteriologischen Ausrichtung die kosmologische Konzeption des bisher Gesagten.

18c[19] ἵνα γένηται ἐν πᾶσιν αὐτὸς πρωτεύων, störe den parallelen Aufbau und bringe nichts Neues ein.

20a[20] καὶ δι' αὐτοῦ ἀποκαταλλάξαι τὰ πάντα εἰς αὐτόν, der Gedanke der Versöhnung sei dem ursprünglichen Hymnus fremd.

---

[10] Getilgt von Burger, Ernst.
[11] Getilgt von Burger, Eckart, Hegermann, Kehl.
[12] Getilgt von Eckart, Deichgräber, Gabathuler, Hegermann, Robinson, Schenke.
[13] Getilgt von Eckart, Harder, Hegermann, Ernst, Robinson, Schweizer, Schenke, Gabathuler, Schille, Kehl, Deichgräber, Burger.
[14] Getilgt von Burger, Deichgräber, Hegermann.
[15] Getilgt von Burger, Harder, Hegermann, Kehl.
[16] Getilgt von Burger, Harder, Kehl.
[17] Getilgt von Harder, Burger, Masson, Kehl.
[18] Getilgt von Käsemann, Eckart, Hegermann, Robinson, Schweizer, Ernst, Schenke, Gabathuler, Schille, Lohse, Deichgräber, Lähnemann, Wengst, Pöhlmann, Bammel.
[19] Getilgt von Ernst, Burger, Harder, Schweizer, Gabathuler, Schille, Kehl, Lähnemann, Pöhlmann.
[20] Getilgt von Burger.

20b εἰρηνοποιήσας διὰ τοῦ αἵματος τοῦ σταυροῦ αυτοῦ[21] bzw. διὰ τοῦ αἵματος τοῦ σταυροῦ αυτοῦ[22], erwähne das Kreuz an zu später Stelle und störe sowohl den syntaktischen Aufbau als auch das theologische Konzept des Liedes, das von der Auferstehung und Herrlichkeit des Pantokrators geprägt sei.

20c[23] εἴτε τὰ ἐπὶ τῆς γῆς εἴτε τὰ ἐν τοῖς οὐρανοῖς, wurde als Auffüllung in Angleichung an 16b angesehen.

Wollte man alle vorgeschlagenen Streichungen übernehmen, ergäbe sich ein stringent parallel aufgebauter Doppel-Dreizeiler:

> ὅς ἐστιν εἰκών
> πρωτότοκος πάσης κτίσεως
> ὅτι ἐν αὐτῷ ἐκτίσθη τὰ πάντα.
> ὅς ἐστιν ἀρχή
> πρωτότοκος ἐκ τῶν νεκρῶν
> ὅτι ἐν αὐτῷ εὐδόκησεν πᾶν τὸ πλήρωμα κατοικῆσαι.

Es gibt allerdings keinen Interpreten, der der Meinung wäre, dieser Rumpftext sei das ursprüngliche Lied. Die darum abstrakte „Rekonstruktion" vermag jedoch zu veranschaulichen, daß die Vorstellung von einer möglichst absoluten formalen und inhaltlichen Struktur das entscheidende Kriterium in allen Rekonstruktionsversuchen ist. Ist diese Vorstellung berechtigt?

Nah an das obige abstrakte Modell kommt die Rekonstruktion Kehls heran. Zweifel lassen freilich schon die Abgrenzungen der Zeilen aufkommen:

> ὅς ἐστιν εἰκὼν
>   τοῦ θεοῦ τοῦ ἀοράτου,
>   πρωτότοκος πάσης κτίσεως
> ὅτι ἐν αὐτῷ καὶ δι' αὐτοῦ
>   καὶ εἰς αὐτὸν ἐκτίσθη τὰ πάντα.
>
> ὅς ἐστιν ἀρχή,
>   πρωτότοκος ἐκ τῶν νεκρῶν,
> ὅτι ἐν αὐτῷ εὐδόκησεν
>   πᾶν τὸ πλήρωμα κατοικῆσαι
>   καὶ δι' αὐτοῦ ἀποκαταλλάξαι
>   τὰ πάντα εἰς αὐτόν[24].

Riskierte Kehl Wortumstellungen noch in geringem Umfang, so greift Robinson weit kräftiger in den Text ein, um zu folgendem parallel aufgebauten „Urtext" zu kommen:

---

[21] Getilgt von BURGER, SCHWEIZER, HARDER, ROBINSON, GABATHULER, KEHL.
[22] Getilgt von ECKART, ERNST, HEGERMANN, KÄSEMANN, DEICHGRÄBER, SCHENKE, LOHSE.
[23] Getilgt von HARDER, GABATHULER, HEGERMANN, ROBINSON, SCHENKE, SCHILLE, PÖHLMANN.
[24] Christushymnus 37. Sehr knappe Urformen rekonstruieren BURGER, Schöpfung 26 (Doppel-Vierzeiler); HEGERMANN, Schöpfungsmittler 92f (Doppel-Fünfzeiler).

Kol 1,15–20

ὅς ἐστιν εἰκὼν τοῦ θεοῦ τοῦ ἀοράτου
πρωτότοκος πάσης κτίσεως
ὅτι ἐν αὐτῷ ἐκτίσθη τὰ πάντα ἐν
   τοῖς οὐρανοῖς καὶ ἐπὶ τῆς γῆς
[καὶ] τὰ πάντα δι᾽ αὐτοῦ καὶ εἰς αὐτὸν (ἔκτισται)
καὶ αὐτός ἐστιν πρὸ πάντων
καὶ τὰ πάντα ἐν αὐτῷ συνέστηκεν.

ὅς ἐστιν ἀρχή
πρωτότοκος ἐκ τῶν νεκρῶν
ὅτι ἐν αὐτῷ [κατοικεῖ] πᾶν τὸ πλήρωμα [τῆς θεότητος (σωματικῶς)]
καὶ δι᾽ αὐτοῦ [ἀποκατήλλαξε] τὰ πάντα εἰς αὐτόν
καὶ αὐτός ἐστιν ἡ κεφαλὴ τοῦ σώματος
ἵνα γένηται ἐν πᾶσιν αὐτὸς πρωτεύων[25].

Fast alle Rekonstruktionsversuche betrachten den Hymnus als zweistrophig. Die Verse 17 und 18a (καὶ αὐτός ἐστιν... σώματος) werden dabei häufig als Zwischenstrophe etikettiert. Burger[26] weitet diese zu einem Vierzeiler aus. Dieser ist für ihn ein selbständiger Text, der der stoischen Gedankenwelt entstamme und redaktionell in das Christuslied eingesprengt worden sei. Doch wen sollte er besungen haben? Es handelt sich um folgenden Text:

τὰ πάντα δι᾽ αὐτοῦ καὶ εἰς αὐτὸν ἔκτισται
καὶ αὐτός ἐστιν πρὸ πάντων
καὶ τὰ πάντα ἐν αὐτῷ συνέστηκεν
καὶ αὐτός ἐστιν ἡ κεφαλὴ τοῦ σώματος.

Die Regelmäßigkeit des Aufbaus (τὰ πάντα in Zeile 1 und 3, καὶ αὐτός ἐστιν in Zeile 2 und 4) fällt auf, jedoch ist die Selbständigkeit eines solchen Textes höchst zweifelhaft. Weil es sich nur um ein Textfragment handeln könnte, ist es weitaus wahrscheinlicher, daß der Text von Anfang an Bestandteil des Hymnus war, zumal es verbindende Elemente gibt.

Der zweistrophige Aufbau des Hymnus wurde aufgegeben von Pöhlmann. Er meint, eine Struktur nach dem Schema a-b-c-a entdecken zu können, das heißt ein vierstrophiges Lied, in dem sich Strophe 1 und 4 strukturell entsprechen. Die Zwischenstrophe wird zu Strophe 3, die ξυρὰ ἀντίθετα, die Gegenüberstellungen der Teile im Kosmos zu Strophe 2. Das Ganze stellt sich dann so dar:

ὅς ἐστιν εἰκὼν τοῦ θεοῦ τοῦ ἀοράτου
πρωτότοκος πάσης κτίσεως
ὅτι ἐν αὐτῷ ἐκτίσθη τὰ πάντα

ἐν τοῖς οὐρανοῖς καὶ ἐπὶ τῆς γῆς
τὰ ὁρατὰ καὶ τὰ ἀόρατα
εἴτε θρόνοι εἴτε κυριότητες

---
[25] J. M. Robinson, A Formal Analysis of Colossians 1,15–20, in: JBL 76 (1957) 270–287, hier 286.
[26] Schöpfung 34–37. Vgl. Gabathuler, Jesus Christus 129; Schille, Hymnen 81.

εἴτε ἀρχαὶ εἴτε ἐξουσίαι

τὰ πάντα δι' αὐτοῦ καὶ εἰς αὐτὸν ἔκτισται
καὶ αὐτός ἐστιν πρὸ πάντων
καὶ τὰ πάντα ἐν αὐτῷ συνέστηκεν
καὶ αὐτός ἐστιν ἡ κεφαλὴ τοῦ σώματος

ὅς ἐστιν ἀρχή
πρωτότοκος ἐκ τῶν νεκρῶν
ὅτι ἐν αὐτῷ εὐδόκησεν πᾶν τὸ πλήρωμα κατοικῆσαι
καὶ δι' αὐτοῦ ἀποκαταλλάξαι τὰ πάντα εἰς αὐτόν[27].

Offenkundig stört bei der Annahme eines zweistrophigen Aufbaus das quantitative Übergewicht der Schöpfungs- gegenüber den Erlösungsaussagen. Es kommt aber noch eine weitere Schwierigkeit hinzu, nämlich die Überlegung, wohin die Aussage „Und er ist das Haupt des Leibes" gehört. Betrifft sie vielleicht schon die Erlösung? Oder wie ist es nach dieser die geeinte Welt voraussetzenden Feststellung noch möglich, anschließend von einem neuen Anfang und von Erlösung zu sprechen? Manche Autoren empfinden es als Aporie, daß das All trotz der Hauptstellung Christi noch eine Versöhnung, einen Friedensstifter, einen Kosmokrator benötigt[28].

Einzelne Interpreten erklären die Entstehung des Hymnus auf dem Weg über zwei Stufen bzw. zwei Redaktionen und rechnen mit der Einarbeitung nichtchristlicher Texte. Käsemann erblickt in 1,15–20 ein Lied, das ursprünglich dem gnostischen Erlöser gesungen worden sei. Bevor es der Autor ad Colossenses aufgriff, habe es ein Christ bearbeitet, indem er den Leib auf die Kirche und die Versöhnung und Pazifizierung des Alls auf das Kreuzesblut bezog. Gleichzeitig habe dieser das Lied mit einem Vorspann versehen, der in den VV 12–14 wiederzuerkennen sei und für die christliche Verwendung des Liedes die Taufe ausweise[29]. In der Beurteilung von VV 12–14 sind wir oben bereits zu einem anderen Ergebnis gekommen. Die Entstehung des Textes, besonders der VV 18b–20, in einem nichtchristlichen Bereich wurde zu Recht allgemein abgelehnt. Dabei wurde vor allem auf den „Erstgeborenen aus den Toten" verwiesen. Benoit hält die erste Strophe für einen Text, der einmal für sich bestanden habe und der alttestamentlichen Weisheit gewidmet gewesen sei[30]. Den bislang wahrscheinlich kompliziertesten Entstehungsprozeß nimmt Burger an. Am Anfang steht für ihn ein zweistrophiger Hymnus (mit insgesamt 8 Zeilen) von „bestechender Geschlossenheit", in dem jede Zeile in der Gegenstrophe ihr Pendant findet[31]. Dieser Hymnus besinge Christus, näherhin sein Werk in Schöpfung und Neuschöpfung[32]. Ein erster Redaktor – für Burger der Briefschreiber – habe nicht bloß erhebliche Zusätze eingebracht, sondern auch die Thematik des Liedes verändert. Die Eigenart seiner redaktionellen Tätigkeit

---

[27] W. PÖHLMANN, Die hymnischen All-Prädikationen in Kol 1,15–20, in: ZNW 64 (1973) 53–74, hier 56. MASSON 105 strukturiert in fünf Strophen à 4 Zeilen. Damit rückt ὅς ἐστιν ἀρχή in die Mitte der 3. Strophe! LOHMEYER 41 entwickelte zwei Strophen à 7 Zeilen und eine Zwischenstrophe à 3 Zeilen. Der Anfang des zweiten Siebenzeilers ist καὶ αὐτός ἐστιν
[28] Vgl. GABATHULER, Jesus Christus 129.   [29] KÄSEMANN, Taufliturgie.   [ἡ κεφαλή].
[30] Vgl. oben S. 52.   [31] BURGER, Schöpfung 38.   [32] 47.

zeige sich darin, daß er vorgegebene Texte einarbeite, so ein aus dem Bereich der stoischen Philosophie stammendes kleines Lied – die Zwischenstrophe[33] – und Vers 20 (ohne die Erwähnung des Kreuzesblutes)[34]. Anderes habe er hinzugetan wie die Anführung der Mächte in 16b. Da diese Eingriffe Querverweise zwischen den beiden Strophen darstellen, bedeute dies, daß der Briefschreiber das gesamte Lied unter ein einheitliches Thema stellte, die Neuschöpfung. Am Ende habe ein Glossator eine zweite Redaktion vorgenommen, deren Eigenheit im Bemühen um Definitionen zu ermitteln sei. Zu ihr gehörten τῆς ἐκκλησίας in 18c und διὰ τοῦ αἵματος αὐτοῦ in 20. Im Grunde ziehe der Glossator die Linien weiter aus, die der erste Redaktor festgelegt habe[35]. Zwar gelingt es Burger, die angebliche Aporie zwischen Strophe 1 und 2 aus dem Weg zu räumen, aber um einen teuren Preis. Dieser besteht in der ganz unglaubwürdigen Annahme späterer Glossen, aber auch in der sehr hypothetischen Vermutung eines Themenwechsels für Strophe 1 im Zuge der Traditionsgeschichte.

Die eigene Analyse kann sich kürzer fassen. Daß wir es hier mit einem vorgegebenen Christushymnus zu tun haben, sollte nicht mehr bestritten werden. Relativischer Anschluß, strophischer Aufbau, Parallelismus membrorum, fremde Begriffe sind beachtenswerte Argumente. Besonders schwer wiegt es, wenn Vorstellungen des Hymnus durch den Briefautor umgebogen werden. Dies gilt für folgendes: die Versöhnung des Alls in V 20 wird in 21f auf die Versöhnung der Gemeinde hin ausgelegt; die Pazifizierung der Mächte, die auf Grund der Explikation in V 16 in das All miteinzubeziehen sind, steht ihrer Überwindung in 2,15 gegenüber; die Fülle in V 19 wird in 2,9 als Fülle der Gottheit aufgefaßt. Bei der Rekonstruktion des ursprünglichen Liedes ist Zurückhaltung geboten. Wer flugs streicht, müßte auch erklären, warum es zu diesbezüglichen Zusätzen gekommen ist. Dies dürfte oft schwierig sein. So ist es kaum plausibel zu machen, was den Zusatz τοῦ θεοῦ τοῦ ἀοράτου veranlaßt haben sollte. Vielmehr ist die Wendung genau so als Bestandteil des vorgegebenen Liedes anzusehen wie „in den Himmeln und auf der Erde" (16b). Letzteres korrespondiert mit der analogen Aussage „sei es auf der Erde, sei es in den Himmeln" (20c). Absteigende und aufsteigende Linie sind dabei aufeinander abgestimmt. Die hellenistische Form „das Sichtbare und das Unsichtbare" kann nicht gegen die mehr jüdisch empfundene Aufzählung der Mächte ausgespielt werden, weil die Verquickung von hellenistischem und biblischem Gedankengut auch sonst für das Lied zutrifft. Die Erwähnung der Mächte könnte in Auseinandersetzung mit der kolossischen Häresie erfolgt sein und darum noch am ehesten als sekundär angesehen werden. Dagegen aber spricht die oben angeführte Beobachtung, daß der Autor ad Colossenses die Mächte anders einordnet als dies hier der Fall ist[36]. Wer τὰ πάντα δι' αὐτοῦ καὶ εἰς

---

[33] Vgl. oben S. 55.
[34] Letzteres betrachtet BURGER, Schöpfung 56f, als Auszug aus einem Text mit Hinweis auf Eph 2 (gemeint ist Eph 2,14ff).
[35] 54–79.
[36] Für die Beibehaltung der detaillierten Aufzählung spricht, daß sich Ähnliches in Schöpfungshymnen der griechischen und jüdischen Umwelt findet. Vgl. den Zeus-Hymnus des

αὐτὸν ἔκτισται als unschöne Zusammenfassung des Vorausgegangenen wertet, fällt ein geschmäcklerisches Urteil. Die Aussage mit διά und εἰς hat ihre Korrespondenz in V 20. Beides gehört zusammen. Das Übergewicht der kosmischen Aussagen in der ersten Strophe, das durch die VV 17.18 a entsteht, kann durch die Annahme eines sekundär eingedrungenen Textes nicht befriedigend gelöst werden. Faßt man den Text als Zwischenstrophe, wird seine Zugehörigkeit zum Lied verständlich. Störend aber ist das Wort τῆς ἐκκλησίας. Es engt die kosmische Perspektive ein und schlägt das Thema der Erlösung zu früh an. Für den Autor ad Colossenses ist der Leib nicht die Welt, sondern die Kirche (1, 24; 2, 19). Die Zugehörigkeit des Finalsatzes in V 18 zum Hymnus zu bestreiten mit dem Vermerk, er bringe nichts Neues ein, leuchtet nicht ein. Abundanz ist Kennzeichen hymnischen Stils. Finalsätze sind nicht stilwidrig, wie Phil 2, 10 erweist. διὰ τοῦ αἵματος τοῦ σταυροῦ αὐτοῦ erläutert das voranstehende „durch ihn". Die Erwähnung des Kreuzesblutes erfolgt nach der Auferstehung und damit an zu später Stelle. Sie ist als Zutat des Briefautors zu betrachten, für den die Versöhnung mit Gott und die Bezwingung der Mächte durch den Todesleib Jesu bzw. das Kreuz erfolgt sind (1, 22; 2, 14). Fassen wir zusammen, so lassen sich nur zwei Zufügungen, die durch den Briefautor geschahen, aufrechterhalten: die Kirche in V 18 und das Kreuzesblut in V 20. Strophisch zerfällt das Lied in Strophe 1 + Zwischenstrophe + Strophe 2. Die Zwischenstrophe ist als Dreizeiler zu begrenzen, da 16 c mit den Präpositionen διά und εἰς mit 20 a übereinstimmt. Die Figur kennzeichnet die Strophen 1 und 2. Sie gibt zu erkennen, daß das verborgene Subjekt dieser beiden Strophen Gott ist. In der Zwischenstrophe ist Christus allein dominierend. Im Lied sind einige Zeilenpaare durch Parallelismus membrorum miteinander verbunden. In der folgenden Übersetzung sind die Zutaten des Briefautors in eckige Klammern gesetzt:

15 Der da ist Bild Gottes, des unsichtbaren,
   Erstgeborener aller Schöpfung,
16 denn in ihm wurde alles erschaffen
   in den Himmeln und auf der Erde,
   das Sichtbare und das Unsichtbare,
   seien es Throne oder Herrschaften,
   seien es Mächte oder Gewalten.
   Alles ist durch ihn und auf ihn hin erschaffen.

17 Und er selbst ist vor allem,
   und alles hat in ihm Bestand,

Aelius Aristides: „Zeus hat alles gemacht... Flüsse und Erde, Meer und Himmel, und was dazwischen ist, und was darüber ist, Götter und Menschen, und was Leben hat usw." Bei PÖHLMANN (Anm. 27) 60. Oder Sib 3, 20–23: „Er hat durch das Wort alles erschaffen, Himmel und Meer, die rastlose Sonne, den Mond in seiner Fülle, die leuchtenden Sterne, die mächtige Mutter Tethys, Quellen und Flüsse, das ewige Feuer, Tage und Nächte." Weitere Beispiele bei PÖHLMANN 58–66, der von einer Dihärese des Allbegriffs spricht.

18 Und er selbst ist das Haupt des Leibes, [der Kirche].

Der da ist der Anfang,
Erstgeborener aus den Toten,
damit er in allem der Erste würde,
19 denn es gefiel der ganzen Fülle, in ihm Wohnung zu nehmen,
20 und durch ihn und auf ihn hin alles zu versöhnen,
da er Frieden stiftete [durch sein Kreuzesblut],[37]
sei es dem, was auf der Erde, sei es dem,
was in den Himmeln ist.

II

V 15 Im Christushymnus erhält Christus viele Namen: Bild des unsichtbaren Gottes, Erstgeborener, Haupt, Anfang. Die Vielnamigkeit eines Wesens zeigt nach hellenistischem Empfinden dessen Größe an[38]. Die Eikon-Prädikation könnte daran denken lassen, daß auf Gn 1,26f und die Gottebenbildlichkeit des Menschen angespielt und Christus als zweiter Adam gesehen ist. Der kosmische, universale Bezug des Textes jedoch wie die Charakterisierung Gottes als des Unsichtbaren weisen in eine andere Richtung. Um diese näher zu bestimmen, ist man auf den religionsgeschichtlichen Vergleich angewiesen. Diese Bestimmung wird dadurch erschwert, daß man sich über das primäre Anliegen des Hymnus klar werden muß. Geht es ihm um eine Erklärung der Welt oder um Gott, dessen Unsichtbarkeit durch Christus zugänglich gemacht wurde, oder um Christus, der die Mitte des christlichen Glaubens ausmacht? Der christliche Standort des Hymnendichters läßt das letztere vermuten. Damit ist ein Kriterium ins Auge gefaßt, das es ermöglicht, bei aller Verwiesenheit auf religionsgeschichtliche Vorbilder deren christliche Deutung zu begreifen. Wenn bei Plato die sichtbare Welt „Abbild des geistigen (Gottes), ein sichtbarer Gott"[39] genannt wird, ist dies eine Definition der geschaffenen Welt. Die Welt der Ideen steht der Welt des sinnlich Wahrnehmbaren gegenüber, das jene abbildet. Das Abbild bleibt wie ein Schatten hinter dem Abgebildeten zurück. In platonischen Bahnen weiterdenkend, entwickelt Philo[40] seine Logoslehre,

---

[37] P46 ℵ A C K Ψ 33 lesen hier ein zusätzliches δι' αὐτοῦ, B D* G I 81 1739 vg arm lassen es vermissen. Letzteres ist vorzuziehen, da es sich um eine sekundäre Stilglättung handeln dürfte.
[38] Im Zeushymnus des Kleanthes heißt Zeus „vielnamiger Herrscher des Weltalls" (537). Vgl. Sophokles, Antig. 1115. Auch Philo, conf. ling. 146, nennt seinen Logos vielnamig. Nach SCHWEIZER, 46 sei dem Hymnus ursprünglich ein Lobspruch vorausgegangen, etwa: „Gelobt sei Gott und der Sohn seiner Liebe, der..." Bei der Rezitation des Hymnus war jedoch ohnehin klar, an wen er sich wendet.
[39] Timaios 92c: εἰκὼν τοῦ νοητοῦ θεὸς αἰσθητός. Mit F.-W. ELTESTER, Eikon im NT (BZNW 23) (Berlin 1958) 28, ist hinter νοητοῦ sinngemäß ein θεοῦ zu ergänzen. Wenn sich sichtbare und Ideenwelt wie zwei Götter gegenüberstehen, ist dies vielleicht Einfluß orientalischer Mythologie. In einem ägyptischen Hymnus auf den Gott Ihi findet sich die Akklamation: „Du Abbild des Harachti, du Kind des Atum". Im babylonischen Weltschöpfungslied Tafel 1,16 heißt es: „Anu erzeugte als sein Ebenbild Nuddimud". Belege bei ELTESTER 29.
[40] Vgl. KEHL, Christushymnus 70–72; HEGERMANN, Schöpfungsmittler 96–98.

mit der er die platonische Eikonstruktur konsequent auf den biblischen Schöpfungsglauben anwendet. Nicht mehr die geschaffene Welt, sondern der Logos als die Zusammenfassung der Ideen ist Bild Gottes. Als zweiter Gott steht er der Welt gegenüber und hat er ihre Schöpfung vermittelt. Sie ist nach seinem Bild geschaffen. Die Welt wird zum Abbild des Abbildes[41]. Mit unserem Christushymnus verbindet die philonische Konzeption nicht bloß die Idee vom Schöpfungsmittler, sondern auch die Namensgebung für den Logos. Er heißt „Anfang, Bild" (leg.all. I 43: ἀρχή, εἰκών)[42]. Ziel der Spekulation ist nicht – wie bei Plato – die Erklärung der Welt, sondern die Hinführung der Griechen und ihrer Philosophie zur Erkenntnis des Bibelgottes. In dem von hellenistischem Gedankengut erfüllten Weisheitsbuch ist es die Weisheit[43], die an der Stelle Gottes steht, von allen Wesen unterschieden, nur nicht von Gott. Sie ist „ein Abglanz des ewigen Lichtes und ein ungetrübter Spiegel des Wirkens Gottes und ein Abbild (εἰκών) seiner Vollkommenheit" (Weish 7, 26). Ihre Zugehörigkeit zu Gott erweist sich auch darin, daß sie seine Genossin bei der Weltschöpfung war und ihm bei der Erschaffung des Alls zur Seite stand (Spr 8, 22–31)[44]. Im Unterschied zum philonischen Logos ist sie stets in das Geheimnis gehüllt. Es gibt für sie keine Abbilder in der Welt, obwohl sie doch die ganze Welt trägt. Sie ist nur von Gott her offenbar. Neben ihrer kosmologischen Funktion wird auch ihre Rolle in der Vermittlung des Heils angedeutet. In der eschatologischen Zeit soll die Weisheit wie Wasser ausgegossen werden (Henaeth 49, 1)[45]. In diesem Milieu sind wir der Gedankenwelt unseres Hymnus am nächsten.

Kosmologische und soteriologische Funktionen erhält der Logos auch in der Gnosis. Dabei ist in der Schrift über „Die dreigestaltige Protennoía"[46], die hier als besonders instruktives Beispiel angeführt sein soll, deutlich, daß der Logos bzw. die Protennoia letztlich „die zur Allgöttin gewordene Sophia der Weisheitsliteratur in gnostischer Metamorphose ist"[47]. Sie heißt zwar nicht Bild, jedoch – in sachlicher Nähe hierzu – „Gedanke, der im Vater wohnt". Das All hat in ihr seinen Bestand, wurde durch sie gestaltet. Sie ist das Erst-

---

[41] In analoger Weise bezeichnen die Hermetica die Welt als das erste, den Menschen als das zweite Bild Gottes. Vgl. Pseudo-Apuleius, Asclepius 10.
[42] Vgl. conf. ling. 97.147; fug. 101; som. I 115.239; II 45.
[43] Vgl. KEHL, Christushymnus 72–78; H.-F. WEISS, Untersuchungen zur Kosmologie des hellenistischen und palästinischen Judentums (TU 97) (Berlin 1966) 189–210.265–275.
[44] Vgl. HENSLAV 30, 8: „Als ich alles vollendet, befahl ich meiner Weisheit, den Mann zu erschaffen."
[45] Es ist schwierig, eine Systematik in der Weisheit zu entdecken. J. FICHTNER, Weisheit Salomos (Handb AT II/6) (Tübingen 1938) 9, macht darauf aufmerksam, daß es keine in jeder Beziehung klar durchdachte Dogmatik gebe. U. WILCKENS, in: ThWb VII 498–500, schreibt der Weisheit zu problemlos und uneingeschränkt den Begriff Person zu. – In einem theologischen Sinn verwendet auch Plutarch, Ei Delph. 21, die Eikon. Hier wird differenziert zwischen dem Sonnengott Apollon und der Sonne als seinem Abbild. Letzteres aber bleibt hinter dem „wahren Sein und Wesen" des Gottes zurück. – Nach Weish 14, 17 macht man vom abwesenden König ein Bild, um ihm huldigen zu können.
[46] Übersetzt vom Berliner Arbeitskreis für koptisch-gnostische Schriften in: ThLZ 99 (1974) 731–746.
[47] K.-W. TRÖGER (Hrsg.), Gnosis und NT (Gütersloh 1973) 75.

lingsgeschöpf unter dem Gewordenen und existiert vor dem All. Als die allein Vollkommene Seiende ist sie unsichtbar und doch sichtbar, unmeßbar, unsagbar, unerreichbar, sich bewegend in jedem Geschöpf[48]. Sie offenbart sich durch einen Ruf, der allerdings nur an die Erwählten ergeht. Sie existiert „in allen Gewalten und Kräften, in den Engeln und in jeder Bewegung, die es in der ganzen Hyle gibt". Obwohl sie in ihnen wirkt, dachten diese, daß das All durch sie geschaffen wäre, weil sie unwissend sind[49]. – In der Tat sind die Berührungspunkte mit dem Kolosser-Hymnus frappierend. Der entscheidende Unterschied besteht darin, daß das Verhältnis von Kosmologie und Soteriologie ganz anders bestimmt wird. Neben dem universalen Schöpfungsgedanken bleibt die Erlösung auf die Prädestinierten eingeschränkt. Der Entstehungshintergrund der Schrift ist noch weithin ungeklärt, insbesondere bedürfte eine Einflußnahme biblischer bzw. christlicher Traditionen einer genauen Prüfung[50].

Als Eikon Gottes ist Christus die Präsenz Gottes in der Welt. Dies erweist sich – wie wir gleich hören werden – in seiner Schöpfermacht[51]. Man versteht den Satz nur richtig, wenn man sieht, daß er nicht Gott oder die Welt erklären, sondern eine Aussage über Christus machen will. Das christologische Interesse hebt die Aussage von allen religionsgeschichtlichen Vorbildern ab. Als Bild Gottes bleibt Christus nicht hinter dem Abgebildeten zurück wie die platonische Eikon, wird er nicht zum minderen Ersatz Gottes, mit dem wir uns begnügen müßten, wird auch nicht zum Urbild für die geschaffene oder zu schaffende Welt wie der philonische Logos, sondern steht er ganz auf seiten Gottes. Zöge man die an sich richtige Konsequenz und sagte, man kann jetzt nicht mehr von Gott reden, ohne von Christus reden zu müssen, wäre es doch zutreffender, es umgekehrt und positiv zu formulieren: Wer von Christus spricht, spricht von Gott. Eikon ist Christus als der Präexistente, der vor der Schöpfung bei Gott Existierende. Dies ist bestritten worden aus der Absicht, mit anderen Eikon-Aussagen auszugleichen (2 Kor 4,4; 3,18)[52]. Aber gerade hierin und im Zurücktreten des soteriologischen Aspekts der anderen Stellen erweist sich die Besonderheit von Kol 1,15. Jedoch bleibt Christus Bild Gottes. Daß er es ist (ὅς ἐστιν), wird ihm von der Gemeinde zugesprochen. Die Prädikation steht über dem bis V 18a reichenden Teil des Hymnus, an dessen Abschluß die Ekklesia erwähnt wird. Obwohl die Ekklesia – wie wir sahen – sekundär hinzugefügt wurde, bedeutet dies christologisch keinen Bruch[53]. Für den hier sich aussprechenden Glauben ist der Präexistente fraglos mit dem Erhöhten und Irdischen identisch. Mag der Irdische auch kaum ansichtig werden und vielleicht sogar auf gefährliche Weise entrückt erscheinen, die Gemeinde wußte,

---

[48] ThLZ 99 (1974) 734f.
[49] 743.
[50] Der Berliner Arbeitskreis bezeichnet die Schrift als „im Grunde nicht-christlich". Vgl. TRÖGER (Anm. 46).
[51] Vgl. J. JERVELL, Imago Dei. Gen 1,26f im Spätjudentum, in der Gnosis und in den paulinischen Briefen (FRLANT 76) (Göttingen 1960) 218–221.
[52] Um den Ausgleich bemüht sich KEHL, Christushymnus 81.
[53] BURGER, Schöpfung 38–53, rechnet mit einem komplizierten Bruch im Verständnis des Hymnus, der durch die von ihm angenommenen Redaktionen erfolgt sei.

daß der von ihr Gepriesene – anders als der philonische Logos, die gnostische Protennoia und die alttestamentliche Weisheit – einmal Mensch war. Es mag allerdings erstaunen, daß diese Prädikation einem Menschen gegeben wurde, der vor wenigen Jahrzehnten den schmachvollen Tod am Kreuz gestorben war.

Der zweite Name, den Christus erhält, lautet „Erstgeborener aller Schöpfung". Innerhalb des Hymnus steht er in einem Beziehungsgeflecht mit dem Eikon-Namen, dem Vers 16, der beide Namen begründet, und dem analogen Namen „Erstgeborener aus den Toten". Dieses Geflecht gilt es zu berücksichtigen, wenngleich die Geprägtheit des juridischen Begriffs „Erstgeborener" zu beachten bleibt[54]. Im Alten Testament genießt der Erstgeborene das Erstgeburtsrecht, die πρωτοτόκια[55]. Im übertragenen Sinn werden das Volk (Ex 4,22f; Sir 36,11; Jer 31,9; PsSal 18,4) oder der König (ψ 88,28) „Erstgeborener" genannt. Damit ist zu verstehen gegeben, daß sie von Gott in besonderer Weise geliebt und auserwählt wurden. Manche Interpreten vermuten, daß ψ 88,28: „Ich bestelle ihn zum Erstgeborenen, zum Höchsten unter den Königen der Erde", dann messianologisch verstanden, auf Kol 1,15 eingewirkt hat[56]. Dies ist jedoch eher für den „Erstgeborenen aus den Toten" zu vermuten, so daß mehr eine indirekte Einflußnahme vorliegt. Kennzeichnend für unsere Aussage ist nicht das Verhältnis des Erstgeborenen zu Gott, sondern zur Schöpfung. Darum ist 4 Esr 6,58f bedeutsam: „Wir aber, dein Volk, das du deinen Erstgeborenen, deinen Einziggeborenen, deinen Eiferer und Freund genannt hast, wir sind in deine Hand gegeben. Wenn aber die Welt unseretwegen geschaffen ist, warum haben wir nicht diese unsere Welt in Besitz?" – Wie stark in der Verwendung des Wortes „Erstgeborener" der Gedanke an Zeugung und Geburt zurücktreten konnte, zeigt ein später rabbinischer Beleg, nach dem Gott „Erstgeborener der Welt" heißt[57]. Was wir über Christus erfahren, übertrifft 4 Esr 6. Denn das All wurde nicht seinetwegen, sondern in ihm, durch ihn und auf ihn hin erschaffen. Diese überragende Stellung der Schöpfung gegenüber besitzt gleichfalls der philonische Logos, der einen ähnlichen Namen, nämlich Ersterzeugter (πρωτόγονος), erhält: „Denn als ältesten Sohn ließ der Vater des Alls diesen ins Dasein treten, den er anderswo den Ersterzeugten nennt und der, soeben geboren, den Wegen des Vaters nachgehend, auf die Urbilder schaute und die Arten formte."[58] Schöpfungsgenossin Gottes

---

[54] Vgl. W. MICHAELIS, in: ThWb VI 872–882; DERS., Der Beitrag der Septuaginta zur Bedeutungsgeschichte von πρωτότοκος, in: Festschrift A. Debrunner (Bern 1954) 313–320.
[55] Vgl. Hebr 12,16; Gn 25,31–33; 27,29; 49,3; Dt 21,17; 1 Chr 5,1; 2 Chr 21,3. Der Begriff, zum erstenmal in der Septuaginta anzutreffen, begegnet auch außerbiblisch. Interessant ist eine Grabinschrift aus dem 5. Jahrhundert v. Chr. aus Tell-el-Jehudieh (Leontopolis): „in den Wehen bei der Geburt des Erstgeborenen führte mich das Schicksal zum Ende des Lebens". Sie zeigt, daß der Begriff nicht am Vorhandensein anderer Söhne orientiert ist. Text bei W. MICHAELIS, in ThWb VI 873.
[56] Vgl. LOHMEYER 56 und Anm. 3.
[57] Es handelt sich um ein Wort des R. Bechai, bereits zitiert von LIGHTFOOT 147.
[58] Conf. ling. 63. Vgl. agr. 51; som. I 215. HOCKEL, Christus 41f, lehnt zu Recht eine direkte Abhängigkeit des Hymnus von Philo ab. HEGERMANN, Schöpfungsmittler 99 Anm. 4, denkt an die Aufnahme einer aus der alexandrinischen Synagoge stammenden Formel. Zum Ganzen vgl. auch J. GEWIESS, Christus und das Heil nach dem Kolosserbrief (Teildruck Diss. Breslau

ist auch die alttestamentliche Weisheit, die zwar nicht πρωτότοκος genannt, über die aber Analoges gesagt wird. Der Herr hat sie „als Anfang seiner Wege" geschaffen (Spr 8,22), „früher als alle, von Ewigkeit her" (Sir 1,4). Im Christus-Titel „Erstgeborener aller Schöpfung" liegt ein Zweifaches beschlossen: Er existiert vor aller Schöpfung und überragt sie. Seine überragende Stellung über alles Geschaffene erweist sich darin, daß es ihm sein Dasein verdankt und durch seine Vermittlung wurde[59]. Ist der präexistente Christus als Teil der Schöpfung und damit als ein geschaffenes Wesen gesehen? Die Frage wird, nachdem die Stelle in dogmatische Streitigkeiten hineingeriet, bis heute diskutiert. Nach Schweizer dürfte klar sein, daß „hier Christus nicht als Glied der Schöpfung in die Reihe der geschaffenen Dinge versetzt werden kann. Man wird also komparativ verstehen: ‚Früher als, vor aller...' Dem entspricht mindestens die Tendenz von Sir 1,4"[60]. Wenn man die Formel „gezeugt, nicht geschaffen" anwendet[61], überträgt man die gegen die Arianer gerichtete Bestimmung des Konzils von Nikaia auf unseren Vers. Dies dürfte ein Anachronismus sein. Der Notwendigkeit dieser präzisen Feststellung sah sich unser Hymnus noch nicht gegenübergestellt. Ihm kommt es allein darauf an, die alle erschaffenen Dinge und Wesen bei weitem übertreffende Position des Christus in seiner Rolle als Schöpfungsmittler zu verdeutlichen. Wenn diese Position von den Irrlehrern in Kolossä in Frage gestellt wurde, war dies sicher ein Grund für den Autor ad Colossenses, das Lied für seine Zwecke einzusetzen.

V 16 Bild des unsichtbaren Gottes und Erstgeborener aller Schöpfung ist Christus, weil in ihm alles erschaffen wurde. Die ihm zugeeigneten Namen beziehen sich auf seine Schöpfungsbeteiligung. „In ihm" ist betont vorangestellt und will jedes andere Wesen außer ihm als Schöpfungsmittler ausschließen. F. Schleiermacher verstand ἐκτίσθη, weil eine Anwendung des Verbs κτίζειν auf die Schöpfung im Profangriechischen fehle bzw. zurücktrete, als ein Ordnen und Gestalten[62]. Dieses Beispiel einer verfehlten Interpretation vermag anzu-

---

1932) 33–45; H. WILLMS, EIKΩN. Eine begriffsgeschichtliche Untersuchung zum Platonismus I: Philon von Alexandria (Münster 1935).
[59] Abzulehnen ist eine Ableitung des Titels „Erstgeborener" aus der Adam-Spekulation (gegen MASSON, HUGEDÉ), wonach Christus im Sinn der Adam-Christus-Parallele als zweiter Adam beschrieben wäre. Dann muß man konsequenterweise schon die erste Strophe auf die Neuschöpfung, die Erlösung beziehen. Dies ist allerdings angesichts eindeutiger Schöpfungsaussagen unmöglich.
[60] E. SCHWEIZER, Kolosser 1,15–20, in: Evangelisch-Katholischer Kommentar zum NT, Vorarbeiten Heft 1 (Zürich 1969) 7–31, hier 13. Entscheidend ist, wie man den Genitiv πάσης κτίσεως versteht, ob als comparativus (so SCHWEIZER, schon DIBELIUS mit Hinweis auf Joh 1,15; 15,18 und BLASS-DEBR § 62), relationis oder partitivus. Der erste stellt Christus über die Schöpfung, der zweite setzt ihn in ein bestimmbares Verhältnis zu ihr, der dritte faßt ihn als Teil der Schöpfung. Die letzte Auffassung vertritt offenkundig BURGER, Schöpfung 42–45. Die Frage des Genitivs wird ausführlich diskutiert bei ABBOTT. Weniger eindeutig als in den Vorarbeiten ist SCHWEIZER im Kommentar: Christus „ist also nicht einfach das erste Passivobjekt des Handelns Gottes, sondern mindestens zugleich aktives Subjekt in der Ausweitung dieses Handelns auf die ihm folgenden Geschöpfe" (59).   [61] So ERNST.
[62] Studien und Kritiken (1832), bei ABBOTT. Die griechischen Wörterbücher von Pape-Sengebusch, Passow verzeichnen unter κτίζω die Bedeutungen: ein Land oder eine Gegend bewohnbar machen, eine Stadt gründen, einrichten, herstellen, anordnen.

zeigen, daß wir es zwar mit hellenistischen Wendungen und Vorstellungen zu tun haben, die aber letztlich durch biblisches Empfinden umgeprägt wurden. Nicht die Gestaltung der Welt steht zur Debatte, nicht ist die Hyle, die Materie, die nur der Formung bedürfte, als vorhandenes Schöpfungsprinzip vorausgesetzt, sondern verhandelt wird die Erschaffung des Alls, die creatio ex nihilo. Damit ist die entscheidende Richtung angegeben. Die Allformeln, die durch das Wörtchen πᾶν und durch auf das Weltprinzip bezogene Präpositionen gekennzeichnet sind, reichen in die griechische Philosophie zurück. Hier werden Gott und das All im pantheistischen Sinn identifiziert. Die Allformeln künden von der Harmonie des in sich ruhenden Kosmos: „O Natur, aus dir ist alles, in dir ist alles, zu dir hin ist alles" (Mark Aurel IV, 23,2). Ähnlich liest man im Corpus Hermeticum: „Alles aber ist in dir, alles ist von dir" (5,10)[63]. Wenn Philo sich der Formel bedient, unterscheidet er, von seinem biblischen Schöpfungsglauben bestimmt, zwischen Gott und Welt: „Gott ist Urheber, nicht Werkzeug, und das was entsteht, entsteht zwar durch Vermittlung eines Werkzeugs, wird aber durchaus vom Urheber geschaffen. Denn damit etwas entsteht, muß mehreres zusammenkommen: das von wem, das aus wem, das durch wen, das weswegen" (cher. 125). Der Sinn der Formel ist ein anderer geworden. Sie spricht jetzt von Gottes Schöpfungshandeln, der in Freiheit die Welt setzt. Dasselbe gilt für Paulus, dem die Formel ebenfalls bekannt ist und dem sie aus dem hellenistischen Judentum zugekommen sein dürfte: „Aus ihm und durch ihn und auf ihn hin ist alles" (Röm 11,36; vgl. 1 Kor 8,6). Diesen Hintergrund bedenkend, ergibt sich für unseren V 16, daß die Präpositionen ἐν – διά – εἰς zuzusammengesehen werden müssen. Ist die Wahl der Präpositionen durch die Formel auch nicht festgelegt, bleibt zu beachten, daß das ἐκ für Christus vermieden wird. Schöpfungsprinzip nämlich – dieses bezeichnet das ἐκ – ist allein Gott, dessen Handeln sich im passivischen „es wurde erschaffen" verbirgt.

Umstritten ist die Frage, wie das „in ihm" zu verstehen ist. Drei Möglichkeiten bieten sich an. 1. Man faßt ἐν instrumental[64]. Dann nimmt es das folgende διά vorweg. 2. Man begreift es lokal[65]. Dann erblickt man hinter ihm die hellenistisch-jüdische Sicht vom Logos als dem Ort, in dem drinnen die Welt lebt, und die stoische Anschauung, nach der der Kosmos der von Gott erfüllte und umschlossene Leib ist[66]. Das folgende διά hat dann die Aufgabe, das pantheistisch mißverständliche oder panentheistische ἐν zu korrigieren. 3. Man interpretiert relational bzw. exemplarisch[67]. Dann bildet die Weisheit die nächste Analogie. Gott schafft, indem er auf die Weisheit blickt und von ihr begleitet ist (Spr 8,22–36; Job 28,20–28). Sie ist die Art, das Muster seines Schaffens. Nachdem wir feststellen konnten, daß der Hymnus-Dichter scharf zwischen Schöpfer / Schöpfungsmittler und Welt trennt, den Schöpfungsmittler ganz

---

[63] Weitere Belege bei E. NORDEN, Agnostos Theos (Nachdruck Darmstadt 1956) 249f. 347f.
[64] LOHSE 90 Anm. 4; HEGERMANN, Schöpfungsmittler 96.
[65] SCHWEIZER 60; BURGER, Schöpfung 36. – MOULE möchte lokal und instrumental deuten.
[66] Dann legt sich Apg 17,28 nahe: „In ihm leben, weben und sind wir" (Aratus-Zitat).
[67] Vgl. KEHL, Christushymnus 102–108; FEUILLET (Anm. 3) 202–210.

auf die Seite Gottes stellt, kommt eigentlich nur die dritte Auffassung in Frage[68].

Alles, was ist (τὰ πάντα), verdankt sich der Schöpfung „in Christus". In drei keineswegs Vollständigkeit beanspruchenden Begriffsgruppen wird die Schöpfung entfaltet[69]. Himmel und Erde haben zwar auch in entsprechenden griechischen Texten ihren Platz – so heißt Zeus in einem Hymnus des Aelius Aristides „Vater des Alls, des Himmels und der Erde"[70] – unsere Wendung aber geht letztlich auf den biblischen Schöpfungsbericht zurück[71]. Die Gliederung des Kosmos in Sichtbares und Unsichtbares – chiastisch an das Vorausgehende angeschlossen – hingegen wurzelt im griechischen Denken, wird aber vom rabbinischen Judentum übernommen[72]. Bezeichnend ist, daß das Judentum nicht mehr an die Welt der Ideen denkt, sondern an geistige und dämonische personale Wesen. Dies ist auch im Hymnus der Fall. Die ältere Exegese hat die vier Namen der Mächte ausführlich diskutiert. Ewald möchte die Throne und Herrschaften als gute Engelwesen, die Mächte und Gewalten als böse und gottwidrige Potenzen begreifen mit Hinweis darauf, daß im weiteren Verlauf des Briefes nurmehr die letzteren genannt werden (2, 10 und 15). Lightfoot stellt sogar die Frage, ob nicht auch irdische Gewalthaber miteinzuschließen seien[73]. Gewiß wäre es berechtigt und sogar notwendig zu überlegen, wo heute „das Dämonische" anzutreffen ist. Man müßte auf die Tiefen der menschlichen Seele, auf die in der Geschichte wirkenden „Mächte", die Völkerhaß und Völkermord bewirken, verweisen. Für den antiken Menschen und insbesondere für das durch die kolossische Häresie gesteigerte Bewußtsein aber handelt es sich um kosmische Potenzen, Schicksalsmächte, die ihre Macht über Menschen und Welt aufzurichten trachten. Es kommt für den Christen darauf an zu begreifen, daß Christus ihr Herr ist und sie ihm nichts anhaben können[74]. Über das Problem von Schöpfung und Fall, sowohl der Mächte als auch des Menschen, wird im Hymnus nicht reflektiert.

Der christliche bzw. christologische Schöpfungsstandpunkt wird unter Wiederaufnahme der Allformel neu formuliert. Der Wechsel vom Aorist zum Perfekt (ἔκτισται), vom Schöpfungsakt zum Schöpfungszustand verdient Beachtung. Christus ist der Welt Mittler und Ziel, ihr Herkommen und ihre letzte

---

[68] Die religionsgeschichtlich bestimmte Auslegung darf nicht dazu verführen, die religionsgeschichtlichen Vorbilder bei der Auslegung über den vorgegebenen Text zu stellen. – ἐν und διά gleichzusetzen empfiehlt sich nicht. Der Dichter wiederholt sich nicht.
[69] So werden in Jub 2,15 neben Himmel und Erde noch das Meer, der Abyssos, das Licht und die Finsternis genannt. Weitere Beispiele bei PÖHLMANN (Anm. 27) 60–65.
[70] 43,29 (ed. Keil II 346).
[71] Gn 1,1; 2,1; vgl. Neh 9,6; 1 Chr 29,11; Est 4,17; Apk 10,6. – Einzelne Handschriften fügen in V 16 den Artikel ein: τὰ ἐν τοῖς οὐρανοῖς κτλ.
[72] Plato, Phaed. 79a (bei LOHMEYER 57 Anm. 6) spricht vom Sichtbaren und Unsichtbaren als den beiden Formen des Seienden. Rabbinische Belege bei BILLERBECK III 32.
[73] Zum seltenen Namen „Throne" vgl. TestLev 3,8. Vielleicht besteht eine Beziehung zum Thron Gottes (Ez 1,26; Apk 4,4). Zu den „Herrschaften" vgl. Henaeth 61,10; Eph 1,21.
[74] Zu beachten ist, daß die hierarchische Ordnung der Geistwesen für den Hymnus völlig belanglos ist, wie die Formulierung mit εἴτε andeutet. Die Hierarchisierung wurde im Judentum sehr ernst genommen. Vgl. J. MICHL, in: RAC V 53–254. LOHMEYER 58 Anm. 2 vermutet, daß in Kolossä die Gliederung der Engel ein „philosophisches" Problem bildete.

Bestimmung[75]. Das „auf ihn hin" kann nur eschatologisch verstanden werden und auf ihn als den Richter und Vollender des Alls zielen. Mit dieser typisch christlichen Perspektive ist das Moment der Geschichte in die Schöpfungsbetrachtung eingeblendet. Die Welt ist keine statische, sondern sie wird umgetrieben von der oft verwirrenden und beängstigenden Dynamik geschichtlichen Geschehens. Wenn die Welt einen von Gott gesetzten Anfangs- und Zielpunkt hat, ist diese Schau apokalyptisch, nur daß die Gemeinde in Christus die Sinngebung der Welt erblickt (vgl. Apk 1,8.17b u.ö.)[76].

V 17 Die mit V 17 beginnende Zwischenstrophe des Liedes kehrt zu einer Ist-Aussage (wie in 15) zurück. Nur besteht der Unterschied, daß jetzt nicht mehr relativisch, sondern mit αὐτός angeschlossen wird. Das kommt an eine Offenbarungsformel heran. Diese kann mit den johanneischen Ich-bin-Sätzen verglichen werden[77]. Diese Beobachtung bestärkt die Auffassung, daß primär etwas über Christus, nicht die Welt, ausgesagt werden soll. „Er ist vor allem", wiederum der gesamten Schöpfung. Gemeint ist der Präexistente[78]. Jedoch ist die präsentische Zeitform zu beachten. Er bleibt in dieser Stellung. Das zeitliche Prae versteht sich als Überordnung und Herrschaft. Die präsentische Perspektive ist die Ermöglichung dafür – wie jetzt schon angezeigt sein soll –, daß im folgenden Vers die Schöpfungsbetrachtung auf die Kirche eingeschränkt werden konnte. Berücksichtigt man das Ineinander von zeitlicher und herrscherlicher Vorordnung, können analoge Stellen aus der Weisheitsliteratur verglichen werden: „Früher als alle wurde die Weisheit geschaffen" (Sir 1,4); „vor der Zeit, am Anfang, hat er mich erschaffen" (Sir 24,9; vgl. Spr 8,24f). Hier fehlt das herrscherliche Moment. Neben die Vorherrschaft tritt die Vorstellung von Christus als dem, der dem All Bestand verleiht. Er ist nicht nur Schöpfungsmittler, sondern auch Schöpfungserhalter. Auch hier erscheint eine rein griechische Konzeption aufgegriffen[79]. Nach dieser ist die Welt aus Teilen, Elementen zusammengesetzt und darum in der Gefahr, sich in ihre Bestandteile aufzulösen. Was ihr, die als großer Leib, als Makroanthropos vorgestellt ist, Zusammenschluß und Einheit gibt, ist die sie durchwaltende göttliche Welt-

---

[75] HUGEDÉ 60 gerät bei seiner Interpretation, nach der Christus als zweiter Adam gesehen wurde, beim διά in arge Verlegenheit. Er muß dessen instrumentale Bedeutung bestreiten. – P46 schließt die letzte Zeile des V 16 begründend an: „weil alles durch ihn erschaffen ist".
[76] LOHMEYER 59 bestreitet den eschatologischen Sinn des εἰς und bezieht es auf die Idee des Weltbestandes. Vgl. DIBELIUS. Damit wird der gedankliche Duktus des Liedes verfehlt. Die Kommentatoren zitieren als Parallele zum eschatologisch-messianologischen εἰς immer wieder ein Wort des Rabbi Jochanan († 279), wonach die Welt „im Hinblick auf den Messias" geschaffen sei (bei BILLERBECK III 626). Das offenkundige Fehlen genügender Parallelen läßt den christlichen Gedanken in den Blick treten. Vgl. jedoch Eph 1,5.
[77] Zu vergleichen wäre nicht so sehr das absolute „Ich bin" als vielmehr das relative „Ich bin das und das".
[78] Gegen HUGEDÉ, der den zeitlichen Aspekt bestreitet, im Rahmen seiner an der Adam-Spekulation orientierten Interpretation allerdings nur konsequent.
[79] Belege bei LOHMEYER 60 Anm. 2; SCHWEIZER (Anm. 60) 17 Anm. 50; HEGERMANN, Schöpfungsmittler 93–95; DIBELIUS; FEUILLET (Anm. 2) 214–216.

seele. Philo greift dieses Konzept auf und überträgt es auf seine Logoslehre[80]. Der Logos, über der Welt stehend und durch seine Kräfte in sie hineinwirkend, ist das einigende Band der Schöpfung: „Der Logos des Seienden ist ... ein Band des Alls, das alle seine einzelnen Teile verknüpft und zusammenhält und sie hindert, sich voneinander zu lösen und zu trennen" (fug. 112). Gleichzeitig bedarf die Schöpfung der beständigen Fürsorge Gottes (rer. div. her. 58). In der Weisheitsliteratur übernimmt die Funktion des Bandes der Geist Gottes, „der alles zusammenhält und jeden Laut kennt" (Weish 1,7), oder sein Wort (LXX Sir·43,26).

In seinem christlichen Glauben vermochte der Hymnus-Dichter dieses Prinzip des Weltbestandes und ihrer Einheit – beides gehört zusammen – nur in Christus zu sehen. An dieser Stelle wird der Abstand zu Paulus deutlich, nach dem die Gestalt dieser Welt schon im Vergehen ist (1 Kor 7,31). Innerhalb des Liedes besteht eine gewisse Spannung zur zweiten Strophe, die von der Versöhnung des Alls durch Christus spricht. Wie kann diese notwendig sein, wenn die Einheit der Welt in Christus gesichert ist? Nach Soden wolle das Lied nicht die stoische διοίκησις τῶν πάντων übernehmen, sondern nur für den gegenwärtigen Weltbestand aus den Entstehungsverhältnissen die logische Folgerung ziehen. Lohmeyer[81] sieht die Aussage gegen die kolossische Häresie gerichtet, die an andere welterhaltende Kräfte glaubte. Dibelius hilft sich mit einem Rückgriff auf unterschiedliche religionsgeschichtliche Modelle. Der Erstgeborene aller Kreatur sei der Urmensch, der Erstgeborene der zweiten Strophe der „erlöste Erlöser"[82]. Auf das Problem der Spannung von Strophe 1 und Mittelstrophe zu Strophe 2 ist im folgenden noch zurückzukommen. An dieser Stelle ist anzumerken, daß für die Übertragung der Rolle des Welterhalters auf Christus nicht polemische Ziele, wohl aber die Absicht, die Gemeinde zu profilieren und von in der Umwelt bestehenden religiösen Vorstellungen und Gemeinschaften abzugrenzen, mit Pate gestanden haben kann. Nicht im Logos der hellenistischen Synagoge oder der Gnosis, nicht in der alttestamentlichen Weisheit, sondern in Christus ist die Idee Wirklichkeit geworden. Auf der Ebene des Briefes mag die Polemik durchaus hinzugekommen sein.

V 18a Unter ausdrücklicher Einbeziehung des Leib-Gedankens, der unausgesprochen bisher schon im Hintergrund des Weltkonzeptes stand, wird Christus Haupt des Leibes genannt. Damit wird unter einem neuen Aspekt seine führende Rolle im Kosmos bezeichnet. Der Duktus aller bisherigen Ausführungen verlangt diese kosmische Ausrichtung, so daß zunächst von der – wie wir oben

---

[80] HEGERMANN, Schöpfungsmittler 95, spricht von einem hellenistisch-popularphilosophischen Gemeinplatz in der alexandrinischen Synagoge.
[81] 60f.
[82] Auch KÄSEMANN, Taufliturgie 41, erklärt das ἐν αὐτῷ συνέστηκεν gnostisch. Vgl. F. B. CRADDOCK, „All Things in Him": A Critical Note on Col. 1,15–20, in: NTS 12 (1965/66) 78–80; E. PERETTO, L'inno cristologico de Col. 1,15–20. Dagli gnostici ad Ireneo, in: Aug 15 (1975) 257–274; H.-M. SCHENKE, Der Widerstreit gnostischer und kirchlicher Christologie im Spiegel des Kolosserbriefes, in: ZThK 61 (1964) 391–403; WENGST, Formeln 178; GABATHULER, Jesus Christus 131–139.

erkannten – sekundären Einfügung der Kirche abgesehen werden kann[83]. Die Vorstellung vom Kosmos als beseeltem Wesen, Organismus, Leib oder Makroanthropos reicht weit zurück in die griechische Philosophie. Die Belege sind oft zusammengetragen worden. Schon Plato empfindet die Welt als ein beseeltes Wesen (Tim. 30b). In einem im 1. Jahrhundert v.Chr. bezeugten Aischylos-Fragment wird Zeus Äther, Erde, Himmel und alles, was es darüber hinaus noch geben mag, genannt[84]. Auch in der Orphik heißt es: Zeus ist Haupt und Mitte, birgt alles in sich und läßt es wieder aus sich hervorgehen[85]. In der Stoa dient die pantheistische Weltleib-Erklärung dazu, dem Menschen die Harmonie des Kosmos und sein Eingefügtsein in diese Ordnung bewußt zu machen: „Dieses Ganze, durch das wir zusammengehalten werden, ist eines und Gott. Und wir sind seine Teilhaber und Glieder."[86] Milieumäßiger Anknüpfungspunkt für unser Lied ist wiederum die hellenistische Synagoge, die das griechische Material aufgearbeitet hatte. Bei Philo treten Schöpfer bzw. Logos und Schöpfung als Haupt und Leib einander gegenüber: „Das Haupt aller Dinge ist der ewige Logos des ewigen Vaters, unter dem, als wären es seine Füße oder Glieder, die ganze Welt liegt."[87] Oder ohne Bild: „Der Logos Gottes ist hoch über dem ganzen Kosmos und der Ehrwürdigste und Allgemeinste von allem, was es gibt" (lib. all. 3,175)[88]. Die Hauptstellung Christi über allem drückt seine Herrschaft aus und ergänzt die zeitliche Aussage von V 17 „er ist vor allem" im räumlichen Sinn. Innerhalb des Bildes bedeutet dies, daß der Leib auf das Haupt angewiesen ist, weil es ihm Einheit und Ordnung sichert. Auch im Alten Testament umschreibt das Haupt wiederholt die Rolle des Führers und Herrschers (LXX Ri 10,18; 11,8.9.11; 2 Sm 22,44; Is 7,8f). Der korrespondierende Begriff Leib taucht allerdings nicht auf. Diese Verwendung der Hauptmetapher ist auch der griechisch-römischen Umwelt bekannt und wird hier auf das Verhältnis des Kaisers zu seinen Untergebenen angewandt: „Ohne ihr Haupt laufen die zerstrittenen Glieder durcheinander."[89] Lapidar stellt Philodemos fest: „Die Führungskraft liegt im Haupt."[90]

---

[83] Es fällt auf, daß der Leib nicht als „sein Leib" bestimmt wird.
[84] A. NAUCK, Trag. Graec. Fragmenta 24. Die Echtheit ist umstritten.
[85] Orph. fragm. 21a (bei Euseb, praep. ev. 13,12,4–8).
[86] Seneca, epist. 92,30. – Vgl. die reichhaltigen Belege bei E. SCHWEIZER, in: ThWb VII 1025–1039; H. SCHLIER, in: RAC III 439–447. Indisch-iranisches und ägyptisches Vergleichsmaterial zeigt, wie verbreitet die Vorstellung war. Vgl. LOHSE 93 und Anm. 3; GNILKA, Epheserbrief 100.
[87] Quaest. in Ex. 2,117. Die Stelle gilt allerdings manchen als christliche Interpolation. Vgl. R. MARCUS, Philo Supplement 2 (Loeb Classical Library) (Cambridge/Mass. 1953) 168 Anm. i.
[88] Vgl. H.-F. WEISS (Anm. 43) 265–267; KEHL, Christushymnus 93–98. – Die Vorstellung lebt fort in der christlichen Gnosis: „Und der unsichtbare jungfräuliche Geist machte den göttlichen Autogenes (gemeint ist Christus) zum Haupt des Alls" (ApocrJoh II 7,22–24). Oder: „Sie (die Jünger) dachten von jenem Mysterium, daß es das Haupt des Alls sei" (Pist Soph 1,15f). Vgl. auch H. SCHLIER, in: RAC III 446.
[89] Curtius Rufus, hist. 10,9. Zitiert bei F. MUSSNER, Christus das All und die Kirche (TThSt 5) (Trier ²1968) 155f.
[90] piet. 15, bei H. SCHLIER, in: RAC III 441. In der jüdischen Literatur können Haupt und Schwanz gegenübergestellt werden: „Sie hofften, das Haupt zu sein, und wurden zum Schwanz" (Henaeth 103,11; vgl. Jub 1,16; Ab 4,15). Zur Haupt-Vorstellung vgl. DUPONT,

Kol 1,18a

Der Autor ad Colossenses schränkt den Leibgedanken auf die Kirche ein. Der Genitiv will erklären, wer in seinem Sinn der Leib ist, nämlich die Kirche (vgl. 1,24 c)[91]. Haupt ist Christus auch über die Mächte (2,10), sein Leib aber ist nur die Ekklesia. Indem er den Leibgedanken auf die Kirche überträgt, erweist sich der Verfasser als echter Pauliner. Auch für Paulus ist das Leibkonzept im Hinblick auf die Gemeinde wichtig, wenn er es auch auf die Ortsgemeinde anwendet (Röm 12,4ff; 1 Kor 12,14ff). Aussagen wie 1 Kor 12,13; 10,17; 1,13 kommen aber an Kol 1,18 a heran. Der Unterschied zu den alten Paulusbriefen besteht darin, daß die allgemeine, universale Kirche eindeutig im Blick ist und diese Christi Leib genannt wird. Paulus kann – wiederum die Ortsgemeinde im Blick – diese einen Leib in Christus nennen (Röm 12,5; vgl. jedoch 1 Kor 12,12). Es ist darum für den Kolosserbrief sinnvoll, die gnostische Parallele zum Vergleich heranzuziehen, nach der der Erlöser als Haupt die Erlösten in seinem Leib versammelt und zu sich heraufzieht. „Und sie empfingen meinen Segen und wurden lebendig, und sie versammelten sich bei mir und wurden erlöst. Denn sie sind mir Glieder geworden und ich ihr Haupt. Preis dir, unserem Haupt, Herr, Gesalbter", liest man in den christlich-gnostischen Oden Salomos (17, 14). Nach der gnostischen Naassener-Predigt kehrt der gefallene zum oberen Anthropos zurück, der Haupt und Eckstein heißt und die Gnostiker in sich enthält[92]. Jedoch ist nach der Intention des ekklesiologischen Interpretaments zu fragen. Diese besteht weder darin, das kosmische Harmonie- und Geborgenheitsbewußtsein des Stoikers auf den Gläubigen in der Kirche zu übertragen[93], noch darin, diesem die naturalistische Erlösungssicherheit des Gnostikers einzuflößen. Vielmehr wird der Kirche ihr Standort und ihre Aufgabe in der Welt zugewiesen und die Einheit der Welt zwar als etwas in Christus Ermöglichtes, aber erst in der Geschichte zu Verwirklichendes zu verstehen gegeben. Die Welt ist für Christus zu gewinnen und so zu retten. Dies geschieht durch weltweite Verkündigung des Evangeliums (1,6)[94]. Damit ist das Thema der zweiten Strophe vorweggenommen, Christi Schöpfungsmittlerrolle aber nicht in Frage gestellt[95]. Christus bleibt das A und O der Welt und ist jetzt gleichzeitig auf die Kirche ausgerichtet, die der Raum ist, wo seine Weltherr-

---

Gnosis 440–447. P. BENOIT, Leib, Haupt und Pleroma in den Gefangenschaftsbriefen, in: Exegese und Theologie (KBANT) (Düsseldorf 1965) 246–279, hier 257–260, bemüht sich um eine innerpaulinisch orientierte Ableitung des Haupt- und Leibbegriffs. Neuerdings vertritt er aber die Auffassung, daß Kol 1,15–18a einmal ein vorchristlicher Hymnus auf die Weisheit war. Vgl. den oben in Anm. 1 zitierten Aufsatz.

[91] WEISS strich in seinem Text das Komma vor τῆς ἐκκλησίας. Damit entsteht ein schiefes Bild. Oecumenius setzte vor den Genitiv ein „und".

[92] Hippolyt, ref. 5,7–11.

[93] SCHWEIZER (Anm. 60) 26f erblickt in dem hier sich aussprechenden Kirchenbewußtsein frühkatholisches Denken. Jedoch trifft der Vorwurf, hier werde Gott verfügbar gemacht, weder 1,18a noch ein richtig interpretiertes katholisches Sakramentsverständnis, sondern letzteigentlich die Gnosis.

[94] Nach ERNST denke der Verfasser auch an die Sakramente. Eindeutig ist dies nicht. Vgl. jedoch zu 2,19.

[95] Der Zusatz in V 18a bedeutet nicht, daß der Verfasser die gesamte Strophe 1 des Hymnus auf die Erlösung, die Neuschöpfung übertragen habe.

schaft anerkannt wird, sein Leib, „the larger incarnation of Christ" (Scott). Dies alles ist von Gnosis ziemlich weit entfernt. Der Autor nährt seine Intentionen nicht aus dieser, sondern aus paulinischer Tradition.

V 18b Mit einer Ist-Aussage und relativisch wie die erste Strophe hebt auch die zweite an. Die verwendeten Prädikationen Anfang, Erstgeborener, Haupt liegen in ihrer Bedeutung nahe beieinander. Doch ist auf Bedeutungsnuancen sorgfältig zu achten, da die Namen nicht – wie bei Philo[96] – einfach nebeneinandergestellt werden. Wichtig ist, daß es in Spr 8,22 von der Weisheit heißt: „Der Herr hat mich geschaffen als Anfang seiner Wege, vor seinen Werken in der Urzeit." Jedoch hat die zweite Strophe nicht mehr die Schöpfung, sondern die Erlösung zum Thema, die als neue Schöpfung der alten gegenübergestellt wird. Auch wird man mit dem zeitlichen Verständnis des biblischen Arche-Begriffs (vgl. Gn 1,1) nicht auskommen. Der Anfang bezeichnet darüber hinaus entsprechend griechischem Empfinden den Ursprung, aus dem die neue Schöpfung hervorgeht[97]. In Parallele zur ersten Strophe lautet der zweite Christus übertragene Titel „Erstgeborener aus den Toten"[98]. Der Titel ist aus der Gnosis abgeleitet worden. Dann würden die Toten die Materie (Hyle) oder die Hyliker oder sonst irgendwelche niederen Sphären des Alls bedeuten, aus denen der erlöste Erlöser emporsteigt. Die Belege sind spät und nicht überzeugend[99]. Der Titel kann allein aus dem christlichen Kerygma abgeleitet werden, wie er weitreichende Entsprechungen im Neuen Testament besitzt (Apk 1,5; Röm 8,29; 1 Kor 15,20; Apg 26,23; 3,15)[100]. Diese machen klar, daß Christus, der von den Toten Erstandene, am Anfang einer Reihe steht, wie ein neuer Adam eine neue Menschheit begründet. Das Moment des Primates verbindet sich mit dem des Primus (Soden). Das Ziel der neuen „Erstgeburt" ist – wie in einem durchaus nicht überflüssigen Finalsatz festgestellt wird[101] – die alles überragende Stellung in der erneuerten Schöpfung. Diese Stellung übertrifft von ihrer Qualität her seine Position im Schöpfungskosmos. Darum darf sie

---

[96] Conf. ling. 146: „Er (der Logos) heißt nämlich: Anfang, Namen und Wort Gottes, der ebenbildliche Mensch und der Schauende Israel." Zuvor wird er Erstgeborener und Ältester unter den Engeln genannt. Vgl. leg. all. 1,43: Die Schrift hat die Sophia „Anfang, Urbild und Schauen Gottes" genannt.

[97] Vgl. Aristoteles, Metaph. 10,7, wonach das Göttliche πρώτη καί κυριωτάτη ἀρχή ist; Clemens v. Alexandreia, Strom. 4,25: ὁ Θεὸς δὲ ἄναρχος, ἀρχὴ τῶν ὅλων παντελής. Christologisch bedeutsam wird der Titel ἀρχή bei Justin, dial. 61,1; 62,4. – Wie in V 15 steht der einführende Titel in 18b ohne Artikel. Dies unterstreicht die Parallelität. P46 B 1739 tragen den Artikel nach. W. H. BROWNLEE, Messianic Motifs of Qumran and the New Testament, in: NTS 3 (1956/57) 12–30. 195–210, hier 206f, möchte ἀρχή mit Verweis auf 1 QS 10,1–4 als messianischen Namen deuten. Hierzu vgl. BRAUN, Qumran I 226f.

[98] P46 ℵ* streichen ἐκ. Hierzu vgl. SCHWEIZER 63 Anm. 152.

[99] KÄSEMANN, Taufliturgie 39 und 42, beruft sich auf Eirenaios von Lyon, Epideixis 39. Gegen diese Interpretation vgl. HEGERMANN, Schöpfungsmittler 101.

[100] KEHL, Christushymnus 88–93, betont den Zusammenhang mit Röm 8,29. – Das Nebeneinander von πρωτότοκος und ἀρχή in LXX Gn 49,3 (vgl. Dt 29,17) kann nur als entfernte sachliche Parallele gelten. Dagegen führt es ab, wenn HUGEDÉ 67 und Anm. 212 zum besseren Verstehen auf die im AT vorgeschriebenen Erstlingsgaben verweist.

[101] Nach ERNST sagt der Finalsatz inhaltlich nichts Neues.

nicht auf die Kirche eingeschränkt werden[102]. Mit unerhörter Kühnheit wird ein versöhntes All in den Blick genommen. Der gedankliche Fortschritt läßt sich am besten so markieren: Bezieht sich der „Erstgeborene aus den Toten" auf die Auferstehung, so der πρωτεύων auf die Erhöhung. Befremdlich mag erscheinen, daß im Schritt von der Mittelstrophe zur zweiten Strophe sowohl der Fall der Schöpfung als auch der irdische und gekreuzigte Jesus übersprungen werden. Letzteres wird den Autor ad Colossenses in V 20 – allerdings an zu später Stelle – zu seinem Eintrag anregen. Dennoch ist der Bruch in der Schöpfung durch die Parallelität des zweistrophigen Liedes, durch die Entsprechung von Schöpfung und Erweckung Christi aus dem Tod indirekt angezeigt. Der Gläubige, der dieses Lied singt, ist sich seiner eigenen Neuschöpfung gewiß. Besungen wird nicht ein selbstverständlicher Allfriede, sondern eine Versöhnung, die gestiftet werden mußte. Das Grab Christi ist in seiner Erweckung aus den Toten implizit enthalten. Die Gegenüberstellung von Schöpfung und Erlösung erfolgt, um die Größe der Erlösung, besser: die Macht des Erlösers zu bekunden. Diese Gegenüberstellung besitzt eine gewisse Analogie in der apokalyptischen Entsprechung von Urzeit und Endzeit. Näher dürfte aber die für die jüdische Liturgie nachgewiesene Gegenüberstellung von Schöpfung und Bundeserneuerung liegen[103]. Auch unser Lied ist in der Liturgie beheimatet.

V 19 Vers 19 liefert die Begründung für Christi überragende Stellung im erneuerten, erlösten Kosmos. Er steht in Parallele zu V 16a. Hingelenkt ist nicht mehr auf ein Sein, sondern ein Geschehen (Aorist), das mit biblischen Wendungen umschrieben wird. Das Alte Testament kennt die Vorstellung vom Wohnen Gottes in seinem Tempel (1 Kg 8,27; 1 Chr 17,4; 2 Chr 6,18), auf dem Sion (Ps 9,12). Besonders nahe in der Formulierung kommt ψ 67,17: „Warum blickt ihr neidvoll, ihr hohen Gipfel, auf den Berg, auf dem zu wohnen Gott gefiel?" (ὃ εὐδόκησεν ὁ θεὸς κατοικεῖν ἐν αὐτῷ)[104]. Gott kann auch im Herzen des Menschen wohnen: „Gott schickt euch in den letzten Tagen sein Erbarmen auf die Erde. Und trifft er ein barmherzig Herz, so wohnt er drin" (TestZab 8,2). In Henaeth 49,2f werden der Auserwählte (= Messias/Menschensohn) und das Einwohnen des Geistes zusammengebracht: „In ihm wohnt der Geist der Weisheit, der Geist, der Einsicht gibt usw." Von Bedeutung dürfte auch die apokalyptische Erwartung sein, daß am Ende der Tage Gott wieder bei seinem Volk wohnen wird: „Dann erbaue ich mein Heiligtum in ihrer Mitte und wohne bei ihnen" (Jub 1,17; vgl. TestLev 5,2; TestDan 5,1). Stellen diese vergleichbaren Texte so viel klar, daß in Kol 1,19 ein erwählendes, die Endzeit inau-

---

[102] Gegen FEUILLET (Anm. 3) 227. Auch die in V 18a vom Autor ad Colossenses vorgenommene Eingrenzung des Leibes auf die Kirche hebt die universale Neuschöpfung nicht auf. Nach DIBELIUS ist ἐν πᾶσιν ein Wink an die Kolosser, Christus die Schöpfungsmittlerrolle zuzugestehen.
[103] Vgl. U. WILCKENS, Der Brief an die Römer 1. Teilband (EKK VI/1) (Zürich 1978) 213, mit Berufung auf P. STUHLMACHER, Gerechtigkeit Gottes bei Paulus (FRLANT 87) (Göttingen 1965) 117–132.
[104] Verbum + ἐν + Infinitiv in Kol 1,19 ist ein ausgesprochener Semitismus. – Venema schlug als Konjektur κατοικίσαι (= Wohnung machen) vor.

gurierendes Handeln Gottes beschrieben wird, so können die Unterschiede zu jenen Texten nicht übersehen werden. Sie bestehen in der kosmischen Perspektive und im Wort Pleroma, genauer πᾶν τὸ πλήρωμα. Zudem ist das Einwohnen des Pleromas auf den Erwählten gerichtet, der Anfang und Erstgeborener aus den Toten hieß.

In der näheren Bestimmung des Begriffs Pleroma gehen die Ansichten weit auseinander. Zwei Positionen stehen einander gegenüber. Die einen fassen den Begriff theologisch. Er bezeichne „die Gesamtheit der das Wesen Gottes bildenden Eigenschaften" (Soden), „das, was Gott zu Gott macht" (Ewald), „Gottes Fülle" (Lohse), „die ganze Wesensfülle Gottes" (Percy)[105], „den Inbegriff göttlichen Seins" (Conzelmann), oder – ins Soteriologische gewendet – „die Fülle der Gnadenkräfte..., die Leben aus dem Tod ermöglichen" (Schweizer mit Hinweis auf Joh 1, 16). Die anderen deuten Pleroma kosmologisch. Danach ist Pleroma „la Plénitude de l'Être, le monde divin et le monde créé" (Benoit)[106], „die absolute Fülle des Seins" (H. Langkammer)[107]. Dies bedeute, daß das All in Christus Wohnung genommen habe und die Welt damit zu ihrem Ursprung zurückgeführt worden sei[108]. Gegen die erste Position sind dogmatisch bestimmte Einwände erhoben worden: „Pleroma einfach als göttliche Wesensfülle zu nehmen, geht nicht, weil die göttliche Wesensfülle nie in Christus Wohnung genommen hat, sondern von Ewigkeit in ihm ist."[109] Jedoch, gibt es nicht eine Entfaltung der christologischen Erkenntnisse? Man darf einen frühen christologischen Text nicht vom Standpunkt des Konzils von Chalkedon aus beurteilen. Gegen die zweite Position spricht ein Mehrfaches. Umfaßt „die ganze Fülle" das All, alles, was auf Erden und was im Himmel ist, wäre der auch sonst verwendete Begriff τὰ πάντα zu erwarten. Die auf dem stoischen Pantheismus basierende und dann in einen christologisch abgewandelten Panentheismus überführte Allvorstellung läßt sich schwerlich als Subjekt mit einem erwählenden Ratschluß verknüpfen. Die Vertreter der genannten Auffassung sehen sich auch genötigt, als Subjekt θεός zu ergänzen: „Es hat Gott gefallen, die ganze Fülle in ihm wohnen zu lassen."[110] Diese Ergänzung ist unberechtigt und raubt dem Vers seine Eigenart. Dasselbe geschähe, identifizierte man das Pleroma mit dem Geist und sähe man eine Anlehnung an den

---

[105] Probleme 77. – S. AALEN, Begrepet plærâma i Kolosser- og Efeserbrevet, in: TTK 23 (1952) 49–67, hier 61f, versteht Pleroma als Parallelbegriff zu Schekina, die im frührabbinischen Bereich die Präsenz Gottes umschreibt.
[106] (Anm. 1) 256. Vgl. DUPONT, Gnosis 473–475; ERNST, Kommentar, und DERS., Pleroma und Pleroma Christi. Geschichte und Deutung eines Begriffs der paulinischen Antilegomena (BU 5) (Regensburg 1970) 93.
[107] Die Einwohnung der „absoluten Seinsfülle" in Christus. Bemerkungen zu Kol 1, 19, in: BZ 12 (1968) 258–263, hier 262.
[108] Vgl. BURGER, Schöpfung 49.
[109] KEHL, Christushymnus 116. Vgl. ERNST, Komm.
[110] BENOIT (Anm. 1) 256; LANGKAMMER (Anm. 107) 259; BURGER, Schöpfung 59; LIGHTFOOT. Aber auch Vertreter einer anderen Position möchten θεός ergänzen: SCOTT; FEUILLET (Anm. 2) 229; G. DELLING, in: ThWb VI 302f; J.G. GIBBS, Creation and Redemption. A Study in Pauline Theology (NT.S 26) (Leiden 1971) 100. – Zu der Annahme verführt das maskuline Partizip εἰρηνοποιήσας in V 20. Dieses aber ist constructio ad sensum.

Bericht von der Taufe Jesu Mk 1, 10f parr[111]. Jedoch ist das Pleroma nicht sehr weit vom göttlichen Geist entfernt. Nur bleibt zu beachten, daß das Wort nicht mehr dem biblischen, sondern dem hellenistischen Vokabular zugehört.

Der bestimmte religionsgeschichtliche Sinn von Pleroma ist von Haus aus ein kosmologischer[112]. In den hermetischen Schriften kann er monistisch und dualistisch gebraucht werden, die Einheit und die Gespaltenheit der Welt schildern: „Denn die Welt ist das Pleroma der Bosheit, Gott aber des Guten" (CHerm 6, 4). Philo, der die Philosophie an die hellenistische Synagoge vermittelt und dabei umprägt, benutzt das Verb „erfüllen" (πληροῦν), um die welterhaltende Wirksamkeit Gottes bzw. des Logos darzustellen: „... der alles durch alles erfüllt mit seiner wohltätigen Macht" (vit. Mos. 2, 238). Dabei ist das All oder die Himmelswelt der wahre, urbildliche Tempel. Oder der Logos ist dieser Tempel, „den Gott selbst ganz und gar mit unkörperlichen Kräften ausgefüllt hat" (som. 1, 62). Gott hat dies getan, um durch den Logos, das Urbild des Lichtes, in die Welt hineinzuwirken. In der Gnosis wird der Begriff Pleroma in das Soteriologische übertragen, insofern er die oberste pneumatische Welt in der Nähe Gottes bezeichnen kann, in die hinein sich die Pneumatiker, die Träger des rettenden Lichtfunkens, versammeln. Die soteriologische Bedeutsamkeit von Pleroma in V 19 ergibt sich allerdings nicht durch einen Anschluß an die Gnosis, sondern dadurch, daß im Kontext der Fall der Schöpfung vorausgesetzt ist und in Christus die Erlösung als Neuschöpfung ansichtig wird. „Die ganze Fülle" – die Wendung ist ohne Parallele und hyperbolisch: die Fülle der Fülle – muß jene göttlichen Gnaden- und Lebenskräfte bezeichnen, die ausschließlich in Christus enthalten und zugänglich, aber gleichzeitig dazu bestimmt sind, die zerrissene Welt zu ihrer Einheit zurückzuführen[113]. Der Gottesname wird bewußt vermieden, weil Christus gerade auch in der Erlösungsordnung Gott repräsentiert. Wenn man danach fragt, zu welchem Zeitpunkt das so zu bestimmende Pleroma in Christus Wohnung nahm, so kann dies nach dem Vorausgegangenen nur die Auferstehung sein[114]. Dies läßt sich nur dann recht verstehen, wenn man die soteriologische Dimension der christologischen Aussage berücksichtigt. Überspitzt formuliert: die Christologie ist

---

[111] Diese Anlehnung behauptet G. MÜNDERLEIN, Die Erwählung durch das Pleroma. Bemerkungen zu Kol. 1, 19 in: NTS 8 (1961/62) 264–276, hier 271–275. ἐν σοὶ εὐδόκησα in Mk 1, 11 kann aber nicht als Parallele zu Kol 1, 19 gelten. KEHL, Christushymnus 120–125, betont die sachliche Übereinstimmung von Pleroma und Geist Gottes, HUGEDÉ 68 den „parfait accord" zwischen dem Willen des Vaters und dem des Sohnes.

[112] Der religionsgeschichtliche Hintergrund des Pleromabegriffs ist ausführlicher besprochen bei GNILKA, Epheserbrief 105–109. 97–99. Vgl. auch HEGERMANN, Schöpfungsmittler 105–109; ERNST (Anm. 106) 7–65; G. DELLING, in: ThWb VI 285–304; J. GEWIESS, Die Begriffe πληροῦν und πλήρωμα im Kolosser- und Epheserbrief, in: Vom Wort des Lebens (Festschrift M. Meinertz) (Münster 1951) 128–141.

[113] Die grammatische Unterscheidung zwischen einer passivischen und einer aktivischen Bedeutung von Pleroma ist hier wenig hilfreich, weil faktisch beide Bedeutungen vorliegen.

[114] DIBELIUS und LOHSE 100 beziehen die Einwohnung auf das gesamte Erlösungswerk bzw. das gesamte Christusgeschehen. DIBELIUS hat dabei seine Auffassung gegenüber der 1. Auflage seines Kommentars, in dem er noch an die Erhöhung dachte, geändert. Es kommt aber darauf an, das traditionelle vom redaktionellen Verständnis des Hymnus abzuheben. Vgl. darum das zu V 20 Gesagte.

auch hier noch primär eine funktionale, wenngleich eine Wesensaussage durchschimmert. Durch die Erwähnung des Kreuzes im folgenden verschiebt sich allerdings der zeitliche Horizont. Darauf ist zurückzukommen.

V 20 Aus der Einwohnung des Pleromas in Christus ergibt sich die Allversöhnung. Diese ist wie die Allschöpfung durch ihn und auf ihn hin geschehen. Er ist ihr Mittler und Ziel. Die strukturelle Übereinstimmung mit Strophe 1 schließt jede andere Deutung, die „auf ihn hin" auf Gott oder auf den Leib beziehen möchte, aus [115]. Freilich ist Christus wie bei der Schöpfung Mittler, nicht Prinzip oder Initiator der Versöhnung. Letzteres ist allein Gott. Das All wird (wie in 16a) in Erde und Himmel auseinandergelegt. Nur verläuft jetzt die Linie rückläufig von der Erde zum Himmel. Die Rückführung des Alls wird beschrieben. Diese wird Versöhnung und Friedensstiftung genannt. Beides nimmt man am besten im gleichen Sinn: Die Versöhnung ist die Herstellung des Friedenszustandes. Das christlich-griechische Wort ἀποκαταλλάσσω, das hier zum erstenmal in Erscheinung tritt, verstärkt den Versöhnungsgedanken (sonst καταλλάσσω).

Wie sind Versöhnung und Friedensstiftung konzipiert? Wir haben davon auszugehen, daß sich die Auffassung des Hymnusdichters von der des Autors ad Colossenses unterscheidet, der mit der Zutat „durch sein Kreuzesblut" die Vorlage neu faßt. Das Wort καταλλάσσω, das in der griechischen Bibel selten vorkommt, kann sowohl die Versöhnung der Menschen untereinander (2 Makk 1,5) als auch ihre Versöhnung mit Gott bezeichnen (2 Makk 7,33; 8,29). Vom Frieden kann auf vielfältige Weise gesprochen werden. Wichtig sind die Stellen, die den Frieden als eschatologisches Heilsgut begreifen. Nach Is 9,5f heißt der erwartete Herrscher der Zukunft „Friedensfürst": „Seine Herrschaft ist groß, und der Friede hat kein Ende". – „Und er wird der Friede sein" (Mich 5,4). Nach einem Wort des Rabbi Jose Hagelili (um 110) wird der Name des Messias Friede genannt werden [116]. Schon früh können im Rabbinischen Schöpfungswerk und Friedensstiftung verbunden werden. Rabbi Chananja, der Vorsteher der Priester (um 70), hat gesagt: „Groß ist der Friede, denn er wird dem ganzen Schöpfungswerk gleichgestellt."[117] Eine Ableitung dieser Verbindung aus dem jüdischen Versöhnungsfest für unsere Stelle jedoch ist unwahrscheinlich [118]. Ihre Besonderheit besteht erneut in ihrer kosmischen Bedeutung, die Versöhnung und Friede nicht in ihrer Ausrichtung auf das gläubige Ich, sondern als neue Qualität des Alls erscheinen lassen. Diese Prägung ist aus der hellenistisch-römischen Umwelt gewonnen. Man hat zum Vergleich Vergils 4. Ekloge herangezogen, nach der der kosmische Friede als Charakter des neuen Äons

---

[115] HOULDEN bezieht auf Gott; BURGER, Schöpfung 63, auf den Leib. GRIESBACH las reflexiv εἰς αὐτόν.
[116] BILLERBECK III 587.
[117] SNm 6,26 § 42 bei BILLERBECK I 216.
[118] Dies ist die These LOHMEYERS. Hierzu vgl. kritisch E. SCHWEIZER, Versöhnung des Alls. Kol 1,20, in: Jesus Christus in Historie und Theologie (Festschrift H. Conzelmann) (Tübingen 1975) 487–501, hier 487f und Anm. 3.

Zeichen und Ergebnis dessen ist, daß der Weltheiland seine Herrschaft angetreten hat[119].

Gemäß den Saturnia regna 4,6 und 6,41 soll im bevorstehenden Goldenen Zeitalter die Weltschöpfung restituiert werden. Einen guten Einblick in die hinter V 20 stehende Vorstellungswelt bietet Philo, spec. leg. 2, 188–192, wonach eine doppelte Form des Krieges in der Welt unterschieden wird. Einmal ist es die Kriegführung der Völker gegen Völker, das anderemal ist es der Krieg in der Natur, „wenn die Natur gewissermaßen mit sich selbst in Zwist gerät, wenn ihre Teile sich gegeneinander erheben und die ordnungsfreundliche Gleichheit der Übermacht der Ungleichheit unterliegt". Sind die Folgen des einen Krieges Baumschlag, Verwüstung, Brandstiftung, so die des anderen Regenmangel, Wolkenbrüche, Südstürme, Sonnenbrand, Frost, Disharmonie der Jahreszeiten. Die Katastrophen werden dabei nicht als natürliche Verhängnisse gewertet, sondern als Folge der Gottlosigkeit der Menschen, die auf solche Weise gewarnt oder bestraft werden sollen. Gott ist es bzw. der Logos, der „die Kämpfe zwischen den Teilen des Weltganzen beilegt, der Frieden, Gedeihen und überhaupt alles Gute in Hülle und Fülle schafft"[120]. Die Unstabilität und Brüchigkeit der Welt wurde im hellenistischen Zeitalter, ausgelöst durch zahlreiche Naturkatastrophen, Hungersnöte, Kriege und nicht zuletzt durch den Schwund des alten Götterglaubens, zunehmend empfunden[121]. Die durch Christus gestiftete Versöhnung begreift sich von hier aus als innerweltliche Pazifizierung eines Kosmos, der alles in sich zusammenfaßt. Es gibt in diesem keinen Widerstreit und keine widerstreitenden Mächte, keine Angst und keine Heillosigkeit mehr. Der Allfriede wurde gewirkt, als Christus in seiner Auferstehung zum Herrn des erneuerten Kosmos eingesetzt wurde und alle bislang die Welt bedrohenden Potenzen entmachtete. Mit den Räumen der Erde und des Himmels am Schluß des Liedes werden diese Mächte, deren Namen nicht wiederholt zu werden brauchen, in Erinnerung gerufen. Die Alternative, ob diese Mächte unterworfen oder erlöst worden seien, ist falsch gestellt[122]. Entscheidend ist, daß die neue Welt eine Welt des Friedens und der Versöhnung und Christus ihr Herrscher ist. Befremdlich wirkt, daß das Lied von der bereits gewirkten Allversöhnung und Allpazifizierung (Aorist!) ausgeht. Sollte der

---

[119] KÄSEMANN, Taufliturgie 37. – Zur Sache nach P.T. O'BRIEN, Col. 1,20 and the Reconciliation of all Things, in: RTR 33 (1974) 45–53.
[120] Vgl. rer. div. her. 206; som. II 253f; quaest. in Ex. 2,64; quaest. in Gn. 3,7 fragm. – S. LYONNET, L'hymne christologique de l'Épître aux Colossiens et la fête juive de Nouvel An, in: RScR 48 (1960) 95–100, erblickt hinter Philo, spec. leg. 192, eine jüdische Tradition, die unser Brief aufgegriffen hätte, um jüdischen Synkretismus zu bekämpfen.
[121] Hierzu vgl. E. SCHWEIZER, Das hellenistische Weltbild als Produkt der Weltangst, in: Neotestamentica (Zürich 1963) 15–27; P. WENDLAND, Die hellenistisch-römische Kultur in ihren Beziehungen zu Judentum und Christentum. Die urchristlichen Literaturformen (HandbNT) (Tübingen ³1912) 156–161. Literarisch äußert sich die Weltangst bei Manilius, Ptolemaios (Tetrabiblos), Vettius Valens.
[122] Die ältere Exegese – EWALD; SODEN; J. MICHL, Die „Versöhnung" (Kol 1,20), in: ThQ 128 (1948) 442–462 – beschäftigte sich anhand von V 20 mit dem Verhältnis der guten zu den gefallenen Engeln. Diese Spekulationen sind hier überflüssig. B.N. WAMBACQ, „per eum reconciliare... quae in caelis sunt" (Col 1,20), in: RB 55 (1948) 35–42, deutet auf die Gesetzesengel.

Autor das offenkundig in der Welt noch vorhandene Böse in dieser Weise ignoriert haben?[123] Hier mag der Unterschied zwischen einem Preisgesang, der in der Liturgie gesungen wird, und einem Brief, in dem eine angefochtene Gemeinde belehrt wird, weiterhelfen. Was die Gemeinde in der Liturgie an endzeitlich Erhofftem kühn vorwegnimmt, als sei es bereits Wirklichkeit, kann nur dann so gesehen werden, wenn es die Gemeinde in der Welt nicht untätig bleiben läßt. Umgekehrt bemißt sich die Frage, was zu tun sei, auch nach dem, was erhofft werden darf. Jedenfalls setzt der Autor ad Colossenses an dieser Stelle wiederum mit seiner weiterführenden Deutung an.

Indem dieser „durch sein Kreuzesblut" einfügt, bindet er die Friedensstiftung an den geschichtlichen Tod Jesu. Ganz im Sinn des Paulus rücken somit Kreuz und Auferstehung zusammen und wird das Kreuz zum heilvollen Ausdruck dieses Sterbens[124]. Vermutlich fallen Versöhnung und Friedensstiftung am Kreuz sachlich auseinander. Das objektive Friedenswerk geht der die Feindschaft überwindenden Versöhnung voraus. Der Ausdruck Blut lenkt die Aufmerksamkeit auf das gewaltsam genommene Leben und deutet die Sühnkraft der Lebenshingabe an. Als Deutung des Todes Jesu wurzelt er letztlich in der Abendmahlsüberlieferung (Mk 14,24 parr.). Das seltene Wort Kreuzesblut, dem etwas Formelhaftes anhaftet, besitzt ein Analogon im Bundesblut dieser Tradition. Die Einholung der paulinischen Theologie in das Lied zeigt sich auch darin, daß Versöhnung jetzt nicht mehr allein als innerweltliches Geschehen, sondern auch und vordringlich als Versöhnung mit Gott gedacht werden muß (vgl. VV 13f). Dies ist ein dem Apostel vertrauter Gedanke: „Laßt euch versöhnen mit Gott!" (2 Kor 5,20; Röm 5,10). Auch der Zeitpunkt der Einwohnung des Pleromas in Christus muß jetzt ausgedehnt werden. Er bezieht sich über die Auferstehung hinaus auf das Kreuz und die gesamte irdische Wirksamkeit Jesu und gewinnt stärker die Prägung des Ontologischen.

III

Blicken wir auf Kol 1,15–20 zurück, so nahm der Autor ad Colossenses einen ihm vorgegebenen Christushymnus auf, nicht um die in diesem ausgesprochenen Gedanken zu bekämpfen, sondern weil das theologische Konzept des Liedes seinen Anliegen entgegenkam. Das Gefälle seiner Interpretation steht nicht im Zeichen der Diskontinuität, sondern der Kontinuität[125]. Vordringlich war für ihn die suprema potestas des Christus über das All. Hierin mußte er ein bedeutsames Argument gegen die von ihm bekämpfte kolossische Häresie erblicken. Das Beieinander von Schöpfung und Erlösung im Lied als jeweils durch

---

[123] Zu dieser Problematik vgl. W. MICHAELIS, Die Versöhnung des Alls (Bern 1950) 24f. – KEHL, Christushymnus 159f, möchte die ἀποκαταλλαγή von Kol 1,20 als die Wiedergutmachung der ἀλλαγή von Röm 1,23 begreifen. Der Anknüpfungspunkt ist geistreich gewählt, aber nicht überzeugend.
[124] Es verdient Beachtung, daß auch Paulus in Phil 2,8 das Kreuz in ein vorgegebenes Christuslied einfügt.
[125] Dies betont zu Recht R. SCHNACKENBURG, Die Aufnahme des Christushymnus durch den Verfasser des Kolosserbriefes, in: Evangelisch-Katholischer Kommentar zum NT, Vorarbeiten Heft 1 (Zürich 1969) 33–50, hier 46f. Vgl. auch GABATHULER, Jesus Christus 168.

Christus vermittelt ist aufschlußreich für eine christologische Entwicklung. Die spezifisch christlichen Aussagen konnten wir in der zweiten Strophe erkennen. Die Schöpfungsaussagen der ersten Strophe besitzen in der alttestamentlichen und hellenistischen Umwelt ihre Entsprechungen. Ist demnach die Erlösung, näherhin die Auferstehung von den Toten, der genetische Ausgangspunkt des Ganzen, so erfolgt der Schritt zurück in die Präexistenz Christi und die Schöpfungsgeschichte, um die Größe des hier gepriesenen Erlösers und die Universalität der durch ihn gewirkten Erlösung in das rechte Licht zu rücken[126]. Von Schöpfung wird geredet um der Erlösung willen oder, besser, um des Erlösers Christus willen. Nicht geht es darum, ein bestimmtes Weltbild zu vermitteln, sondern um die überzeitliche und überräumliche Bedeutung der einmaligen in Christus erfolgten Offenbarung und ihre stete Gegenwärtigkeit zu verdeutlichen[127]. Der Autor ad Colossenses weiß darum, daß die im Hymnus gefeierte Christusherrschaft bislang nur in der Kirche Wirklichkeit wurde und erfahren werden kann. Er überträgt darum im Gefolge paulinischer Theologie den Leib Christi auf die Kirche, sieht diese aber eindeutig als die in der gesamten Ökumene verkündigende und sich ausbreitende. Mit dieser Reduktion macht er seinen Adressaten ihre Weltverantwortung und ihre Pflicht, das Evangelium weltweit zu predigen, bewußt (1,6), wie er sie an ihr Taufbekenntnis zurückbindet (1,13f). Um einem enthusiastischen Mißverständnis entgegenzutreten, rückt er Christi Blut und Kreuz in den Mittelpunkt, in denen er Friedensstiftung gewirkt sieht. Diese ist der Gemeinde als Versöhnung mit Gott in der Vergebung ihrer Sünden zuteil geworden (1,14). Sind damit die Akzente neu gesetzt, so werden diese Gedanken im folgenden weiter verfolgt werden.

Exkurs 1:

Die theologiegeschichtliche Bedeutung des Christusliedes

Das Christuslied Kol 1,15–20 ist ein epochaler neutestamentlicher Text[1]. Durch alle Jahrhunderte, seitdem es christliche Theologie gibt, war er Gegenstand der Reflexion. Die Logos-Sophia-Spekulation, die es weitgehend beherrscht, bedingt es, daß früheste christologische Überlegungen erst später mit dem Lied in Verbindung gebracht wurden. Denn der wohl älteste christologische Ansatz greift auf die Sophia- und Logoslehre zurück[2]. Und diese war auch über andere Kanäle als das Christuslied zugänglich. Justin († ca. 165), der als

---

[126] Vgl. SCHNACKENBURG (Anm. 125) 37f; MAURER (Anm. 3) 89.
[127] Vgl. CONZELMANN 139.
[1] Aufschlußreich ist, daß die vorzügliche Darstellung der Wirkungsgeschichte des Kolosserbriefes bei SCHWEIZER 183–214 zu zwei Dritteln mit dem Christuslied zu tun hat. Vgl. ferner KEHL, Christushymnus 11–27.
[2] Vgl. W. KASPER, Jesus der Christus (Mainz 1974) 17.

erster die Kenntnis des Hymnus – damit auch die des Briefes?[3] – bezeugt, erblickt in diesem schlicht die Ausrichtung Christi auf Schöpfung und Erlösung: „Obwohl der Erstgeborene aller Schöpfung, ist er doch auch der Anfang eines zweiten Geschlechtes geworden" (dial. 138,2). Die theologiegeschichtliche Bedeutung des Hymnus besitzt drei Schwerpunkte, die allerdings stark ineinandergreifen: die Christuslehre, die Versöhnungslehre und die kosmische Christologie.

1. Die am Beginn des Liedes Christus gegebenen einprägsamen und einmaligen Hoheitstitel „Bild des unsichtbaren Gottes" und „Erstgeborener aller Schöpfung" mußten zum Nachdenken über Christus anregen. Denn in ihnen kommt sein Verhältnis zu Gott, aber auch zur Schöpfung und damit zu den Menschen zum Ausdruck. Die frühchristlichen Apologeten gegen Ende des 2. Jahrhunderts wissen um die gedanklichen Zusammenhänge. So schreibt Athenagoras in seiner Bittschrift für die Christen: „Sohn Gottes ist der Logos des Vaters als vorbildlicher Gedanke und schöpferische Kraft. Denn alles ist nach ihm und durch ihn gemacht... Der Sohn Gottes ist der Gedanke (νοῦς) und das Wort (λόγος) des Vaters... Er ist dem Vater das Ersterzeugte (πρῶτον γέννημα), nicht als ob er geworden wäre. Denn von jeher hatte Gott als ewiger Gedanke selbst das Wort in sich, da er nie ohne das Wort ist. Der Sohn ist vielmehr hervorgegangen, um für alles Körperliche... vorbildlicher Gedanke und schöpferische Kraft zu sein."[4] Als Schriftbeleg wird Spr 8,22 zitiert. Ob der Kolosserhymnus auch miteingeflossen ist, ist zweifelhaft. Der philosophische Hintergrund ist deutlich. Noch klarer tritt dieser bei Theophilos von Antiocheia in Erscheinung, indem er zwischen dem ewigen Gedanken Gottes (λόγος ἐνδιάθετος) und dem aus Gott hervortretenden Schöpferwort (λόγος προφορικός) unterscheidet. Jetzt wird auch ausdrücklich auf Kol 1,15 Bezug genommen: „Seit ehe existierte das Wort im Herzen Gottes. Bevor er nämlich an das Schöpfungswerk ging, hielt er mit jenem als seiner Vernunft und Verstandeskraft Rat. Als er aber das schaffen wollte, wozu er sich entschlossen hatte, zeugte er das aus sich heraustretende Wort, den Erstgeborenen aller Schöpfung."[5] Wohlgemerkt ist dabei nicht an die Inkarnation gedacht, sondern an einen innergöttlichen Vorgang[6]. Die Spekulation besitzt in der platonischen Ideenwelt ihr Analogon, nur ist diese auf den Christus-Logos hin personalisiert.

Die Alexandriner Clemens und Origenes haben demgegenüber nichts wesentlich Neues hinzuzufügen. So meint Clemens: „Es ist aber vom Namen Gottes die Rede, weil der Sohn wirkt, wie er die Güte des Vaters wirken sieht, er der Gott-Retter genannt wird, der Anfang des Ganzen, der als erster und vor den Äonen als Ebenbild (ἀπεικόνισται) des unsichtbaren Gottes entstanden ist, aber dann alles, was danach geworden ist, gestaltet hat."[7] Zu einem dogma-

---

[3] Vgl. oben S. 23 Anm. 21.
[4] Bei J. GEFFCKEN, Zwei griechische Apologeten (Leipzig – Berlin 1907) 127.
[5] Autol. 2,22 (SC 20,154).
[6] Im gleichen Zusammenhang meint Theophilos, daß es der Logos war, der mit Adam im Paradies redete.
[7] Strom. V, 38,7 (GCS 15,352f). Vgl. Origenes, princ. I, 2,1 (SC 252,110–112); I, 1,8 (SC 252,106–108); II, 4,3 (SC 252,284); comm. in Joh. VI, 19 (SC 157,144).

tischen locus classicus wird der Hymnus durch die Streitigkeiten mit Arius. Über das allerdings nur indirekte Zeugnis des Athanasios sind wir darüber unterrichtet, daß für Arius Kol 1,15 eine bevorzugte Waffe war: „Die Gottlosen ziehen umher und sagen: Wenn er der Erstgeborene aller Schöpfung ist, dann gehört er selbst auch zur Schöpfung."[8] Im Kampf gegen die Arianer verfestigten sich die Argumente, die über das Mittelalter bis in die Neuzeit hinein wiederholt werden. Das Konzil von Nikaia (325) hat gegen Arius die Wesensgleichheit des Sohnes mit dem Vater (ὁμοούσιος) festgestellt. Athanasios macht mit Recht gemäß Kol 1,15 die Vorzeitigkeit gegenüber der Schöpfung geltend: „Wenn aber alle Geschöpfe in ihm geschaffen worden sind, dann ist er von den Geschöpfen verschieden, und er ist nicht ein Geschöpf, sondern Schöpfer der Geschöpfe."[9] Ganz ähnliches liest man in dogmatischer Formulierung bei Ambrosiaster, der den ältesten auf uns gekommenen Kommentar zum Kolosserbrief geschrieben hat (4. Jahrhundert): Christus ist der „vor aller Kreatur erzeugte, nicht erschaffene Sohn", der sich „in nichts von ihm (nämlich dem Vater) in bezug auf die göttliche Natur unterscheidet"[10]. Und selbst Calvin, der die christologischen Spekulationen kritisieren kann, weil sie das Wichtigste verschweigen würden, wie sich nämlich der Vater uns in Christus zu erkennen gegeben hat, geht in seiner Kommentierung von der völlig orthodoxen Bemerkung aus, daß Christus Gottes wesentliches Wort sei (verbum Dei essentiale). Wenngleich inzwischen Jahrhunderte vergangen sind, polemisiert auch er weiterhin durchaus im Sinn der Tradition gegen die Arianer: Obwohl Christus der vom Vater Erzeugte ist, würden die törichten Arianer aus der Bezeichnung „Erstgeborener aller Schöpfung" die Folgerung ziehen, Christus sei ein Geschöpf[11]. Auf klassische Weise formulierte das uralte Anliegen in der Gegenwart K. Barth: „Jesus Christus war auch so im Anfang bei Gott, wie alle Kreatur und ihre ganze Geschichte in Gottes Plan und Denken bei Gott war. Er war es aber nicht nur so: er war es zugleich als der ‚Erstling aller Kreatur', er war es, indem er selber der Plan und das Dekret Gottes, die inhaltlich bestimmte göttliche Entscheidung hinsichtlich aller Kreatur und ihrer ganzen Geschichte war."[12]

Augustinus und Thomas sinnen über den imago-Begriff nach. Nach Augustinus[13] gibt es eine imago, aus der sich die Ähnlichkeit (similitudo) von Bild und Abgebildetem, nicht die Gleichheit (aequalitas) ergebe. Hier bringt er den Vergleich mit den beiden Eiern, die von zwei verschiedenen Hennen gelegt

---

[8] C. Arianos II, 63 (PG 26,281).
[9] C. Arianos II, 62f (PG 26,277–281); vgl. expositio fidei 3 (PG 25,204f).
[10] Ambrosiaster 171. Chrysostomos 318f, der sich gegen den Monarchianismus eines Paulus von Samosata wendet, nach dem Jesus Christus mit einer unpersönlich gedachten göttlichen Kraft begabt gewesen sei, unterscheidet zwischen den Begriffen Erstgeborener und Erstgeschaffener. Vgl. Johannes von Damaskus 888; Theodoret 597; Thomas 133. Isidor von Pelusium, ep. III,31 (PG 78, 749–751), möchte darüber hinaus πρωτότοκος (Akzentverschiebung!) lesen. Dann bedeutet dies: der als erster zeugt.
[11] Calvin 84f. Vgl. Erasmus 884f. Zum Eikon meint dieser: „Durch den Sohn als Bild drückte sich Gott auf gewisse Weise selbst aus, da er durch ihn diese Welt begründete."
[12] Kirchliche Dogmatik II/2 (Zollikon-Zürich ³1948) 112.
[13] Divers. quaest. 74 (CChr. SL 44 A, 213f).

wurden. Der Vater und das Kind aber stünden zueinander in einem Verhältnis, in dem das Bild die Gleichheit miteinschließt. Ist damit zu verstehen gegeben, daß das genuine Bild durch Zeugung hervorgebracht wird, so geht Thomas noch einen Schritt weiter, indem er wieder – wie schon Theophilos – auf eine rein geistige Sphäre zurückkommt. Die vollkommenste imago ist ihm im Wort gegeben, da das ausgesprochene Wort das Bild des Geistes sei [14]. In den bisher besprochenen Auffassungen, die Kol 1,15 auf den präexistenten Sohn beziehen, war immer vorausgesetzt, daß dieser als Eikon des unsichtbaren Gottes und Erstgeborener aller Schöpfung selbst unsichtbar ist, nur auf gewisse Weise in die Schöpfung hinein sich auslegt.

Anders ist es bei jener Meinung, die – vermutlich auch angeregt durch die Auseinandersetzung mit dem Arianismus – dazu übergeht, Vers 15 auf den menschgewordenen Gottessohn zu übertragen. Der Inkarnierte wird jetzt als Offenbarung Gottes vorgestellt. In ihm schauen wir zwar nicht adäquat, aber doch wie in einem Spiegel das Bild des unsichtbaren Gottes. Dies ist möglich, weil der Mensch Christus mit dem göttlichen Wort verbunden ist: „Es ist dasselbe, was der Herr zu Philippus sagt: Wer mich gesehen hat, hat den Vater gesehen (Joh 14,9)... Es ist also das Bild, das die Wesensgleichheit offenbart. Unbelebte Bilder besitzen nicht das Wesen dessen, den sie abbilden. Das lebende Bild aber unterscheidet sich in nichts. Es besitzt die gleiche Natur mit dem Archetyp."[15] Diese neue Sicht wurde dadurch ermöglicht, daß man andere Eikon-Stellen des Corpus Paulinum, vor allem Röm 8,29, wo von unserer Gleichgestaltung mit dem „Bild seines Sohnes" die Rede ist, zum Vergleich heranzog[16]. Der Vergleich und die Harmonisierung, die über das Eigengewicht bestimmter Aussagen hinwegsieht, machen einen bestimmenden Zug in der Schrifterklärung der Alten aus. Die so gefaßte doppelte Ausrichtung von Kol 1,15 auf die Gottheit und Menschheit Christi läßt den Vers zu einem vielzitierten Beleg der Zweinaturenlehre werden. Melanchthon[17] kennzeichnet unsere Stelle bündig als „Beschreibung der Person Christi, die uns darüber belehrt, daß Christus in Wahrheit und der Natur nach Gott und Mensch ist". Mit anderen Worten sagt M. J. Scheeben[18] im Hinblick auf Vers 15 über die Menschwerdung, sie sei aufzufassen „unter dem Gesichtspunkt der hypostatischen Einigung des inneren Bildes Gottes mit dem äußeren. Sie ist eine persönliche Erscheinung des Sohnes Gottes in der Gestalt der menschlichen Natur und Christus die sichtbar gewordene imago Dei".

Der unmittelbare Bezug des Verses 15 auf den inkarnierten Christus, der weder der Intention des Hymnus noch seiner Redaktion entspricht, bereitete

---

[14] Thomas 132. Tertullian, adv. Praxean V,4 (CChr. SL, Tertull. opera II, 1164), unterscheidet drei Stadien: 1. als Gott allein und doch wieder nicht allein war; 2. die Zeugung des Sohnes; 3. die Erschaffung der Welt. Vgl. Kehl, Christushymnus 12.
[15] Theodoret 597. Vgl. Theodor 261–264; Hrabanus Maurus 510f.
[16] Theodor 263f; Hrabanus Maurus 510f.
[17] 221.
[18] Handbuch der katholischen Dogmatik III (Gesammelte Schriften V) (Freiburg 1961) Nr. 362. Eine weiterführende Auffassung vertritt M. Schmaus, Der Glaube der Kirche I (München 1969) 41. Nach ihm bezeugt der Hymnus zunächst die heilshafte Offenbarung, die Gott durch Jesus Christus vollzog. Zugleich aber sage er, wer Jesus ist.

vor allem eine Schwierigkeit: Wie kann es vom Menschen Jesus heißen, daß in ihm als dem Erstgeborenen aller Schöpfung das All erschaffen worden ist? Zwei Möglichkeiten der Erklärung boten sich an. Zum einen erblickte man in der in Christus erschaffenen Kreatur die neue Schöpfung, die der durch ihn gewirkten Erlösung verdankt ist. Das war der Weg, den Theodor von Mopsvestia als erster beschritt[19]. Zum anderen deutete man den Erstgeborenen aller Schöpfung nicht zeitlich, sondern modal. Die die ganze Schöpfung überragende Stellung des Menschen Jesus sei angesprochen: primogenitus non tempore dicitur solum sed et prae honoratione[20]. Letztlich ergibt sich aus dieser zweiten Auffassung die Einsicht, daß die Allschöpfung im Menschen Jesus ihren Höhepunkt erreicht und in gewisser Weise auch an ein von Anfang an intendiertes Ziel gekommen ist. Damit waren die theologischen Voraussetzungen für eine Frage bereitgestellt, die jahrhundertelang die Gemüter erregen sollte. Es ist die von der franziskanischen Schule der Skotisten und der dominikanischen Schule der Thomisten geführte Diskussion darüber, warum Gottes Sohn Mensch geworden ist. Schulmäßig formuliert, lautet die Frage: Wäre das ewige Wort Gottes auch dann Mensch geworden, wenn Adam nicht gesündigt hätte? Während die Thomisten die Inkarnation von der Sünde des Menschen abhängig machten, also sagten, die Inkarnation sei geschehen, damit der Mensch von der Sünde befreit werde, verkündeten die Skotisten die Ansicht, die Schöpfung sei von Beginn darauf angelegt gewesen, daß der Logos im Fleisch als die Krönung der Schöpfung einmal in Erscheinung treten werde. Die Skotisten dachten nicht an eine evolutive Entwicklung, sondern daran, daß dies innerhalb der ursprünglich gesetzten Schöpfungsordnung erfolgen sollte. Hatten sich die Thomisten demnach für eine individualistische Sicht der Erlösung entschieden, so die Skotisten für eine umfassende Seinsordnung, in der Schöpfung und Umwelt einen ganz anderen Stellenwert erhalten. Hier steht auch die außermenschliche Schöpfung von vornherein unter dem Zeichen Christi. Das hauptsächliche Schriftargument der Skotisten ist bis heute die erste Strophe des Christushymnus, in dem alle Aussagen auf den Menschgewordenen hin ausgelegt werden[21]. Als Mensch ist Christus die causa finalis, das letzte Ziel der gesamten Schöpfung. Gott hat in seinem Schöpfungsplanen alles auf ihn hingeordnet[22].

2. Die zweite Strophe des Liedes spricht von der Versöhnung, die ebenso universal gefaßt ist wie die Schöpfung. Wie bei der Schöpfung ist Christus, als Anfang und Erstgeborener aus den Toten, Mittler der Versöhnung. In ihm wollte die ganze Fülle Wohnung nehmen (V 19). Der zentrale Begriff Pleroma ist recht unterschiedlich gedeutet worden. Vor allem wird er auf das göttliche

---

[19] 267. Zur Nachwirkung der Anschauung Theodors bei den Nestorianern vgl. SCHWEIZER 195f.
[20] Hrabanus Maurus 511. Theodor 264 meint in Anlehnung an Röm 8,29, Christus sei der Erstgeborene jener, die ihm ähnlich sein werden zu ihrem Heil.
[21] Zum Teil hilft man sich mit der communicatio idiomatum, nach der vom Menschgewordenen gesagt werden kann, was eigentlich von seiner göttlichen Natur gilt. Vgl. J.-M. BISSEN, De primatu Christi absoluto apud. Col. 1,13–20, in: Anton 1 (1936) 3–26.
[22] Zum Ganzen vgl. KEHL, Christushymnus 14–17. Ferner B. BRINKMANN, Die kosmische Stellung des Gottmenschen in paulinischer Sicht, in: WiWei 13 (1950) 6–33; J.-F. BONNEFOY, La primauté du christ selon l'Ecriture et la Tradition (Rom 1959) 151–238.

Wesen und Leben bezogen. Nach Oecumenius wohnt Gott mit seinem Wesen (οὐσία) im Fleischgewordenen ein[23]. Für Petrus Lombardus besagt der Satz, daß die Dreifaltigkeit die ganze Fülle des Wissens und der Macht in Christus wohnen lassen wollte, wie es auch in Joh 5,26 zum Ausdruck komme[24]. Die Hinordnung des Pleroma-Christus auf die zu versöhnende Welt tritt kaum in den Blick. Den Alten ist aber auch eine ekklesiologische und kosmologische Interpretation bekannt. Für Theodoret ist das Pleroma die Kirche, da sie mit göttlichen Gaben erfüllt ist. Wenn sie in Christus einwohne, heiße das: „sie ist mit ihm verbunden, ist unter seiner Obhut, folgt seinen Gesetzen"[25]. Für Theodor und Hrabanus Maurus ist das Pleroma gleichzeitig mit der Kirche und dem All gleichzusetzen, denn beide erhalten von ihm größte Wohltaten. Eine nähere Abstufung erfolgt nicht. Aufschlußreich ist, daß diese Deutungen über Eph 1,23 gewonnen wurden, wo die Kirche das Pleroma dessen, der das All in allem erfüllt, genannt wird[26]. Die Harmonisierungsabsicht hat die Interpretationen hervorgebracht. Unter den Auffassungen zeitgenössischer Systematiker ist die K. Barths nennenswert, wonach Gott in seiner Fülle oder Ganzheit in Christus einwohnt, dies aber gleichzeitig Gottes Wohnen in der Schöpfung sei. Denn in Christus bestehe zwischen Gott und der geschaffenen Welt zwar der Unterschied von Schöpfer und Geschöpf, aber keine Verschiedenheit oder Trennung, sondern Einheit[27]. Diese Sicht dürfte dem Text am nächsten kommen.

Entsprechend den Pleroma-Deutungen wird das All als Objekt der Versöhnung ekklesiologisch auf Juden und Heiden bezogen[28], was wiederum einen Ausgleich mit dem Epheserbrief darstellt, und auch kosmologisch gedeutet. Dabei schränkt man die Versöhnung auf das Verhältnis Gott–Engel–Menschen ein[29]. Calvin läßt sie ausdrücklich auf die rationales creaturas ausgerichtet sein[30]. Gewiß ist damit das Zentrale getroffen, jedoch konnten wir bei dieser Interpretation oben feststellen, daß durchaus auch – wie es der bei Philo belegten Auffassung entspricht – an die übrige Schöpfung zu denken ist. Nur bei Hieronymus[31] taucht der Schimmer einer hinausgreifenden Interpretation auf, wenn er im Anschluß an Job 15,15b die Gestirne mit einbezieht. Auffälligerweise spielt der Kolosser-Hymnus in der Lehre des Origenes von der Wiederherstellung aller Dinge (Apokatastasis) kaum eine Rolle. Es ist allerdings bekannt, daß Origenes den Begriff Schöpfung (κτίσις) stets in einem umfassenden

---

[23] Oecumenius 21.
[24] Petrus Lombardus 264. Ähnlich Calvin 87.
[25] Theodoret 601.
[26] Theodor 275f; Hrabanus Maurus 516.
[27] Kirchliche Dogmatik II/1 (Zollikon-Zürich ³1948) 546. Vgl. M. J. Scheeben, Handbuch der katholischen Dogmatik III (Gesammelte Schriften V) (Freiburg 1961) Nr. 362.
[28] Petrus Lombardus 264f; Thomas 136.
[29] Chrysostomos 354; Theophylakt 1225; Oecumenius 21; Petrus Lombardus 264f; Thomas 136. Ein beliebter Topos ist, daß die Entrückung des Paulus in den Himmel anzeige, daß die Versöhnung wirksam geworden sei (2 Kor 12,2). Johannes von Damaskus 889 spricht allgemein von der Versöhnung des Unteren mit dem Oberen, Theodoret 601 von der der Epourania mit den Epigeia.
[30] Calvin 88f. Die Satane sind ausgeschlossen (esse discrimen).
[31] Ad Eph. I,1 (PL 26,493).

Sinn begriff und darunter alles verstand, was von Gott kommt[32]. Damit ist zumindest das getroffen, was das Lied mit τὰ πάντα meint. Zur Apokatastasis-Lehre, die in der Theologiegeschichte immer eine Randerscheinung geblieben ist, wäre mit E. Brunner zu sagen, daß ihre einzigen ernst zu nehmenden Vertreter in der Neuzeit F. C. Ötinger und Schleiermacher, der sie aufgrund seines eschatologischen Agnostizismus nicht positiv ausschloß, gewesen sind. Bengel aber sei weiser gewesen, von dem der Spruch überliefert ist: Wer von der Apokatastasis Einsicht hat und sagt es aus, der schwätzt aus der Schule[33].

Eine eigene Auffassung hat Theodor von Mopsvestia. Er sieht die Allversöhnung im Menschen vorweggenommen. Der Mensch ist gleichsam eine Verbindung des Universums (quaedam universorum copulatio). Denn sein Leib ist aus den vier Elementen zusammengesetzt, seine Seele aber gleicht den unsichtbaren Geschöpfen. So konnte es geschehen, daß in Christi Inkarnation die neue Schöpfung zusammengefaßt wurde (Christus, in quo ... compendiosa omnium recreatio efficietur)[34]. Theodor bezieht bereits die erste Strophe des Liedes – wie oben schon erwähnt – auf die durch Christus erlöste, nicht die durch ihn geschaffene Welt. Maßgeblich ist für ihn dabei die Beobachtung, daß es in Vers 16 heißt, in ihm, nicht durch ihn, sei das All erschaffen worden[35]. Theodor hat dann allerdings Schwierigkeiten mit Vers 20, der ihm nur zu wiederholen scheint (iterasse videtur), was Vers 16 schon ausgedrückt hatte[36].

Die Problematik der zweiten Strophe, die darin besteht, daß Allversöhnung in Christi Auferweckung aus den Toten als von selbst sich ergebender, „naturhafter" Vorgang mißverstanden werden könnte, ist keinem der alten Ausleger bewußt geworden. Eine Form- oder Gattungskritik kannten sie selbstverständlich noch nicht. Sie betrachteten den Hymnus stets im Kontext nicht nur des Briefes, sondern auch des gesamten Corpus Paulinum. Die Möglichkeit, daß der Hinweis auf das Kreuzesblut in Vers 20 ein Zusatz sein könnte, mit dem der Autor ad Colossenses wie mit dem Zusatz in Vers 18 das geschichtliche Heilshandeln zur Geltung bringt, konnte nicht in den Blick treten.

3. Die Problematik des Verhältnisses von Natur und Geschichte ist in der Gegenwart wieder aufgebrochen. Es geschah in der Kirche der Mission, die sich in den Religionen Asiens Auffassungen konfrontiert sieht, in denen der Mensch sich mehr als ein in die Natur und ihre Abläufe eingefügtes und nicht so sehr als ein geschichtliches Wesen begreift. Auslösender Faktor für die Diskussion einer alten Frage war ein Referat, das J. Sittler[37] auf der Weltkirchenkonferenz

---

[32] Vgl. H. CROUZEL – M. SIMONETTI in: SC 253, 173 Anm. 2. Zur Apokatastasis-Lehre vgl. A. VON HARNACK, Lehrbuch der Dogmengeschichte I (Tübingen ⁴1909, Nachdruck Darmstadt 1964) 681–695.
[33] E. BRUNNER, Dogmatik I. Die christliche Lehre von Gott (Zürich 1960) 358.
[34] Theodor 268f.
[35] 267: οὐκ εἶπεν δι' αὐτοῦ, ἀλλ' ἐν αὐτῷ· οὐ γὰρ τὴν πρώτην λέγει κτίσιν, ἀλλὰ τὴν ἐν αὐτῷ γενομένην ἀνάκτισιν.
[36] 277.
[37] Zur Einheit berufen, in: Neu Delhi Dokumente. Berichte und Reden auf der Weltkirchenkonferenz in Neu Delhi 1961, hrsg. von F. LÜPSEN (Witten ²1962) 300–31. Sittler führt Gedanken weiter, die A. D. GALLOWAY, The Cosmic Christ (New York – London 1951), teilweise schon ausgesprochen hatte.

in Neu-Delhi 1961 gehalten hat. Für uns ist der Vorgang interessant, weil Sittler seinen Ausführungen, die die Konferenz mit Begeisterung aufnahm, den Kolosserhymnus zugrunde legte. Der Text ist ihm Anlaß für einen energischen Aufruf zum Umdenken in kirchlicher Theorie und Praxis. Die Theologie habe eine Entwicklung genommen, in der das Heil des einzelnen in den Vordergrund gestellt und ein Dualismus von Natur und Gnade herbeigeführt worden sei. Daraus resultiere letztlich die Entfremdung der Natur und ihrer Wissenschaften von der Kirche und ihrer Theologie. „Ein Stück von Gott starb mit jeder neuen Naturbezwingung; der Bereich der Gnade verringerte sich in dem Maße, als Strukturen und Vorgänge in der Natur von dem nun autonomen Menschen beansprucht wurden" (305). Die Christologie des Kolosserhymnus mit seinem sechsfachen τὰ πάντα mache es erforderlich, daß die Frage nach der persönlichen Erlösung ausgeweitet wird zur Frage nach der Erlösung des Kosmos, zu dem die Welt der Politik ebenso gehöre wie die der Wirtschaft und Ästhetik. Denn der Text bezeuge es, daß alle Dinge Christus inhärent seien. Christus sei nicht ein Licht, das jeden Menschen erleuchtet, der in die Welt kommt, sondern ein Licht, das auf die Welt fällt, in die jeder Mensch kommt. Denn das Licht des Schöpfers sei in seine Schöpfung eingegangen. Daß hier von der Schöpfungs-Strophe des Christusliedes aus argumentiert wird, wird vollends klar, wenn von Christusenergie und Christussubstanz gesprochen wird, die den Kosmos in seinem unendlichen Beziehungsreichtum erfüllen (301).

Die differenzierten Gesichtspunkte für dieses Referat, das eine unwahrscheinlich weitreichende theologische Debatte auslöste, wurden dort gleichsam nachgereicht[38]. Zur Debatte stand mithin eine auf den Christushymnus sich berufende kosmische Christologie, die an ältere christologische Spekulationen wie die Logos-Christologie der Patristik oder den Skotismus anknüpfen konnte. Die kritischen Einwände gegen dieses Konzept waren im wesentlichen zwei: einmal blende es das Kreuz aus, das als Gericht über die Welt aufgerichtet sei, exegetisch formuliert: Strophe 2 des Christusliedes sei nicht berücksichtigt. Zum anderen müsse der Griff nach der Protologie von der Eschatologie aus geschehen, oder anders formuliert: die Erlösung sei gegenüber der Schöpfung vorrangig[39]. T. Ahrens stellt freilich die nicht unberechtigte Frage, ob nicht der theologische Sinn des vorliterarischen Christusliedes geeignet sei, die Auslegung Sittlers zu stützen (95). Positives Echo fand das Konzept bei Vertretern der Missiologie und Religionswissenschaft, die bemerkenswerte Konsequenzen zogen. H. Bürkle[40], der das Christuslied für einen Missionstext ersten Ranges hält, stimmt Sittler zu mit der Einschränkung, daß dieser auf einer statischen, den Menschen überspringenden Natur- und Seinstheologie verbleibe. Ohne den Menschen blieben die naturhaften Zusammenhänge irrelevant. Darum möchte Bürkle lieber von pleromatischer als von kosmischer Christologie spre-

---

[38] Diese Debatte hat T. AHRENS, Die ökumenische Diskussion der kosmischen Christologie seit 1961. Darstellung und Kritik (Lübeck 1969), zusammengetragen.
[39] Vgl. AHRENS (Anm. 38) 92–98.
[40] Die Frage nach dem „kosmischen Christus" als Beispiel einer ökumenisch orientierten Theologie, in: KuD 11 (1965) 103–115.

chen⁴¹. Den Kritikern Sittlers wird der Vorwurf gemacht, daß sie im Rahmen der traditionellen Alternativen Schöpfung – Erlösung, Weltzusammenhang – Heilserfahrung, personaler Glaube – ontische Seinslehre verharrten, mit Sittler also eine Neuorientierung angesichts einer veränderten Welterfahrung im missionarischen Auftragsfeld der Kirche verlangt. Der universale Anspruch der Christusoffenbarung stehe prinzipiell zur Entscheidung. So gelangt Bürkle zur Unterscheidung von vorbereitender und endgültiger Offenbarung, indem er davon ausgeht, daß Gott dem christlichen Zeugen in allen Lebensbereichen schon voraus ist. Im Licht des Christusliedes bedeutete dies, daß die Offenbarung Christi, des Erlösers, jene Offenbarung zur Vollendung führt, die in der Schöpfung grundgelegt ist. Daraus ergeben sich konkrete Folgerungen für den Umgang des Christentums mit den Weltreligionen. Diese partizipieren an der vorläufigen Offenbarung, die der endgültigen, christlichen voraufgeht, und bieten mit den in ihnen enthaltenen Wahrheiten dem Christentum unausgesprochene Voraussetzungen. Deren Aufhellung durch die christliche Botschaft wird in das Schema von Verheißung und Erfüllung gestellt, was aber nicht im Sinn eines Zusammenwachsens der Religionen in Richtung auf eine utopische Universalreligion verstanden werden dürfe⁴².

Diesen Schritt tut F. Heiler, der durch Sittlers Auslegung des Christusliedes allerdings nur seine These bestätigt sieht, daß die Geschichte der Religionen eine Geschichte der Offenbarung Gottes sei. Christi Wirken könne nicht auf die biblische Heilsgeschichte eingeschränkt werden. Entgegen dieser in der Theologie üblichen Einengung fordert Heiler die Einbeziehung der ganzen Schöpfung in das Christuswirken. Christus habe sich längst auch in den Religionen bezeugt, zwar nicht der in Jesus von Nazareth inkarnierte, sondern der prä-inkarnierte, universale Christus. Dies mache es notwendig, daß die Una Sancta Christianorum ausgeweitet wird zu einer Una Sancta Religionum⁴³.

Das Konzept einer kosmischen Christologie ist im katholischen Bereich in einem ganz anderen Zusammenhang entworfen worden von P. Teilhard de Chardin. Ihm geht es nicht um eine Verhältnisbestimmung des Christentums zu den anderen Religionen, sondern um eine Synthese von Naturwissenschaft und Theologie. Theologiegeschichtlich betrachtet, schließt der geniale Entwurf Teilhards durchaus an genannte Vorbilder an, wenngleich er freilich nicht mehr von einem statischen, sondern von einem evolutiven Weltbild ausgeht und aufzuzeigen versucht, wie die Kosmogenese über die Anthropogenese in der Christogenese ihre Vollendung findet. Die Einung der Welt wird so beschrieben: Sie kommt zustande, indem Gott „zu einem gewissen Teil in die Dinge eintaucht, indem er sich zum ‚Element' macht, und indem er dann, kraft des im Herzen der Materie gefundenen Stützpunktes, die Führung und den Plan dessen übernimmt, was wir heute Evolution nennen. Als Prinzip universeller

---

⁴¹ Der Ausdruck pleromatische Christologie stammt von O. A. DIHLSCHNEIDER, Christus Pantokrator. Vom Kolosserbrief zur Ökumene (Berlin 1962) 36.
⁴² Vgl. auch H. BÜRKLE, Dialog mit dem Osten. Radhakrishnans neuhinduistische Botschaft im Lichte christlicher Weltsendung (Stuttgart 1965), besonders 274–278.
⁴³ F. HEILER, Vorstoß in neue ökumenische Dimensionen, in: Eine heilige Kirche (NF Heft 1) (München – Basel 1963) 50–53. Vgl. AHRENS (Anm. 38) 102–104.

Lebenskraft hat Christus, indem er als Mensch unter Menschen erstanden ist, seine Stellung eingenommen, und er ist seit je dabei, den allgemeinen Aufstieg des Bewußtseins, in den er sich hineingestellt hat, unter sich zu beugen, zu reinigen, zu leiten und aufs höchste zu beseelen. Durch eine immerwährende Aktion von Kommunion und Sublimation sammelt er die gesamte Seelenkraft der Erde in sich. Und wenn er so alles versammelt und alles umgeformt hat, wird seine letzte Tat die Rückkehr zu dem göttlichen Herd sein, den er nie verlassen hat, und er wird sich mit dem von ihm Errungenen wieder auf sich selbst zurückziehen."[44] Christus ist die zu sich selbst gekommene Evolution.

Gehen die letztgenannten Entwürfe auch weit über die erfaßbaren Intentionen von Kol 1,15–20 hinaus und haben sie – so bedenkenswert sie in sich sind – zum Teil auch keinen Anhalt im Text, so gehören sie doch mit zu seiner Wirkungsgeschichte. Es ist interessant, zu sehen, daß der im skotistischen Sinn – nicht im Sinn des Textes – auf den Inkarnierten bezogene Ausdruck „Erstgeborener aller Schöpfung" auch andere bedeutende Theologen veranlaßte, eine kosmische Christologie zu entfalten. So sagt M. J. Scheeben: „‚Der Erstgeborene aller Kreatur' vereinigt in sich und um sich die ganze Kreatur zu einem mystischen Leibe und einem heiligen Tempel, welchen er und in ihm der Vater und der Heilige Geist in Besitz genommen, indem er alles, was im Himmel und auf der Erde ist, in sich selbst als dem Haupte zusammenfaßt ... Wie die Sonne in der Mitte der Planeten, steht Christus inmitten der Kreatur als das Herz der Schöpfung, von dem Licht, Leben und Bewegung auf alle Glieder derselben ausströmt und zu welchem alle hingravitieren, um in ihm und durch ihn in Gott zu ruhen."[45] Die Umdeutung des Welt-Leibes auf die Ekklesia in Vers 18 ist hier wieder rückgängig gemacht. – Auch K. Barth formuliert im Blick auf den Kolosserhymnus als Frage, ob man nicht von einer dritten Existenzweise Christi sprechen müsse neben seinem Sein bei Gott und seinem Sein bei der Gemeinde: „Existiert, wirkt, schafft, handelt er nicht jetzt schon auch als Pantokrator ... als der erstlich und letztlich allein Mächtige auch im Kosmos, auch in ihm verborgen, und von ihm nicht – noch nicht! – erkannt, wie ihn seine Gemeinde erkennt, aber auch in ihm in höchster Realität, nicht weniger real als zur Rechten Gottes des Vaters und nicht weniger real als in seiner Gemeinde?"[46] Seine Parusie wäre dann auch sein Hervortreten aus seiner Verborgenheit im Weltgeschehen. Barth denkt allerdings – dem Text gemäßer – nicht an den inkarnierten, sondern an den erhöhten Christus.

Es bleibt am Schluß dieses Durchganges durch die Wirkungsgeschichte des Christusliedes noch ein Wort zu sagen über die umstrittene Zuordnung von Schöpfung und Erlösung, exegetisch formuliert: über die Zuordnung von Strophe 1 und 2 des Hymnus. Es bleibt die Frage nach der Berechtigung der kosmischen Christologie und nach dem prägnanten Sinn des Textes. Muß man sich damit begnügen, mit W. Pannenberg[47] festzustellen, die Spannung der in der

---

[44] P. TEILHARD DE CHARDIN, Der Mensch im Kosmos (München ⁷1964) 290.
[45] M. J. SCHEEBEN, Die Mysterien des Christentums (Gesammelte Schriften II) (Freiburg 1941) 332 und 355.
[46] Kirchliche Dogmatik IV/3 (Zollikon – Zürich 1959) 865f.
[47] Grundzüge der Christologie (Gütersloh ³1969) 409.

Erhöhung Jesu vollzogenen eschatologischen Weltenwende zu den vorangegangenen kosmologischen Vorstellungen bleibe im Hymnus ungelöst. Die weltwendende Bedeutung der Erhöhung käme nicht recht zum Zuge, da die Universalität der kosmologischen Vorstellungen nicht mehr überboten werden könne? Hat W. Dantine[48] recht mit der Behauptung: „Das Neue Testament kennt keine selbständige ‚Kosmologie‘, vielmehr werden alle kosmologischen Spekulationen durch den Herrschaftsanspruch Christi ‚entmythologisiert‘, indem der Gekreuzigte und Auferstandene als Herr und Haupt aller Schöpfung mit Einschluß aller ‚Weltelemente‘ und ‚Mächte‘ proklamiert wird"?

Rekurrierend auf die oben gebotene Interpretation, ist daran zu erinnern, daß Christus als Repräsentant Gottes in Schöpfung und Erlösung das Anliegen des Liedes ausmacht, Christus solus, der das All umgreift und beherrscht. Dies gilt sowohl für die traditionelle als auch die redaktionelle Stufe des Hymnus. Der Schwerpunkt der theologischen Aussage ruht auf der Allversöhnung, auf Strophe 2, von der aus rückläufig die Schöpfung in den Blick tritt. Die eschatologische Offenbarung in Christus ist auch für den vorliterarischen Hymnus die entscheidende Wende, mag der zwischen Schöpfung und Versöhnung vorausgesetzte Bruch auch nur schwach reflektiert sein. Die Welt gewinnt ihre Einheit nicht durch sich selbst oder einen naturhaften, genetischen Geschehensablauf, sondern durch ein Eingreifen Gottes. Die Schöpfungsaussage kann vom Standpunkt des Liedes aus nicht soteriologisch interpretiert werden. Wer kosmische Christologie so versteht, müßte sich durch den Text belehren lassen. Im eschatologisch Erhöhten wird das All mit seinem Schöpfer konfrontiert, der darum auch die kosmischen Potenzen in seine Herrschaft einbeziehen kann. Der Autor ad Colossenses bringt die geschichtliche Dimension, die der Hymnus vernachlässigt hatte, zur Geltung. Die Christen sind in der Taufe (VV 12–14) in die Kirche eingegliedert worden (18), wo sie ihrem Herrn als dem Gekreuzigten (20) verpflichtet sind. Die Gemeinde, die im bekennenden Preisgesang die realisierte Allversöhnung gleichsam vorweggenommen hatte, wird an ihre Aufgabe verwiesen. Man hat zu Recht darauf gepocht, das Genus des Hymnus zu beachten[49]. In der liturgischen Feier, in der der Preisgesang gesungen wurde, sei Enthusiasmus erlaubt. Die Weltwirklichkeit sah und sieht anders aus. Erst in der Kirche, unter den Glaubenden, ist der von Christus geschenkte allumspannende Friede angekommen. Daraus ergibt sich aber nicht, daß etwas von der im Lied proklamierten Universalität der eschatologischen Christustat zurückgenommen wird. Auch der Autor ad Colossenses hat dies keinesfalls getan. Vielmehr weist er die Gemeinde an, unter dem in der Taufe übernommenen Christusgehorsam zu bleiben, und die durch Christus gewirkte Allversöhnung aufzudecken. In der Mission soll es geschehen. Darüber hinaus liegt es sicherlich auf der Linie des Textes, wenn moderne Autoren im Anschluß an diesen zur christlichen Weltverantwortung und sogar zur Sorge um die Erde aufrufen. Nur ist dabei im Auge zu behalten, daß Christus, der Schöpfungsmittler, als Allversöhner der Anfang ist (V 18).

---

[48] Schöpfung und Erlösung, in: KuD 11 (1965) 33–48, hier 40.
[49] AHRENS (Anm. 38) 278 und SCHWEIZER 205.

4. DIE GEMEINDE MIT GOTT VERSÖHNT
(1,21–23)

21 Und euch, die ihr einst Entfremdete und Feinde ward durch die Gesinnung in bösen Werken, 22 hat er jetzt versöhnt im Leib seines Fleisches durch den Tod, um euch heilig und makellos und unbescholten vor sich hinzustellen. 23 Ihr müßt nur im Glauben bleiben, gegründet und fest, und dürft euch nicht abbringen lassen von der Hoffnung des Evangeliums, das ihr gehört habt, das in der gesamten Schöpfung unter dem Himmel verkündet wurde, dessen Diener ich, Paulus, geworden bin.

I

Mit diesem Abschnitt schließt der Verfasser in gleicher Weise an das Christuslied wie an die diesem vorausgehenden Texte an. Der Wechsel vom Bekenntnisstil zur Anrede nimmt V 13 wieder auf, die Erinnerung an die den Adressaten zuteil gewordene Wandlung vom vergangenen zum gegenwärtigen Status entspricht dem dort erwähnten Übergang aus der Finsternis in den Lichtbereich. Die Wandlung wird in das der neutestamentlichen Paränese vertraute Schema von Einst und Jetzt gefaßt[1]. Das Evangelium, das in der ganzen Welt verkündet wird, ist eine bereits von V 6 her bekannte Vorstellung, die die universale Ausrichtung unseres Autors bekräftigt. Unmittelbar den Hymnus aufgreifend, spricht er von der den Kolossern gewährten Versöhnung, wobei die kosmische Versöhnung im Lied nunmehr auf die Gemeinde appliziert wird. Auch der in V 21 eingebrachte Christusleib nimmt auf V 18a Rücksicht. Sah der Autor sich dort veranlaßt, den Leib auf die Kirche hin auszulegen, so spricht er jetzt im Unterschied hierzu vom Fleischesleib (= Kreuzesleib) Christi. Es kommt ihm offenkundig jeweils auf eine Präzisierung des Somabegriffes an.

In struktureller Hinsicht ist das Verb in V 22 „er hat versöhnt" führend. Alles andere ist davon abhängig, zunächst der Konsekutivsatz in 22b, dann der Bedingungssatz in 23a. Ist das Ziel der Versöhnung die heilige Existenz vor ihm und ist ihre Bedingung das Verharren im Glauben, so wird am Schluß – als eine Art Anhang – eine nähere Bestimmung des Evangeliums geboten (23b). Näherhin beschreibt sie die Vermittlung der Versöhnung in zeitlich umgekehrter Reihenfolge. Die Vermittlung erfolgte durch das Hören des Evangeliums. Ihm voraus ging seine Verkündigung in der ganzen Schöpfung. Diesem vorauf wiederum ging die Bestellung des Paulus zum Diener des Evangeliums. Eine gewisse Gebundenheit gewinnt die Sprache durch das Nebeneinander von Dreierstrukturen[2]. Der Konsekutivsatz nennt drei zu bewährende Eigenschaften (heilig, untadelig, unbescholten), der folgende Satz erwähnt drei Bedingungen für das In-Geltung-Bleiben der Versöhnung. In drei relativischen Sätzen schließlich wird des Evangeliums gedacht.

---

[1] Vgl. TACHAU, „Einst" passim.
[2] Die Dreierstruktur hat bereits LOHMEYER 69 beobachtet. Freilich trifft seine rhythmische Analyse nicht zu.

II

V 21 In Anredeform wird den Kolossern die Vergangenheit in das Gedächtnis zurückgerufen. Das dabei verwendete Einst-Jetzt-Schema hat zur Voraussetzung, daß die Bewertung des Einst erst von dem durch Christus vermittelten Stand im Jetzt ermöglicht wurde. Gerade darin lag die Hoffnungslosigkeit der einstigen Lage, die durch anhaltende Entfremdung und Feindschaft gekennzeichnet war[3]. Die Charakterisierung ist allgemein. Es wird ein „dogmatisches Urteil" gefällt (Lohmeyer). Dieses läßt aber eindeutig erkennen, daß die Adressaten als ehemalige Heiden angesprochen werden[4]. Denn die Entfremdung muß sich, obwohl dies verbaliter nicht angegeben ist, auf Gott beziehen. Sie haben sich von Gott entfernt, wörtlich: weggefremdet (Ewald). Damit ist auf den heidnischen Götzendienst angespielt, wie dies mit ähnlichen Worten in Ez 14,5 geschieht: „weil sie sich um ihrer Götzen willen von mir entfremdet haben"[5]. Da die Entfremdung eine räumliche Komponente einschließt, bietet sich zum Vergleich die deutsche Wendung „im Elend" an. Was dies konkret bedeutet, vermag Röm 1,18–32 zu veranschaulichen[6]. Die gegen Gott gerichtete aktive Feindschaft (vgl. Röm 8,7) ist gegenüber der Entfremdung noch eine Steigerung. Sie hat ihre Wurzel in der Verstandeskraft (διάνοια). Dieser mehr hellenistisch empfundene Begriff kommt an das biblische „Herz" als das Zentralorgan menschlichen Denkens, Wollens und Fühlens nahe heran, ist aber mit ihm nicht identisch. Auf jeden Fall ist eine den heidnischen Menschen prägende Grundeinstellung beschrieben, die Gott feind ist[7]. Ausdruck der gestörten, feindseligen Haltung sind die bösen Werke. Wieder verbleibt die Charakterisierung im Pauschalen. Wichtig ist jedoch die Übereinstimmung von Gesinnung und Tat. „Was wir denken, sind wir auch, tun wir auch."[8]

V 22 Die Zeit der Entfremdung und Gottfeindschaft ist „jetzt" überwunden und zur Vergangenheit geworden. Durch die Versöhnung, die Christus gewirkt hat, ist es geschehen[9]. Die erste Interpretation, die der Verfasser gegenüber dem Hymnus anbringt, ist dies, daß er statt von Gott von Christus als dem Ver-

---

[3] Die conjugatio periphrastica drückt den anhaltenden Zustand aus. Vgl. BLASS-DEBR § 352.
[4] Gegen BIEDER 72, der meint, auch Juden könnten in dieses Urteil einbezogen sein.
[5] Eine Anspielung auf Is 57,19 liegt nicht vor. Gegen SCHWEIZER 75 Anm. 192. Das Verbum kommt im NT nur noch Eph 2,12; 4,18 vor, auch TestBenj 10,10.
[6] Der Hinweis findet sich bereits bei SODEN.
[7] HUGEDÉ 80 übersetzt διάνοια mit „par manière de voir, mentalité". Der Begriff ist von Haus aus ein neutraler und gewinnt erst durch den Kontext eine positive oder negative Wertung. Vgl. Epiktet, diss. III 22,20: „Jetzt ist mein Verstand für mich das Material, wie das Holz für den Tischler oder die Häute für den Schuster." Ferner 1 Clem 35,5; 36,2; 2 Clem 19,2; 1,6.
[8] BIEDER 75. DIBELIUS zitiert Plato, Resp. 352b, wonach der Ungerechte den Göttern feind, der Gerechte aber freund ist. Die Stelle vermag zu zeigen, daß es in verschiedenen Religionen und Kulturen übereinstimmende Urteile gibt. Näher an biblisches Denken kommt das Wort von Simone Weil heran: „le mal, c'est l'absence de Dieu" (zitiert bei HUGEDÉ 80).
[9] Subjekt des Versöhnens ist wegen σαρκὸς αὐτοῦ Christus, nicht Gott (mit EWALD, ERNST gegen SODEN, LOHSE). Statt ἀποκατήλλαξεν (er hat versöhnt) lesen einzelne Handschriften ἀποκαταλλάγητε (ihr seid versöhnt worden), bevorzugt von LIGHTFOOT, bzw. partizipial ἀποκαταλλαγέντες.

söhner redet. Mit einer zweiten Deutung schränkt er die Allversöhnung auf die Gemeinde ein. Damit ist die Aussage des Hymnus nicht aufgehoben, nur ist der Gemeinde bewußt gemacht, daß sie der Platz innerhalb der Welt ist, wo christliche Versöhnung wirksam wurde und von dem aus sie weiterwirken will. Die zeitliche Bestimmung des Jetzt kann auf den Tod Christi (vgl. Röm 3,21), aber auch auf den Zeitpunkt der Bekehrung der Gemeinde zurücklenken (vgl. Eph 5,8). Weil das Jetzt fortdauert und die die Gemeinde bestimmende Gegenwart bezeichnet, wird man beides zu berücksichtigen haben, zumal der Heilstod Christi im gleichen Zusammenhang erwähnt wird.

Die Versöhnung vollzog sich am Leib Christi, der näherhin als sein Fleischesleib definiert wird. Dieses in den unbestrittenen Paulusbriefen nicht vorkommende Wort hat zu den verschiedensten Deutungen Anlaß gegeben. Man sah es gegen den Doketismus gerichtet, der das wahre Menschsein Christi bestritt[10]. Man faßte es als Gegenbegriff zum Herrlichkeitsleib des Auferstandenen (Phil 3,21)[11]. Man erblickte in ihm schließlich eine Stellungnahme gegen die kolossische Irrlehre, nach der Engel am Erlösungswerk beteiligt gewesen seien, sofern diese keinen sarkischen Leib besitzen[12]. Jedoch dürfte der seltene Ausdruck gewählt worden sein, um den Kreuzesleib Christi von seinem Leib, der die Kirche ist, genau zu unterscheiden[13]. Das Wort ist auch anderwärts belegt. In Kol 2,11 wird in Verbindung mit der Taufe vom Ablegen des Fleischesleibes gesprochen. Sir 23,17 LXX erwähnt den Fleischesleib im Zusammenhang mit geschlechtlichen Verfehlungen, und 1 QpHab 9,2 nennt Züchtigungen, die am Fleischesleib vorgenommen worden sind[14]. Geschah unsere Versöhnung am Fleischesleib Christi, ist einfach sein natürlicher Leib gemeint und darüber hinaus zu verstehen gegeben, daß Christus sich durch seinen Tod[15] mit der sündigen Menschheit solidarisierte (Kol 2,11). Die Versöhnung ruht nicht in sich, sondern sie geschah, damit Christus die Versöhnten heilig, makellos und unbescholten vor sich hinstellte. V 22 kommt an 2 Kor 5,21 heran[16]. Im übertragenen Sprachgebrauch werden Bezeichnungen aus dem kultischen und rechtlichen Bereich aufgegriffen. Ohne Makel haben die Opfertiere zu sein (Nm 6,14; 19,2). Das Wort wird aber schon im Alten Testament auf die sittliche Haltung angewandt (ψ 14,2; 17,24; Sir 31,8; 40,19). Unbescholten,

---

[10] Vgl. die bei ABBOTT genannten Autoren.
[11] EWALD.
[12] SODEN, ABBOTT.
[13] Mit LIGHTFOOT, SCHWEIZER. Markion strich τῆς σαρκός und bezog den Leib auf die Kirche. Dagegen Tertullian, adv. Marc. V, 19,6: „In demselben Leib, in dem er sterben konnte, ist er durch das Fleisch gestorben, nicht durch die Kirche, sondern um der Kirche willen."
[14] Dabei ist unklar, auf wen sich die Aussage bezieht, ob auf den Lehrer der Gerechtigkeit oder den Frevelpriester. A. DUPONT-SOMMER hat in einer phantastischen Exegese aus der Stelle den Inkarnationsgedanken, bezogen auf den Lehrer, herausgelesen, die Interpretation aber später aufgegeben. Hierzu vgl. BRAUN, Qumran I, 227, zum Begriff Fleischesleib noch Hengr 102,5. Der Inkarnationsgedanke liegt auch Kol 1,22 nicht vor.
[15] ℵ A 1912 sy^p Eirenaios fügen hinter θανάτου sachlich richtig αὐτοῦ ein, doch ist diese Zufügung sekundär. ZEILINGER, Der Erstgeborene 141, ließ sich durch die unbestimmte Formulierung zu der Auffassung verführen, es werde vom sakramentalen Sterben des Christen in der Taufe gesprochen.
[16] CAIRD erinnert an Röm 3,25; 8,3.

wörtlich: unanklagbar (ohne ἔγκλημα, Anklage, Vorwurf) will der Mensch aus dem Gericht hervorgehen. Es wird aber nicht auf das Endgericht hingezielt, sondern auf das Leben, das κατενώπιον αὐτοῦ, vor seinem Angesicht gelebt werden soll. Was die Christen sind, verdanken sie nicht sich selbst, sondern ihrem Herrn. Sie haben keine Veranlassung, selbstgefällig zu werden. Sie sollen sich vielmehr als Versöhnte in einem unbescholtenen Leben bewähren und zum Dienst bereit sein. Wie die Leviten nach Dt 10,8; 18,5.7; 21,5 „vor dem Herrn" dienten, müssen sie im Angesicht ihres Herrn Dienende sein.

V 23 Abschließend wird die von ihnen geforderte Bedingung für den Stand in der Versöhnung genannt[17]. Die griechische Formulierung (εἴ γε) setzt den angenommenen Fall als wahrscheinlich voraus. Der Anfang des Satzes läßt sich aber auf zweierlei Weise übersetzen. Entweder „falls ihr durch den Glauben gegründet und fest bleibt" oder „falls ihr im Glauben bleibt, gegründet und fest". Das zweite ist das Wahrscheinlichere[18]. Es stehen dann zwei Aussagen oder Bilder nebeneinander. Nimmt man die erste Aussage bildlich, so verweist sie auf den Legionär, der auf dem übernommenen Posten verharrt[19]. Glaube ist hier als der inhaltlich geprägte Glaube, der verfälscht werden kann, kaum als der Glaubensvollzug verstanden. Die Gefahr der Irrlehre ist im Blick[20]. Das zweite Bild ist das in der apostolischen Paränese vielfach verwendete vom fest gefügten Bau (vgl. 1 Kor 3,10f.17; Eph 2,20; 1 Tim 3,15; 2 Tim 2,19; Mt 16,18 u.ö.). Die Gemeinde soll sich durch nichts beirren oder aus der Fassung bringen lassen[21]. Das Bild ist auch dem qumranischen Judentum geläufig: „Und ich war wie einer, der in eine befestigte Stadt kommt, bewehrt mit hochragender Mauer zur Rettung... Denn du legst die Gründung auf Fels..., um eine starke [Mauer] zu bauen, unerschütterlich" (1 QH 6,24–27)[22]. Neben den Glauben tritt die Hoffnung, die durch das Evangelium vermittelt wird. Auch von ihr gilt es sich nicht abbringen zu lassen. Wie in V 5 wird an das im Himmel bereitliegende Hoffnungsgut zu denken sein, zu dem ihnen durch die Annahme der frohen Botschaft der Weg eröffnet wurde. Schon überleitend zum folgenden Abschnitt, wird jetzt das Evangelium noch auf dreifache Weise näher bestimmt. 1. Die Kolosser haben es gehört. Es ist bis zu ihnen gedrungen. Sie haben es bereitwillig angenommen. 2. Es wird in der gesamten Schöpfung unter dem Himmel verkündigt. Die Verkündigung an die gesamte Schöpfung erinnert an Mk 16,15. Die Wendung „unter dem Himmel" – im Corpus Paulinum einzigartig – ist alttestamentlich. Sie setzt das biblische Weltbild voraus (Gn 1,9: „die Wasser unter dem Himmel" u.ö.). Die Stelle hat zu verschiedenen Mißverständnissen Anlaß gegeben. Die Verkündigung richte sich an alle Wesen,

---

[17] Zur nachgestellten Protasis vgl. BEYER, Syntax 76.
[18] Zu ἐπιμένειν mit Dativ vgl. Röm 6,1; 11,22f; Phil 1,24 und LOHSE 108 Anm. 8.
[19] Vgl. LOHMEYER.
[20] Zutreffend sagt SCOTT: „With these words Paul approaches the definite aim of the letter."
[21] Das Wort ἑδραῖος heißt eigentlich: sitzend, dann: einen ruhigen, festen Standpunkt einnehmend; fest, stabil. Vgl. PASSOW s.v.
[22] Weitere Belegstellen bei LOHSE 109 Anm. 2.

belebte wie unbelebte (Lightfoot)[23]. Die gesamte Schöpfung aber ist auf die Menschheit einzuschränken[24]. Kann die Weltmission schon als abgeschlossen gelten? Handelt es sich um eine „rhetorische Übertreibung" (Dibelius) oder einen „idealen Ausdruck" (Abbott)? Ist hier „das Erreichen des äußersten Winkels" (Schweizer) oder psychologisch zu verstehen gegeben, „daß Paulus an eine von ihm und seinen Berufsgenossen nicht gegründete Gemeinde an einem dem Weltverkehr ziemlich entrückten Ort schreibt" (Soden)? Soll Christi Inthronisation zum Richter und Herrn der Welt angekündigt sein (Lohmeyer), oder genügt es, auf die paulinische Vorstellung zu verweisen, daß das Evangelium eine von selbst weiterwirkende und unaufhaltsame Kraft ist (Thompson mit Hinweis auf Röm 15,19)? Sicher ist hier ein Standpunkt bezogen, von dem aus auf das paulinische Missionswerk zurückgeblickt wird[25].

Man wird aber noch ein Zweifaches bedenken müssen: Zum einen soll das Evangelium als ein weltumfassendes im Gegensatz zur sektiererischen Verkündigung der Häretiker gekennzeichnet werden. Zum anderen rücken in unserem Brief Evangelium und Kirche in ein besonderes Verhältnis. Die missionarische Verkündigung wird nach wie vor als unverzichtbar angesehen, jedoch tritt neben sie die Konsolidierung der Kirche als notwendige Voraussetzung der Mission. Die konsolidierte Gemeinde legt vor der Welt das glaubwürdige Zeugnis ab[26]. Die 3. Beschreibung des Evangeliums gilt seinem Bezug zum Apostel. Auch wenn Paulus „nur" Diener des Evangeliums heißt (vgl. Eph 3,7), soll der apostolische und damit verbindliche Charakter dieses Evangeliums herausgestellt werden. Einzelnen Handschriften war das Wort zu schwach. Sie ergänzen „Herold und Apostel und Diener" (A; vgl. ℵ* P: „Herold und Apostel") oder „Diener und Apostel" (81). Auf jeden Fall sollen sich die Kolosser klar darüber werden, daß sie im gültigen und wahren Evangelium stehen und keiner zusätzlichen Sonderbelehrung bedürfen.

III

Der Abschnitt 21–23 bringt die Auslegung des Christusliedes durch den Autor ad Colossenses, wie er es durch 12–14 vorbereitet und durch Einfügungen in das Lied umgeprägt hatte, zu einem vorläufigen Abschluß. Im weiteren Verlauf des Briefes werden nochmals Gedanken des Hymnus aufgegriffen werden. Die Auslegung macht die Anliegen des Hymnus als Anrede an die Gemeinde geltend[27]. Die Versöhnung der Welt ist von der Gemeinde geschichtlich erfahren worden, im gläubigen Anhören des Evangeliums. Sie wurde gestiftet durch das

---

[23] Dann ließe sich mit BIEDER 82 die Vogelpredigt des hl. Franziskus von Assisi zitieren. Die sekundäre LA von ℵ 1739, die den Artikel wiederholt: ἐν πάσῃ τῇ κτίσει, könnte im Sinn von „jeglichem Geschöpf" mißverstanden werden.
[24] Vgl. Sir 16,16: „Sein Erbarmen ist der gesamten Schöpfung (= Menschheit) offenbar." EWALD schlug folgende Konjektur vor: ἐν πάσῃ κλίσει (in der ganzen Gegend).
[25] BIEDER 81: „Paulus steht sozusagen schon am Ende der Zeiten und schaut auf die ganze Wegstrecke zurück, die das Evangelium in der ganzen Schöpfung unter dem Himmel gemacht hat."
[26] Vgl. F. HAHN, Das Verständnis der Mission im NT (WMANT 13) (Neukirchen 1963) 129–131.
[27] Vgl. SCHWEIZER 79f.

Kreuzesblut Christi (20), hat ihren Ort im „Leib seines Fleisches" (22). Beide Aussagen ergänzen sich. Die Versöhnung ist der Gemeinde als das große Geschenk Gottes zuteil geworden. Sie hat sich jetzt in einem dienenden Glauben zu bewähren, falls sie das Geschenk nicht verlieren will. Dabei kommt es darauf an, im überkommenen, apostolischen Evangelium festzustehen, sich von der Hoffnung des Evangeliums nicht abbringen zu lassen, denn diese wird von kleinlichen Geistern in Frage gestellt. Wie im Hymnus der Christusleib mit der Kirche identifiziert und auch damit die geschichtliche Realität der Christuswirklichkeit betont wurde, lenkt der Autor erneut den Blick auf die Kirche, die er als weltweite und apostolische begreift. Das Evangelium ist bereits weltweit bekanntgeworden. Um aber ein überzeugendes und wirksames Zeugnis vor der Welt ablegen zu können, muß sich die Kirche beständig auf das Fundament besinnen, auf dem sie gegründet und aufgebaut ist.

5. PAULUS DIENT DER KIRCHE AUS DEN VÖLKERN (1,24–29)

24 Jetzt freue ich mich in den Leiden, (die) euch zugute (kommen), und ergänze in meinem Fleisch, was den Drangsalen Christi noch mangelt, für seinen Leib, das ist die Kirche. 25 Ihr Diener bin ich geworden entsprechend dem Amt Gottes, das mir für euch verliehen wurde, um das Wort Gottes zu vollenden, 26 das Geheimnis, das seit Äonen und seit Geschlechtern verborgen war. Jetzt aber wurde es seinen Heiligen geoffenbart, 27 denen Gott kundtun wollte, was der herrliche Reichtum dieses Geheimnisses unter den Völkern ist, das ist: Christus unter euch, die Hoffnung auf Herrlichkeit. 28 Ihn verkünden wir, indem wir mit aller Weisheit einen jeden Menschen ermahnen und einen jeden Menschen belehren, um einen jeden Menschen als vollkommenen in Christus darzustellen. 29 Darum mühe ich mich und ringe, entsprechend seiner Kraft, die machtvoll in mir wirkt.

I

Strukturell erscheint der Abschnitt unübersichtlich. Die infinitivisch, partizipial und relativisch verbundenen Satzteile vermitteln den Eindruck, daß sie sich „ins Endlose" (Lohmeyer) fortsetzen könnten. Bei näherem Zusehen ergibt sich folgendes Bild: Der Abschnitt beginnt und schließt in der 1. Person Singularis; vom persönlichen Schicksal des Paulus ist die Rede. Dabei liegt in V 24 ein Doppelzeiler vor:

> Ich freue mich / in meinen Leiden / für euch,
> ich ergänze / das Fehlende der Drangsale / für seinen Leib.

Der Leib wird in einem Definitionssatz mit der Kirche gleichgesetzt (vgl. V 18). Ein nochmals weiterführender Relativsatz erklärt den Apostel zum Diener der Kirche, wie er in V 23 „Diener des Evangeliums" genannt wurde (25 ab).

Im Mittelteil (25c–27) wird Pauli Aufgabe als Dienst am Wort Gottes und am Geheimnis beschrieben. Die Größe dieses Geheimnisses wird mit Hilfe des Revelationsschemas (von Ewigkeit verborgen / jetzt geoffenbart) gekennzeichnet, bevor wir seinen Inhalt erfahren. Zwischengeschaltet ist ein Relativsatz, der die Offenbarung ausdrücklich auf Gott zurückführt: „Ihnen wollte es Gott offenbaren" (27a). Im dritten Teil (28f) wird in der 1. Person Plural die seelsorgerliche Tätigkeit eindrücklich dargelegt (28). Der auffallende Dreischritt stellt heraus, daß die Tätigkeit auf „jeden Menschen" (dreimal) gerichtet ist. Die abschließend erwähnte Mühe des Apostels (1. Person Singularis) wird durch eine κατά-Wendung bekräftigt (29)[1]. Der Märtyrer, Völkerapostel und Seelsorger Paulus wird uns im vorliegenden Abschnitt vor Augen gerückt.

II

V 24 Die Situation des Apostels ist durch Leiden geprägt, die mit einer paradoxen Aussage beschrieben werden: „Ich freue mich in den Leiden."[2] Man wird diese Leiden nicht auf die in 4,3 und 18 vorausgesetzte Gefangenschaft beschränken dürfen. Die Freude ist darum auch nicht darin begründet, daß Paulus trotz seiner Gefangenschaft nicht zur Inaktivität verurteilt ist, sondern etwas für das Evangelium tun kann[3]. Vielmehr gehört es zur apostolischen Verkündigung einfach hinzu, daß dem Verkünder Leiden und Beschwernisse auferlegt werden. Der die Freude auslösende Leidenssinn ist mit der Sache gegeben. Auffällig ist der Gebrauch der griechischen Wörter. Es stehen neben den Leiden des Apostels (ἐν τοῖς παθήμασιν) die Drangsale Christi (τῶν θλίψεων τοῦ Χριστοῦ) und beide in einem besonderen Verhältnis zueinander. Von den paulinischen Hauptbriefen herkommend, erwartete man den umgekehrten Wortgebrauch. Dort nämlich werden die Entbehrungen und Beschwernisse des Apostels regelmäßig mit Drangsal (θλῖψις) umschrieben[4], während die Leiden Christi, die zur Leidenssituation des Apostels in Beziehung gesetzt werden, παθήματα τοῦ Χριστοῦ heißen (2 Kor 1,5; Phil 3,10). Bedeutet dies etwas für das Verständnis unseres Verses, da mit den Leiden Christi in den Hauptbriefen immer auf das Kreuz abgehoben ist[5]? Wir werden darauf zurückkommen. Zunächst hören wir, daß die Leiden des Apostels „für euch" geschähen. Dieses „für euch", das sich außer in Eph 3,1 und 13 nur hier findet[6], wäre nicht voll erfaßt, wenn man die Leiden nur als solche begreift, die sich Paulus durch seine pastorale Fürsorge für die Gemeinden zuzog[7]. Es sind Leiden, die der

---
[1] LOHMEYER 75f gliedert den Abschnitt in rhetorische Sinnzeilen, 5 Dreizeiler und einen abschließenden Zweizeiler. Die Gliederung vermag nicht zu überzeugen.
[2] Einzelne Handschriften fügen hinzu: in *meinen* Leiden (ℵ³ 81 syʰ).
[3] Wer so interpretiert, überträgt die Situation von Phil 1,12–14 auf unseren Brief. Vgl. HUGEDÉ.
[4] Vgl. Röm 5,3; 8,35; 2 Kor 1,4.8; 2,4; 4,17; 6,4; 7,4 u.ö.
[5] KREMER, Leiden 173, erblickt im Wort πάθημα etwas Kämpferisches. Paulus habe seine Leiden nicht völlig passiv erduldet, sondern als Umstände eines auszutragenden Kampfes.
[6] Es ist zu beachten, daß in Eph 3,13 von θλίψεσίν μου ὑπὲρ ὑμῶν die Rede ist. ERNST 184 verweist noch auf Apg 9,16; 2 Tim 1,8.16f; 2,9. Dort aber wird nicht von Leiden für die Gemeinde gesprochen.
[7] So SODEN.

Gemeinde zugute kommen, die Heil für sie entbinden. Von den drei in Frage kommenden Bedeutungen von ὑπέρ 1. um... willen, 2. an Stelle von, 3. zum Besten von jemandem [8], kommt wegen der Parallelität zum folgenden „für seinen Leib, das ist die Kirche" vor allem die letzte in Betracht [9]. Die Analogie zur Interpretation des Sterbens Jesu „für euch" kann nicht übersehen werden.

Der Präzisierung dient die zweite Hälfte des V 24, in der fast jeder Begriff exegetisch umstritten ist. Um die Problematik ein wenig zu erhellen, empfiehlt es sich, unterschiedliche Interpretationsvorschläge vorzustellen. Dabei ist vom Begriff „Drangsale Christi" auszugehen. Sind damit Drangsale des Apostels gemeint, die aufgrund einer besonderen Qualität zu Christus in Beziehung stehen? Oder handelt es sich um Drangsale, die Christus erleidet bzw. erlitt und zu denen die Leiden des Apostels ein besonderes Verhältnis gewinnen? 1. Man begriff die Drangsale Christi als Leiden, die der Apostel, aber auch jeder Christ in der Nachfolge Christi zu ertragen habe, die um Christi willen zu übernehmen sind (Ewald). Gerade von der Parallele in 2 Kor 1,4–7 her könne man unter den Christusbedrängnissen nur die in der Gemeinde um Christi willen oder „in Christus" erlittenen Leiden verstehen (Schweizer) [10]. 2. Nur eine Nuance verschieden von der eben genannten Deutung ist jene, nach der die Leiden des Apostels Drangsale Christi heißen könnten, weil sie den Leiden Christi ähnlich gewesen seien. Vom geschichtlichen Leiden Jesu als einer konkreten Größe sei überhaupt nicht die Rede. Vielmehr spreche der Apostel von einer für Christi Wirken in der Welt typischen Erscheinung, an welcher alle, die in Christus sind, in ihrer Art teilhaben (Soden). G. Kittel führt zum Aufweis der Christusähnlichkeit dieser Leiden Herrenworte an, die den Jüngern voraussagen, daß sie wie ihr Meister gehaßt und verfolgt werden (Joh 15,18ff; Mt 10,22.24; 5,11) [11]. 3. Bis auf Augustinus reicht jene Interpretation zurück, die Apostelleiden und Christusdrangsal ekklesiologisch zusammenbindet, insofern Christus als das Haupt seines Leibes, der Kirche, in jedem einzelnen Glied mitleiden würde [12]. Christus habe zwar einmal gelitten, das Kreuz sei eine einmalige geschichtliche Tatsache, aber er leide zugleich in den Gliedern seines Leibes weiter, insbesondere in seinem Apostel, der ihn vertritt. So bleibe Christus als der Gekreuzigte in den Gemeinden gegenwärtig (Bieder) [13]. „Die messianische Gemeinde, eingegliedert in Christus, ist eins mit ihm, ihre Leiden sind die sei-

---

[8] Vgl. BAUER, Wörterbuch 1658f.
[9] Siehe unten S. 97.
[10] Ausschlaggebend für diese Deutung ist vielfach die oben erwähnte Beobachtung, daß θλῖψις bei Paulus stets die Drangsale des Apostels bzw. Christen, nie die Leiden Christi bezeichne. Es bleibt aber zu beachten, daß die Wendung von den Drangsalen Christi völlig singulär ist. Zur Deutung vgl. die Übersicht bei KREMER, Leiden 120–123.
[11] Kol 1,24, in: ZSTh 18 (1941) 186–191, hier 189. Ähnlich W. MICHAELIS, in: ThWb V 933.
[12] Augustinus, Ansprache über Ps 86 (PL 37, 1104f): „Erfüllt waren also alle Leiden; aber nur die des Hauptes; es fehlten noch die Leiden in seinem Leib. Ihr aber seid Christi Leib und Glieder. Weil Paulus zu diesen Gliedern gehört, deshalb sagt er, ,damit ich ergänze...'. Wir gehen also dorthin, wohin Christus uns vorausging. Vorausging Christus in seinem Haupt, er folgt im Leib. Noch duldet also Christus hier." Vgl. KREMER, Leiden 42–51.
[13] 87. Vgl. U. WILCKENS, in: ThWb VIII, 598.

nen, seine die ihren" (Moule)¹⁴. Darum sei es möglich, die Leiden des Apostels und der Christen Christusdrangsale zu heißen. 4. In der Akzentsetzung von Lösung 3 verschieden ist die „mystische" Interpretation, die gelegentlich in Verbindung mit jener vorgetragen wird. Für O. Schmitz ist klar, daß Paulus von seinen eigenen Leiden spricht. Der Genitiv τοῦ Χριστοῦ fasse die Leiden des historischen Jesus, des Paulus und der anderen Christen ununterschieden im Sinn eines geschlossenen Begriffsganzen zusammen, sofern sie für Christi Leib, die Kirche, geschähen. Dabei sei die pneumatische Gemeinschaft der Christen mit dem Gekreuzigten die Voraussetzung für diese Verbindung im Leiden¹⁵. Ausdrücklich von einer Passionsmystik spricht J. Schneider. Das reale Leiden des Christen stelle diesen in die Passion Christi hinein, lasse ihn diese als gegenwärtig miterleben. Präziser ist die Aussage: „Die Leiden der Gemeinde sind deshalb Christusleiden, weil das σῶμα der Gemeinde identisch ist mit dem σῶμα Christi."¹⁶ Auch für Dibelius ist die Grundvoraussetzung der paulinischen Christusfrömmigkeit das Bewußtsein, mit Christus verbunden zu sein. Zu Recht aber warnt er vor einem Mißverständnis des schillernden Begriffs Mystik. Wenn man von Leidensmystik redet, müsse man der eschatologischen Einschränkung des Begriffs bei Paulus gedenken, aber auch der besonderen Art dieser Mystik: „an die Stelle von Weihe und Schau tritt bei Pls das apostolische Wanderleben mit seinen Kämpfen und Leiden"¹⁷. 5. Eine letzte Deutung faßt die θλίψεις τοῦ Χριστοῦ als die Drangsale des irdischen Jesus¹⁸. „Das scheint die einzig natürliche Erklärung der Worte zu sein" (Lightfoot)¹⁹. Dabei rückt das Apostelleiden als selbständigere Größe neben die Christusbedrängnisse. Weil alle Interpreten davon ausgehen, daß Christus allein die vollgültige Erlösung mit Gott (redemptio objectiva) bewirkte, wird hier die präzise Bestimmung des Verhältnisses von Apostelleiden und Christusdrangsalen um so dringender.

Diese Bestimmung fällt zusammen mit der Frage: Was bedeutet ἀνταναπληρῶ τὰ ὑστερήματα? Die vorliegenden Deutungen lassen sich im wesentlichen in zwei Gruppen zusammenfassen. *Einmal* spricht man von einem festgesetzten Leidensmaß, das *zu erfüllen* dem Apostel und der Gemeinde aufgegeben sei. Indem der Apostel ein besonders großes Maß an Leiden über-

---

[14] 76f. Vgl. die Übersicht bei KREMER, Leiden 123–126.
[15] Vgl. O. SCHMITZ, Die Christusgemeinschaft des Paulus im Lichte seines Genitivgebrauchs (NTF I/2) (Gütersloh 1924) 190–196; DERS., Das Lebensgefühl des Paulus (Berlin 1922) 43.
[16] Vgl. J. SCHNEIDER, Die Passionsmystik des Paulus (UNT 15) (Leipzig 1929) 31f.48.58. Vgl. die Übersicht bei KREMER, Leiden 131–137.
[17] 22f (Exkurs Christusleiden), hier 23. Auch LOHMEYER 77f kritisiert den Begriff Mystik im Zusammenhang von Kol 1,24. In einem mystischen Nachleiden sei das gesamte Leiden Christi gegenwärtig und könne von einem Mangel nicht gesprochen werden. E. KAMLAH, Wie beurteilt Paulus sein Leiden?, in: ZNW 54 (1963) 217–232, erklärt den Zusammenhang von Apostelleiden und Christusdrangsal über die Adam-Christus-Parallele. Christi Leiden (und Auferstehung) sei das Urbild. Paulus und alle Christen seien von diesem Ereignis bestimmt (227).
[18] Schon Chrysostomos. Belege bei KREMER, Leiden 18f.
[19] Ähnlich LOHMEYER, MASSON; PERCY, Probleme 128–130; O. CULLMANN, Le caractère eschatologique du devoir missionnaire et de la conscience apostolique de Saint Paul, in: RHPhR (1936) 210–245, besonders 244f; KREMER, Leiden 192–195.

nimmt, trägt er zur Erfüllung den entscheidenden Teil bei. Im Zusammenhang mit den oben genannten Lösungen 3 und 4 (die ekklesiologische und die „mystische" Interpretation) kommt diesem Vorschlag Gewicht zu. Er kann aber auch mit Lösung 5 verbunden werden[20]. Die Erfüllung des Leidensmaßes wurde immer wieder mit der apokalyptischen Vorstellung von den messianischen Wehen zusammengeschaut. Danach kann das endgültige messianische Heil erst in Erscheinung treten, wenn die Leiden der Gerechten das Vollmaß erreicht haben[21]. *Zum anderen* deutet man ἀνταναπληρῶ τὰ ὑστερήματα als *Ergänzung* dessen, was den Drangsalen des irdischen Christus noch mangelte. Paulus und andere Verkünder leisteten diese Ergänzung, indem sie durch die mit Leiden verbundene Verkündigung die Erlösung bekanntmachen[22]. Lightfoot hat von ädifikatorischen (im Gegensatz zu satisfaktorischen) Leiden des Apostels gesprochen. Dieser Vorschlag hat die oben erwähnte Lösung 5 zur Voraussetzung[23].

Will man sich für eine Interpretation entscheiden, so ist davon auszugehen, daß (προσ)ἀναπληροῦν τὸ ὑστέρημά (τινος) eine geprägte Wendung ist, die soviel bedeutet wie „einen bzw. jemands Mangel ausfüllen oder ergänzen" (also nicht „ein vorbestimmtes Maß ausfüllen")[24].

Ob dem Doppelkompositum ἀνταναπληρῶ noch eine darüber hinausweisende Nuance zukommt – dann: ausfüllen bzw. ergänzen anstelle oder zugunsten von –, ist schwer zu sagen. Weil das ἀντί im ὑπὲρ τοῦ σώματος αὐτοῦ aufgegriffen sein könnte und ein Dreiecksverhältnis zwischen Paulus, Christus und Kirche (= Christusleib) besteht, könnte in ihm ein „zugunsten von, für" (die Kirche) mitschwingen. Die Nuance aber ist unerheblich[25].

Ergänzt Paulus etwas, was den Drangsalen Christi noch fehlt, so ist es das Nächstliegende, bei diesen an die Drangsale des irdischen Jesus in einem um-

---

[20] Vgl. CULLMANN (Anm. 19), der Kol 1,24 mit 2 Thess 2,6f kombiniert. Das die Endereignisse noch aufhaltende Hindernis und den Hindernden erblickt Cullmann in der weltweit auszurichtenden Evangeliumsverkündigung und dem Heidenapostel.
[21] So LOHMEYER, LOHSE, THOMPSON, RENDTORFF, CAIRD, MOULE; KAMLAH (Anm. 17) 229 Anm. 55. Gegen die Vorstellung vom apokalyptischen Leidensmaß SCHWEIZER, CONZELMANN.
[22] Vgl. LIGHTFOOT, LOHMEYER; PERCY, Probleme 132; KREMER, Leiden 191–194.
[23] Nach CONZELMANN, der einen eigenen Weg geht, bringe Paulus das Werk Christi zur Vollendung, „indem er Christus als Ganzen, d. h. als den Gekreuzigten und Auferstandenen verkündet". G. LE GRELLE, La plénitude de la parole dans la pauvreté de la chair d'après Col. 1,24, in: NRTh 81 (1959) 232–250, versteht τὰ ὑστερήματα im Sinn von Bedürftigkeit, Armut. Paulus spreche von einer Verbindung mit Christi Armut und Ängsten (θλίψεις). Der Ausdruck sei ein Antonym zum „Reichtum der Herrlichkeit" in V 27. – M. BOUTTIER, Remarques sur la conscience apostolique de St. Paul, in: Oikonomia (Festschrift O. Cullmann) (Hamburg-Bergstedt 1967) 100–108, besonders 102f, betont, daß man „l'ensemble du passage" berücksichtigen müsse und das Werk Christi erst in der vollendeten Heidenmission zur Erfüllung komme. – Ob die ὑστερήματα ein Schlagwort der kolossischen Irrlehrer sind, wie Ernst 186 vermutet, muß dahingestellt bleiben.
[24] Vgl. 1 Kor 16,17; 2 Kor 9,12; 11,9; Phil 2,30 und U. WILCKENS, in: ThWb VIII 591. KREMER, Leiden 158–160, stellt anhand von Beispielen aus der Profangräzität für ἀνταναπληρῶ den Sinn „ersetzen, aufwiegen" fest. In seinen Beispielen kommt das Verb, das dem von Kol 1,24 genau entspricht, nicht in Verbindung mit τὸ ὑστέρημα vor.
[25] MOULE 78 hält das ἀντι- für eine redundante Wiederholung.

fassenden Sinn zu denken. Jesus litt den universalen Sühnetod am Kreuz, hat aber zuvor schon manche Drangsal erdulden müssen. Die Vorstellung einer Ergänzung der Drangsale Christi setzt die redemptio objectiva voraus, ist aber letztlich nur unter Berücksichtigung zweier Gesichtspunkte verständlich. Einmal vertritt der Apostel seinen Herrn in einzigartiger Weise, das andere Mal wird dieser Gedanke, der bereits die älteren Paulusbriefe bestimmt, in den deuteropaulinischen Gefangenschaftsbriefen hinsichtlich der Tätigkeit des Paulus als Heiden- und Völkerapostel noch gesteigert. Damit ist bereits angedeutet, wie die Ergänzung aufzufassen ist. Die Stellvertretung Christi durch seinen Apostel erweist sich dadurch, daß dieser die Form Christi vor der Gemeinde darstellt (1 Kor 11,1; vgl. Phil 3,17), an Christi Statt Gesandter ist (2 Kor 5,20), daß Christus durch den Apostel redet (2 Kor 13,3), daß vor allem das Todesleiden Jesu am Leib des Apostels anschaulich wird (2 Kor 4,10–12; Gal 6,17) und Christus so durch den Apostel groß gemacht wird (Phil 1,20)[26]. Nach Eph 3,8–13 ist Paulus jener, der in seiner Tätigkeit als Völkerapostel das vor ewigen Zeiten verborgene göttliche Geheimnis kundgetan, den unausschöpflichen Reichtum Christi den Heidenvölkern verkündet hat und dabei für diese Drangsale erdulden mußte, die sie als seinen Ruhm betrachten sollen. Die Gestalt des Paulus hat unbestrittenes Ansehen und nahezu heilsrelevante Bedeutung gewonnen[27]. Kol 1,24–27 bewegt sich in den gleichen Koordinaten. Paulus erfüllt das Wort Gottes und realisiert damit das vor ewigen Zeiten verborgene Geheimnis, daß Christus unter ihnen, den Heiden, bekannt ist. Die universale Versöhnungstat Christi (1,20) bedurfte der universalen Proklamation, die Paulus aufgetragen war. Es entspricht ihrer Gesetzmäßigkeit, daß sie mit Leiden verknüpft war. So ergänzt der Apostel die Drangsale Christi im heilsrelevanten Sinn für den Christusleib, die universale Kirche (1,18a)[28]. Er tut dies in seinem Fleisch. Der Begriff Fleisch bezeichnet hier die Person unter dem Aspekt der Welthaftigkeit und Leidensfähigkeit. Ein Rückbezug auf Christi Fleischesleib (V 22) vermag den Gedanken der stellvertretenden Ergänzung zu bestätigen. An die Stelle des nicht mehr leidensfähigen erhöhten Christus ist der leidende Apostel getreten.

V 25 Paulus ist Diener der Kirche, wie er Diener des Evangeliums ist (V 23). Beides wird mit betontem ἐγώ gesagt[29] und gehört auf das engste zusammen. Durch das von ihm verkündete Evangelium trat die weltweite Kirche in Erscheinung. Nur sie, nicht eine Einzelgemeinde, kann gemeint sein. Der Begriff „Diener der Kirche" ist einmalig im Neuen Testament. Er ist darum bemerkenswert, weil er das in der Kirche ausgeübte Amt als ein Dienen festlegt. Diener ist Paulus gemäß dem ihm geschenkten Amt Gottes. Sonst spricht er

---

[26] Zur Problematik vgl. E. GÜTTGEMANNS, Der leidende Apostel und sein Herr (FRLANT 90) (Göttingen 1966) 94–328.
[27] Vgl. GNILKA, Epheserbrief 160–180.
[28] Es ist irrig, wenn U. WILCKENS, in: ThWb III, 598 Anm. 34, meint, der missionarische Gedanke werde von manchen Interpreten in V 24 eingetragen. Er ist überdeutlich im Kontext ausgesprochen. – ὑπέρ ist mit PERCY, Probleme 133, im Sinn von „zugunsten" zu fassen. Daß Paulus „im Dienste des Leibes des Christus" litt (EWALD), wäre zuwenig.
[29] EWALD unterstreicht den Wechsel vom ἐγώ zum ἡμεῖς in V 28.

von der ihm verliehenen Gnade (Röm 12,3; 15,15; 1 Kor 3,10). Die οἰκονομία bezeichnet die Tätigkeit des οἰκονόμος, des Hausverwalters, oder dessen Amt. Im Epheserbrief wird das Wort mit der Anordnung und Durchführung des göttlichen Heilsplanes verbunden, die der Apostel übertragen bekam (Eph 3,2.9; 1,10). Zahlreiche Interpreten möchten auch unseren Vers so deuten[30], da von der οἰκονομία Gottes die Rede sei. Im Hintergrund aber steht der οἰκονόμος θεοῦ vgl. 1 Kor 4,1; Tit 1,7), der von Gott mit dem Amt Beschenkte[31]. Umstritten ist gleichfalls der Bezug von εἰς ὑμᾶς. Je nachdem, ob man es nach vorn oder rückwärts anschließt, ergibt sich: „gemäß dem mir *für euch* geschenkten Amt Gottes" oder „um *unter euch* das Wort Gottes zu erfüllen"[32]. Paulus hat in Kolossä nicht missioniert. Dennoch sind er und sein Evangelium auch für sie maßgeblich. Dies und die Analogien von Eph 3,2; Röm 15,6 empfehlen die erste Annahme[33]. In seinem Amt mit dem Evangelium betraut, das wie in 1 Kor 14,36; 2 Kor 2,17; 4,2; Phil 1,14; 1 Thess 2,13 Wort Gottes genannt wird[34], hat er dieses zur Erfüllung, zur Vollendung zu bringen. Dies darf nicht intensiv verstanden werden, daß Paulus den Kolossern den vollen Sinn und die volle Wirkung des Evangeliums eröffnet und so noch vorhandene Lücken schließt, in die die Häresie eindringen konnte[35]. Es ist vielmehr wie bei der gleichen Verwendung des Verbs in Röm 15,19 an die Ausweitung der Verkündigung bis an die äußerste Grenze zu denken[36]. Die wenigen und zahlenmäßig noch kleinen christlichen Gemeinden, die über das Imperium Romanum, wenigstens seine östliche Hälfte, zerstreut lagen, waren der Sauerteig für die Durchdringung der Welt mit dem Evangelium. Die zwischen πληρῶσαι und ἀνταναπληρῶ zu vermutende Paranomasie vermag den oben ausgeführten sachlichen Zusammenhang zu veranschaulichen.

V 26 Der Übergang zu V 26 erscheint etwas unvermittelt. Appositionell wird das Wort Gottes zum Geheimnis erklärt. Seine Enthüllung gehört mit zur Aufgabe des Apostels, das Wort Gottes zur Erfüllung zu bringen. Der unvermittelte Übergang und der Wechsel vom Partizip ἀποκεκρυμμένον zum Aorist Passiv ἐφανερώθη (Anakoluth) deuten an, daß geprägte Terminologie vorliegt. Sie betrifft das Revelationsschema[37], das im Corpus Paulinum wiederholt vor-

---

[30] LOHMEYER, BIEDER, HUGEDÉ, MOULE, CAIRD, MASSON.
[31] τὴν δοθεῖσάν μοι verlangt für οἰκονομία die Bedeutung Amt. Mit DIBELIUS, SODEN, EWALD, SCOTT; BAUER, Wörterbuch s.v. J. REUMANN, OIKONOMIA-Terms in Paul in Comparison with Lucan Heilsgeschichte, in: NTS 13 (1966/67) 147–167, hier 163, verbindet die Bedeutungen „Amt" und „Plan": „Paul says, I am a minister, according to the plan of God..." Ähnlich SCHWEIZER. Vgl. noch J. REUMANN, „Stewards of God" – Pre-Christian Religious Application of OIKONOMOS in Greek, in: JBL 77 (1958) 339–349.
[32] Das letztere bevorzugt DIBELIUS.
[33] In Eph 3,2 ist der Zusammenhang οἰκονομίαν … εἰς ὑμᾶς eindeutig. Röm 15,16: λειτουργὸν … εἰς τὰ ἔθνη.
[34] Für LOHMEYER ist der Begriff Wort Gottes der „Inbegriff aller göttlichen Offenbarung".
[35] Gegen MASSON.
[36] Verweis auf Röm 15,19 schon bei LIGHTFOOT, SODEN.
[37] Der Begriff stammt von N. A. DAHL, Formgeschichtliche Beobachtungen zur Christusverkündigung in der Gemeindepredigt, in: Ntl. Studien für R. Bultmann (BZNW 21) (Berlin ²1957) 3–9, hier 4f.

kommt. Es spricht im antithetischen Parallelismus membrorum von einem Geheimnis, einer Sache (Gnade, ewiges Leben) oder einer Person (Christus), die von Ewigkeit her bei Gott verborgen war, jetzt aber geoffenbart worden ist (Eph 3,4f; 1 Kor 2,6–8; Röm 16,25; 2 Tim 1,9f; Tit 1,2f; 1 Petr 1,20)[38]. Es ist soteriologisch, nicht christologisch geprägt und will den Adressaten die Größe des ihnen durch die Verkündigung zuteil gewordenen Heils bewußt machen. Darum tauchen in seiner Nähe Begriffe wie Wort Gottes, Evangelium (Eph 3,6; Röm 16,25; 2 Tim 1,10), Kerygma (Röm 16,25; Tit 1,3) auf[39]. Sein Entstehungsort (Sitz im Leben) ist die Predigt, in der es als feierliche, liturgische Einleitung gedient haben mag.

Ein Sonderproblem macht die Kennzeichnung des Wortes Gottes als Geheimnis aus[40]. Geheimnisse – meist im Plural – kannte man in der Apokalyptik, in der Qumranliteratur[41] – hier sprach man auch im Singular vom Geheimnis – und in den hellenistischen Mysterien[42]. Beide Wurzeln, die jüdische und die hellenistische, wurden für V 26 herangezogen[43]. In den hellenistischen Mysterien wurde als ein „bis auf diesen Tag verborgenes Geheimnis" den Einzuweihenden der Mythos vom Anthropos, vom Ursprung des Menschen geoffenbart (Poimandres 16)[44]. Die hier vermittelten Geheimnisse sind mythisch und zeitlos. In der Apokalyptik hingegen kennt man neben kosmologischen Geheimnissen vor allem solche, die sich auf das Handeln Gottes in der Geschichte und besonders auf das Ende der Geschichte beziehen: „Aber es gibt im Himmel einen Gott, der Geheimnisse offenbart. Er ließ den König Nebukadnezzar wissen, was am Ende der Tage geschehen wird" (Dn 2,28)[45]. Ähnliches gilt für die Qumrangemeinde. Zwar weiß man darum, daß Gott immer schon, „von Zeit zu Zeit", sich offenbarte (1 QS 8,1.15; 9,13), die entscheidende Offenbarung aber, die die Endzeit, die Zeit des Frevels betrifft und die Weisung, wie man sich in ihr verhalten soll, ist den Sektenmitgliedern, „den Zadokiten, den Priestern, den Wahrern seines Bundes und Erforschern seines Willens, sowie der Menge der Männer ihres Bundes" zuteil geworden und wird

---

[38] Für D. LÜHRMANN, Das Offenbarungsverständnis bei Paulus und in paulinischen Schriften (WMANT 16) (Neukirchen 1965) 124f, ist der Begriff Geheimnis für das Revelationsschema konstitutiv, so daß er 2 Tim 1,9f; Tit 1,2f; 1 Petr 1,20 ausklammert.

[39] In 1 Kor 2,6 spricht Paulus von Weisheitsrede.

[40] Vgl. G. BORNKAMM, in: ThWb IV, 809–834.

[41] Vgl. J. GNILKA, Die Verstockung Israels (StANT 3) (München 1961) 177–179, wo die qumranischen Geheimnisse eingehend vorgestellt wurden. Auch GNILKA, Epheserbrief 78; E. VOGT, ‚Mysteria' in textibus Qumran, in: Bib 37 (1956) 247–257; B. RIGAUX, Révélation des Mystères et Perfection à Qumrân et dans le NT, in: NTS 4 (1957/58) 237–262.

[42] Vgl. LÜHRMANN (Anm. 38) 126–129.

[43] Die Mehrheit der neueren Kommentatoren verweist auf den jüdisch-apokalyptischen Hintergrund. Mit einem Einfluß der hellenistischen Mysterien rechnen LÜHRMANN (Anm. 38) 126–129; HUGEDÉ, LIGHTFOOT. HUGEDÉ argumentiert vom Standpunkt der heidenchristlichen Kolosser aus, die die Rede vom Mysterion gemäß ihrem Verständnishorizont mit den Mysterien verbinden mußten. Für das Verständnis des Textes ist aber der Standpunkt des Briefautors der maßgeblichere.

[44] Traktat Asklepios 19 vermittelt divina mysteria mythologisch-kosmologischen Inhalts.

[45] Vgl. 4 Esr 14,5; TestJud 16,4; TestLev 2,10; Henaeth 103,2; ApkBarsyr 81,4.

von diesen als Geheimnis gehütet[46]. Die Vergleiche mögen ausreichen, um zu verdeutlichen, daß Kol 1,26 mit der Ausrichtung auf die in der Geschichte erfolgte Offenbarung Gottes an das apokalyptisch-qumranische Verständnis anschließt[47]. Es tun sich aber bemerkenswerte Unterschiede auf. Inhalt des Geheimnisses ist das verwirklichte oder in der Verwirklichung begriffene Heil, das an den Messias Jesus gebunden ist. Es soll nicht als Geheimnis gehütet, sondern öffentlich bekanntgemacht werden, wenngleich gegenwärtig nur die Gemeinde um es weiß.

Damit sind strittige Interpretationsfragen entschieden. Die Äonen und Generationen sind im zeitlichen Sinn, nicht als personale Größen oder kosmische Mächte aufzufassen. Es darf demnach nicht übersetzt werden: Das Geheimnis war verborgen vor den Äonen usw., sondern seit Äonen (= ewigen Zeiten)[48]. Für den zeitlichen Sinn spricht eindeutig das kontrastierende „jetzt aber", das das eschatologische Heute, die mit der Äonenwende einbrechende Endzeit bezeichnet. Wer die Äonen personal interpretiert, deutet von 1 Kor 2,6–8 her[49], wo aber dieses Jetzt bezeichnenderweise fehlt. „Seine Heiligen" als die Empfänger der Offenbarung sind die Christen. Eine Einschränkung – auf die Evangeliumsverkünder[50], die Apostel[51], die Vollkommenen[52], die Engel[53] – liegt nicht vor. In dieser Uneingeschränktheit unterscheidet sich V 26 von Eph 3,5. Als Gottes Heilige sind die Christen Objekt seines erwählenden Handelns.

V 27 Die Freiheit des erwählenden Handelns wird durch vorangestelltes „ihnen *wollte* Gott es kundtun" unterstrichen. Der gedankliche Fortschritt besteht darin, daß die Offenbarungsempfänger jetzt ausdrücklich als ehemalige Heiden gekennzeichnet werden. War bislang Israel das von Gott ausersehene Volk, so hat sich die Situation geändert. Das Revelationsschema „vor ewigen Zeiten – jetzt" überspringt sogar die dazwischenliegende Zeit, die eine Zeit Israels gewesen ist. Die überladene Sprache rühmt den Reichtum der Herrlichkeit dieses

---

[46] Qumran ist dem ntl. Konzept besonders nahe, weil die Geheimnisse auch das schon jetzt in der Gemeinde verwirklichte Heilsgeschehen betreffen können. Vgl. H.-W. KUHN, Enderwartung und gegenwärtiges Heil (StUNT 4) (Göttingen 1966) 166–188.
[47] Eine andere Frage ist, ob die hellenistischen Mysterien die Apokalyptik und Qumran auf irgendwelchen Wegen beeinflußten. Die Frage dürfte zu bejahen sein. Vgl. HENGEL, Judentum 369–394.
[48] Zeitlich deuten LOHMEYER, LOHSE, LIGHTFOOT, MASSON, ABBOTT, SCHWEIZER; personal DIBELIUS, SCOTT, CAIRD. Verschiedene Interpreten schlagen einen Mittelweg ein. So bezieht HUGEDÉ die Äonen auf personale Mächte, die Generationen auf die Menschen; SODEN versteht die Äonen zeitlich, die Generationen als jene Wesen, die die Zeiten erfüllen. Nach ERNST überschneiden sich in den Äonen eine räumliche und eine zeitliche Bedeutung.
[49] Kennzeichnend DIBELIUS: „Wenn man diese Interpretation nach I Cor 2 nicht annehmen will, ist man genötigt, Col von I Cor weit abzurücken."
[50] E. KÄSEMANN, Leib und Leib Christi (BHTh 9) (Tübingen 1933) 146 Anm. 5; R. ASTING, Die Heiligkeit im Urchristentum (FRLANT NF 29) (Göttingen 1930) 176f.
[51] EWALD. Die entsprechende LA in FG ist offenkundig von Eph 3,5 beeinflußt.
[52] HUGEDÉ.
[53] LOHMEYER.

Geheimnisses[54]. Paulus kann vom Reichtum der Weisheit und Erkenntnis Gottes (Röm 11,33) oder vom Reichtum seiner Güte sprechen (Röm 2,4)[55]. Besonders nahe an unsere Stelle kommt Röm 9,23 heran: Gott „tat kund den Reichtum seiner Herrlichkeit über den Gefäßen des Erbarmens" (= den von ihm erwählten Menschen). Der spezifisch biblische Begriff Doxa, der im Vers gleich zweimal begegnet, kommt das erste Mal noch nicht voll zur Geltung, sondern ist mehr ein Epitheton: der herrliche Reichtum[56].

Nunmehr wird der Inhalt des Geheimnisses bekanntgegeben: Χριστός ἐν ὑμῖν, ἡ ἐλπὶς τῆς δόξης[57]. Soll man „Christus in euch" oder „unter euch" übersetzen? Wer das erste tut, lehnt sich an analoge paulinische Stellen an: „Wenn aber Christus in euch ist, ist zwar der Leib tot um der Sünde willen usw." (Röm 8,10; vgl. 2 Kor 13,5; Gal 4,19). Von der Einwohnung Christi im einzelnen Gläubigen aber wird hier nicht gesprochen[58]. Der Kontext empfiehlt nachdrücklich das zweite; „unter euch" setzt das vorausgehende „unter den Heidenvölkern" fort. Das eschatologische Geschehen besteht also darin, daß Christus jetzt unter allen Völkern – nicht zuletzt durch die mit Leiden verbundene Predigt des Apostels – bekanntgemacht wird. Da die gläubige Annahme des Evangeliums ausdrücklich nicht genannt ist, kommt die Heilsinitiative Gottes besonders stark zum Ausdruck. Die Heilsbedeutung des Christus – Christus ist nahezu zum Eigennamen abgeblaßt[59] – wird eigens erläutert. Der unter ihnen bekanntgewordene und im Glauben angenommene Christus macht ihre Hoffnung aus. Während sie hoffen, sind sie noch nicht am Ziel. Da sie auf dem Weg sind, haben sie mit Christus Hoffnung und Ziel gewonnen. Letzteres ist mit Doxa umschrieben. Diese bezeichnet schon im Alten Testament den Lichtglanz, das Wesen, das Leben Gottes, hier: die Endvollendung, genauer die Teilhabe an der Auferweckung Christi von den Toten. Er gelangte durch seine θλίψεις zu diesem Ziel. Es ist auch das ihre.

V 28 Die Argumentation kehrt zur Tätigkeit des Apostels unmittelbar zurück. Wenn im Wir-Stil geredet wird, schließt dies den Apostel mit Timotheus, Epaphras und allen seinen Mitarbeitern zusammen, die das rechte apostolische und universale Evangelium – im Gegensatz zu den Irrlehrern – verkünden. Als

---

[54] Der Text ist uneinheitlich überliefert. In P[46] fehlt τῆς δόξης, vermutlich ein Versehen; D* G it Ambrosiaster sprechen interpretierend vom „Geheimnis Gottes". ℵ* setzt statt τούτου weiterführendes τοῦ.
[55] Das Wort τὸ πλοῦτος ist besonders häufig im Epheserbrief: 1;7.18; 2,7; 3,8.16.
[56] τὸ πλοῦτος τῆς δόξης hat in der LXX keine Entsprechung (gegen LOHMEYER, LOHSE). Dort können πλοῦτος und δόξα mit καί verbunden angetroffen werden, beziehen sich aber immer auf irdischen Reichtum und irdische Ehre: Gn 31,16; 3 Kg 3,13; 1 Chr 29,28; Est 10,2; Spr 8,18; 22,4; PsSal 1,4. Eher kann man auf 1 QH 5,20f „Herrlichkeit ohne Maß"; 12,15 „Pracht deiner Herrlichkeit" verweisen (vgl. 9,17).
[57] Der textliche Anschluß geschieht in einigen Hss mit ὅς (ℵ C D E), in anderen mit ὅ (P[46] B A G latt), zu beziehen auf μυστηρίου, weniger wahrscheinlich auf πλοῦτος. ὅς, von Χριστός attrahiert, ist als lectio difficilior zu bevorzugen. Mit DIBELIUS, LOHSE. Anders ABBOTT.
[58] Gegen CONZELMANN, DIBELIUS, SCOTT.
[59] SCHWEIZER 88 bemerkt, daß Christus für den griechisch Sprechenden an sich nichts aussage.

Gegenstand der Verkündigung ist wie in Phil 1,17f Christus angegeben, genauer „Christus unter euch". Das Verbum καταγγέλλω, das im Brief nur hier begegnet, zielt ab auf die öffentliche Kundgabe, die offizielle Proklamation und stammt aus dem griechisch-römischen Milieu[60]. So wurde nach einem Text des 1. Jahrhunderts n. Chr. „allen Menschen die ersehnte Herrschaft des Kaisers Gaius Germanicus Augustus verkündet" (κατήγγελται)[61]. Die einmal geschehene Proklamation und Annahme der Heilsbotschaft aber reicht nicht aus. Sie muß in der Gemeindearbeit gefestigt und vertieft werden. Es besteht Gefahr, daß die ehemaligen Heiden in alte Gewohnheiten zurückfallen. Diese pastorale Arbeit wird mit Ermahnen und Lehren umschrieben. Das erste Wort (νουτεθεῖν), das wörtlich soviel wie „den Sinn zurechtrücken" bedeutet, bezieht sich auf die Weisung zu einem praktischen Leben. Es setzt wiederholt das Abweichen vom eingeschlagenen Weg voraus (vgl. 1 Thess 5,14; Tit 3,10)[62]. Nach Röm 15,14 sollen alle Gemeindemitglieder imstande sein, einander zu ermahnen. Bleibt dies hier dem Apostel und seinen Mitarbeitern vorbehalten, ist die veränderte Situation, die die Konsolidierung der bestehenden Gemeinden vordringlich macht, angezeigt. In die gleiche Richtung weist die Betonung des Lehrens. Zwar ist dies auch schon bei Paulus wichtig (vgl. Röm 6,17; 1 Kor 4,17; 14,6.26; Gal 1,12), wird aber in den späteren Pastoralbriefen, die sich an höchst bedrohte Gemeinden wenden, führend[63]. Der Kolosserbrief liegt auf der Mitte dieser Strecke. Es dürfte richtig beobachtet worden sein, daß das Ermahnen die stets zu vollziehende Umkehr, das Lehren hingegen den zu bestärkenden Glauben im Auge hat[64]. Nicht wird man das eine den Profeten, das andere den Lehrern zuweisen können[65]. Unser Brief läßt jedenfalls diese Zweiteilung nicht zu. Es wirkt auch nicht „das christianisierte Ziel pharisäischen Schriftgelehrtentums" (Lohmeyer) ein, vielmehr muß sich christlicher Glaube in fortschreitendem Erkennen und sittlichem Handeln erheben und bewähren. Die dreifach insistierende Ausrichtung auf „jeden Menschen" unterstreicht das universale Heil, wahrscheinlich wieder in Abhebung von häretischen Konventikeln[66]. Mahnung und Lehre geschehen in Weisheit. Damit ist im Sinn der alttestamentlichen Sophia die praktisch-ethische Zielsetzung erneut zu verstehen gegeben.

Das eigentliche Ziel ist die Vollkommenheit jedes einzelnen, wie der Final-

---

[60] In der griechischen Bibel (LXX) kommt es, von einzelnen Textvarianten abgesehen, praktisch nicht vor, im NT nur bei Paulus und in Apg.
[61] Bei MOULTON-MILLIGAN 324.
[62] Das Verb gleichfalls nur im Corpus Paulinum und in Apg. Es meint ein eindringliches Mahnen, kann darum auch züchtigen bedeuten. MOULTON-MILLIGAN 430 geben es in einem Papyrus des 6./7. Jahrhunderts mit „to put pressure" wieder. Vgl. BAUER, Wörterbuch s.v.
[63] Vgl. 1 Tim 2,12; 4,11; 6,2; 2 Tim 2,2; 4,2; Tit 1,9.11.
[64] LIGHTFOOT. Dies entspricht griechischem Sprachempfinden, wie die bei LIGHTFOOT angegebenen Belege zeigen.
[65] Gegen HUGEDÉ 96; DUPONT, Gnosis 201–220.
[66] EWALD sieht die Betonung jedes Menschen gegen den Vorwurf gerichtet, daß die apostolische Verkündigung den Kolossern bestimmte Wahrheiten vorenthalten hätte, die jetzt die Irrlehrer zu vermitteln sich bemühen würden. Einzelne Handschriften streichen das zweite πάντα ἄνθρωπον. Dies ist eine erleichternde Korrektur.

satz bestätigt. Vor wen soll jeder als Vollkommener hingestellt werden? Vor den Richterstuhl Gottes? Wie versteht sich das Vollkommensein? Ist es nicht eine übertriebene Aussage? παραστήσωμεν, in der 1. Person Pluralis die Verantwortung der Seelsorger für ihre Gemeinden betonend, versteht sich hier wie in 1,22 nicht-eschatologisch[67]. Die Christen sollen als Vollkommene in der Welt leben und Zeugnis geben. Das Vollkommensein als Zielangabe ist nicht wie in 1 Kor 2,6 ironisch gemeint. Es schließt an bestimmte Traditionen an, aber an welche? In der Profangräzität ist der „vollkommene Mann" zunächst der erwachsene, reife, fertige Mensch im Gegensatz zum unmündigen Kind[68]. In der biblisch-jüdischen Tradition bezeichnet die Vollkommenheit ein sittliches Ideal, das sich am Willen Gottes bzw. am Gesetz orientiert: „Vollkommen sollst du sein vor deinem Gott" (LXX Dt 18,13). „Noe wurde als vollkommener Gerechter erfunden, zur Zeit des Zornes war er ein Ausweg" (LXX Sir 44,17)[69]. In der elitären Essener-Gemeinde von Qumran wird das Vollkommenheitsbewußtsein gesteigert. Die Devise lautet: „in der Einung zu leben in Gottes Gemeinde und vor ihm vollkommen zu wandeln" (1 QS 1,8)[70]. Innerhalb der synoptischen Tradition arbeitet Matthäus den Gedanken der Vollkommenheit auf, indem er ihn auf radikale Nachfolge und Nächstenliebe hin auslegt (vgl. Mt 5,48; 19,21)[71]. Im hellenistischen Bereich und hier in der Sprache der Mysterien ist der Vollkommene jener, der das Wissen einer höheren und ihn befreienden Gnosis erworben hat: „Sie haben Anteil an der Erkenntnis gewonnen und sind vollkommene Menschen geworden, indem sie den Nous empfangen" (CHerm 4,4)[72]. Für unsere Stelle ist der biblische Hintergrund zu beachten. Es könnte aber sein, daß einzelne Gemeindemitglieder dem hellenistischen und damit einem falschen Vollkommenheitsdenken verfallen waren. Sie sollen bedenken, daß christliche Vollkommenheit, Vollkommensein in Christus sich im Alltagsleben auszeichnet, jetzt nicht mehr aufbauend auf einem legalistischen Thoragehorsam, sondern auf dem befreienden Wort des Evangeliums[73].

V 29 Wie in den VV 24f spricht der Apostel wieder von sich, von seiner Mühe, von seinem Kampf. Er wählt zwei Verben, die die Schwere seines Einsatzes veranschaulichen. A. von Harnack[74] hat gezeigt, daß κοπιάω – ein von

---

[67] Mit LOHSE gegen LOHMEYER, der behauptet, das Verb sei immer eschatologisch.
[68] Vgl. GNILKA, Epheserbrief 215 (zu Eph 4,13).
[69] Laut Konkordanz kommt das Adjektiv in der LXX 20mal vor.
[70] Das Wort „vollkommen" begegnet allein in 1 QS 18mal!
[71] Vgl. J. GNILKA, Die Kirche des Matthäus und die Gemeinde von Qumran, in: BZ 7 (1963) 43–63, hier 57–62.
[72] Belege bei DIBELIUS. Umstritten ist, ob Philo von der Begrifflichkeit der Mysterien abhängig ist. Vgl. som. II 234: „Mose schildert den Vollkommenen weder als Gott noch als Menschen, sondern, wie gesagt, als ein Zwischenwesen zwischen ungewordener und vergänglicher Natur." Die Frage braucht hier nicht verfolgt zu werden. Vgl. som. II 230; virt. 9; op. mund. 135.
[73] SCHWEIZER versteht Vollkommenheit als Ganzheit und Ungeteiltheit in der Ausrichtung des Lebens auf Christus hin.
[74] Κόπος (κοπιᾶν, οἱ κοπιῶντες) im frühchristlichen Sprachgebrauch, in: ZNW 27 (1928) 1–10.

Paulus bevorzugtes Wort –, die Schwerarbeit, im Profanbereich die schwere Landarbeit (vgl. das Bild von der Arbeit im Weinberg des Herrn), die Arbeit des Sklaven bezeichnet und daß man später, als das Amt in der Gemeinde als Würdestellung angesehen wurde, das Wort mied[75]. Paulus kann es für seine neben der Aposteltätigkeit ausgeübte handwerkliche Arbeit verwenden (1 Kor 4,12; vgl. Eph 4,28). In Verbindung mit ἀγωνιζόμενος ist es nicht auf das Martyrium einzugrenzen, sondern auf das gesamte missionarische und apostolische Wirken auszudehnen[76]. Das zweite Wort, vom Wettkampf in der Arena, vom Ephebenspiel, aber auch im allgemeinen Sinn von „sich bemühen, abmühen" gebraucht, dürfte das Agon-Motiv zur Geltung bringen (vgl. 1 Kor 9,25)[77]. Die Mühe des Apostels ist auf die Vollendung der Gemeinde gerichtet. Sie ist sein Ausweis und sein Siegel. Der Lohnarbeiter wie der Kämpfer in der Arena sind Rechenschaft schuldig, können ihr Ziel verfehlen[78]. Eine glaubensstarke Gemeinde rechtfertigt und belohnt den Einsatz des Seelsorgers, eine glaubensschwache Gemeinde würde ihn diskreditieren. Paulus wirkt aber nicht in eigener, sondern in „seiner", das heißt in Christi Kraft. Diese wird geradezu feierlich gepriesen[79]. Die Verbindung des opferbereiten Dienstes des Apostels mit der machtvollen Unterstützung, die er von seiten Christi erfährt, wirft auch ein Licht auf Vers 24 und die Ergänzung der Drangsale Christi durch die Leiden des Apostels.

III

Blickt man zurück, so erscheint der Abschnitt VV 24–29 von zwei Spannungsfeldern geprägt. Das eine betrifft die Größe des Apostels, die sich in Plagen und Leiden erweist. Er ist berufen, das seit Äonen verborgene Geheimnis ans Licht zu bringen, den Völkern die Christusbotschaft zu bringen und ihnen damit unzerstörbare Hoffnung, die „Hoffnung auf Herrlichkeit" einzupflanzen. Die Weltmission wird als sein Werk anerkannt. Mit ihr aber war er auf den Weg der Leidensnachfolge geschickt. Zwar stehen seine παθήματα ergänzend neben den Drangsalen Christi, dennoch beruht seine Existenz auf der Gnade, der ἐνέργεια seines Herrn, und ist allein dies für ihn Anlaß, darauf zu vertrauen, daß sein Ringen und Kämpfen nicht vergeblich war. Dabei ist sein Wirken offen. Wie er Christi Werk fortsetzte, muß sein Tun eine Fortsetzung erfahren. Die gegründeten Gemeinden müssen konsolidiert werden, indem jeder ein-

---

[75] Etymologisch meint κοπιάω die Arbeit, die schlaff macht, die die Kräfte aufzehrt.
[76] Gegen LOHMEYER. Beide Verben sind gleichfalls in 1 Tim 4,10; 2 Clem 7,1 verbunden.
[77] Vgl. PREISIGKE-KIESSLING s. v. In 2 Makk 8,16; 13,14; 15,27 ist das Verb auf den kriegerischen Kampf, in 4 Makk 17,14 auf das Martyrium bezogen. Nach E. STAUFFER, in: ThWb I 137f, umfaßt der urchristliche Sprachgebrauch von ἀγών, ἀγωνίζομαι fünf Denkmotive: 1. das Ziel, das nur mit äußerster Kraft erreicht werden kann; 2. den geforderten äußersten Verzicht; 3. den Gedanken an den Antagonisten; 4. den Leidenskampf bis hin zum Martyrium und 5. den Einsatz für das Heil der Vielen. Vgl. auch V. C. PFITZNER, Paul and the Agon Motif (NT. S 16) (Leiden 1967) 109–129.
[78] Bereits die Profeten kennen die vergebliche Mühe, das κοπιᾶν εἰς κενόν: LXX Is 65,23; 49,4; Jer 28,58. Vgl. Gal 4,11.
[79] Verwandte Formulierungen begegnen in den Qumran-Texten: „die Kraft seiner Macht" (1 QH 4,32; vgl. 1 QM 11,5; 1 QS 11,19f).

zelne, πᾶς ἄνθρωπος, ermahnt und belehrt wird. Die Nachfolger Christi und des Apostels müssen sich darüber im klaren sein, daß auch sie auf den Weg der apostolischen παθήματα, des Kämpfens und Sich-Abrackerns gestellt sind. Aber auch sie dürfen auf die Hilfe des Herrn vertrauen. Damit ist bereits das zweite Spannungsfeld angezeigt. Es besteht zwischen der universalen Kirche und der Ortsgemeinde. Paulus, der als Diakonos der weltweiten Kirche vorgestellt wird, wendet sich an die kolossischen Christen im entlegenen Lykostal. Die universale Vision hat nur dann Gültigkeit, wenn sie im Kleinen realisiert und in den christlichen Alltag überführt wird. Umgekehrt bedarf aber der eng begrenzte Alltag in der entlegenen und unbedeutenden Gemeinde des Ausblicks auf die großen Zusammenhänge, nicht um ein falsches Pathos zu erschließen, sondern weil Christus das All versöhnt hat und Herr einer neuen Welt ist.

II. Abschnitt:
Kampf gegen die Häresie (2, 1–19)

Unschwer läßt sich erkennen, daß dieser Abschnitt – in der Mitte des Briefes – die direkte Auseinandersetzung mit der Häresie bietet. Wiederum gilt die Sorge zunächst dem Grundsätzlichen, daß die Gemeinde zur Fülle der Erkenntnis, die das Geheimnis Christi betrifft, gelangt (2, 1–3). Die Warnung vor den Irrlehrern ist verknüpft mit der eindringlichen Bitte, den Glauben so zu bewahren, wie er der Gemeinde übergeben worden ist (2, 4–7). Sie leitet eine vertiefende Rückbesinnung auf die empfangene Taufe ein, in der das Christusbekenntnis erneut aufgegriffen und soteriologisch ausgelegt wird (2, 8–15). Und sie verbindet sich mit einer Verurteilung der Praktiken der Irrlehrer, deren Anmaßung die Kolosser nicht beeindrucken soll (2, 16–19). Im Spiegel der Häresie legt der Autor theologische Einsichten frei, die den Kern der christlichen Botschaft berühren.

1. DIE FÜLLE DER ERKENNTNIS KANN NUR CHRISTUS GEWÄHREN (2, 1–3)

1 Denn ich will euch wissen lassen, welch großen Kampf ich für euch habe und die in Laodikeia und alle, die mich persönlich im Fleisch noch nicht gesehen haben, 2 damit ihre Herzen bestärkt werden, zusammengehalten in Liebe, und (ausgerichtet) auf den ganzen Reichtum der Fülle der Einsicht, auf die Erkenntnis des Geheimnisses Gottes: Christus, 3 in dem alle Schätze der Weisheit und Erkenntnis verborgen sind.

I

Folgende Überlegungen empfehlen es, die VV 1–3 als einen eigenen und einleitenden Abschnitt auszugrenzen. Der mit der Formel „Denn ich will euch wissen lassen" beginnende V 1 leitet über zu einer konkreten Ansprache, die neben den Kolossern die Laodikeier und andere mit einbezieht. Der Vers ist im Briefstil gehalten. Mit V 4 hingegen wird zum erstenmal die ausdrückliche Warnung vor den Irrlehrern ausgesprochen. Die Warnung wird mit anderen Worten wiederholt werden (2, 8.16). Es legt sich die Vermutung nahe, daß der Abschnitt VV 1–3 als eine Art Themenstellung oder Überschrift für die gesamte unmittelbarere Auseinandersetzung mit den Häretikern gedacht ist. Der Inhalt kann dies nur bestätigen. Formal folgt auf die Anrede in V 1 ein Finalsatz, verstärkt durch zwei finale εἰς-Wendungen (V 2), der mit einem christologischen Relativsatz abgeschlossen wird (V 3). Begriffe des Erkennens – σύνεσις, ἐπίγνωσις, γνῶσις, σοφία – überwiegen. Die Auseinandersetzung mit den Irrlehrern hat also primär die rechte Erkenntnis zum Gegenstand. Die Erkenntnis ist mit der Liebe verbunden (ἐν ἀγάπῃ) und eine verborgene. Wenn in V 2 (wie in 1, 27) vom Mysterion die Rede ist, fällt auf, daß diesmal nicht die geschehene Vermittlung des Geheimnisses, sondern das Bemühen um sein Erfassen im Blickpunkt steht. Das zeigt den paränetischen Tenor des nunmehr einsetzenden Briefteiles an, wie es den mit V 1 gegebenen Neueinsatz bestätigt. Die Abwesenheit des Apostels von den angeredeten Gemeinden (V 5) bzw. die Tatsache, daß er diesen persönlich unbekannt ist (V 1), bindet den Abschnitt VV 1–3 nochmals an das Folgende[1].

II

V 1 Formelhaft weist der Apostel auf die Größe seines Kampfes hin. Das in Briefen übliche „Denn ich will euch wissen lassen"[2] (bei Paulus nur noch 1 Kor 11,3) vertritt das in den protopaulinischen Briefen häufigere „ich will euch nicht in Unkenntnis lassen", das sich stets mit der Anrede „Brüder" verbindet (Röm 1,13; 11,25; 1 Kor 10,1; 2 Kor 1,8; 1 Thess 4,13). Wie dieses macht jenes auf die Wichtigkeit der folgenden Aussage aufmerksam. Man hat Röm 1,13 als besondere Parallele zu unserem Vers angesehen, weil auch dort vorausgesetzt ist, daß Paulus die angeredete Gemeinde nicht kennt[3]. Jedoch fehlt im Kolosserbrief begreiflicherweise die bekundete Absicht, die Gemeinde möglichst bald zu besuchen. Dennoch hat der Apostel, dem die Mission der Heidenvölker anvertraut war, für die ihm unbekannten Christen des Lykostales gekämpft. Das Agonmotiv greift über die Situation des Gefangenseins hinaus und umfaßt die gesamte Palette der väterlichen Sorge des Apostels für die ihm Anvertrauten: „Anfechtungen draußen wie Ängste drinnen" (Lightfoot). Paulus versorgte seine Gemeinden nicht wie ein Beamter, sondern er lebte, litt und stritt ausschließlich für sie[4]. Neben die Gemeinde von Kolossä treten die Christen von Laodikeia und alle anderen des Lykostales, die Paulus nicht kennengelernt hatten. Wenn einzelne Handschriften sekundär „und in Hierapolis" hinzufügen[5], ist dies sachlich richtig. Man kann davon ausgehen, daß zwischen diesen Gemeinden enge Kontakte bestanden (vgl. 4,13–16) und daß die gesamte Christenheit am Lykos von der Irrlehre bedroht war. Die merkwürdige Wendung „mein Angesicht im Fleisch" (so wörtlich) wird begreiflich, wenn man annimmt, daß πρόσωπόν μου hier die persönliche Gegenwart des Apostels bezeichnet[6]. Sie ist allen Genannten nie zuteil geworden.

---

[1] LOHSE 111 betrachtet den Abschnitt 1, 24 – 2, 5 als Einheit und übersieht dabei den Neueinsatz von 2, 1. SCHWEIZERS Einteilung in die Abschnitte 2, 1–5.6–23 ist im Prinzip nicht falsch, jedoch sind präzisere Unterteilungen möglich. LOHMEYER 90f läßt mit 2, 1 den Hauptteil des Briefes beginnen und betrachtet 2, 1–7 als dessen ersten Abschnitt.
[2] Belege bei LOHMEYER 91 Anm. 4.
[3] LOHSE.
[4] ὑπέρ wird in D 𝔐 durch geläufigeres περί ersetzt.
[5] 104 sy^h.   [6] Vgl. E. LOHSE, in: ThWb VI, 777 (mit Belegen).

Kol 2, 1–2

Laodikeia[7], zuvor Diospolis (Zeusstadt) und Rhoas genannt, verdankt seinen Namen der Neugründung durch König Antiochos III. Theos (261–246 v. Chr.), der die Stadt zu Ehren seiner Gattin Laodike umbenannte[8]. Laodikeia lag am Lykos-Fluß, im Grenzgebiet von Phrygien und Karien, an der wichtigen Handelsstraße, die von Ephesos nach dem Osten führte. In politischer und wirtschaftlicher Hinsicht übertraf es die Nachbarstädte Hierapolis und Kolossä. Es galt als Hauptort einer Dioikesis, dem Teilgebiet einer Provinz (Conventus Cibyraticus) und Zentrum der lukrativen Schafzucht und Wollindustrie des Lykostales. Entsprechende Handwerksgilden und reiche Einwohner sind bezeugt. Das von Tacitus, ann. XIV, 27, erwähnte Erdbeben, das im 7. Jahr des Nero (60/61 n. Chr.) stattfand und Laodikeia schwer heimsuchte, läßt seine Bedeutung nur für kurze Zeit in den Hintergrund treten[9]. Am Beginn des 2. Jahrhunderts beteiligt es sich wieder am allgemeinen wirtschaftlichen Aufschwung. Wir haben Belege für die Existenz einer jüdischen Gemeinde in der Stadt. In einem Schreiben der städtischen Behörden an den Prokonsul, das wahrscheinlich in das 1. Jahrhundert v. Chr. zu datieren ist, wird versichert, daß die Juden in der freien Religionsausübung nicht gehindert würden[10]. Die christliche Gemeinde von Laodikeia wird innerhalb des Neuen Testaments noch in Apk 3, 14–22 erwähnt, hier allerdings wegen ihrer Lauheit hart getadelt.

V 2 Durch den Agon, den kämpferischen und opfervollen Einsatz des Apostels, sollen alle die in V 1 Genannten gestärkt werden[11]. Paulus wird zum Vorbild. Das Wort παρακαλέω, das Zentralbegriff der paulinischen Weisung ist, bestätigt an dieser Stelle das paränetische Anliegen des gesamten Abschnitts. Es unterstützt die Auffassung, daß mit 2, 1 etwas Neues beginnt. Die Nuancen des Verbs reichen von herbeirufen (wörtliche Bedeutung) über bitten, anflehen, ersuchen, auffordern, zusprechen, ermahnen bis trösten, ermuntern und bestärken und umfassen somit die gesamte Skala der seelsorgerlichen Kontaktnahme[12]. Die bedrohte Situation der Gemeinden empfiehlt es, hier besonders an das Bestärken und Mutmachen zu denken. Das Herz, das gestärkt werden soll, ist nach biblischem Verständnis Sitz des Wollens, Strebens und Begehrens.

---

[7] Vgl. LIGHTFOOT 5–9; JONES, Cities 74; SCHÜRER III, 17 und 100; BILLERBECK III, 627; Pauly-Wissowa XII, 722–724 (Ruge).
[8] Da der Name Laodike für syrische Königinnen vielfach belegt ist – wie der Name Antiochus für syrische Könige –, nimmt es nicht wunder, wenn Laodikeia zum beliebten Stadtnamen wurde. JONES, Cities (Register), verzeichnet sechs Städte dieses Namens, der Pauly-Wissowa neun.
[9] Die Aussagen des Tacitus über die Bedeutung der Stadt sind widersprüchlich. Während er sie ann. IV, 55 zu den unbedeutenden Orten der Provinz rechnet, gehört sie nach ann. XIV, 27 zu den illustres urbes Asiae.
[10] Beleg bei SCHÜRER III, 17.
[11] Darum heißt es αἱ καρδίαι αὐτῶν und nicht – wie man erwarten möchte – ὑμῶν.
[12] Vgl. H. SCHLIER, Vom Wesen der apostolischen Mahnung, in: Die Zeit der Kirche (Freiburg ²1958) 74–89; A. GRABNER-HAIDER, Paraklese und Eschatologie bei Paulus (NTA 4) (Münster 1967), besonders 4–55. Aufschlußreich ist der Gebrauch des Verbs im Griechisch der Papyrustexte. Vgl. PREISIGKE-KIESSLING s. v.

Die Fülle der Erkenntnis durch Christus

Der Finalsatz hat seine auffallende Parallele in 4,8, weil auch dort die Bestärkung ihrer Herzen durch den Blick auf das Tun und Ergehen des Apostels erfolgen soll. Voraussetzung für den Fortschritt und die weitere Besserung der Gemeinden ist ihr liebevolles Zusammenstehen. Schwierigkeiten für die Interpretation von συμβιβασθέντες ἐν ἀγάπῃ allerdings bereiten die doppelte Bedeutung des seltenen Verbs (zusammenbringen, vereinigen und belehren, unterrichten) und die Stellung im Satz. Wählt man die zweite Bedeutung[13], so dürfte ihr gegenseitiges Belehren ins Auge gefaßt sein. Im Hintergrund steht aber, wie in 2,19, das Bild vom Leib der Kirche, der „durch Gelenke und Bänder *zusammengehalten* wird". Das Band, das alles zusammenschließt, ist die Liebe (3,14). Als relativ selbständiges Element im Satz[14] gewinnt das absolute Partizip „zusammengehalten in Liebe" mehr den Charakter eines imperativen Zurufs als den einer Feststellung.

Eigentliches Ziel der Bemühungen ist die volle Erkenntnis. Diese wird zunächst außerordentlich pleroforisch und merkwürdig objektlos beschrieben. Die Pleroforie im Wechsel der nahezu synonymen Begriffe könnte den Reichtum des Erkennens der Vielgestaltigkeit menschlicher Irrungen gegenüberstellen wollen[15]. Eine Nuancierung gewänne die Aussage, wenn πληροφορία – wie es seinem allgemeinen Sinn in der Profangräzität entspräche – die Gewißheit in der Einsicht ausdrücken wollte. Der feierliche Stil aber legt es nahe, „der ganze Reichtum der *Fülle* der Einsicht" zu übersetzen[16]. Was damit gemeint ist, erläutert das folgende: die Erkenntnis des Geheimnisses Gottes, nämlich Christus. Dieses steht epexegetisch zum Vorausgehenden. Gott ist Inhaber, Initiator und Offenbarer des Geheimnisses (vgl. 1,26f), sein Inhalt ist Christus. Damit ist eine viel umstrittene Frage, die sich auch in der Textüberlieferung niedergeschlagen hat, entschieden. Ein anderer bemerkenswerter Interpretationsvorschlag möchte das Geheimnis vollständig auf Gott konzentrieren und diesen nach Christus benannt sein lassen: das Geheimnis des Gottes Christi[17]. Die inhaltliche Bestimmung des Geheimnisses muß aber mit der in V 27 gege-

---

[13] Mit EWALD, SCOTT, DIBELIUS. Diese Wortbedeutung ist durch die LXX vorbereitet. Vgl. Apg 9,22; 16,20; 19,33; 1 Kor 2,16. Auch die Vulgata übersetzt: instructi in caritate.
[14] Die Selbständigkeit gewinnt das Partizip insbesondere durch das folgende καί. D* und Ambrosiaster streichen es. EWALD wertet das Partizip als Parenthese. LOHMEYER sieht eine Diskrepanz von Liebe und Erkenntnis angezeigt. Es mangelte zwar in der Gemeinde nicht an Liebe, jedoch an Erkenntnis. Dies dürfte eine Überinterpretation sein.
[15] SODEN.
[16] Zum Begriff vgl. G. DELLING, in: ThWb VI, 309. Zurückhaltender BAUER, Wörterbuch s.v.: Mindestens Kol 2,2; Hebr 6,11; 10,22; 1 Clem 42,3 sei auch die Bedeutung „die Fülle" möglich.
[17] SODEN; MEYER. Man beruft sich auf Eph 1,17: „der Gott unseres Herrn Jesus Christus" und die vornehmlich in paulinischen Briefpräskripten übliche Wendung vom „Gott und Vater unseres Herrn Jesus Christus". – LOHMEYER hält den Namen Christi in V 2 für „ein späteres, an sich nicht unrichtiges Interpretament", das zu streichen sei. Vgl. auch die vielen Textvarianten. 81 1241 lesen: „Erkenntnis des Geheimnisses Christi"; Kyrill von Alexandreia: „des Geheimnisses Gottes und Christi"; D*: „Gottes, das ist Christus"; 33: „Gottes in Christus"; ℵ* A C: „Gottes des Vaters in Christus (Jesus)"; 0208 1908: „Gottes des Vaters und Christi"; Ψ 1962: „Gottes und des Vaters Christi"; K 630: „Gottes und des Vaters und Christi". Vgl. B.M. METZGER, The Text of the NT (Oxford 1964) 240–242.

benen übereinstimmen. Der gedankliche Fortschritt besteht darin, daß dort auf den weltweit verkündigten, hier auf den das Vollmaß der Erkenntnis gewährenden Christus abgehoben ist. Darum ist der folgende Relativsatz „Christus, in dem alle Schätze der Weisheit und Erkenntnis verborgen sind" hinzuzunehmen. Erst dort kann die angezeigte Sache noch näher bestimmt werden. Die Betonung der Erkenntnis könnte etwa im Vergleich mit kritischen Äußerungen über die Gnosis in 1 Kor 8,1b.11; 13,2 auffallen, vielleicht noch mehr dies, daß in einem solchen Zusammenhang das Pneuma nicht erwähnt wird (vgl. 1 Kor 12,8; 2 Kor 6,6)[18]. Allerdings bleibt auch nach unserem Vers die ermöglichte Erkenntnis eine unabgeschlossene und immer neu zu vertiefende und wird der Geheimnischarakter auch des enthüllten Mysterion nicht aufgehoben.

V 3 Die Rede wird metaforisch. Christus als das Mysterion – nicht das Mysterion, das Christus ist[19] – wird mit einem Schatz verglichen, in dem alle Weisheit und Erkenntnis als nunmehr zugängliche verborgen ist. Mag dieser Satz wegen seiner Ausschließlichkeit auch an das christologische Bekenntnis 1,15–20 erinnern, ein Zitat aus einem christlichen Hymnus liegt nicht vor[20]. Wohl aber ist eine Metaforik gegeben, die weit verbreitet ist und vielfältig angewendet werden kann. Das Bild vom verborgenen Schatz ruft zu angestrengtem Suchen auf (vgl. Mt 13,44). Erworbene Weisheit kann mit verborgenen Schätzen, die im Dunkeln liegen, verglichen werden (Spr 2,3f; Is 45,3; Plato, Phileb. 15 E). Weisheit und Erkenntnis stehen im Qohelet, allerdings mit dem Unterton der Skepsis, wiederholt beisammen (Prd 1,16–18; 2,26; 7,13; 9,10 LXX; anders Röm 11,33). Vor allem ist an den Mythos von der Weisheit zu erinnern, die dem Menschen unzugänglich ist, die einen Ort hat und Wege geht, die nur Gott, der Schöpfer, kennt (Job 28,1–11; Sir 1,1–8; Weish 9,13–18)[21]. In der Apokalyptik kann alles Weisheitswissen auf die eschatologische Heilsgestalt übertragen werden: „Das ist der Menschensohn, der die Gerechtigkeit besitzt, ... der alle Schätze der Geheimnisse offenbart, denn der Herr der Geister hat ihn auserwählt" (Henaeth 46,3).

Ist die alttestamentliche Weisheit als der Hintergrund des V 3 zu sehen, so muß als seine Besonderheit die antihäretische Spitze wahrgenommen werden. Das Wortfeld Geheimnis, Geheimwissen, verborgener Schatz hat schon immer sektiererische Mentalität angezogen. Im sektiererischen Judentum von Qumran rühmt man sich, geheime Offenbarungen empfangen zu haben, deren Kenntnis für das Heil des Menschen notwendig ist[22]. Weisheit, Erkenntnis, Einsicht zu besitzen – hier am Gesetz orientiert –, spielt eine hervorragende Rolle[23]. (Christlich-)Gnostische Kreise leben gleichfalls aus dem Born einer

---

[18] SCHWEIZER 94: „Dennoch wird deutlich, daß jedenfalls der Hinweis auf den ‚Geist' nicht mehr genügt."
[19] Gegen ABBOTT, SODEN, HUGEDÉ, die ἐν ᾧ auf das Geheimnis zurückbeziehen wollen.
[20] Vermutung von HUGEDÉ. Es wird auch kein atl. Schriftwort zitiert.
[21] Vgl. B. L. MACK, Logos und Sophia (StUNT 10) (Göttingen 1975) 21–33; G. FOHRER – U. WILCKENS, in: ThWb VII, 476–483.498–514.
[22] Vgl. 1 QS 1,9; 5,9f und oben S. 41.
[23] 1 QS 4,3.22; 1 QH 1,19.

Erkenntnis, die nur ihnen zuteil geworden ist. Im Perlenlied des Thomas [24] ist von der „großen Schatzkammer" (ActThom 108) die Rede. Die kostbare Perle zu entdecken ist gleichbedeutend mit der Schau der vollen Erkenntnis (113). „Du bist Weisheit, du bist Erkenntnis, du bist die Wahrheit", ruft der Beter in der sog. 2. Stele des Seth aus [25]. Weisheit war auch ein Stichwort der kolossischen Häresie (vgl. 2,23). Man suchte, mit Hilfe der eigenen „Philosophie", die von unserem Autor als „menschliche Satzungen und Lehren" abgetan wird (2,22), das Ziel zu erreichen. Für die Häretiker ist der Glaube nur die untere Stufe der Einsicht (Conzelmann). Ihnen gegenüber wird der gepredigte und aller Welt bekanntgemachte Christus als der vollständige Weisheits- und Erkenntnisgrund definiert. Jeder hat Zutritt zu den hier verborgenen Schätzen. Im Glauben werden sie aufgenommen.

Im Anschluß an griechische Vorstellungen zwischen Sophia und Gnosis zu unterscheiden, blieb einer späteren Zeit vorbehalten. Hatte Aristoteles, Eth. Nic. 1,1, zwischen Gnosis und Praxis unterschieden, so differenzierte Augustinus wie folgt: „... daß die Weisheit auf das Verstehen der ewigen Dinge sich bezieht, die Erkenntnis (scientia) aber auf das, was durch die Sinne des Körpers erfahren wird" [26]. Da es jedoch um die Heilsfrage geht, sind Weisheit und Erkenntnis in gleicher Weise auf das auszurichten, was den Menschen rettet. Und hier gilt: Alles (allein) in ihm [27]. Dazu gehört nicht zuletzt die Kenntnis des Willens Gottes, der getan werden muß.

III

Der in die Auseinandersetzung mit der kolossischen Häresie einführende kleine Abschnitt stellte nochmals den Einsatz des Apostels heraus. Das Schwergewicht liegt auf der zu gewinnenden Fülle der Erkenntnis, die sie als in der Liebe Vereinte erreichen können. Der abschließende christologische Satz ist der entscheidende: Solus Christus. Wer das Glaubensbekenntnis empfangen hat, hat alles empfangen. Sich in das Evangelium vertiefen, es leben ist die „schlichte Pleroforie".

---

[24] Text in A. ADAM, Die Psalmen des Thomas und das Perlenlied als Zeugnisse vorchristlicher Gnosis (BZNW 24) (Berlin 1959) 84–89.

[25] Übersetzung des Textes in ThLZ 100 (1975) 574–580, hier 569, besorgt vom Berliner Arbeitskreis für koptisch-gnostische Schriften. Vgl. „Die dreigestaltige Protennoia", in: ThLZ 99 (1974) 734–745, hier 735: „Durch mich kommt die Gnosis ... Ich bin die Erkenntnis und das Wissen." Der Begriff ἀπόκρυφον begegnet in Epistola Jacobi 1,10 und 30 (ed. M. MALININE – H.-C. PUECH u. a.). Innerhalb des Corpus Paulinum ist dieser Begriff nur Kol 2,3 anzutreffen. Später erhält dieser in Kreisen der Orthodoxie einen negativen Klang. Apokryfe Schriften sind suspekt.

[26] De div. quaest. ad Simplicianum II, 2,3 (zitiert bei LIGHTFOOT 174).

[27] SCOTT zitiert das bekannte Wort von I. Newton: „Ich fühle mich wie ein Kind, das ein paar Kieselsteine an der Küste des grenzenlosen Ozeans aufgelesen hat."

2. AM EMPFANGENEN GLAUBEN FESTHALTEN
(2,4–7)

4 Dies sage ich, damit keiner euch durch Überredung täusche. 5 Denn wenn ich auch dem Fleisch nach abwesend bin, bin ich dem Geist nach mit euch und sehe mit Freude eure Ordnung und den Halt eures Glaubens an Christus. 6 Wie ihr also Christus Jesus, den Herrn, empfangen habt, wandelt in ihm, 7 verwurzelt und auferbaut in ihm und gefestigt durch den Glauben, wie ihr unterrichtet worden seid, voll reicher Dankbarkeit.

I

Der Abschnitt beginnt mit der ersten ausdrücklichen Warnung vor den Irrlehrern im Brief. In der 1. Person Singularis gehalten, gewinnt sie an Eindringlichkeit, wie auch durch die folgende Versicherung geistig-persönlicher Verbindung, an die sich (im Partizipialstil) eine captatio benevolentiae anschließt (5). Mit V 6 geht der lockere Briefstil in gehobenere Sprache über. Die Anrede jedoch bestimmt den ganzen Abschnitt. V 6 ist seine tragende Aussage, ein Imperativ, der durch einen Vergleichssatz (mit ὡς) eingeleitet und drei Partizipialfiguren – wieder ist die Dreizahl zu beachten – weitergeführt wird. Im Vergleichssatz steckt das Bekenntnis zu Christus Jesus, dem Kyrios. Dem ὡς-Satz entspricht der καθώς-Satz in V 7, formal wie inhaltlich. Beide Male wird auf das in der Vergangenheit liegende Empfangen-haben bzw. die Belehrung verwiesen. Mit einem Partizip – Aufruf zu überfließendem Dank – endet das Ganze [1].

II

V 4 Die erste Warnung vor den Irrlehrern ist noch ziemlich allgemein gehalten. Sie greift – mit „dies sage ich" – auf die VV 1–3 zurück [2] und stellt somit die Lauterkeit des apostolischen Dienstes dem Wirken der Irrlehrer und vor allem Christus als die einzige Quelle der Erkenntnis und Weisheit ihrer Häresie gegenüber. Die Warnung ist so gefaßt, daß sie das werbende und propagandistische Auftreten der Irrlehrer in der Gemeinde voraussetzt. Die gewählten Wörter, die innerhalb der griechischen Bibel selten sind [3], haben in bezug auf ihren Sinn in der hellenistischen Umgangssprache (Koine) ihre Entsprechung.

Die πιθανολογία ist im klassischen Griechisch noch eine seriöse Sache. Sie bezeichnet dort „das Vorbringen von Gründen, um zu überzeugen oder etwas wahrscheinlich zu machen", und wird als das wahrscheinliche Argument der ἀπόδειξις, dem Beweis, der strikten mathematischen Demonstration, gegen-

---

[1] Auch SCHWEIZER 97 beobachtet die mit V 7 gesetzte Zäsur. Er macht aus 6f einen kleinen Abschnitt, den er „Grundlegung" nennt. LOHMEYER nimmt 2,1–7 als Abschnitt. Es empfiehlt sich, die Warnungen vor den Irrlehrern in 2,4.8 und 16 als Gliederungssignale anzusehen. Man könnte auch die Partikel οὖν 2,6.16; 3,1.5.12 als solche nehmen. Doch sie fehlt in 2,20, wo sicher ein Einschnitt gegeben ist.
[2] Sonst kann bei Paulus die Wendung nach vorwärts verweisen: Gal 3,17; 1 Kor 1,12. Die sekundäre Einfügung eines δέ in C 𝔐 D ist Angleichung an den paulinischen Stil.
[3] πιθανολογία ist hapax legomenon im NT und der LXX unbekannt. παραλογίζομαι im NT noch Jak 1,22, in LXX 11mal.

übergestellt[4]. Paulus kann sich dieser Gegenüberstellung bedienen, wenn er in 1 Kor 2,4 sagt: „Mein Wort und meine Verkündigung geschahen nicht in überredenden Worten der Weisheit (ἐν πειθοῖς σοφίας λόγοις), sondern im Erweis (ἐν ἀποδείξει) des Geistes und der Kraft." In unserem Kontext hingegen hat πιθανολογία den negativen Sinn von Überredungskunst, Vorspiegelung falscher Tatsachen wie in der Koine[5]. Hierzu gesellt sich das Verb παραλογίζομαι, das immer negativ ist und ein Betrügen, Täuschen, Übervorteilen, Schröpfen meint[6]. Faßt man die Charakterisierung der Irrlehrer zusammen, so treten sie auf mit dem Schein der Logik, die aber als lügnerische Verführung durchschaut werden kann und soll. Diese Charakterisierung ist schroff und läßt die Härte der Auseinandersetzung ahnen. Man wird nicht sagen können, daß die Auseinandersetzung nur die Irrlehre, nicht auch die Leute, die sie vertreten, betrifft[7]. Eine auch nur andeutungsweise Kennzeichnung des Inhalts der Häresie wird noch nicht geboten. Nur wird eine eindeutige Trennungslinie gezogen. Für das frühe Christentum, in dem die eigene Form noch gefunden werden mußte, erscheint die Trennung als notwendig. Dies macht uns vielleicht die uns sonst nicht mehr leicht zugängliche Ketzerpolemik begreiflich.

V 5 Daß Paulus der Gemeinde persönlich nicht bekannt geworden ist, könnte das Ansinnen des Briefes beeinträchtigen. In Anlehnung an eine in antiken Briefen übliche Floskel leiblich abwesend–geistig anwesend werden sie seiner Zuwendung versichert[8]. Die Frage ist, ob mit der Anwesenheit im Geist, wie man das für die parallele Stelle 1 Kor 5,3 vermuten kann, auch der göttliche Geist tangiert ist, der ihre Gemeinschaft in vertiefter Form begründet. Abgesehen davon, daß es sich in 1 Kor 5,3 um eine durch einen besonderen Fall ausgelöste schwere Gemeindekrise handelt, während hier eine ziemlich allgemein gehaltene Belobigung ausgesprochen wird, fällt auf, daß dort von Abwesenheit „dem Leib nach", hier „dem Fleisch nach" (auch durch ἐν σαρκί in V 1 veranlaßt) die Rede ist. Der neutrale Gebrauch von „Fleisch" läßt Gleiches für Pneuma vermuten. Man wird sich mit einer floskelhaften Aussage begnügen müssen[9]. Im Blick auf die Gemeinde freut sich der Apostel über deren Ordnung und Halt im Glauben[10]. Wenn der Glaube als ein auf Christus ausgerichteter, inhaltlich durch ihn bestimmter gekennzeichnet ist[11], ist das wichtig für den

---

[4] Vgl. Passow s.v. und Plato, Theaet. 162 E; Aristoteles, Eth. Nic. 1,3; Epictet I,8,7.
[5] Moulton-Milligan 512 zitiert PapLips I,40: „Durch trügerische Überredungskunst (διὰ πειθανολογίας) suchen sie das Geraubte zu behalten."
[6] Moulton-Milligan 487 bringt als Beispiel PapOxy I,34, wo von einem Bibliothekar die Rede ist, der von Dokumenten betrügerischen Gebrauch macht: ὡς παραλογίσασθαί τι βουληθεὶς τῶν δεόντων. Vgl. auch OGIS 665,15f.
[7] Gegen Scott.
[8] Vgl. G. Karlson, Formelhaftes in den Paulusbriefen, in: Er 54 (1956) 138–141.
[9] Gegen Dibelius, Lohse mit Schweizer, der darauf aufmerksam macht, daß Fleisch und Geist bei Paulus entweder beide rein anthropologisch (wie 2 Kor 7,1) oder wie zumeist als theologische wichtige Begriffe verwendet werden. Schweizer hat seine Meinung korrigiert. Vgl. ThWb VI, 434.
[10] Zur ungewöhnlichen und harten Koordinierung der beiden Partizipien vgl. Blass-Debr § 471,5.
[11] Zu πιστεύειν εἰς Χριστόν vgl. Gal 2,16; Röm 10,14; Phil 1,29.

Kampf gegen die Irrlehre. Manche Erklärer vermuten hinter den Begriffen, die wir mit Ordnung und Halt übersetzten, militärische Bildersprache (dann: Schlachtordnung und Bollwerk). Die Vermutung bleibt unsicher. Sie könnte sich auf die beabsichtigte Frontstellung gegen die Häresie und die Verwendung hellenistischer Vorstellungen im näheren Kontext (V 4) stützen [12]. Entscheidend jedoch ist, beim Glauben an Christus zu bleiben, denn er allein verleiht Festigkeit. Hat die kolossische Gemeinde dieses Lob verdient? Sicher dürfte sein, daß die Gemeinde noch am apostolischen Evangelium treu festhält. Aber die aus dem Brief allenthalben sprechende große Sorge läßt ihre Gefährdetheit unschwer erkennen. So ist V 5 doch eher eine captatio benevolentiae.

V 6 Der Spitzensatz des Abschnitts ist ein Imperativ. Er erinnert die Gemeinde an das, was sie empfangen hat. Das Empfangene wird mit „Christus Jesus, der Herr" umschrieben. Empfangen – der Korrespondenzbegriff wäre Überliefern (vgl. 1 Kor 15,1–3; 11,23) – ist geläufiger Ausdruck der Traditionsterminologie [13]. Jedoch, wie ist Tradition hier aufzufassen? Im jüdischen Sinn [14] als strikte Bindung an das überlieferte Wort, das durch Traditionsträger (Paulus, Epaphras) abgesichert ist? Als Bindung an die im Credo gelehrte, durch die kirchliche Lehrtradition übernommene Norm des Verhaltens (Conzelmann)? Als Rückerinnerung an Sprüche Jesu, die der Gemeinde als Anweisungen für das praktische Leben übergeben wurden? [15] Oder liegt überhaupt kein Bezug auf Traditionen vor und meint das Empfangen Christi Jesu, des Herrn, nur eine Erinnerung an den Taufakt, in dem der Christ Christus als seinen Herrn anerkannte und in seinen Herrschaftsbereich aufgenommen wurde? [16] Traditionsdenken ist bei Paulus prinzipiell schon vorhanden. Er erinnert die Gemeinden nicht bloß ausdrücklich an überkommene Glaubensformeln (1 Kor 11,23; 15,1ff), sondern hält ihnen auch das Evangelium (Gal 1,9; vgl. Phil 4,9), das Wort Gottes (1 Thess 2,13) als verpflichtende Botschaft und

---

[12] Übertrieben LOHMEYER: Der Apostel sei bei ihnen, „wie der Feldherr, der, vor seinen Soldaten stehend, die Reihen vor der Schlacht noch einmal mustert". Schwierigkeiten bereitet das Wort στερέωμα, für dessen abstrakte Verwendung (= Festigkeit) es keinen Beleg gibt. Es bezeichnet das Festgemachte, auch das Firmament, die Grundlage, den Halt. Vgl. PASSOW s. v. Der Antike war die Metafer vom Kriegsdienst bekannt. Das Wort Senecas Vivere militare est wurde zu einem geflügelten. Hierzu HUGEDÉ 106 Anm. 16. Ganz abwegig BIEDER 119, der aus dem Begriff rechtliche Kirchenorganisation ableitet.
[13] Vgl. G. DELLING, in: ThWb IV, 11–15.
[14] Vgl. Pea 2,6: „Nahum der Schreiber sagte: Ich habe eine Tradition von Rabbi Meascha empfangen. Dieser erhielt sie von seinem Vater, dieser erhielt sie von den Zugoth, diese erhielten sie von den Profeten als Halakah, gegeben von Mose am Sinai." Ab 1,1 führt die Tradition von Mose über Josua, die Ältesten und die Profeten bis zu den Männern der Großen Synagoge. Vgl. auch W. BACHER, Tradition und Tradenten in den Schulen Palästinas und Babyloniens (Leipzig 1914, Nachdruck 1966).
[15] O. CULLMANN, Die Tradition als exegetisches, historisches und theologisches Problem (Zürich 1954) 19.
[16] K. WEGENAST, Das Verständnis der Tradition bei Paulus und in den Deuteropaulinen (WMANT 8) (Neukirchen 1962) 121–130, der das Traditionsdenken der hellenistischen Mysterienreligionen und der Gnosis zu Rate zieht, geht davon aus, daß im Kol ausgeprägte christliche Tradition nicht vorhanden sei. – Zum umfassenden Problem vgl. L. GOPPELT, Tradition nach Paulus, in: KuD 4 (1958) 213–233.

Norm für das sittliche Leben vor (1 Thess 4,1). Im Kolosserbrief ist das Traditionsdenken dadurch verschärft, daß das Empfangene als Lehre (V 8, vgl. oben zu 1,28) gelten kann und der Überlieferung der Häretiker gegenübersteht. Mit dieser wird man rechnen müssen (2,22). Christus Jesus, der Herr, ist das auf eine Bekenntnisformel reduzierte Evangelium. Dieses ist auch inhaltlich umschreibbar, kann als „das richtige" festgestellt und vom falschen abgegrenzt werden. Christliche Traditionen entstehen zwar nicht in der Auseinandersetzung mit der Häresie, werden dadurch aber präzisiert. Es stimmt nicht, daß unser Brief keine christlichen Traditionen kennen würde. Wie das Kyrios-Bekenntnis ein überliefertes ist, so haben wir bereits in 1,15–20 und 26 Überlieferung angetroffen. Daneben werden wir noch auf weitere Traditionen stoßen. Andererseits ist die Annahme, es werde auf Herrenworte rekurriert, ganz unwahrscheinlich. Das Empfangen hat kaum etwas von einer gastlichen Aufnahme an sich[17], sondern meint die gläubige, anerkennende und sich unterwerfende Übernahme des Evangeliums bei der Taufe. Dabei wird das Empfangene nicht zum festen, sicheren Besitz. Der Satz lautet nicht: Wie ihr empfangen habt, so haltet daran fest!, sondern: Wandelt in ihm! Das zu Bewahrende muß im Alltagsleben bewährt werden.

Die Bekenntnisformel „Christus Jesus, der Herr" ist keine zusammengesetzte. Man könnte dies wegen des doppelten Artikels vermuten, dann: ὁ Χριστός und Ἰησοῦς, ὁ κύριος[18]. Der Schwerpunkt ruht eindeutig auf Kyrios. Auffällig bleibt die Wortstellung: Christus Jesus, der Herr, statt des geläufigen Herr Jesus Christus[19]. Sie hat in 2 Kor 4,5 ihre Entsprechung. Christus wird nicht mehr als Titel, sondern nurmehr als Eigenname empfunden[20]. Zwar ist Christus Haupt jeder Macht und Gewalt (Kol 2,10), universaler Schöpfungs- und Erlösungsmittler (1,15–20), das im Bekenntnis gepriesene Herr-Sein wird man aber im besonderen auf seine Gemeinde ausgerichtet sehen. Darum tritt das Kyrios-Prädikat in den Weisungen von 3,12 – 4,1 in den Vordergrund[21], darum steht das Kyrios-Bekenntnis am Beginn der Auseinandersetzung mit den Irrlehrern. Die Gemeinde ist aufgerufen, die universale Herrschaftsstellung Christi zu bezeugen. Der Wandel (περιπατεῖν) als Zusammenfassung des sittlichen Lebens ist ausgesprochen paulinisch und stammt aus dem Bereich der griechischen Bibelübersetzung, wo er dem hebräischen *halach* entspricht. Parallelen aus dem klassischen Griechisch fehlen[22]. „In ihm wandeln" wurde

---

[17] Vermutung von HUGEDÉ und ERNST.
[18] So SODEN.
[19] Vgl. Röm 13,14; 1 Kor 8,6; 2 Kor 13,13; Eph 6,23; Phil 2,11; 3,20; 2 Thess 1,12; 3,6.12; Phm 25. Viel häufiger ist bei Paulus die Rede von „unserem Herrn". Vgl. die Konkordanz.
[20] W. KRAMER, Christos–Kyrios–Gottessohn (AThANT 44) (Zürich 1963) 217–219, führt den Nachweis, daß ὁ κύριος (ἡμῶν) Ἰησοῦς und ὁ κύριος (ἡμῶν) Ἰησοῦς Χριστός zwei selbständig in den hellenistischen Gemeinden entstandene Bekenntnisse sind, für die das Christuszugunsten des Kyriosprädikats seine Bedeutung verloren hatte.
[21] Hier 9mal.
[22] Mit H. SEESEMANN – G. BERTRAM, in: ThWb V, 941.944. Anklänge bei Philodemos, Epiktet. Vgl. BAUER, Wörterbuch s.v. HUGEDÉ möchte den Gebrauch zu Unrecht aus der klassischen Philosophie ableiten.

aufgefaßt im Sinn von „unter seiner Weisung" oder „im Glauben an ihn"[23]. Man wird jedoch an den Raum zu denken haben, in dem der Kyrios mit seiner Gnade herrscht, an sein Soma, seine Gemeinde.

V 7 Damit ist der Übergang geschaffen, denn mit den beiden Bildern von der Pflanzung und vom Bau, die mit der Wendung „verwurzelt und auferbaut in ihm" wenigstens anklingen, ist die Gemeinde im Blick. Die Mahnung wendet sich an diese, ist ekklesial, weil sie nur als festverwurzelte Gemeinschaft der drohenden Gefahr werden widerstehen können. Die Metaforik von Pflanzung und Bau ist weit verbreitet. Man kennt sie in Qumran: die Gemeinschaft ist „die ewige Pflanzung, ein heiliges Haus für Israel" (1 QS 8,5)[24]; in der Apokalyptik: „das Haus seiner Gemeinde" (Henaeth 53,6)[25]; im Mandäismus: „Ich steige mit der Wurzel meines Vaters empor, während das Haus euch gelassen wird"[26]; in der Gnosis: „Meine Fundamente wurden gelegt auf die Hand des Herrn, weil er mich pflanzte" (OdSal 38,16). Der Unterschied besteht darin, daß die christliche Gemeinde sich „im Herrn" gründet. Der Tempuswechsel ist zu beachten. Verwurzeltsein (Perfekt) in ihm ist die Voraussetzung für das Auferbautwerden (Präsens) in ihm[27]. Letzteres meint den Wachstumsvorgang[28], bei dem die einzelnen Gläubigen wie lebendige Steine in den Bau der Kirche eingefügt werden. Dasselbe Bild liegt in Eph 2,20f; 1 Petr 2,5; 1 Kor 3,10–14 vor. Festigkeit erhält der Bau durch den Glauben, aber nur durch den Glauben[29] – so wird einschränkend hinzugefügt –, in dem sie unterrichtet wurden, durch Epaphras, der ihnen das apostolische Evangelium vermittelt hatte. Gebraucht man die in der heutigen Theologie gängige Unterscheidung zwischen objektivem, inhaltlich bestimmtem Glauben (fides quae) und subjektivem Glaubensakt (fides qua), so besteht kein Zweifel, daß primär an den ersten gedacht ist. Der zweite Aspekt ist noch nicht ganz vergessen. Darum wird noch zum gläubigen Tun aufgerufen, nämlich zum reichlichen Dank. Der Überfluß (περισσεύω) ist nach Paulus Signum der durch Christus eröffneten Heilszeit. Wie es einen Überfluß der Gnade (Röm 5,15.17; 2 Kor 4,15), der Freude (2 Kor 8,2), der Hoffnung (Röm 15,13), des Trostes (2 Kor 1,5), der Herrlichkeit (2 Kor 3,9), der Liebe (1 Thess 3,12), des Rühmens (Phil 1,26), einen Überfluß im Werk des Herrn (1 Kor 15,58), in jedem guten Werk (2 Kor 9,8) gibt, so auch in der Danksagung (vgl. 2 Kor 9,12). Der überschwengliche Ton muß auch␣paränetisch aufgenommen werden, aber so, daß der Großzügigkeit der Gabe die Größe der menschlichen Reaktion entspricht[30].

---

[23] Belege bei MASSON 120 Anm. 5.
[24] Vgl. 1 QS 5,5; 11,8; 1 QH 6,15; 8,5f; 9,12.
[25] Vgl. Henaeth 89,73; 90,29ff; 71,5ff; TestLev 10,5.
[26] Linkes Ginza 71 (LIDZBARSKI 500,9); vgl. 96 (536,1f).
[27] ἐν αὐτῷ ist auf beide Partizipien zu beziehen. – In griechischen Texten können die Bilder von Pflanzung und Bau verschmelzen. Belege bei MOULTON-MILLIGAN 564.
[28] Vgl. LÄHNEMANN, Kolosserbrief 113.
[29] Der Dativ τῇ πίστει ist instrumental, nicht relational; also „durch den Glauben", nicht: „in bezug auf den Glauben". Gegen ABBOTT, SODEN. Einzelne Handschriften lesen ἐν πίστει (A C J) bzw. ἐν τῇ πίστει (ℵ 𝔐).
[30] Der Text am Ende des Satzes ist uneinheitlich überliefert. Wir bevorzugen „in Danksa-

III

Der Tenor des Abschnittes ist, man solle am empfangenen, überlieferten Glauben festhalten. Die akute Gefährdung läßt diese Mahnung in den Vordergrund treten. Es gibt Situationen in der Gemeinde und in der Kirche, wo alles darauf ankommt, die eigene Grundlage und damit sich selbst nicht preiszugeben. Freilich darf das Festhalten des Überkommenen nicht steril werden. Der tradierte Glaube, der nicht verfälscht werden darf, ist im Alltagsleben zu verwirklichen. Wer den Glauben retten will, „wandle in ihm"!

3. ALLEIN IN CHRISTUS IST CHRISTLICHES LEBEN ERFÜLLT
(2,8–15)

8 Seht zu, daß euch niemand einfängt durch die Philosophie und leeren Trug gemäß der Überlieferung der Menschen, gemäß den Elementen der Welt und nicht gemäß Christus. 9 Denn in ihm wohnt die ganze Fülle des Gottseins leiblich, 10 und in ihm seid ihr erfüllt worden, der das Haupt jeder Macht und Gewalt ist. 11 In ihm seid ihr auch beschnitten worden mit einer nicht von Händen gemachten Beschneidung, als ihr den Fleischesleib ablegtet in der Beschneidung Christi, 12 mit ihm begraben in der Taufe; in ihm wurdet ihr auch mitauferweckt durch den Glauben an die Kraft Gottes, der ihn auferweckt hat von den Toten. 13 Und euch, die ihr tot wart durch Verfehlungen und die Unbeschnittenheit eures Fleisches, euch hat er zusammen mit ihm lebendig gemacht, als er uns alle Verfehlungen verzieh, 14 den uns betreffenden Schuldschein mit den Satzungen, der gegen uns stand, auslöschte. Und ihn hat er aus der Mitte weggeräumt, indem er ihn an das Kreuz nagelte. 15 Die Mächte und Gewalten hat er entkleidet und öffentlich an den Pranger gestellt, um sie im Triumphzug herumzuführen, in ihm.

I

Der Abschnitt muß mit Lohmeyer als „überlange und undurchsichtige Periode" bezeichnet werden, in dem eine syntaktische Ordnung fast nicht aufzuspüren ist. Er beginnt mit einer klaren Warnung vor der leeren Philosophie im Briefstil (8a), die in V 16 wiederaufgegriffen werden wird. Mit drei κατά-Wendungen – wiederum bestimmt die Dreizahl die Aussage in formaler Hinsicht – wird die Philosophie näher gekennzeichnet (8b). Die dritte κατά-Wendung „nicht Christus gemäß" gibt den Anlaß für drei knappe Sätze, die Christi einzigartige Würdestellung schildern (9)[1]. Der mittlere nimmt bereits Bezug auf das Verhältnis Christus–Gemeinde: „und in ihm seid ihr erfüllt worden". Dieser Vers 9 lehnt sich deutlich an die Terminologie des Christusliedes 1,15–20 an und ist als dessen weiterführende Interpretation anzusehen. Verbindende Wörter sind: Pleroma, Haupt, Mächte und Gewalten. Vielleicht be-

---

gung" (א* A C). Andere LAA: ἐν αὐτῇ ἐν εὐχαριστίᾳ (B H K, bevorzugt von Ewald und Lohmeyer; das Pronomen ist auf den Glauben zu beziehen); ἐν αὐτῇ (PΨ); ἐν αὐτῷ ἐν εὐχ. (א^b D*, das Pronomen ist auf Christus Jesus zu beziehen).

[1] Der Anschluß erfolgt unterschiedlich: begründend (ὅτι), mit καί und relativisch (ὅς).

steht auch eine Verknüpfung zwischen σῶμα (1,18) und σωματικῶς. Das Verhältnis Christus–Gemeinde wird in 11 und 12 weiter beschrieben. Dies geschieht wiederum durch drei Sätze bzw. genauer durch zwei Relativsätze – eingeleitet mit ἐν ᾧ καί, „in ihm seid ihr auch beschnitten bzw. mitauferweckt worden" – und ein dazwischengeschaltetes Partizip: mitbegraben (συνταφέντες). Die Thematik des Mitbegraben- und Mitauferwecktseins stammt aus Röm 6,4f bzw. darüber hinaus aus einer beiden vorausliegenden Tradition[2]. Im Hintergrund steht die christologische Credoformel (s. Interpretation)[3]. Während es aber in Röm 6 auf den unbedingten Zusammenhang zwischen Mitbegraben- und Mitauferwecktwerden bzw. Mitleben ankommt, werden hier die beiden Akte nur locker nebeneinandergestellt[4]. In der paränetischen Auswertung aber wird an sie angeschlossen: „Wenn ihr mit Christus gestorben seid" (2,20); „Wenn ihr also mit Christus auferweckt worden seid" (3,1). Am Ende von V 12 ist ein verbreiteter christologischer Glaubenssatz eingefügt: „der ihn von den Toten auferweckt hat".

Mit V 13 ist ein gewisser Neueinsatz gegeben. Am auffälligsten sind folgende Veränderungen: War Gott bislang nur logisches Subjekt (Passivum divinum), wird er jetzt unmittelbar handelndes Subjekt. Vorbereitet ist dies durch die Erwähnung Gottes in V 12: „durch Glauben an die Kraft Gottes". In V 13 wechselt die Anrede über in den Wir-Stil. Partizipialfiguren dominieren. In V 13 wird die Lebendigmachung der Toten anakoluthisch ausgesagt und partizipial als Sündenvergebung erläutert und in V 14 in drei sich steigernden Bildern ausgemalt. V 15 greift abschließend ein neues Thema auf, die Überwindung der Mächte und Gewalten durch Gott in Christus, was erneut in drei bildhaften Sätzen entfaltet wird[5].

Lebhaft umstritten ist in der gegenwärtigen Diskussion die Frage, ob und in welchem Umfang im vorliegenden Abschnitt geprägte Traditionen aufgenommen wurden. Nachdem Schilles Versuch, aus dem Text ein zehnzeiliges „Kreuz-Triumph-Lied" herauszuschälen, mit Recht sich nicht durchgesetzt hat, konzentrieren sich die Bemühungen auf die VV 13–15[6]. Als Argumente werden angeführt der Partizipialstil, die kurzen Sätze, parallele Zeilen, das bekennende Wir, seltene Wörter. So hielt Lohse die VV 14–15 für ein Bekennt-

---

[2] E. KÄSEMANN, An die Römer (Handb NT 8a) (Tübingen 1973) 152, spricht von wohl liturgisch geprägter Tradition in Kol 2,11ff; Eph 2,4ff im Kontext der Interpretation von Röm 6. E. LOHSE, Taufe und Rechtfertigung bei Paulus, in: KuD 11 (1965) 308–324, hier 313f, meint zurückhaltender, daß die Taufvorstellung, nach der der Christ in der Taufe das Sterben und Auferstehen mit Christus an sich erfährt, in der syrisch-hellenistischen Kirche entstanden sei. Skeptisch zur Traditionsfrage in Kol 2,12 äußert sich WENGST, Formeln 187, zur paulinischen Syn-Christo-Aussage vgl. GNILKA, Philipperbrief 76–81.
[3] Eph 2,6 greift klar auf die christologischen Sätze in Eph 1,20 zurück. Vgl. GNILKA, Epheserbrief 119f.
[4] Vgl. BUJARD, Untersuchungen 82.
[5] Das Verbum finitum steht in den VV 14 und 15 jeweils in der Mitte von zwei Partizipialwendungen. Zum Ganzen vgl. die sorgfältige Analyse bei BUJARD, Untersuchungen 81–86.74–76.
[6] SCHILLE, Hymnen 31–37, rechnet die VV 9, 10b, 11b, 13b, 14 und 15 zu einem vorgegebenen Lied, dessen Subjekt Christus sei. ἐν αὐτῷ am Schluß von V 15 bezieht er auf das Kreuz. Zur Auseinandersetzung mit SCHILLE vgl. BURGER, Schöpfung 80–86; DEICHGRÄBER, Gotteshymnus 165–169; WENGST, Formeln 187f.

nisfragment, in das der Autor ad Colossenses das Wort τοῖς δόγμασιν in V 14 eingefügt habe[7]. Wengst meint, daß die Tradition, die er für eine im hellenistischen Judenchristentum entstandene Taufliturgie hält, mit V 13 beginnt. Im Blick auf Eph 2,1 und 5 läßt er sie im Wir-Stil anheben und Gott ihr Subjekt sein. Nach Streichung einiger vermuteter Zusätze ergibt sich ein dreifacher Dreizeiler[8]:

>   καὶ ὄντας ἡμᾶς νεκροὺς τοῖς παραπτώμασιν
>   συνεζωοποίησεν (ὁ θεὸς) σὺν Χριστῷ
>   χαρισάμενος ἡμῖν πάντα τὰ παραπτώματα
>   ἐξαλείψας τὸ καθ' ἡμῶν χειρόγραφον
>   καὶ αὐτὸ ἦρκεν ἐκ τοῦ μέσου
>   προσηλώσας αὐτὸ τῷ σταυρῷ.
>   ἀπεκδυσάμενος τὰς ἀρχὰς καὶ τοὺς ἐξουσίας
>   καὶ ἐδειγμάτισεν ἐν παρρησίᾳ
>   θριαμβεύσας αὐτοὺς ἐν αὐτῷ.

Gegen den Einsatz mit καὶ ὄντας ist einzuwenden, daß er dem Stil des Autors unseres Briefes entspricht (vgl. 1,21)[9]. Außerdem ist die Thematik von geistigem Tod und Lebendigmachung gleichfalls bereits in Röm 6, 11 und 8 anzutreffen und könnte von dort inspiriert sein. Darum beginnt nach Burger die Tradition dort, wo der Wechsel von Ihr zum Wir textkritisch gesichert ist, in 13 c. In einer komplizierten Analyse ergibt sich für Burger als Resultat ein Vierzeiler, als dessen Subjekt Christus angenommen und der als Fragment, wahrscheinlich als der Schluß eines liturgischen Kreuz-Triumph-Liedes, charakterisiert wird[10]. Der Text lautet:

>   ἐξαλείψας τὸ χειρόγραφον
>   προσηλώσας αὐτὸ τῷ σταυρῷ
>   τὰς ἀρχὰς καὶ τὰς ἐξουσίας ἐδειγμάτισεν
>   ἐν παρρησίᾳ θριαμβεύσας.

Die außerordentlich divergierenden Ergebnisse stimmen skeptisch, auch der Rückzug auf die Annahme eines Fragments. Es scheint nicht gelingen zu wollen, einen vorgegebenen Text überzeugend herauszulösen, obwohl die Vermutung, daß Tradition oder wenigstens traditionelle Wendungen und Vorstellun-

---

[7] 159f. Vgl. E. LOHSE, Ein hymnisches Bekenntnis in Kol 2,13c–15, in: Mélanges bibliques en hommage au B. Rigaux (Gembloux 1970) 427–435. Mit 13 c habe der Verfasser einen Satz gemeinchristlichen Bekenntnisses an den Anfang gestellt.
[8] Formeln 186–194.
[9] Eph 2,1.5 versteht sich als Bearbeitung der Kolosserbrief-Vorlage.
[10] BURGER, Schöpfung 79–114. Die These Burgers verkompliziert sich auch dadurch, daß er nicht nur die Überarbeitung des vorgegebenen Textes durch den Autor unseres Briefes, sondern auch die nachträgliche durch einen Glossator – wie schon zu Kol 1,15–20 – annimmt. Solche Glossen befänden sich in den VV 14f, aber auch in 11 und 13. Doch wer sollte dieser Glossator gewesen sein? Dann ein Tritopaulus? Wann sollte er seine Glossen angebracht haben? Nach der Herausgabe des Briefes doch wohl nicht mehr. Hätte er dann nicht den gesamten Brief und nicht bloß dessen liturgische Traditionsstücke glossiert? Die Annahme dieses Glossators erscheint sehr fragwürdig.

gen aufgegriffen wurden, viel für sich hat[11]. Man kann auch die Einheitlichkeit des eruierten Textes in Zweifel ziehen, denn der Übergang von der Sündentilgung zur Bezwingung der Mächte ist zwar im Kontext des Briefes sinnvoll, weniger bei isolierter Betrachtung. Der Partizipialstil könnte dem Briefautor zugemutet werden. Für ihn spräche die Dreiheit in der Struktur, die wir wiederholt feststellen konnten. Eine nähere Betrachtung der seltenen Wörter führt zu einem differenzierten Bild. In den VV 14f sind zwei neutestamentliche hapax legomena: χειρόγραφον und προσηλόω. Hapax legomena innerhalb des Corpus Paulinum (ohne Hebr) sind ἐξαλείφω (noch 4mal im NT), ὑπεναντίος (noch Hebr 10,27), ἀπεκδύομαι und δειγματίζω (noch Mt 1,19). δόγμα hingegen hat seine Entsprechung in Eph 2,15. αἴρω verwendet Paulus in 1 Kor 5,2; 6,15. Wichtiger ist, daß das Wort in Joh 1,29; 1 Joh 3,5 für die Sündentilgung gebraucht wird wie ἐξαλείφω in Apg 3,19. Sind das liturgische Prägungen? Von der Vergebung der Fehltritte (V 13c) bzw. Sünden (vgl. 1,14) wird man dies sicher sagen können (vgl. Kol 3,13; Röm 8,32).

Das seltene Bild vom Triumphzug (θριαμβεύω) bietet Paulus in 2 Kor 2,14, angewendet auf seine eigene Tätigkeit. Das Kreuz (σταυρός) ist ein seine Theologie prägender Begriff. Ähnliches gilt für die Parrhesia (noch 7mal im Corpus Paulinum). So wird man sagen können, daß der Verfasser in 13–15 paulinische und liturgische Begrifflichkeit und Vorstellungen aufnimmt, um sie von sich aus in eine neue, seinen Zielen angemessene Ordnung zu fügen. Der Wechsel vom Ihr zum bekennenden Wir, der innerhalb des Briefes in 1,13f seine Entsprechung hat, erklärt sich – wie Bujard gezeigt hat[12] – durch den Übergang von der Front gegen die Irrlehre, wo Christus in den Mittelpunkt gerückt ist, zur Beschreibung von Gottes Heilshandeln, in das sich der Verfasser miteinbezogen wissen will.

II

V 8 Erneut wird vor der Agitation der Falschlehrer gewarnt (vgl. V 4), diesmal mit eindeutigeren Worten. Dabei ist die Formulierung so gewählt, daß Person und Tun des einzelnen Agitators ins Auge gefaßt sind[13]. Daraus den Schluß ziehen zu wollen, daß es in Kolossä eine herausragende Persönlichkeit unter den Häretikern gegeben habe, auf die angespielt sei[14], wäre falsch. Das Tun der Gegner wird als ein Rauben, Beutemachen, Kapern (Ewald) gekennzeichnet, das W. Bauer im übertragenen Sinn als Wegführung von der Wahrheit in die Sklaverei des Irrtums auffassen möchte[15]. Ihre Lehre gilt dem Autor als „Philosophie". Das scheint zunächst eine positive Aussage zu sein, die aber so-

---

[11] Ablehnend SCHWEIZER 105f; zurückhaltend ERNST 206. DEICHGRÄBER, Gotteshymnus 168f: „... ein sicherer Beweis der hymnischen Grundlage scheint unmöglich, immerhin ist es gut denkbar, daß Paulus hier mit den Worten eines Hymnus spricht".
[12] Untersuchungen 83f.
[13] Zur Formulierung vgl. BLASS-DEBR §§ 369,2; 412,4. Zu βλέπετε als Warnung 1 Kor 1,26; 8,9; 10,18; 16,10; Gal 5,15; Eph 5,15; auch Kol 4,17 (hier Singular).
[14] Erwogen von HUGEDÉ.
[15] Wörterbuch s.v. Das seltene Wort συλαγωγέω ist hapax legomenon im NT und der LXX unbekannt. MOULTON-MILLIGAN s.v. zitieren Heliodor 10,35, wo vom Raub einer Tochter gesprochen wird.

fort durch das erläuternde „leere Täuschung" richtiggestellt wird. Dabei dürfte der auffällige Artikel andeuten, daß Philosophie ein Begriff war, mit dem die Irrlehrer selber ihre Lehre bezeichneten, aufgefaßt als Hang zur Weisheit, Vermittlung von Weisheit (vgl. Kol 2,23: λόγον μὲν ἔχοντα σοφίας). Selbstverständlich ist Philosophie hier nicht im Sinn von Bildung und Wissenschaft gemeint, die das Wesen des Seienden erforscht und als Sitten- und Lebensverbesserin auftritt. Im hellenistischen Judentum hatte sich längst ein breiteres Verständnis des Begriffs durchgesetzt. Hier kann die jüdische Religion (4 Makk 5,4–10.22; 7,9.21) Philosophie heißen, können die mosaischen Gebote „Lehrsätze ihrer heiligen Philosophie" (Philo, vit. cont. 26) genannt, aber auch die unterschiedlichen Auffassungen der Pharisäer, Sadduzäer und Essener zur so verstandenen Philosophie in Beziehung gesetzt werden: „Auf dreierlei Weise wird bei den Juden philosophiert" (Josephus, bell. 2,119; vgl. ant. 18,11)[16]. Besondere Aufmerksamkeit verdient der Zusammenhang von Philosophie und Magie. Nach LXX Dn 1,20, der einzigen Stelle, wo Philosophen (neben Sophisten) in der griechischen Bibel genannt werden, ist ihre Fähigkeit, Zeichen zu deuten und wahrzusagen, vorausgesetzt[17]. Theon von Smyrna (2. Jahrhundert n. Chr.) bezeugt einen ähnlichen Wortgebrauch für die hellenistischen Mysterien[18]. Analog ist die kolossische Philosophie zu begreifen, als Zusicherung, dem Menschen mit Hilfe von sonderbaren und geheimnisvollen Sonderlehren und -praktiken Zugang zu einem ihn befreienden Heilswissen zu verschaffen. Die folgenden Aussagen sind damit vorbereitet. Es kommt aber für die Kolosser von Anfang an darauf an, die Philosophie als das zu durchschauen, was sie in Wirklichkeit ist, als leeren Betrug[19]. Das einzige Vorkommen des Begriffs Philosophie im Neuen Testament ist abschätzig[20].

Die Philosophie wird in einer ersten κατά-Wendung als eine der Norm einer Überlieferung entsprechende näherbestimmt[21]. Auch dies dürfte einen Einblick in die Häresie gewähren, insofern diese sich auf eine eigene Paradosis berief. Die Berufung auf eine eigene Tradition gibt die Möglichkeit an die Hand, die eigene Lehre als altehrwürdige vorzustellen. Das Altersargument spielt in religiösen Auseinandersetzungen eine große Rolle[22].

---

[16] Vgl. Philo, leg. Gai. 156; mut. nom. 223. Die LXX kennt das Wort Philosophie, von 4 Makk abgesehen, nicht.
[17] Der Theodotion-Text spricht von τοὺς ἐπαοιδοὺς καὶ τοὺς μάγους.
[18] ED. E. HILLER S. 14: τὴν φιλοσοφίαν μύησιν φαίη τις ἂν ἀληθοῦς τελετῆς καὶ τῶν ὄντων ὡς ἀληθῶς μυστηρίων παράδοσιν.
[19] Die ἀπάτη kennzeichnet neutestamentliche Spätschriften: Eph 4,22; 2 Thess 2,10; Hebr 3,13. Dies hängt mit der späteren Erfahrung des massiveren Auftretens von Irrlehrern zusammen. Vor der Verführung durch „leere Worte" warnt Eph 5,6.
[20] Aufgeschlossen gegenüber der Philosophie, allerdings verstanden als Wissenschaft, ist Apg 17,18ff. Die Stellung der alten Kirche gegenüber der Philosophie war gespalten. Während die Alexandriner, insbesondere Clemens und Origenes, eine große Synthese von christlicher Überlieferung und griechischer Philosophie wagten, urteilt etwa Tertullian, de anima 2,3, im Hinblick auf unsere Stelle negativ: „Schon vom Apostel wurde die Philosophie als Erschütterung der Wahrheit vorausgesehen." Tertullian berücksichtigt freilich nicht die Besonderheit des Begriffs Philosophie in Kol 2,8.
[21] Die drei κατά-Wendungen sind auf die Philosophie zu beziehen. Gegen SODEN, der die zweite mit συλαγωγῶν verbinden möchte.   [22] Vgl. Josephus, Ap. 1.

Vergleichbare Traditionen gab es in den Mysterien, der Gnosis, dem Mithraskult und im Judentum[23]. Beachtung verdient, daß man in die Tradition der Mysterien, die mit jener nahezu identisch sind, eingeführt, eingeweiht wird, diese also als geheim gehütet wurden: Reminiscere, quoniam es initiatus, quae tradantur mysteriis (Cicero, Tusc. I, 13). Gleiches wird für die kolossische Häresie gesagt werden können (vgl. 2, 18). Mit den jüdischen Überlieferungen stimmt zusammen, daß diese auch in Mk 7, 8 als „Überlieferung der Menschen" abqualifiziert werden und auch dort im Zusammenhang mit Reinheits- und Tabuvorschriften stehen (vgl. Kol 2, 20f). Umgab sich die Häresie mit einer Überlieferung, die durch Geheimnistuerei an Anziehungskraft gewinnen mußte, so stand diese in Konkurrenz zur paulinisch-christlichen Tradition der orthodoxen Gemeinde in Kolossä. Vom Standpunkt der Häretiker aus wurde die christliche Paradosis nicht abgelehnt, aber als notwendig ergänzungsbedürftig angesehen.

Diese Ergänzung betrifft die στοιχεῖα τοῦ κόσμου (im NT noch Gal 4, 3), die Norm und Grundlage der Philosophie darstellen[24]. Der Briefkontext gibt für ihr Verständnis nicht allzuviel her und läßt auch offen, ob es sich um personale Wesen handelt oder nicht. Eingebettet zwischen zwei κατά-Wendungen, möchte die Nähe zu Christus ihr personales Verständnis empfehlen. Sie stehen auch zu den Mächten und Gewalten in V 10 in Beziehung. Sind sie mit ihnen identisch, so nimmt es Wunder, daß sie hier nicht ἀρχαί und ἐξουσίαι, sondern Weltelemente heißen. Der folgende Begründungssatz (9) setzt voraus, daß die Teilhabe am Pleroma nach Meinung der Philosophie an die Weltelemente gebunden ist. Damit hängen auch die in V 18 erwähnte Engelverehrung und die in 21–23 genannten Taburegeln zusammen. Nimmt man Gal 4, 3 und 8–10 hinzu, so erscheint der den Stoicheia geleistete Dienst noch deutlicher als Sklaverei, dem die Gemeindemitglieder, als sie noch Heiden waren, verfallen waren. Sie würden in den gleichen Sklavendienst zurückfallen, wenn sie sich jetzt entschlössen, das jüdische Gesetz, zu dessen Übernahme man sie verleiten will,

---

[23] Zu den Mysterien vgl. Apuleius, met. XI, 21: „Die Traditionen (= die Weihenerteilung) begeht man unter dem Bild eines freiwilligen Todes und einer Erlösung aus Gnade." DITTENBERGER, Sylloge 704 E 12: „eingeweiht in die Überlieferung der Mysterien". Zur Gnosis vgl. CHerm I, 26; zum Mithraskult R. REITZENSTEIN, Die hellenistischen Mysterienreligionen (Darmstadt Nachdruck 1966 = ³1927) 174; zum Judentum Mk 7, 1–23. Weitere Belege bei LOHSE 145 Anm. 5 und 6.

[24] κατά ist zu übersetzen: nach Maßgabe, auf Grund von. Vgl. BAUER, Wörterbuch 805. Aus der umfangreichen Literatur seien genannt: H. DIELS, Elementum (Leipzig 1899); O. LAGERCRANTZ, Elementum (Uppsala – Leipzig 1911); K. DIETERICH, Hellenistische Volksreligion und byzantinisch-neugriechischer Volksglaube, in: Angelos 1 (1925) 2–23; F. DORNSEIFF, Das Alphabet in Mystik und Magie (Leipzig – Berlin ²1925); C. BLUM, The Meaning of Stoicheion in Byzantine Age, in: Er 44 (1946) 315–325; W. VOLLGRAFF, Elementum, in: Mn. Ser. IV/2 (1949) 89–115; H. KOLLER, Stoicheion, in: Glotta 34 (1955) 161–174; W. BURKERT, Stoicheion, in: Ph. 103 (1959) 167–197; A. LUMPE, in: RAC 1073–1100; G. DELLING, in: ThWb VII 670–687; J. BLINZLER, Lexikalisches zu dem Terminus τὰ στοιχεῖα τοῦ κόσμου bei Paulus, in: Studiorum Paulinorum Congressus Internationalis Catholicus 1961 II (AnBib 18) (Rom 1963) 429–443; E. SCHWEIZER, Die „Elemente der Welt", in: Beiträge zur Theologie des NT (Zürich 1970) 147–163; H. WEISS, The Law in the Epistle to the Colossians in: CBQ 34 (1972) 294–314.

anzuerkennen. Wenn die Stoicheia in Gal 4,8 in der Nähe der „Götter, die es von Natur aus nicht sind", das heißt, der Götzen, gerückt werden, möchte man sie sich erneut als personale Größen vorstellen. Ihre Verehrung äußert sich im Einhalten von Tagen, Monaten, Fristen und Jahren (Gal 4,10). Der Hintergrund der Stoicheialehre wirkt im Kolosserbrief weniger jüdisch als in der Auseinandersetzung des Paulus mit den Galatern. Jedoch wird man – schon wegen der geografischen Nähe von Kolossä zu Galatien – mit weitreichenden Übereinstimmungen rechnen dürfen.

Will man den Begriff noch weiter klären, so sind begriffsgeschichtliche und religionsvergleichende Informationen notwendig. In Verbindung mit diesen lassen sich auch am besten die unterschiedlichen Auffassungen der Interpreten erörtern. Blinzler stellt neun Bedeutungen zusammen, die von der Forschung für τὰ στοιχεῖα diskutiert wurden: 1. die Buchstaben; 2. das Alfabet; 3. die Grundlagen oder Prinzipien einer Wissenschaft, Lehre, Institution o. ä.; 4. die rudimentären, unfertigen Anfangsgründe; 5. die physikalischen Grundstoffe; 6. die Stützen; 7. die Gestirne oder Himmelskörper; 8. die Elementar- oder Gestirngeister; 9. die Dämonen, Geister[25].

Im Bereich der Bedeutungen 2–4 liegt die Meinung, daß die στοιχεῖα τοῦ κόσμου die Elementa eruditionis, die Elementarien des Wissens, das Abc der Welt bezeichneten. Sie charakterisierten dann nicht die Irrlehre selbst, sondern nur die Norm, an der diese sich orientiert, deren Ungenügen, so wie in 2,17 der Schatten der Wirklichkeit gegenübergestellt würde[26]. Diese Interpretation berücksichtigt nicht, daß die Elemente Weltelemente genannt werden, und kann darum auf sich beruhen[27].

Bedeutung 5 für die στοιχεῖα wird erstmals durch Plato belegt, der Feuer, Wasser, Luft und Erde, die bei Empedokles noch ῥιζώματα heißen, so benennt[28]. Mit Aristoteles, der als fünftes Element noch den Äther hinzunimmt, und vorab mit der Stoa setzt sich die Terminologie durch. Diese Terminologie, die auch in einem Lehrbuch der Physik stehen könnte, aufgreifend, überträgt sie der Kolosser- (und Galaterbrief) nach Blinzler ins Ethisch-Zuständliche. So würde das Wort zum Inbegriff der vor- und außerchristlichen Seinsweise. Will man wissen, welche Mächte dieser Seinsweise das Gepräge geben, müßte man, obwohl sich diese Frage nur schwer beantworten ließe, auf Sarx, Sünde und Tod verweisen. Eine Einbeziehung der Bedeutungen 7–9 wird abgelehnt, vor allem mit dem Hinweis darauf, daß sich diese Sinngebungen erst

---

[25] BLINZLER (Anm. 16) 430–439. Strittig ist, ob alle genannten Bedeutungen zutreffen, und vor allem, ab welcher Zeit sie jeweils nachgewiesen werden können.
[26] EWALD, MOULE, LIGHTFOOT. Letzterer beruft sich auf Tertullian, adv. Marc. V,19: non secundum coelum et terram dicens, sed secundum litteras saeculares, und Clemens, Strom. VI,8: προπαιδείαν τῆς ἀληθείας.
[27] BLINZLER (Anm. 16) 431 bestreitet, daß es gelungen sei, die oben unter Nr. 4 angegebene Bedeutung lexikalisch nachgewiesen zu haben. In Hebr 5,12 haben die στοιχεῖα τῆς ἀρχῆς positive Bedeutung.
[28] Dies behauptet der Aristotelesschüler Eudemos. Beleg bei BLINZLER (Anm. 16) 431 Anm. 4.

in nachpaulinischer Zeit nachweisen ließen[29]. Es ist fraglich, ob mit dieser Erklärung der Sinn der Stoicheia ausgeschöpft ist.

Von alttestamentlichen und frühchristlichen Texten ausgehend, versteht Kehl[30] die στοιχεῖα gemäß den Bedeutungen 5 und 7, weitet diese aber aus auf alle geschaffenen Dinge, so daß die στοιχεῖα nahezu synonym mit dem Begriff der Schöpfung werden. Den στοιχεῖα sei die Vorstellung einer geordneten Aufzählungsreihung der geschaffenen Dinge immanent, wie sie an zahlreichen alttestamentlichen Stellen geboten werde (Dt 4,15–19; Ps 8 und 148; Dn 3,58–82). In Weish 7,17 werde der Aufbau der Welt (σύστασις κόσμου) dem Wirken der Elemente (ἐνέργεια στοιχείων) parallel gesetzt. Angesichts der Tatsache, daß der Begriff στοιχεῖον in der LXX nur dreimal[31] und der Begriff στοιχεῖα τοῦ κόσμου überhaupt nicht vorkommt, wird man gegenüber dieser Interpretation zurückhaltend sein. Beachtung verdienen die zahlreichen von Kehl beigebrachten Belege aus der frühchristlichen Apologetik, nach denen Heiden und Juden der Vorwurf des Götzendienstes bzw. der Engelverehrung gemacht wird, so daß dieser geradezu als Gemeinplatz dieser Literatur bezeichnet werden kann[32]. Besonders interessant ist das Schema des Aristides, in dem vier Klassen religiöser Verehrung den vier Elementen gegenübergestellt werden: Erde – die Barbaren verehren leblose Dinge
Wasser – die Griechen verehren Dämonen
Feuer – die Juden verehren Engel
Pneuma – die Christen verehren Gott.

Über die Juden sagt Aristides in deutlicher Anlehnung an Kol 2,16–18: „Trotzdem sind aber auch jene von der richtigen Erkenntnis abgeirrt und glauben in ihrem Sinn, daß sie Gott anbeten, nach den Arten ihrer Werke aber gilt ihre Anbetung den Engeln und nicht Gott, indem sie Sabbate beobachten und Neumonde und die ungesäuerten Brote und das große Fasten und das Fasten und die Beschneidung und die Reinheit der Speisen."[33]

Kann man sicher davon ausgehen, daß die Stoicheia die physikalischen Grundstoffe der Welt sind, sind die Gestirne in sie einzuschließen. Da das Feuer als der reinste Stoff galt und die Sterne aus ihm bestehen, kann man sogar sagen, daß ihnen immer ein besonderer Rang in diesem Weltgefüge zugesprochen wurde[34]. Umgekehrt wird man die στοιχεῖα τοῦ κόσμου nicht auf die Gestirne einschränken dürfen. Wird man aber im Sinn der kolossischen Philosophie be-

---

[29] BLINZLER (Anm. 16) 441–443. Ähnlich legt A. J. BANDSTRA, The Law and the Elements of the World (Kampen 1964), die Stoicheia auf Sarx und Gesetz hin aus. DELLING (Anm. 16) 686, der auch eine Interpretation im Anschluß an die Bedeutungen 6–8 abweist, faßt die Stoicheia als die unzulänglichen Träger des menschlichen Seins. Vgl. auch H. RONGY, La refutation des erreurs de Colosses. Col. II,8–15, in: REcL 30 (1938/39) 216–226.
[30] Christushymnus 138–157.
[31] Weish 7,17; 19,18; 4 Makk 12,13.
[32] Christushymnus 145.
[33] Apol. 14, hg. von E. HENNECKE, Die Apologie des Aristides (TU IV, 3) (Leipzig 1893). Die Stoicheia scheint allerdings Aristides auf die leblosen Dinge einzuschränken (Apol. 3).
[34] Es ist daher von nicht entscheidender Bedeutung, wenn der erste lexikalische Beleg für στοιχεῖον = Stern erst bei Diogenes Laertius (3. Jahrhundert n. Chr.) vorliegt. Zur Problematik vgl. BLINZLER (Anm. 16) 432–434.

haupten dürfen, daß man die so verstandenen Stoicheia als personale Wesen begriff, deren religiöse Verehrung man propagierte?[35] Die Vorstellung, daß die Elemente beseelt und belebt sind, ist alt. Bereits die ionischen Naturphilosophen erblickten im Urstoff das Göttliche. Später bemüht man sich darum, die Mythologie durch Allegorese auszugleichen und Götter als Personifikationen der Elemente zu deuten. So identifiziert Empedokles Zeus mit dem Feuer, Hera mit der Luft usw.[36] Auch die Perser sollen vor Zarathustra die Sonne, den Mond, die Planeten und die Elemente verehrt haben. Die Bedeutung des Feuers im Iranischen ist bekannt. Im jüdischen Bereich konnten sich zwar diese Vorstellungen niemals durchsetzen, mit einer am Gesetz orientierten Kalenderfrömmigkeit aber war ein Raum geschaffen, in dem sich Religion und Gestirne wenigstens indirekt begegneten. Das apokalyptische Judentum und die Qumran-Handschriften bieten hinreichend Belege, die wiederholt zusammengestellt wurden. Auszugsweise seien nur wenige Beispiele zitiert: „Ich habe dir alles gezeigt, und das Gesetz der Himmelssterne ist zu Ende beschrieben. Er hatte mir alle ihre Gesetze für jeden Tag, für jede Herrschaftszeit, für jedes Jahr und seinen Ausgang und die für jeden Monat und jede Woche vorgeschriebene Ordnung gezeigt, ferner die Mondabnahme, die im sechsten Tor stattfindet" (Henaeth 79, 1–3, vgl. 82, 7–10). „Und Gott machte die Sonne zu einem großen Zeichen auf Erden für Tage, Sabbate, Monate, Feste, Jahre, Jahrwochen, Jubiläen, überhaupt für alle Jahreszeiten" (Jub 2, 9). Die Sektenregel von Qumran legt die an den Gestirnen gemessenen Gebets- und Kultzeiten genau fest (vgl. 1 QS 9, 26 – 10, 8)[37]. Konnte der Jude aufgrund seiner strengen monotheistischen Erziehung auch sicher zwischen Schöpfer und geschaffenem Gestirn unterscheiden, lag für den Heiden die Gefahr einer Vermengung nahe[38]. Ein personaler Zug liegt auch in den jüdischen Spekulationen, weil über die Sterne Engel als Führer gesetzt sind (Henaeth 72, 3; 74, 2; 75, 1; 80, 1 und 6), aber auch über Flüsse und Meere, die Frucht, das Gras und

---

[35] So interpretieren LOHSE; LUMPE (Anm. 16) 1089–1092; BORNKAMM, Häresie 140; SCHWEIZER (Anm. 16); CAIRD; THOMPSON; SCOTT. – Andere Autoren denken zwar auch an personale Wesen, meinen aber, daß Paulus bzw. der Autor ad Colossenses diese Meinung sich über die Häresie gebildet habe. So hält es PERCY, Probleme 163–167, für ausgeschlossen, daß judaistische Lehrer – wie er sie nennt – zu dieser Ansicht fähig gewesen wären angesichts der Tatsache, daß die heidnische Verehrung der Elemente in jüdisch-apologetischen Schriften bekämpft wurde. Vgl. MASSON, HUGEDÉ.
[36] Frg. 6. Vgl. LUMPE (Anm. 16) 1081.
[37] Weitere Belege bei F. MUSSNER, Der Galaterbrief (HThK IX) (Freiburg 1974) 299–301. W. H. BROWNLEE, Messianic Motifs of Qumran and the NT, in: NTS 3 (1956/57) 12–30. 195–210, hier 207, hält die Weltelemente für wahrscheinlich essenisch. Auf die qumranische Festtermin-Observanz verweist auch W. D. DAVIES, Paul and the Dead Sea Scrolls: Flesh and Spirit, in: The Scrolls and the NT (New York 1957) 157–182, hier 167.
[38] Einer anderen Quelle entspringt die Vorstellung des hellenistischen Judentums, daß die Schöpfungsordnung der Ordnung der Thora entspricht. Vgl. Philo, op. mund. 3: „... daß sowohl die Welt mit dem Gesetz als auch das Gesetz mit der Welt in Einklang steht und daß der gesetzestreue Mann ohne weiteres ein Weltbürger ist, daß er seine Handlungsweise nach dem Willen der Natur regelt, nach dem auch die ganze Welt gelenkt wird". Im Hintergrund steht die stoische lex naturalis.

jedes Gewächs (Henslav 19,4)[39]. Gestirne, Elemente und Engel werden aber nicht in eins gesetzt, sondern unterschieden. Die Engel repräsentieren jene Kräfte und sind ihre (von Gott bestellten) Gebieter. Wahrscheinlich jedoch wird man für die Erklärung der Weltelemente mit dem jüdischen Hintergrund allein nicht auskommen, sondern auch „heidnische" Vorstellungen berücksichtigt finden. Dies gilt a fortiori für die Philosophie des Kolosserbriefes, für den allein in dieser Hinsicht aufschlußreich ist, daß der Nomos überhaupt nicht erwähnt wird. Aber auch der Galaterbrief, der klar eine Auseinandersetzung mit dem jüdischen Nomos führt, betrachtet die στοιχεῖα τοῦ κόσμου als etwas Heidnisches. Die Spitze der Polemik besteht gerade darin, daß die Übernahme des Gesetzes durch die Heidenchristen als Rückfall in das Heidentum abqualifiziert wird[40]. In den hermetischen Mysterien dringt der Gebetsschrei des erlösungsuchenden Menschen zu Gott „durch Feuer, durch Luft, durch Erde, durch Wasser, durch Windhauch" (CHerm 13,20), das heißt, durch die den Weg zu Gott hindernden Elemente. Philo teilt uns von diesem synkretistischen Denken mit, wenn er berichtet, daß der Mensch aus den vier Elementen zusammengesetzt ist, jedem Element sein Darlehen zurückzugeben hat, bis die Seele zum reinsten Äther gelangt ist, aus dem auch die Gestirne und der ganze Himmel geschaffen wurden[41]. Die Isisweihe schließt eine rituell vollzogene Fahrt „durch alle Elemente" ein, bei der man das flimmernde weiße Sonnenlicht erreicht und die Toten- und Himmelsgötter von Angesicht zu Angesicht schaut[42].

In diesem Milieu wird man die Elementenverehrung der kolossischen Philosophie mitanzusiedeln haben, sei es, daß die Stoicheia selbst personifiziert wurden, sei es, daß man hinter ihnen Engelmächte wähnte, die auf dem Weg über sie Gewalt über die Menschen ausübten. Für die heidenchristlichen Gemeindemitglieder oder einen Teil von ihnen stellten die chthonischen Götter die große Versuchung dar. Der Monotheismus mag zu abstrakt, die Predigt vom gekreuzigten Jesus Christus zu konkret erschienen sein. Weder wurde der biblische Gott noch die Jesus-Verkündigung abgelehnt, aber in einer Art Synthese meinte man, die „elementaren" Religionsformen der Umwelt miteinbeziehen zu müssen. Die in der Zeit vorhandene große Bereitschaft zum synkretistischen Denken tat ein Übriges. Dieses Denken wird eindeutig zurückgewiesen. Es ist nicht „gemäß Christus". Für den Christen ist allein Christus Norm und Grund des Glaubens und Handelns.

V 9 Begründend wird fortgefahren. Der Satz hat darum noch mit der Gegenüberstellung von Christus- und Stoicheia-Ordnung zu tun, begründet, warum

---

[39] TestSal 8,1f werden die Stoicheia „Weltherrscher der Finsternis" genannt. Vgl. 18,1f. Diese von einer „tollen Phantasie" (Diels [Anm. 16] 47) beherrschte Schrift entstand allerdings nach C.C.McCown, The Testament of Solomon (Leipzig 1922) 108, im frühen 3. Jahrhundert n.Chr.
[40] Vgl. J. Eckert, Die urchristliche Verkündigung im Streit zwischen Paulus und seinen Gegnern nach dem Galaterbrief (BU 6) (Regensburg 1971) 93.
[41] Rer. div. her. 282f.
[42] Apuleius, met. 11, 23,7. Weiteres interessantes Material bei Schweizer (Anm. 16) 155–157.

jene besser ist als diese, ja diese vollständig aufhebt. Er greift auf 1,19 zurück, ist „fast ein Selbstzitat" (Lohmeyer), zitiert allerdings deutend die Einwohnung des Pleromas in Christus. Mit V 10 gehört er eng zusammen, mit dem er vielleicht ein Wortspiel bildet[43]. Liegt also noch unmittelbare Auseinandersetzung mit der Häresie vor, kann man davon ausgehen, daß deren Terminologie oder wenigstens deren Vorstellungen berücksichtigt ist.

Reicht die Deutung aus, daß die ganze Fülle des Gottseins in Christus wohnt, er somit – neben Gott – der einzige Träger des göttlichen Lebens ist, in dem sich den Menschen dieses Leben erschließt?[44] Zunächst gilt es, die feine Differenzierung zwischen θεότης und θειότης (Röm 1,20) zu beachten. Bezeichnet das erste das Gottsein (als Abstraktum für θεός), die bleibende Wesenheit Gottes, die deitas, so das zweite die Göttlichkeit, die Summe ihrer Merkmale und Eigenschaften, die divinitas[45]. Der Begriff ist hellenistisch. Wenn statt des eher zu erwartenden „Fülle Gottes" (vgl. Eph 3,19) das im Neuen Testament einmalige „Fülle des Gottseins" gebraucht ist, geschieht dies wahrscheinlich, um zwischen der Wesenheit Gottes und ihrem persönlichen Träger unterscheiden zu können[46]. Die Unterscheidung ist primär soteriologischer, nicht christologischer Art. Es geht um die Teilhabe am göttlichen Leben.

Der pleroforische Ausdruck „die ganze Fülle" (πᾶν τὸ πλήρωμα schon in 1,19) gibt einigen Autoren Veranlassung, in Verbindung mit σωματικῶς an die kosmologische Vorstellung vom Weltenleib zu denken. Das Wort Pleroma habe in unserem Brief ein so starkes Eigengewicht, daß es sich verbiete, es lediglich als Erläuterung zum übergeordneten Gottsein Christi zu verstehen[47]. Nach P. Benoit bezieht sich das Pleroma wie in 1,19 auf die Fülle des Seins, Gottes und der Welt. Nur seien hier die beiden Komponenten dieser Fülle auseinandergenommen: Gott (τῆς θεότητος) und Welt (σωματικῶς). Die Gottheit Christi, die in einem menschlichen Leib wohnt, würde seit der Auferstehung bewirken, daß ein neues Leben im Geist auf alle erlösten Menschen überströmt und unmittelbar sogar die gesamte Schöpfung erfaßt[48]. Die Weltleib-Deutung, nach der das Pleroma das von der Kraft Gottes erfüllte Universum darstellt, ist abzulehnen. Es kommt dem Verfasser gerade darauf an, daß die Kolosser

---

[43] Beide Verse beginnen mit ἐν αὐτῷ. Es folgt ein Wort vom Stamme πληρ-. Allerdings bleibt vorangestelltes ἐστέ in V 10 zu beachten. Vgl. BUJARD, Untersuchungen 188 Anm. 29.
[44] Etwa EWALD, LIGHTFOOT, MASSON. R. FEUILLET, L'Église plerôme du Christ d'après Eph. 1,23, in: NRTh 78 (1956) 449–472.593–610, hier 470, spricht von „les richesses de la Divinité" und erläutert die Pleroma-Vorstellung von der atl. Weisheit aus.
[45] Zu θεότης vgl. Plutarch, Js. et Os. 22; Lukian, Icaromenipp 9; Herm (m) 10,1,4; 11,5. Weitere Belege bei R. REITZENSTEIN, Die hellenistischen Mysterienreligionen (Nachdruck Darmstadt 1966 = ³1927) 314. Der Begriff deitas bei Augustinus CivD 7,1. Vgl. LIGHTFOOT.
[46] Mit SODEN.
[47] ERNST 199. Vgl. J. ERNST, Pleroma und Pleroma Christi (BU 5) (Regensburg 1970) 94–105.
[48] Leib, Haupt und Pleroma in den Gefangenschaftsbriefen, in: Exegese und Theologie (KBANT) (Düsseldorf 1965) 246–279, hier 271. Ebenfalls auf das gesamte Sein bezieht DUPONT, Gnosis 473–475, Pleroma in V 9. Er geht dabei von hermetischen und vulgär-stoischen Texten aus (453–476). Vgl. auch LOHMEYER.

zwischen (gefallener) Schöpfung und Erlösung unterscheiden lernen, daß sie die Weltelemente von Christus trennen und sich selbst nicht mit ihnen verbinden. Die Fülle des Gottseins, das die Häresie in den Elementen zu finden wähnte, ist ganz und ausschließlich in Christus[49]. Die Welt ist nicht erlösende Kraft, auch nicht mittelbar, sondern erlösungsbedürftig.

Es bleibt noch zu klären, welche Nuance σωματικῶς zusätzlich einträgt, wenn ein Bezug auf den Weltleib nicht in Frage kommt. Das Wörtchen soll die Realität der Einwohnung unterstreichen, ist eine verbreitete Meinung, indem man es mit „völlig", „wirklich" oder „wesentlich" wiedergab[50]. Oder es verweise auf das „persönliche"[51] oder „körperliche" In-Sein der Fülle in Christus, auf die „Körperlichkeit, in der Gott dem Menschen in der Welt, in der er lebt, begegnet, ... die volle Menschlichkeit Jesu, nicht eine Menschlichkeit, die bloß Hülle für die Gottheit wäre"[52]. Man kann dann Joh 1,14 und 16, die klassische Inkarnationsaussage, als Parallele zitieren: „Der Logos ist Fleisch geworden ... aus seiner Fülle haben wir alle empfangen."[53] Es muß aber ein Zweifaches beachtet werden: einmal die präsentische Formulierung (κατοικεῖ), die den erhöhten Christus in den Blick nimmt. Dessen Identität mit dem Gekreuzigten ist für unseren Autor wichtig (vgl. zu 1,20). Zum anderen ist im folgenden V 10 unmittelbar die Gemeinde angesprochen (ἐστέ). Damit ist die dynamische Vorstellung – im Unterschied zu einer ontologischen – angedeutet. Das Gott-Sein Christi, sein göttliches Leben wird den Menschen zugänglich im Leib der Kirche. Die Realität, die fast alle Ausleger richtig erkannten, ist dann zutreffend beurteilt, wenn man sie als eine – in der Kirche – eröffnete, greifbar gewordene sieht. Das Pleroma ist nichts Naturhaft-Elementares, sondern geschichtliche Wirklichkeit geworden[54].

---

[49] Die Wortwahl in V 9 erklärt sich aus der Polemik. Zum Ganzen J. GEWIESS, Die Begriffe πληροῦν und πλήρωμα im Kolosser- und Epheserbrief, in: Vom Wort des Lebens (Festschrift M. Meinertz) (Münster 1951) 128–141, hier 135f. HUGEDÉ 119 vermutet, daß Pleroma bereits technisch verwendet sei als „Totalität aller vermittelnden Manifestationen der Gottheit", wie später in der Gnosis, zurückhaltend hierzu P. D. OVERFIELD, Pleroma: A Study in Content and Context, in: NTS 25 (1978/79) 384–396, hier 392.
[50] In der Reihenfolge der Übersetzungen 1. Hieronymus, in Jes. 11,2 (PL 24,144); 2. EWALD, DIBELIUS, SCOTT, CAIRD, OVERFIELD (Anm. 41); schon Augustinus, ep. 149,25; 3. Hilarius, de trin. 8,54; Isidor von Pelusium, ep. 4,166.
[51] SPICQ, Lexicographie II, 866; papyrologische Belege bereits bei Preisigke-Kießling s.v.
[52] SCHWEIZER, in: ThWb VII, 1075. SCHWEIZER (Kommentar) hebt ab auf die Leibhaftigkeit des Auferstandenen. Vgl. HUGEDÉ; PERCY, Probleme 77.
[53] LIGHTFOOT.
[54] Zur ekklesiologischen Deutung vgl. MASSON, LOHSE. Auch E. LOHSE, Christusherrschaft und Kirche im Kolosserbrief, in: NTS 11 (1964/65) 203–216, hier 206; BURGER, Schöpfung 88, der σωματικῶς auf die neue Schöpfung hinordnet. Nach LÄHNEMANN, Kolosserbrief 118, betont das Adverb die volle Menschlichkeit Jesu, nicht im antidoketischen Sinn, sondern als Wendung gegen die ἀφειδία σώματος von 2,23. KEHL, Christushymnus 119, sieht die Dynamik und spricht im Zusammenhang von Pleroma von der Wirkfülle Gottes im Gegensatz zu den Stoicheia. HEGERMANN, Schöpfungsmittler 107, sieht den Gedanken der Einwohnung in Verbindung mit der Vorstellung von der atl. Einwohnung Gottes im Tempel (ψ 131,13f). Im hellenistischen Judentum ist der wahre Tempel der Kosmos bzw. der Logos.

V 10 Die Ausrichtung auf die Gemeinde kommt jetzt zum Zuge. Weil der Gedankengang in 10 b zu Christus zurückkehrt, hat man für 10 a von einer Parenthese gesprochen[55]. Gesteht man dies zu, muß man von einer notwendigen Parenthese reden, die die folgenden Aussagen über das Verhältnis Christus – Christen vorbereitet und zusammenfaßt (11ff)[56]. Die Übersetzung schon bereitet wegen des absoluten Gebrauchs von πληροῦσθαι enorme Schwierigkeiten. Es wird ja nicht gesagt, womit sie erfüllt worden sind. Dibelius hebt ab auf den Teilhabegedanken: „und ihr seid dieser Fülle teilhaftig geworden in ihm"[57]; Oltramare auf den Vollkommenheitsgedanken: „En lui vous êtes parfaits", jedoch die sittliche Vollkommenheit ist nicht im Blick. Burger bemüht sich um die Korrespondenz von Fülle (9) und Erfülltsein (10) und schlägt vor: „in ihm seid ihr eingefüllt", was so viel besagen würde wie „und ihr seid in ihm integriert", seid ein Teil der Neuen Welt (also nicht nur: habt Anteil an ihr)[58]. Die Erfüllung ist bei Paulus ein auf die Zukunft gerichteter Wunsch, der konkret umschrieben wird. Die Gemeinde soll erfüllt werden mit Freude und Frieden (Röm 15,13), mit jeglicher Erkenntnis (15,14), mit Frucht der Gerechtigkeit (Phil 1,11), mit der Erkenntnis des Willens Gottes (Kol 1,9). Gerade im Blick auf die zuletzt genannte Stelle wird die Besonderheit unseres Verses bewußt, die im „Wortspiel", das zwischen 9 und 10 a besteht, zu erfassen ist. Hörten wir dort, daß das Pleroma des Gottseins in Christus ist, sich in ihm verleiblichte, so besagt das Erfülltsein in 10 a, daß die Kirche (= ἐστέ) in Christus erfüllt ist. Darum mangelt ihnen nichts und brauchen sie nicht besorgt zu sein, sich außerhalb des Leibes Heil zu verschaffen. „Ihr habt's ganz und gar, wenn ihr Christum habt, dürft's nicht weiter suchen" (Luther)[59]. Wir haben eine Aussage der präsentischen Eschatologie vor uns wie 1,12f. Diese aber entbindet die Adressaten nicht davon, sich in einem christlichen Leben bewähren zu müssen. Darum ist die Aussage durchaus neben dem in eine Fürbitte gekleideten Imperativ in 1,9 möglich und sinnvoll[60]. Der Erfüllungsgedanke ist soteriologisch geprägt.

Der kosmologische Hintergrund klingt in 10b an. Der textlich unsichere Anschluß ist auf jeden Fall so zu verstehen, daß wir jetzt wieder etwas über Christus erfahren[61]. Er ist das die Mächte beherrschende Haupt, ihr Zwingherr

---

[55] HUGEDÉ 121.
[56] Umgekehrt könnte man 10b als Parenthese ansprechen, wenn man meint, daß 10b die mit 10a beginnenden Aussagen über das Verhältnis Christus–Christen unterbricht. Dennoch bleibt jede Aussage an ihrem Platz sinnvoll.
[57] BURGER, Schöpfung 89, wendet gegen diese Übersetzung ein, daß sie ἐν αὐτῷ instrumental nähme. In V 9 sei die Wendung lokal. Zu einem Wechsel bestehe kein Anlaß.
[58] Schöpfung 89f.
[59] Bei EWALD 372.
[60] LÄHNEMANN, Kolosserbrief 119f, legt Wert auf den Zusammenhang von Indikativ und Imperativ.
[61] Statt des glatten ὅς ἐστιν lesen P[46] B D G das grammatisch nahezu unmögliche ὅ ἐστιν. Letzteres haben wir allerdings auch in Kol 3,14 (vgl. 2,17); 1,24.27; Eph 5,5, es gehört also zum Stil unseres Briefes. BUJARD, Untersuchungen 151; PERCY, Probleme 33f, der es bevorzugt. Schon Hilarius, de trin. 9,8. LOHSE 152 Anm. 6 hingegen möchte es als Angleichung an 1,24; 3,14 begreifen. LIGHTFOOT erwägt die Bedeutung scilicet.

(vgl. 2,15). Diese sind entmachtet und vermögen nichts mehr. Damit erfolgt eine Korrektur des Hymnus 1,15–20, wie sie ähnlich schon in 1,18 und 21f gegeben war. Nicht kosmische Potenzen bilden den Leib Christi oder gehören zu ihm, sondern allein die Ekklesia. Wenn Christus auch Haupt der Kirche ist (1,18; 2,19), so ist diese seine Hauptschaft von der über die Mächte zu unterscheiden. Nach der einen ist er als Haupt Ernährer und Lebensspender des Leibes, nach der anderen ist seine beherrschende Stellung bezeichnet, ohne daß dem Haupt ein Leib korrespondiert. Beide Hauptvorstellungen haben ihre Entsprechungen in der Umwelt bzw. im Alten Testament[62]. Die Weltverantwortung der Kirche besteht darin, daß sie das Evangelium überall verkündet (1,6). Weiterreichende Spekulationen verbieten sich, etwa jene, wonach sich hinter den Mächten die Völkerengel und damit die politisch Mächtigen auf dieser Erde verbergen würden, die auch unter Christi Herrschaft gestellt seien[63]. Für die Kolosser sind die Mächte und Gewalten reale überirdische Potenzen, die ihr Leben bestimmen und bedrohen können. Von ihnen sollen sie sich befreit wissen.

V 11 Nunmehr wird erläutert, worauf sich die Zugehörigkeit zu Christus gründet, was Erfülltsein in ihm bedeutet. V 11 unterstreicht die Ausrichtung auf Christus durch einleitendes „in ihm" und die Erwähnung der Beschneidung Christi in einer Apposition am Schluß[64]. Das Überraschende für die Leser liegt darin, daß von einer Beschneidung gesprochen wird, die sie erfahren haben, von einer Beschneidung besonderer Art, die Gott selber an ihnen vornahm. Die Verben in 11f sind einheitlich auf ein göttliches Handeln zu beziehen (Passivum divinum). Die Taufe ist gemeint. Es liegt aber keine vollständige Parallelisierung von Beschneidung und Taufe vor, die Beschneidung als Metafer beschreibt nur einen Aspekt der Taufe, allerdings einen wesentlichen, die Ablegung des Fleischesleibes. Bei dieser Wendung ist einzusetzen[65]. Das Doppelkompositum (ἀπεκ-) zeigt die radikale Trennung an, daß Rückkehr nicht mehr in Frage kommt. Es sind verschiedene Deutungen möglich: 1. Die radikale Trennung bezieht sich auf die Überwindung des alten Menschen, der der Sünde verfallen ist. Schon die jüdische Beschneidung, die buchstäblich am Fleisch vorgenommen wurde, konnte mit der Forderung, vollkommen zu leben, verbunden werden[66]. Die Vernichtung des „Leibs der Sünde" und damit die Gewinnung des neuen Menschen ist die wesentliche Folgerung, die Paulus aus

---

[62] Vgl. GNILKA, Epheserbrief 103–105.
[63] O. CULLMANN, Die Christologie des NT (Tübingen ²1958) 235–239.
[64] LOHMEYER 111 möchte die Apposition zum Folgenden ziehen und übersetzen „in der Beschneidung Christi mit ihm begraben". Strukturell gehört die Apposition zum Vorausgehenden. Vgl. BUJARD, Untersuchungen 151.
[65] Die Formulierung ist einmalig. Das Substantiv ἀπέκδυσις kommt in der gesamten Gräzität erst wieder bei Eustathius (12. Jahrhundert n. Chr.) vor, das entsprechende Verbum aber wird verwendet für das Ablegen der Gewänder. Vgl. BAUER, Wörterbuch; PASSOW s.v.
[66] BILLERBECK I, 386 (zu Mt 5,48); IV, 35. Zum jüdischen Beschneidungsgebot insgesamt BILLERBECK IV, 23–40. Beschneidung und Rechtschaffenheit sind bereits in Gn 17,1 verbunden.

dem Empfang der Taufe nach Röm 6,6 zog. Der Fleischesleib kennzeichnet dann im moralischen Sinn das Leben der Kolosser, bevor sie Christen wurden. Fleischesleib wird als Äquivalent zu Leib der Sünde aufgefaßt[67]. 2. Der Fleischesleib enthält nicht eine ethische Aussage, sondern besagt die Zugehörigkeit des Menschen zur Weltsphäre, seine Hinfälligkeit, Leidens- und Todesbestimmung, sein Unterworfensein unter die ihn versklavenden Mächte. Wird er abgestreift, so ist der Mensch frei. Im Aufschwung der Seele zu den himmlischen Höhen liegt die Erlösung des Menschen beschlossen. Grundsätzlich ist dies in der Taufe geschehen[68]. 3. Die Ablegung des Fleischesleibes betrifft in erster Linie Christus. Es ist ein realer Tod im Blick, und diesen ist Christus gestorben. Im Kreuz hat er seine Beschneidung erfahren, seinen Leib abgelegt und in seiner Auffahrt die Mächte bezwungen. Darauf spielt auch – so sagt man – die περιτομὴ τοῦ Χριστοῦ an. Was Christus erfuhr, hat Bedeutung für alle Christen, die in der Taufe seinen Weg übernehmen und nachvollziehen[69].

Die christologische Deutung muß ausscheiden. Das Kreuz als Beschneidung Christi zu bezeichnen, wäre eine für die Adressaten ganz unverständliche Redeweise. Auch wäre dann zu erwarten, daß von der „Ablegung seines Fleischesleibes" gesprochen wird. Die Taufe kann darum Beschneidung Christi heißen, weil sie als Initiationssakrament mit Christus verbindet[70]. Ob „Fleischesleib" ethisch neutral oder negativ zu bewerten ist, kann aus der Verwendung der Begriffe Fleisch und Leib in unserem Brief nicht eindeutig entschieden werden[71]. Zwar könnte der neutral christologische Gebrauch von Fleischesleib in 1,22 den neutralen Sinn auch für 2,11 empfehlen[72], jedoch dürfte 3,9 entscheidend sein: Ihr habt den alten Menschen abgelegt. Dasselbe Doppelkompositum (ἀπεκδυσάμενοι), nur in Verbform, wirft Licht auf die Ablegung des Fleischesleibes. Die Christen haben in der Taufe den alten sündigen Menschen prinzipiell begraben[73]. Ein Herrschaftswechsel ist erfolgt.

Daneben stellt sich die Frage, ob mit der Rede von der Beschneidung und dem Ablegen des Fleischesleibes auf Vorstellungen der kolossischen Häresie

---

[67] Vgl. SCHWEIZER, ERNST, LIGHTFOOT, HUGEDÉ. Der Koine-Text bekennt sich zu dieser Lösung, wenn er hinzufügt: σώματος τῶν ἁμαρτιῶν.
[68] Vgl. LOHSE, SODEN. Vgl. Philo, leg. all. 2,54: „Die von Liebe zu Gott erfüllte Seele streift den Körper und seine Freuden ab und flieht weit hinaus zu ihnen fort."
[69] Vgl. MOULE, MASSON, LOHMEYER, SODEN; SCHILLE, Hymnen 35; H. SAHLIN, Die Beschneidung Christi, in: SyBU 12 (1950) 5–22. BURGER, Schöpfung 94f, rechnet mit zwei sich überschneidenden Auffassungen, die er auf Tradition und Redaktion verteilt.
[70] Es liegt kein Genitivus objectivus, sondern einer der näheren Bestimmung vor. Mit EWALD.
[71] Sarx ist negativ Kol 2,13.18.23; neutral 1,22.24; 2,1.5; 3,22. Soma ist ekklesiologisch verwendet 1,18.24; 2,19; 3,15; christologisch 1,22; anthropologisch-neutral 2,23; eine eigene Stellung hat 2,17.
[72] Die Doppelwendung in 1,22 erklärt sich im Gegensatz zum σῶμα τῆς ἐκκλησίας in 1,18 und 24.
[73] HEGERMANN, Schöpfungsmittler 144 Anm. 2, ist im Recht mit der Meinung, daß das Ablegen des irdischen Leibes das Mitsterben in der Taufe im Blick hat. LÄHNEMANN, Kolosserbrief 122, überspitzt den ekklesiologischen Gedanken, wenn er behauptet, es gäbe für den Gläubigen nur noch den Leib der Gemeinde. DAVIES (Anm. 29) 166–169 will den Fleischesleib aus Qumran-Analogien erklären. In Qumran aber wird das Fleisch nicht abgelegt, sondern gereinigt. Vgl. BRAUN, Qumran I,230.

eingegangen ist. Paulus – und innerhalb des Neuen Testaments nur er – argumentiert theologisch mit der Beschneidung. Er kann vor allem zwischen der (bedeutungslosen) Beschneidung im Fleisch und der Beschneidung des Herzens im Geist unterscheiden (Röm 2,28f; vgl. 1 Kor 7,19; Eph 2,11; Phil 3,3). Schon im Alten Testament kann die Herzensbeschneidung gefordert werden (Dt 10,16; Jer 4,4; Ez 44,7.9; Lv 26,41; vgl. 1 QS 5,5), wobei allerdings dort die körperliche Beschneidung nicht angefochten ist[74]. Dies ist der nächste Hintergrund für V 11. Nirgendwo aber stellt Paulus die Taufe der Beschneidung gegenüber. Diese überraschende Ineinssetzung („Auch ihr seid beschnitten worden") kann damit zusammenhängen, daß die Häretiker eine eigene Beschneidung praktizierten[75]. Dieser Beschneidung wäre dann aber auch ein eigener, von der jüdischen Beschneidung sich unterscheidender Sinn zuzuschreiben. Denn es ist nicht erkennbar, daß ein solcher Ritus – wie etwa im Galaterbrief – als Verpflichtung auf das jüdische Gesetz angesehen wurde. Man darf vermuten, daß er eine ähnliche Funktion erfüllt haben könnte wie die Initiationsriten in den Mysterien, bei denen das Ablegen des alten Kleides, das Anlegen eines heiligen Gewandes, ein reinigendes Bad die Überwindung des sterblichen Leibes, die Erfüllung der Seele mit göttlichen Kräften und die Gewinnung der Unsterblichkeit darstellten (vgl. Apuleius, met. XI,23f). Trifft dies zu, gewinnt V 11 einen zusätzlichen polemischen Akzent. Die Überwindung des Fleischesleibes ist allein an Jesus Christus gebunden und nicht an naturhafte Vorgänge. Sie erfordert nicht eine asketische Verachtung der Sarx, sondern die Verwirklichung eines neuen Lebens, das Christus ermöglicht hat. Polemisch ist auch die Bezeichnung der christlichen „Beschneidung" als einer nicht von Händen gemachten. Einschlußweise ist damit der Ritus der Häretiker als ein von Händen gemachter gebrandmarkt. Der polemische Sinn des Wortes ist alttestamentlich. Die Götzen sind χειροποίητα (LXX Lv 26,1.30; Ri 8,18; Dn 5,4; 6,27), sie schwinden dahin (Is 2,18), bewirken nichts (Is 16,12), schuldbeladene Hände verfertigen sie (31,7; vgl. 46,6)[76]. Nicht von Händen gemacht aber bedeutet: von Gott gewirkt.

V 12 Was an den christlichen Kolossern geschah, verdeutlichen Sätze, die einer paulinisch-christlichen Tauflehre entsprechen und in Röm 6,3–5 ihre Parallele haben. Charakteristisch für sie ist das „mit Christus". Mit Christus wurden sie begraben und auferweckt. Diese Mit-Christus-Aussagen gehören innerhalb des Corpus Paulinum in einen größeren Zusammenhang, in dem wir zwischen einer auf das irdische Leben des Christen ausgerichteten bzw. sakramentalen Christusgemeinschaft und einer eschatologisch-endzeitlichen unter-

---

[74] SCHWEIZER 110 weist darauf hin, daß in LXX Jer 9,24f die körperliche Beschneidung vollständig relativiert und in Jub 1,23 die Herzensbeschneidung als eschatologische Gabe Gottes erscheint.
[75] Vermutung von EWALD, LOHSE, LOHMEYER, MASSON; WENGST, Formeln 187. DIBELIUS hält auch einen Selbstverstümmelungsritus, wie er in orientalisch-hellenistischen Religionen vorkäme, für möglich.
[76] Vgl. Mk 14,58; Apg 7,48; 17,24; Eph 2,11; Hebr 9,11.24 und E. LOHSE, in: ThWb IX, 425f. Der polemische Sinn fehlt bei Philo, spec. leg. 2,88; Apuleius, met. V, 1,2.

scheiden. Die in der Taufe begründete Christusgemeinschaft gehört in die erste Gruppe. Der Kolosserbrief kann aber auch davon sprechen, daß „ihr mit ihm in Herrlichkeit in Erscheinung treten werdet" (3,4). Die unterschiedliche Ausgestaltung des Gedankens läßt darauf schließen, daß er verschiedene Ursprünge besitzt. Während die eschatologisch-endzeitliche Christusgemeinschaft auch in anderen neutestamentlichen Schriften verheißen wird (Lk 23,43; Apk 20,6) und in apokalyptischen Wurzeln gründet, ist die sakramentale eine uns durch das Corpus Paulinum vermittelte[77]. Die Gemeinschaft mit Christi Begräbnis – eine Vorstellung, die seltsam erscheinen mag – und Auferweckung wird nur verständlich, wenn man ihre Orientierung am christologischen Glaubensbekenntnis zur Kenntnis nimmt (vgl. 1 Kor 15,3f). „Die Taufe ist die Aktualisierung dieses Geschehens für uns" (Conzelmann). Es macht den Gegenstand einer lange währenden theologischen Kontroverse aus und ist bis heute umstritten, welche Faktoren die sakramentale Christusgemeinschaft bestimmen und wie die raum-zeitliche Überbrückung, die das Taufgeschehen mit den Heilsdaten von Tod und Auferweckung Jesu verbindet, gedacht ist[78]. Uns interessiert die Frage, ob das Taufgeschehen des Unter- und Auftauchens des Täuflings im Wasser als reales Bild in die Überlegungen miteinzubeziehen ist[79]. ConstAp 3,17 (4. Jh.) setzt dies voraus: „Das Untertauchen steht für das Mitsterben, das Auftauchen für das Mitauferstehen." Unser Vers hingegen läßt mit Sicherheit ein Zweifaches erkennen: am Täufling handelt Gott, wie er an Christus gehandelt hat. Und: dieses Handeln wird wirksam durch den Glauben an die Macht Gottes, der Christus von den Toten auferweckte. Ort des Heilsgeschehens ist die Taufe, die hier βαπτισμός genannt wird[80]. Sonst bezeichnet das Wort das Eintauchen, die rituelle Waschung, während τὸ βάπτισμα, ein Wort des christlichen Sprachgebrauchs, für die christliche Taufe (und die Johannestaufe) reklamiert bleibt. „In ihm seid ihr auch mitauferweckt worden" läßt sich grammatisch sowohl auf das Taufbad als auch auf Christus zurückbeziehen. Letzteres ist wegen der Einheitlichkeit der Sprechweise (V 9: ἐν αὐτῷ; V 11: ἐν ᾧ) vorzuziehen[81]. „In ihm" mag neben „mit ihm" als überflüssig erscheinen.

---

[77] Zum Ganzen vgl. GNILKA, Philipperbrief 76–93. Jetzt noch R. C. TANNEHILL, Dying and Rising with Christ (BZNW 32) (Berlin 1967); N. GÄUMANN, Taufe und Ethik. Studien zu Röm 6 (München 1967) 47–54; H. FRANKENMÖLLE, Das Taufverständnis des Paulus (SBS 47) (Stuttgart 1970) 98–121.
[78] Vgl. O. CASEL, Das christliche Kultmysterium (Regensburg ²1935); DERS., Glaube, Gnosis, Mysterium (Münster 1941); R. SCHNACKENBURG, Baptism in the Thought of St. Paul (Oxford 1964); O. KUSS, Der Römerbrief (Regensburg 1957ff) 307–381.
[79] Dies war sicher die Taufform der älteren Zeit. Ob sie allerdings noch in Kolossä fortbestand, ist ungewiß. LIGHTFOOT, HUGEDÉ rechnen mit der Einbeziehung des Ritus.
[80] ἐν τῷ βαπτισμῷ, gelesen von P⁴⁶ ℵ^c B D*, ist gegenüber ἐν τῷ βαπτίσματι, gelesen von ℵ* A C, zu bevorzugen. Pseudo-Athanasios ergänzt „durch die Taufe in den Hades", wodurch der Sinn völlig verändert wird. Unser Brief bevorzugt ἐν. Röm 6,4 lautet: διὰ τοῦ βαπτίσματος.
[81] Mit EWALD, LOHMEYER, SCHNACKENBURG (Anm. 70) 68; gegen LIGHTFOOT, SODEN, ABBOTT, SCHWEIZER; BURGER, Schöpfung 96, der die Fragestellung relativiert. Die letztgenannten Autoren berufen sich auf eine angeblich gleichlaufende Struktur in V 12: mit ihm begraben im Taufbad, in ihm auch mitauferweckt. Der Anschluß von Mitbegraben und Mitauferweckt aber ist ein lockerer. Vgl. oben S. 119.

Obwohl letzteres den Akzent trägt, könnte „in ihm" den Raum anzeigen, wo sich der Herrschaftswechsel vollzog, die Kirche als den Leib des Christus. Das Mitbegrabensein, partizipial an V 11 angeschlossen, radikalisiert den Todesgedanken, das „Ablegen des Fleischesleibes". Wie das Begräbnis Christi seinen wirklichen Tod bekundete (1 Kor 15,4a), ist der alte Mensch in der Taufe gestorben. Gleichzeitig aber wurde der neue Mensch zum Leben erweckt. Er lebt mit Christus und trägt sein Bild.

Im Unterschied zu Röm 6,4f wird über den Getauften gesagt, daß er Anteil an der Auferstehung Christi gewonnen hat, während er nach jener Stelle diesen Anteil erst in Zukunft gewinnen wird: „Denn wie wir verbunden sind mit dem Gleichbild seines Todes, werden wir es auch mit seiner Auferstehung sein." Oder der Auferstehungsgedanke wird auf das neue sittliche Leben übertragen: „Wie Christus auferweckt wurde durch die Herrlichkeit des Vaters, sollen auch wir in der Neuheit des Lebens wandeln." Für beide Nuancierungen gibt es konkrete Anlässe. Im Römerbrief ist es der Vorwurf gegen die paulinische Gnadenlehre, daß der Apostel die sittlichen Forderungen nicht ernst nehme. Im Kolosserbrief ist es die Auseinandersetzung mit der Häresie, der gegenüber zu klären ist, daß der Christ ausschließlich in und mit Christus seine Vollendung erreicht, ja prinzipiell schon erreicht hat. Darüber hinaus wird man im Rückgriff auf eine vorausliegende Taufdeutung feststellen können, daß dieser das schon erfolgte Mitauferwecktsein entspricht. Die Auseinandersetzung bietet mithin den Anlaß, daß unser Brief über Röm 6 hinaus die ältere Auffassung einbringt, die in Eph 2,5f fortwirkt[82]. Konsequenterweise spricht Kol 3,3f nicht mehr unmittelbar von unserer Auferstehung von den Toten, sondern davon, daß unser Leben mit Christus in Gott verborgen sei und daß wir zusammen mit ihm in Herrlichkeit offenbar werden sollen. Dennoch gibt gerade der Abschnitt Kol 3,1–4 zu verstehen, daß auch die Getauften durchaus noch nicht das Ziel erreicht haben. Die Weltperspektive der Getauften ist eine völlig geänderte (vgl. 2,20b). Das Denkmodell, daß das synchrone Heilshandeln an Christus und den Christen vorzustellen ermöglicht, ist das von der korporativen Persönlichkeit, nach dem das Schicksal der Abkömmlinge im Schicksal des Stammvaters aufgehoben ist[83].

Es ist zu betonen, daß das Heilsgeschehen am Täufling weder ekstatisch verläuft noch auf Gefühlen aufruht. Es als mystisch zu bezeichnen, wäre falsch. Es handelt sich um ein objektives Geschehen, das den Glauben an die Macht Gottes voraussetzt. Es ist die Lebensmacht Gottes, die den Tod überwindet[84]. Diese ist wirksam geworden in der Auferweckung Jesu, die mit dem Zitat eines

---

[82] Die sekundäre Konfrontation dieser Taufanschauung mit einer Häresie, die aus Gedanken der hellenistischen Mysterien gespeist zu sein scheint, spricht nicht dafür, daß besagte christliche Taufinterpretation von den Mysterien beeinfluß ist.

[83] Mehr zum religionsgeschichtlichen Hintergrund bei GNILKA, Epheserbrief 122–128. TANNEHILL (Anm. 69) 50 bezeichnet das Heilsgeschehen von Kreuz und Auferstehung Jesu als ein „inclusive event".

[84] PERCY, Probleme 106, beobachtet, daß die Auferstehung Jesu auch Röm 6,4; 2 Kor 13,4; Phil 3,10; Eph 1,19f als Manifestation der Macht Gottes betrachtet wird. – Die LXX spricht von der ἐνέργεια τοῦ θεοῦ nur in Weish 7,26.

Credosatzes beschrieben wird. Der Gott der Christen ist jener Gott, „der ihn (= Jesus) von den Toten auferweckt hat"[85]. Dieser Satz bindet die Erlösung an das objektive Geschehnis wie er vor dem Mißverständnis, Auferstehung als einen rein seelischen Vorgang zu begreifen, bewahrt. Das Verhältnis von Glaube und Taufe kann nicht so gekennzeichnet werden, daß die Taufe nur den Glauben bestätigt oder das versinnbildet, was allein der Glaube wirkt. Vielmehr wirkt die Taufe durch den Glauben, daß der Christ einbezogen wird und bleibt in Tod und Auferweckung seines Herrn[86].

V 13 Das Bild vom Tod wechselt. War eben von der realen Erweckung Christi aus den Toten die Rede und davon, daß der Christ den Tod bzw. das Begräbnis Christi im Taufsakrament nachvollzog, so wird mit Tod jetzt der Zustand umschrieben, in dem sie waren, bevor sie Christen wurden. Die Vorstellung von einem geistigen Totsein ist alt. Nach Sophokles, Philokt. 1018, ist einer, der weder Freund noch Heimat besitzt, „ein Toter unter Lebenden". Für Philo leben allein diejenigen, die sich schutzsuchend zu Gott flüchten, während die anderen tot sind (fug. 56). Im Gleichnis vom verlorenen Sohn heißt es: „Er war tot und lebt wieder" (Lk 15,24.32)[87]. Auch Paulus entwickelt in Röm 6 die Vorstellung vom geistigen Tod (V 13), wie er auch hier ambivalent mit dem Todesgedanken umgehen kann (6,3ff.10f.12f). Man sollte darum unserem Pauliner weder widersprüchliches Denken vorwerfen noch von einem Wortspiel sprechen[88]. Er bringt einfach eine traditionelle Vorstellung zur Geltung. In Übereinstimmung mit Paulus ist für ihn das Totsein des Menschen in dessen Sünde begründet. Er bedient sich aber des Wortes Fehltritte (Plural: τοῖς παραπτώμασιν)[89]. Damit sind die konkreten Verfehlungen und möglicherweise schon die in 3,5.8 ausgebreiteten heidnischen Laster angesprochen. Denn die Laster hatten gleichsam ihren Sitz „in der Unbeschnittenheit ihres Fleisches". Die kolossischen Christen waren einst Heiden und damit unbeschnitten und nicht dem Volk Gottes zugehörig. Wenn sie an ihre Vergangenheit erinnert werden, geschieht das, um die Größe ihrer Berufung bewußt zu machen. Nicht soll der jüdischen Beschneidung irgendein Wert zugemessen werden[90], haben sie doch mit der Taufe die gültige, „nicht von Händen gemachte" Beschneidung

---

[85] Dieser Satz findet sich auch in Röm 4,24; 8,11.34; 10,9; Gal 1,1; 1 Thess 1,10; Eph 1,20. Vgl. GNILKA, Epheserbrief 94. – Der Artikel ἐκ τῶν νεκρῶν, den B 𝔐 D G lesen, könnte ursprünglich sein, weil seine Auslassung das Geläufigere ist. Vgl. ABBOTT.
[86] Zur Verbindung von Glaube und Taufe vgl. Röm 4,17.24; 6,8f; 10,9; 2 Kor 4,13f. LOHMEYER, HUGEDÉ möchten den Glauben in Kol 2,12 als göttliche Macht interpretieren.
[87] Weitere Belege bei BAUER, Wörterbuch 1057f.
[88] LOHMEYER. – Strukturell gleicht V 13 Kol 1,21f.
[89] Im Plural kommt das Wort bei Paulus nur Röm 4,25; 5,16; 2 Kor 5,19 (vgl. Eph 1,7) vor. Spezifisch paulinisch ist ἁμαρτία (Singular). Daneben kennt er das Wort ἁμάρτημα (Röm 3,25; 1 Kor 6,18). In Kol 2,13 fügen P⁴⁶ A C 𝔐 D G ἐν τοῖς παραπτώμασιν ein, bevorzugt von HUGEDÉ, MASSON. Der Unterschied ist unerheblich. In der LXX bevorzugt das Wort παράπτωμα Ez (8mal).
[90] Gegen LOHMEYER.

empfangen (V 11). In der neuen Ordnung gilt weder die alte Beschneidung noch die Unbeschnittenheit etwas (3,11)[91].

Der mit der Taufe gegebene Einschnitt in ihrem Leben bedeutete, daß sie mit Christus zusammen zum Leben gebracht wurden. Die doppelte Anrede (wiederholtes ὑμᾶς) ist freudig bewegt. Gott, jetzt handelndes Subjekt des Satzes, kommt es allein zu, den Tod zum Leben zu wenden. „Belebe mich neu, führe mich herauf aus den Tiefen der Erde", betet der Psalmist nach ψ 70,20. „Bin ich denn ein Gott, der töten und zum Leben erwecken kann?" muß der König von Israel gestehen (LXX 4 Kg 5,7). Bemißt sich die Gabe des Lebens nach der Qualität des Todes in der Sünde? Anders gesagt: Ist die Lebendigmachung nur eine moralische oder greift sie darüber hinaus? Gerät der Text „in die Nähe einer Auffassung, welche die Auferstehung aus dem Sündentode heraus an die Stelle der Überwindung des leiblichen Todes setzt"[92]? Das gleichfalls doppelte „mit Christus" verwehrt diese Konsequenz, wenngleich im folgenden der Nachdruck auf die Vergebung aller Verfehlungen gelegt wird. Damit wird die in Kreuz und Auferweckung Jesu erfolgte Tilgung der universalen Sündenschuld proklamiert. Darum wechselt die Rede von Ihr zum Wir[93]. Das für das Vergeben verwendete Verb χαρίζομαι mit der Grundbedeutung „schenken, gütig spenden" gewinnt vermutlich in der Rechtssprache den besonderen Sinn: die Schuld erlassen, verzeihen. In Prozessen wird es verwendet für die Freigabe eines Gefangenen an seine Verwandten (Diodorus Siculus 13,59,3) oder an die Volksmenge (PapFlor 61,61)[94]. Es bringt zum Ausdruck, daß die Schenkung aus Gnade unverdient geschieht. Die Vergebung unserer Verfehlungen bedeutet letztlich, daß wir uns selbst wiedergegeben wurden, uns die Freiheit von der schuldvollen Vergangenheit und damit der Beginn eines neuen Lebens gewährt wurde. Wer Vergebung von Gott empfing, hat diese an die Menschen weiterzuschenken (Kol 3,13).

V 14 In kühnen Bildern wird die Erlösungstat ausgemalt. Ihr Grundsinn ist klar: die Christen sind von allem Widrigen und sie Belastenden befreit. Im Detail bereitet die Interpretation erhebliche Schwierigkeiten. Drei eng aufeinander bezogene Bilder stehen nebeneinander.

---

[91] PERCY, Probleme 97 Anm. 27, erblickt in V 13 wieder Polemik gegen einen von den Häretikern geübten Beschneidungsbrauch. BURGER, Schöpfung 98–100, der für den gesamten Abschnitt mit einer komplizierten traditionsgeschichtlichen Entwicklung rechnet, glaubt, daß auf einer Vorstufe der Text „ihr ward tot der Beschneidung" gelautet habe. Diese Wendung, die keine Parallele besäße, ist höchst unwahrscheinlich.
[92] Feststellung von HEGERMANN, Schöpfungsmittler 197. Moralisch deutet DIBELIUS.
[93] Wenn einzelne Handschriften ὑμᾶς beibehalten (ℵ* A C K) oder ein Personalpronomen streichen (D G P), ist das ungerechtfertigte Angleichung an 13a. Nach LÄHNEMANN, Kolosserbrief 125 Anm. 62, verrät „ihr" in 13a das Wissen darum, daß Paulus aus der Beschneidung stammt. – Der gedankliche Fortschritt in 2,12f erinnert an 1,12–14.
[94] Belege nach BAUER, Wörterbuch; PREISIGKE-KIESSLING s.v. Vgl. Philo, spec.leg. 2,39: „die Schulden erlassen"; Josephus, ant. 7,144: „Gott hielt Saul nicht für würdig, daß ihm die Sünden nachgelassen würden." Der LXX ist dieser Sprachgebrauch noch unbekannt. – Der partizipiale Anschluß in 13b ist typisch für unseren Autor. Vgl. BUJARD, Untersuchungen 60.

Das erste Bild: ein uns betreffendes, gegen uns gerichtetes χειρόγραφον wurde getilgt, ausgelöscht[95]. Das χειρόγραφον (wörtlich: Handschreiben) ist im buchtechnischen Sinn die von privater Hand ausgestellte – im Gegensatz zur notariell beglaubigten – Urkunde. Im besonderen ist es der Schuldschein, auf dem ein Schuldner seinem Gläubiger die Schuldsumme bestätigt und sich zur Rückerstattung verpflichtet: „Das Recht der Eintreibung liegt bei dir und bei jedem anderen, der an deiner Statt oder Stelle diesen Schuldschein gültig vorweist, und betrifft mich und alle meine Güter und alles, was ich in Zukunft besitzen könnte."[96] Im Jüdisch-Rabbinischen wird das Bild auf das Verhältnis Gott–Mensch übertragen. Gott wird gebeten, die bei ihm vorliegenden, den Menschen belastenden Schuldbriefe auszulöschen. So heißt es in dem bereits dem Rabbi Aqiba († ca. 135) bekannten Gebet Abinu Malkenu: „Unser Vater, unser König, tilge durch deine große Barmherzigkeit alle unsere Schuldbriefe!"[97] Gott tut dies allerdings nach jPea 16b,37 nur dann, wenn sich Verdienste und Verschuldungen des Menschen die Waage halten[98]. Die Vorstellung von den himmlischen Schuldbriefen kommt nahe an die von den himmlischen Büchern, in denen die Werke des Menschen verzeichnet stehen, heran[99].

Der Versuch, das χειρόγραφον als Teufelspakt zu deuten, den Adam und mit ihm die ganze Menschheit geschlossen habe, ist abzulehnen[100]. Die Idee vom Teufelspakt Adams, bei dem dieser sich an den Teufel verkauft und zur Sünde verpflichtet habe, ist der Vätertheologie – auch unabhängig von Kol 2,14 – bekannt und lebt in der Volksfrömmigkeit bis in unser Jahrhundert fort, wie G. Megas für die griechische Kirche gezeigt hat[101]. F. J. Dölger[102] verband diese Tradition wieder mit unserer Stelle, indem er auf die seit der Mitte des 2. Jahrhunderts bekannte Deutung des Kreuzes als Tropaion, als Zeichen des Sieges über den Satan, und auf die Elija-Apokalypse aufmerksam machte, die vom Schuldbrief redet, den der Anklage-Engel in der Hand hält und gegen jeden Menschen geltend macht. Lehnt man den Pakt ab, so verdient Dölger

---

[95] Das Nebeneinander der beiden Präpositionalfiguren καθ' ἡμῶν und ὃ ἦν ὑπεναντίον ἡμῖν ist keine Tautologie. Die erste bezeichnet das Sicherstrecken über etwas, die zweite die aktive Feindseligkeit. Zur Bedeutung von κατά vgl. SODEN und PASSOW I 1597. Zu ὑπεναντίος Hebr 10,27. ὑπό verstärkt den gegensätzlichen Sinn.
[96] Text eines χειρόγραφον aus dem Jahr 117 n. Chr., entnommen dem PapMurabbaat 114,19. Dieser und weitere Belege bei SPICQ, Lexicographie II, 968–970; MOULTON-MILLIGAN 687; PREISIGKE-KIESSLING s. v. Vgl. LXX Tob 5,3; 9,2.5. Das Wort lebt als Lehnwort im Lateinischen fort. Cicero, Fam. VII, 18: Misi cautionem chirographi mei. Vgl. Juvenal, Sat. XVI, 41.
[97] Dieser und weitere Belege bei BILLERBECK III, 628. Nicht überzeugend ist N. WALTER, Die „Handschrift der Satzungen" Kol 2,14, in: ZNW 70 (1979) 115–118, der χειρόγραφον auf ein Schuldbekenntnis beziehen möchte.
[98] Bei BILLERBECK III, 78f.
[99] Belege bei BILLERBECK II, 170–173.
[100] LOHMEYER 116.
[101] Das χειρόγραφον Adams. Ein Beitrag zu Col 2,13–15, in: ZNW 27 (1928) 305–320.
[102] Die Sonne der Gerechtigkeit und das Schwarze (LF 2) (Münster 1918) 129–141, besonders 136–140. ApkElias 11,1–3: „Ich blickte hin und sah, wie eine Schriftrolle in seinen Händen lag. Er fing nun an, sie aufzumachen. Als er sie ausgebreitet, da las ich sie in meiner Sprache und fand von ihm darin verzeichnet alle meine Sünden, die ich getan hatte."

Zustimmung mit der Meinung, daß die Handschrift sich in der Gewalt der Mächte befand. Von ihnen ist ja in V 15 die Rede. – Gleichfalls wird man den Anliegen unseres Briefes nicht gerecht, wenn man das χειρόγραφον auf das mosaische Gesetz bezieht. Dabei kann man sich darauf berufen, daß auch nach Ex 31, 18: Dt 9, 10 die Finger Gottes auf die steinernen Tafeln geschrieben hatten[103]. Im Blickpunkt stehe das Gesetz nicht als unbezahlte Schuld, sondern „mit seinem uns bedrängenden du sollst! du sollst!" (Ewald). Übersehen ist, daß die Gesetzesproblematik des Kolosserbriefes sich von der der alten Paulusbriefe unterscheidet.

Die veränderte Situation ist bereits durch den Begriff δόγματα angezeigt, den Paulus nie für die Gesetzesvorschriften verwendet[104]. Er wird in der Bibel und Profangräzität für verpflichtende Erlasse oder Edikte des Kaisers (Lk 2, 1; Apg 17, 7), des Königs (LXX Dn 3, 10.12), der Meder und Perser (LXX Dn 6, 8.12.15), der Apostel (Apg 16, 4), also einer fraglosen Autorität gebraucht. Wenn er im hellenistischen Judentum auch die Thora bezeichnen kann[105], darf an unserer Stelle seine Wiederaufnahme in V 20 (δογματίζεσθε) nicht übersehen werden. Er muß demnach die asketischen Sondervorschriften zum Inhalt haben, die die Häretiker der Gemeinde aufoktroyieren wollen (V 21). Es mögen hierzu auch Vorschriften des mosaischen Gesetzes gehört haben, doch ist dies nicht spezifisch. Beachtung verdient, daß Gesetzes-δόγματα auch zu einem weit ausgelegten Philosophiebegriff gehören und die kolossische Häresie sich als Philosophie verstand[106]. Das χειρόγραφον belastet uns durch die Vorschriften. Nicht, daß diese auf jenem verzeichnet stehen, dort sind unsere Schulden aufgeschrieben. Aber die Mächte, deren Kult propagiert wird, fordern die Einhaltung der Vorschriften ein und belasten bei Nichteinhaltung unser Schuldkonto[107]. Ist der Autor ad Colossenses den mythologischen Spekulationen der Gegner bis dahin gefolgt, so tat er dies doch nur, um sie zurückzuweisen[108]. Er stellt gegen die Mythologie den nüchternen Rechtsakt. Der Schuldbrief wurde ausgelöscht. Das Partizip ἐξαλείψας spielt kaum auf ein Durchkreuzen an, aber auf die vollständige Tilgung[109]. Sie geschah bedingungslos, aus Gnade. Mit ihr wurde im Prinzip jede Gesetzesfrömmigkeit getroffen[110].

---

[103] E. Larsson, Christus als Vorbild (ASNU 23) (Uppsala 1962) 87f.
[104] Nur Eph 2, 15. Wenn Masson den Begriff vom Verfasser des Eph in Kol 2, 14 sekundär eingetragen sein läßt, stellt er die Dinge auf den Kopf.
[105] Belege bei Gnilka, Epheserbrief 141 Anm. 6.
[106] Belege bei G. Delling, in: ThWb II, 234, und Schweizer 116 Anm. 372. Vgl. oben zu 2, 8.
[107] Es ist umstritten, worauf sich τοῖς δόγμασιν bezieht, ob nach vorwärts oder rückwärts. Entscheidend wird der Sinn nicht geändert. Am besten bezieht man es proleptisch auf den folgenden Relativsatz.
[108] Die Formulierungen sind im Blick auf die Vorstellungen der Irrlehrer entstanden. Sieht man dies so, wird die Annahme eines Traditionsstückes in 14f nachträglich widerlegt. Vgl. S. 119–121.
[109] Das Bild vom Durchkreuzen entwickelte A. Deissmann, Licht vom Osten (Tübingen ⁴1923) 282f, zuletzt übernommen von Lähnemann, Kolosserbrief 128. Vgl. PapFlor. L. 61, 65: ἐκέλευσε τὸ χειρόγραφον χιασθῆναι. Das Verb ἐξαλείφω wird verwendet für: eine Papyrus-Handschrift abwaschen, eine Steinschrift tilgen, einen Namen in der Liste streichen

Das zweite Bild – mehr angedeutet als ausgeführt – handelt von der Beseitigung eines Hindernisses[111]. Es ist wiederum das χειρόγραφον, das „aus der Mitte" fortgeräumt wurde. Die Bildvariante wiederholt die geschehene Schuldentilgung. Der Tempuswechsel (Perfekt) deutet an, daß das Geschehen bis in die Gegenwart fortwirkt. Das Verb αἴρω im Sinn von „die Sünde forttragen" haben wir auch in Joh 1,29; 1 Joh 3,5, doch hier ist das Bild ein anderes. Es ist darum auch nicht zutreffend, an das jüdische Versöhnungsfest zu denken, an dem der Sündenbock die Sünde aus der Mitte des Volkes wegtrug[112]. Die Beseitigung des Hindernisses ist als Gewalt-, nicht als Sühneakt aufgefaßt[113]. Am besten denkt man an einen Gerichtsprozeß, in dem der Anklagende in der Mitte steht. Nachdem das χειρόγραφον ausgelöscht ist, muß jede Anklage verstummen[114].

Das dritte Bild ist die Annagelung des Schuldenbriefes an das Kreuz[115]. Im Hintergrund steht der Tod Christi, der im Anschluß an eine alte Überlieferung als stellvertretender Sühnetod gedeutet wird (1 Kor 15,3: „Christus starb für unsere Sünden"; vgl. 2 Kor 5,21; Gal 3,13)[116]. Damit ist der letzteigentliche Grund für unsere Errettung und Befreiung genannt. Ob das Bild durch den titulus crucis angeregt ist, der nach Mt 27,37; Lk 23,38; Joh 19,19 (noch nicht nach Mk 15,26) am Kreuz angebracht wurde, muß unsicher bleiben. Denn es läßt sich zwar der Brauch eines titulus bei den Römern wahrscheinlich machen, nicht aber dessen Befestigung am Kreuz[117]. Man hat auf einen militärischen Brauch aufmerksam gemacht, bei dem eine ungültig gewordene Vertragshand-

---

(Apk 3,5), vernichten. Belege bei PREISIGKE-KIESSLING s. v.; auch für die Tilgung der Sünden durch Gott: Apg 3,19; LXX Is 43,25; Jer 18,23; Ps 50,9; 108,14.
[110] Der prinzipielle Sinn ergibt sich aus V 13 c. – O. A. BLANCHETTE, Does the Cheirographon of Col 2,14 Represent Christ Himself? in: CBQ 23 (1961) 306–312, möchte mit Rückgriff auf Od Sal 13 und Apk 5 das χειρόγραφον mit Christus identifizieren. Ähnlich schon A. J. BANDSTRA, The Law and the Elements of the World (Kampen 1964) 159–161. W. CARR, Two Notes on Colossians, in: JThS 24 (1973) 492–500, hier 492–496, bringt das χειρόγραφον mit einem Brauch in Verbindung, nach dem man öffentliche Schuldbekenntnisse an Stelen angebracht habe.
[111] BLASS-DEBR § 5,3b dachten an einen phraseologischen Latinismus: de medio tollere. Das ist nicht notwendig. Griechische Belege bereits bei DIBELIUS.
[112] Gegen LOHMEYER. Man kann auch nicht mit LOHSE von Worten des urchristlichen Bekenntnisses sprechen. Es handelt sich um ein singuläres Bild.
[113] Mit BAUER, Wörterbuch 48 z.St. – BURGER, Schöpfung 110f, bezieht das Hindernis auf das Gesetz als trennende Wand zwischen Himmel und Erde wie Eph 2,14.
[114] Zur Gerichtssituation vgl. Mk 14,60: εἰς μέσον. Vgl. Apg 4,7.
[115] Das Verb προσηλόω – hapax legomenon im NT – muß auf ein Annageln bezogen und darf nicht abgeschwächt werden. Belege bei BAUER, Wörterbuch; MOULTON-MILLIGAN s. v.; DÖLGER (Anm. 94) 140 Anm. 1. Aufschlußreich sind MartPol 13,3: Polykarp soll am Scheiterhaufen festgenagelt (προσηλοῦν) werden. Eine Abschwächung (etwa: festbinden) ist nicht möglich, weil im gleichen Zusammenhang die Nägel erwähnt werden; PapTebt II, 332,15: „die Nägel aus der Tür ziehen" (ἐξηλώσαντες).
[116] Die Deutung wurzelt in der Abendmahlsüberlieferung Mk 14,24 parr; 1 Kor 11,24).
[117] Vgl. J. GNILKA, Das Evangelium nach Markus (EKK II/2) (Zürich 1979) 318. – Der Bezug von V 14c auf den Titel des Kreuzes ist verbreitet: DIBELIUS, SCOTT, LOHSE, ERNST; LÄHNEMANN, Kolosserbrief 128; WENGST, Formeln 192.

schrift zur Beschämung der Gegner an die Fahnenstange geheftet wurde [118]. Die Sitte einer symbolischen Annagelung dürfte verbreitet gewesen sein [119]. Auf jeden Fall erscheint das Kreuz als Heils- und Siegeszeichen [120].

V 15 Nicht nur die Sünde ist vergeben, auch die Schuld aufrechnenden und von ihr profitierenden Mächte und Gewalten sind überwunden. Diese Grundaussage des V 15, die in Eph 1,21; Phil 2,10f ihre Entsprechungen hat und eine verbreitete Überzeugung der Urchristenheit wiedergibt, wird in besonderer Weise entfaltet. Der Tenor, der sie bestimmt, ist nicht der Kampf, das Schlachtfeld, sondern die Lächerlichkeit, der diese Mächte nunmehr preisgegeben sind. Es ist darum nicht notwendig anzunehmen, daß die Mächte es gewesen sind, die Christus gekreuzigt haben [121]. Einer Vervollständigung der Rolle, die die Mächte spielen, anhand von anderen Schriftaussagen ist zu entraten.

Für die Wendung ἀπεκδυσάμενος τὰς ἀρχὰς καὶ τὰς ἐξουσίας liegen – teilweise seit der Väterzeit – drei Interpretationsvorschläge vor. 1. Man faßt Christus als das Subjekt des Handelns. Christus habe mit seiner Kreuzigung sein Fleisch abgelegt und damit jenes Medium, das für die Menschen zum Verhängnis wurde. Denn für die Mächte sei es der Anknüpfungspunkt, an dem sie zusammen mit der Sünde ihre Herrschaft aufrichten [122]. Parafrasierend könnte man sagen: Christus zog aus (sein Fleisch und überwand so) die Mächte und Gewalten. Gegen diese Interpretation ist zu sagen, daß sie die Sarx ungerechtfertigt einträgt. Sie kann auch nicht von V 11 ausgeliehen werden. Die Preisgabe der Leiblichkeit als Sieg über die Mächte wäre eine Wertung des Leiblichen, die sich weder mit Paulus noch mit dem Kolosserbrief vereinbaren ließe [123]. 2. Man läßt Christus sich der Mächte und Gewalten entkleiden, begreift diese also metaforisch als sein Gewand. Im Ablegen des Kleides komme die Bezwingung der Mächte zum Ausdruck. Seit Lightfoot zieht man zur Veranschaulichung den Mantel des Herakles heran, der diesem schaden soll, nachdem er im vergifteten Blut des Kentauren Nessus getränkt wurde. Lightfoot,

---

[118] DÖLGER (Anm. 94) 140f. Der Vertragsgedanke aber entspricht nicht V 14c.
[119] In Rom schlug jährlich ein höherer Magistrat einen Nagel in die Wand des Jupitertempels, um symbolisch die politische Uneinigkeit zu kreuzigen. Dieser und weitere Belege bei MEGAS (Anm. 93) 319f. – Die bildhaften Deutungen der Kreuzigung Christi können später teilweise bis in das Bizarre gesteigert werden. Ign Eph 9,1: „Ihr wurdet bereitet für den Bau Gottes des Vaters, in die Höhe gehoben durch das Hebewerk (διὰ τῆς μεχανῆς) Jesu Christi, das ist das Kreuz. Als Seil diente euch der heilige Geist."
[120] Es trifft nicht zu, wenn LÄHNEMANN, Kolosserbrief 129 und Anm. 72, das Kreuz allein als Hinrichtungsstätte beschrieben wird, das längst der Vergangenheit angehört.
[121] DIBELIUS mit Hinweis auf 1 Kor 2,6–8; Od Sal 28,13ff: „und sie umringen mich wie tolle Hunde, die da, ohne (sie) zu erkennen, auf ihre Herren losgehen". Ähnlich SODEN.
[122] Hippolyt, ref. 8,10; Hilarius, de trin. 1,13. Weitere patristische Belege bei LIGHTFOOT und ABBOTT. KÄSEMANN, Taufliturgie 45f: Christus habe abgelegt „den von den dämonischen Archonten tyrannisierten Adamsleib". Gegen diese Interpretation bereits DIBELIUS.
[123] In der Gnosis kommt die Leibverachtung voll zum Zuge: „Er wurde an ein Holz genagelt; er hat die Verfügung von seiten des Vaters auf dem Kreuz angeschlagen. O, welch eine große Lehre! Bis zum Tod erniedrigte er sich, während das ewige Leben ihn bekleidet. Nachdem er ausgezogen hat die vergänglichen Fetzen..." (EvVer 20,25–31). Der Text ist deutlich von Kol 2,14f beeinflußt.

der diese schon dem Origenes[124] bekannte Deutung übernimmt, bezieht sie – nachdem Jesus ohne Sünde war – auf seine Versuchlichkeit (Hebr 4,15; Lk 4,13; Mt 16,23). Diese habe mit dem Tod ein Ende gehabt. Für diese Kombinationen bietet der Kontext keinen Anlaß. Es bleibt die 3. Deutung: Gott ist Subjekt, der in Christus (= durch Christus) handelte. Er entkleidete die Mächte, depotenzierte sie[125]. Das Gewand ist Zeichen des Ansehens, auch Insignie herrscherlicher Gewalt[126]. Die Entmachtung erfolgte in Kreuz und Erhöhung des Christus[127]. Wenn sich zu Kol 1,18–20 eine gewisse Spannung ergibt – dort Pazifizierung des Alls, hier Unterwerfung der kosmischen Potenzen –, sollte man sich nicht um eine harmonisierende Synthese bemühen[128]. Die Spannung erklärt sich aus der Tradition. Diese war bereits in 1,21f vom Autor korrigiert worden.

Die entblößten Mächte werden zur Schau gestellt. Auffällig ist die Betonung der Öffentlichkeit. ἐδειγμάτισεν ἐν παρρησίᾳ ist fast eine Tautologie[129]. Die Parrhesie, von Haus aus ein politischer Begriff in der Demokratie, meint das Offensein, das nichts verbirgt, die Durchsichtigkeit. δειγματίζω, ein seltenes Wort, wird in der Umgangssprache für die Ausstellung von Warenstücken gebraucht. Im juristischen Bereich gewinnt es eine schlimme Bedeutung: an den Pranger stellen und damit der allgemeinen Verachtung ausliefern[130]. Wer ist das Publikum der Schaustellung der Mächte? Schlechthin alle. Der Universalität des mythologischen Dramas korrespondiert die universale Befreiung, die Gott gewirkt hat. Die weltweite Öffentlichkeit zielt ab auf den Geheimkult der Häretiker. Dieser ist genauso lächerlich wie die Mächte, die „schwach und arm" geworden sind (vgl. Gal 4,9).

Der Schlußakt besteht darin, daß Gott, der bis zum Ende der Handelnde bleibt, durch Christus die entmachteten Mächte im Triumphzug herumführt. Vorbild ist der in Rom den obersten Magistraten, Diktator, Konsul und Prätor, in der Kaiserzeit dem Princeps vorbehaltene Triumph, der vom Senat nur nach einem wirklichen Sieg (victoria iusta) zugebilligt wurde[131]. Dabei wurde der

---

[124] In Matth 12,25; In Joann. 6,37; 20,29.
[125] Die Übersetzung „entwaffnen" geht zu weit. Dieser Sinn läßt sich auch kaum belegen. Man beruft sich auf EvNicodemi 23 (PERCY, Probleme 97). Das Doppelkompositum ἀπεκδύομαι, das auch in 3,9 (vgl. 2,11) verwendet wird, hebt jeweils ab auf die Vollständigkeit des Vorgangs. Das Medium kann im Sinn des Aktivums aufgefaßt werden. Bereits BLASS-DEBR § 316,1.
[126] Nach 1 Makk 6,14f übergibt König Antiochus dem Philippus sein Gewand usw. als Zeichen dafür, daß er jetzt über sein Land herrschen soll. Vgl. Josephus, ant. 12,360. Ähnlich Sach 3,4–7 zur Kleidmetaforik, auch Apk 1,13; 3,5.
[127] Die Festlegung auf Kreuz (PERCY, Probleme 97f) oder Erhöhung (DIBELIUS, CONZELMANN) empfiehlt sich nicht.
[128] Etwa G. DELLING, in: ThWb I, 482.
[129] Die Anknüpfung der Wendung mit καί (P⁴⁶ B) ist textlich umstritten. – H. SCHLIER, in: ThWb I, 882, der die Tautologie empfindet, möchte die Parrhesie als Überlegenheit deuten.
[130] Vgl. PASSOW, PREISIGKE-KIESSLING s. v. Dio Chrysostomos 47 (64),3 berichtet von einem cyprischen Gesetz, nach dem die Ehebrecherin, nachdem ihr die Haare geschoren wurden, an den Pranger gestellt werden soll. Nach BAUER, Wörterbuch 342. Vgl. Mt 1,19.
[131] Zu denken ist an den großen oder kurulischen Triumph, der noch größeren Glanz entfaltete als der kleine, auch ovatio genannt. Vgl. Res Gestae Divi Augusti 4. Das Wort θριαμβεύω entstand in Angleichung an lateinisches triumphare.

Triumphator vom Senat eingeholt. Im Triumphzug wurden neben den Beutestücken Gefangene mitgeführt, unter denen vor allem die bezwungenen Herrscher zu sehen waren. Der Triumph darf nicht mit einer Inthronisation verwechselt werden[132]. Wenn Gott „in Christus" obsiegt, ist die theozentrische Sicht der Erlösung erneut bewußtgemacht (vgl. 1,12f. 27)[133]. Auch in 2 Kor 2,14 gebraucht der Apostel das Bild von einem Triumphzug, den wiederum Gott in den Missionsfahrten des Paulus veranstaltet und in dem dieser als Sklave Christi mitgeführt wird. Der Triumph Christi erfolgt bei seinem Ascensus[134].

III

Rückblickend erweist sich der Abschnitt 2,8–15 noch einmal als Auseinandersetzung mit der Philosophie[135]. Die Auseinandersetzung führt auf Höhen neuer theologischer Einsichten. Gegenüber der Philosophie, die die Ergänzungsbedürftigkeit der christlichen Erlösung behauptet, erinnert der Autor ad Colossenses daran, daß den Christen eigentlich alles schon zuteil geworden ist. Es geschah bei ihrem Eintritt in die Gemeinde, bei der Taufe. Vom Ursprung abzuschweifen bringt keinen Gewinn, sondern bedeutet Verlust. Was sie haben, haben sie allerdings nur im Glauben an Gott, der an Christus gehandelt hat, als er ihn von den Toten auferweckte, und der an ihnen in gleicher Weise handelte. Die Grundlage der christlichen Erlösungslehre ist der in Raum und Zeit erfolgte Zugriff Gottes auf Geschichte und Welt. Es ist nicht der Mythos, der jenseits von Geschichte und Welt angesiedelt ist, wie die Philosophie meint. Was die Christen erfuhren, wird im Anschluß an den Hymnus 1,15–20 und an tauftheologische Traditionen dargelegt. Weil in Christus die ganze Fülle ist (1,19), sind sie in ihm erfüllt worden. Wie Christus begraben und auferweckt wurde, haben sie den Fleischesleib der Sünde abgelegt und neues Leben gewonnen. Konzentriert ausgesagt, bedeutet dies: ihnen sind alle Verfehlungen nachgelassen worden. Wie sich dies im praktischen Leben auszuwirken hat, wird in den folgenden Abschnitten des Briefes gezeigt werden. Die neugewonnene christliche Freiheit wird aus konkretem Anlaß als Entmachtung der Mächte und Gewalten, durch die sich die Häretiker haben in Bann schlagen lassen, erläutert. An dieser Stelle dürfte der moderne Leser die größten Verständnisschwierigkeiten haben. Personal konzipierte Mächte, die das Schicksal der Menschen bestimmen, liegen uns fern. Das Böse allerdings ist uns als Realität nach wie vor erfahrbar. Es empfiehlt sich der Begriff „Wesen", der „sozusagen

---

[132] Gegen LOHMEYER. Das Bild ist auch nicht stringent durchgeführt. Nach SCHWEIZER läßt Gott die besiegten Mächte hinter Christus marschieren wie der Kaiser die Kriegsgefangenen hinter dem Triumphator. Wie oben erwähnt, gebührt in der Kaiserzeit der Triumph nur dem Princeps.
[133] ἐν αὐτῷ bezieht sich auf Christus (mit SCHWEIZER, LOHSE, LOHMEYER), nicht auf den Schuldschein (SODEN) oder das Kreuz (MASSON, MOULE).
[134] Vgl. Eph 4,8. Die gnostische Spekulation, die Auffahrt und ἀπέκδυσις der Mächte verbindet, ist bereits oben zurückgewiesen worden.
[135] Vgl. LÄHNEMANN, Kolosserbrief 133f.

maskulinisch und neutrisch, substantivisch und verbal zu verstehen ist"[136]. Die Mächte „wesen" darin, daß sie die Welt, die Menschen, die Elemente, die politischen, gesellschaftlichen und religiösen Institutionen, die geschichtlichen und geistigen Situationen in ihrem Geist erscheinen lassen. Sie tun dies, indem sie sie auf Sünde, Sklaverei und Tod hin auslegen. Durch Christi Tod und Erhöhung sind wir von ihrem Wesen befreit. Wenn Sünde, Sklaverei und Todesfurcht noch in der Welt anwesend sind, so entsprechend dem Maß, wie die Menschen und insbesondere die Christen ihnen einen Freiraum gewähren.

4. DIE IRRLEHRER SIND FALSCHE RICHTER
(2, 16–19)

16 Keiner also soll euch richten nach Speise oder Trank oder hinsichtlich eines Festes oder Neumondes oder Sabbats. 17 Das ist ein Schatten der künftigen Dinge, der Leib aber ist Christi. 18 Keiner spreche euch den Kampfpreis ab, der Gefallen findet an Unterwürfigkeit, was er beim Eintreten geschaut hat. Er ist grundlos aufgeblasen in seinem fleischlichen Sinn 19 und hält nicht fest am Haupt, aus dem der ganze Leib durch Gelenke und Bänder versorgt und zusammengehalten das Wachstum Gottes wächst.

I

Es empfiehlt sich, diesen Abschnitt für sich zu nehmen. 2,20 korrespondiert mit 3,1 und leitet einen anders strukturierten Briefteil ein (s. dort). 2,16–19, in brieflicher Prosa zumindest eingeleitet, ist beherrscht von zwei Imperativen: keiner richte euch (16); keiner verurteile euch (18). Der erste wird fortgesetzt mit einer Pentade von fünf Substantiven. Sie benennen fünf Kriterien, nach denen die Häretiker richten[1]. In einem Relativsatz, der christologisch motiviert ist, werden diese Kriterien abgetan (17). Der zweite Imperativ wird durch drei Partizipien fortgesetzt, die den Irrlehrer karikieren: θέλων, φυσιούμενος, οὐ κρατῶν. Statt sich an das Haupt zu halten, ist er aufgeblasen. Ein viertes Partizip ist relativisch dazwischengeschaltet (ἐμβατεύων). Der Akzent ruht am Schluß auf dem Bild von der Gemeinde, die als ein Leib wachsen und gestärkt werden muß (19). Die Struktur läßt klar erkennen, daß der Abschnitt unmittelbar die Häresie bekämpft[2]. Als positive Gegenpositionen erscheinen die christologische (17: σκιά–σῶμα; 19: κεφαλή), die ekklesiologische und – wenigstens angedeutet – die theologische (beide in 19). Es sollte nicht übersehen werden, daß Gott das letzte Wort des Abschnittes ist und hat. Denn von ihm hängt das Wachstum der Kirche ab.

---

[136] H. Schlier, Mächte und Gewalten im NT (QD 3) (Freiburg ³1963) 63. Vgl. 50–64.
[1] Die 5 sind nochmals unterteilt in 2 (verbunden mit καί) und 3 (verbunden mit ἤ). Zahlreiche Handschriften setzen anstelle des καί ein ἤ und gleichen damit an. Der Text von P⁴⁶ B 1739 sy^P ist zu bevorzugen.
[2] Lohse 169; Schweizer 119 rechnen damit, daß der Abschnitt Schlagworte der Gegner aufgreift. Dies wird zu prüfen sein.

II

V 16 Formal gleicht die Warnung vor dem Wirken der Häretiker V 2,8. Wurde dort vor ihrer Propaganda gewarnt, so hier vor ihrem richtenden Urteil[3]. In der Meinung, ein höheres Wissen zu besitzen, halten sie sich für autorisiert, die anderen abzuurteilen. Weil auch sie an Christus glaubten, ist ihr Auftreten in erster Linie für die Gemeinde gefährlich. Kriterium ihres Urteilens und Messens ist eine bestimmte von ihnen geforderte Verhaltensweise, die die Nahrungsaufnahme und das Einhalten von Zeiten betrifft, Dinge also, die das Leben des einzelnen ganz persönlich berühren. Fasten- und Abstinenzgebote, die zeitweilige Enthaltung von Speise und Trank und die Enthaltung von bestimmten Speisen und Getränken, sind nahezu allen Religionen bekannt[4]. Die Motivationen können vielfältig sein. Die Gebote sind Ausdruck der Buße oder der Unterwerfung unter die Macht Gottes. In der Mantik und in den Mysterien war die Auffassung verbreitet, daß das Fasten der Gottheit nahebringt und den vertrauten Verkehr mit ihr ermöglichen hilft. Das Alte Testament kennt nur Speiseverbote und verlangt die Enthaltung von gewissen Getränken nur in außerordentlichen Fällen (Nasiräat)[5]. Im altgriechischen Bereich spielt das Fasten, von den Orakelstätten und dem Demeterkult abgesehen, eine sehr beschränkte Rolle. Erst im Zusammenhang mit den Mysterien gewinnt es stark an Bedeutung. Der Myste muß sich in der Vorbereitung auf die Weihen „vieler Speisen und des Liebesgenusses enthalten" (βρωμάτων πολλῶν καὶ ἀφροδισίων ἀποχαί)[6]. Als Tabuvorschriften sind Speisegebote auf Kratophanien, Manifestationen der Mächte bezogen, die gefürchtet und verehrt werden. Dabei ist die Ambivalenz des Tabus zu beachten, das sowohl als sakral als auch als unrein empfunden werden kann[7]. Der Christ hingegen ist frei. Die Welt ist für ihn nicht aufgespalten in einen sakralen und einen profanen Bereich. „Alles ist erlaubt, aber nicht alles baut auf", sagt Paulus in 1 Kor 10,23. So kann er in Röm 14 mit einem religiösen Vegetarismus großzügig verfahren und sich damit begnügen, zu gegenseitiger brüderlicher Achtung aufzurufen, wenngleich gilt: „Das Reich Gottes ist nicht Speise und Trank" (14,17). Die Speisegebote der Häretiker in Kolossä müssen in Verbindung mit ihrer Engelverehrung gesehen werden. Sie sind Ausdruck ihres Rückfalls in das Heidentum[8].

Ähnlich steht es um ihr Begehen von Zeiten und Fristen. Die Reihenfolge Fest, Neumond, Sabbat klingt alttestamentlich-jüdisch[9]. Bei Justin, dial. 8,4,

---

[3] Die Warnung wird als Folgerung aus dem vorangegangenen Abschnitt vorgetragen (οὖν).
[4] Vgl. R. ARBESMANN, Das Fasten bei den Griechen und Römern (RVV 21,1) (Gießen 1929); ders., in: RAC VII, 447–493; J. BEHM, in: ThWb IV, 926–932; G. BORNKAMM, in: ThWb IV, 67,18–38.
[5] Vgl. Nm 6,3; Lk 1,15; 7,33 (Johannes der Täufer); Jer 35,6 (die Rechabiter); Eusebios, hist. eccl. II 23,5 (der Herrenbruder Jakobus); Philo, vit. cont. 73f (die Therapeuten). TestRub 1,10 spricht von Verzicht auf Wein, Bier, Fleisch, süßes Brot.
[6] Plutarch, Is. et Os. 352 A. Weitere Belege in RAC VII, 460f.
[7] Vgl. M. ELIADE, Die Religionen und das Heilige (Darmstadt 1976 [Nachdruck]) 37–42.
[8] Vgl. 1 Tim 4,3f.
[9] Vgl. 1 Chr 23,31; 2 Chr 2,3; 31,3; 1 Makk 10,34. Die Reihenfolge in Kol 2,16 stimmt mit der überein, die bei den Profeten zu lesen ist: „Ich nehme weg alle Freuden, *ihre Feste und Neumonde, ihre Sabbate* und Freudentage" (Hos 2,13; vgl. Ez 45,17). Liegt am Ende

fordert der Jude neben der Beschneidung die Beobachtung des Sabbats, der Feste und Neumonde Gottes. Und Jub 1,14 klagt, daß man Neumond, Sabbat, Feste, Jubiläen und die Ordnung auflöst. Vielleicht war dies der Grund, daß man gelegentlich den Text abschwächte und ἐν μέρει übersetzte „betreffs eines Teils der Feste" (Chrysostomos) oder sogar in sein Gegenteil verkehrte: „in Ausscheidung von Festen" (Calvin)[10]. ἐν μέρει aber läßt keine Abschwächung zu und heißt „hinsichtlich eines Festes"[11]. Die Häretiker mögen durch das Judentum inspiriert gewesen sein, der Sinn, den sie mit ihren Zeiten und Festen verbanden, dürfte ein ganz anderer gewesen sein. Nicht die Ereignisse der alttestamentlichen Heilsgeschichte als Inhalt der Feste waren für sie interessant, nicht der Sabbat als Zeichen der Erwählung des Gottesvolks, sondern Zeiten und Fristen als Ausdruck einer von kosmischen Mächten verwalteten Ordnung, die über das Schicksal der Menschen, Geburt, Tod, Krankheit, verfügt. Ehrfurcht und Angst bestimmen eine Mentalität, die durch astrologische Zahlenspekulationen und Magie die Schicksalsmächte gnädig zu stimmen versucht. Die spätere Lehre des Elchasai vermag diese Mentalität zu veranschaulichen: „Es gibt böse Sterne der Gottlosigkeit. Dies ist euch jetzt gesagt worden, ihr Frommen und ihr Schüler. Hütet euch vor der Macht der Tage, an denen sie herrschen. Beginnt nicht eure Werke an ihren Tagen und tauft weder Mann noch Frau in den Tagen ihrer Herrschaft. Vor diesem Tag gerade hütet euch, bis (der Mond) sie verläßt..."[12] – Die νεομηνία, der erste Tag des Monats oder Neumond, ist Anlaß für wirre Vorstellungen gewesen[13]. Der Sabbat war vermutlich als siebter Tag wichtig. Wo Christus nicht ernst genommen wird, schleicht sich der Aberglaube ein[14]. Religion wird zu einem mechanischen „Gefüge von seligmachenden Vorschriften und Verboten" (Conzelmann).

V 17 Es gehört zum Stil des Autors, in einem Relativsatz eine Interpretation oder Wertung nachzutragen[15]. Diese ist durch das Gegensatzpaar σκιά–σῶμα, wörtlich: Schatten–Körper bestimmt, aber wegen der verkürzten Sprache schwer verstehbar[16]. Man hat wiederholt auf Philo hingewiesen, der das

---

ein Zitat vor? Die Pluralform σαββάτων hat singularische Bedeutung. Vgl. Mt 12,1–12 par; Mk 1,21; 3,2.4. – Die galatischen Irrlehrer halten sich an Tage, Monate, Fristen, Jahre (Gal 4,10).
[10] Bei EWALD.
[11] Vgl. BAUER, Wörterbuch 1001.
[12] Hippolyt, ref. IX,16. Elchasai soll zur Zeit des Trajan aufgetreten sein.
[13] Zahlreiche Belege bei HUGEDÉ 143 Anm. 160. – Nach Antigonos von Carystus 126 (3. Jahrhundert v.Chr.) halten die Ameisen an den Neumonden Ruhe. Diog 4,1 tadelt die scheinheilige Beobachtung des Neumonds.
[14] LOHMEYER 7 Anm. 1 erinnert daran, daß auch für die iranische Amesha Spenta der siebte Tag und der Neumond heilig sind. Vgl. M. DIBELIUS, Der Hirt des Hermas (HandbNT) (Tübingen 1923) 464f. – Zu hierofanischen und mythischen Zeitvorstellungen vgl. ELIADE (Anm. 7) 438–452. – In Qumran sind Engelverehrung und Kultzeiten gleichfalls verbunden. Zu den Unterschieden zur Situation in Kolossä vgl. BRAUN I, 231f.
[15] Vgl. Kol 1,14.24.27; 3,14. Wie dort ist mit B G it Markion ὅ ἐστιν (statt ἅ) zu lesen. Vgl. PERCY, Probleme 33f.
[16] Augustinus, ep. 59, gesteht, daß er den Satz nicht verstehen würde.

Gegensatzpaar auch verwendet und um analoge Begriffe bereichert. Er zeigt sich dabei von der platonischen Ideenlehre abhängig. σκιά gewinnt die Bedeutung von Abschattung der Wirklichkeit. Ist auch die volle Realität nur im σῶμα, παράδειγμα, ἀρχέτυπος, πρᾶγμα gegeben, so haben σκιά, εἰκών, μίμημα doch die Funktion, den Zugang zur Wirklichkeit zu erschließen[17]. Übertragen auf unseren Vers ergibt sich die Folge, daß den Ideen und Praktiken der Häretiker doch eine gewisse positive Funktion zugeschrieben wird. Man spricht von einer Konzession oder rühmt die seelsorgerliche Klugheit des Apostels[18].

Allerdings fügt sich diese Sicht nicht in den Kontext. Dieser lehnt die Irrlehre vollständig ab. Auch die Verbindung „Schatten der künftigen Dinge" gibt für ein entgegenkommendes Urteil keinen Anlaß. Das Bild darf nicht gepreßt werden. Es muß auch die veränderte Lage unseres Briefes berücksichtigt werden, die gegenüber der Gesetzesproblematik in den älteren Paulusbriefen besteht[19]. Der Schatten wird bei den Griechen vielfach sprichwörtlich für die Bezeichnung von etwas Unbeständigem, Flüchtigem, Schwachem, Nichtigem verwendet. So kann er mit dem Rauch oder dem Traum verbunden werden[20]. Auch das Alte Testament setzt den Schatten ein als Bild für etwas nahezu Unwirkliches: „Wie ein Schatten sind unsere Tage auf Erden und ohne Hoffnung" (1 Chr 29,15). Im Rabbinischen lebt das Bild fort: „Wie der Schatten eines Vogels sind sie (die Menschen) zur Zeit, da er fliegt"[21]. Auch Philo weiß darum, daß Schatten den Menschen täuschen und betrügen. Er läßt den gedemütigten Flaccus sprechen: „Ich ließ mich täuschen. Es waren die Schatten der Dinge (σκιὰ πραγμάτων), nicht die Dinge selbst, eine Nachahmung der Klarheit, nicht die Klarheit selbst, die die Lüge deutlich macht. Wie wir von den Traumerscheinungen nach dem Aufstehen nichts mehr finden, weil alles fort und ganz verflogen ist..." (Flacc. 165). Auch in unserem Zusammenhang ist der Schatten etwas, das angesichts des bereits erschienenen Zukünftigen überhaupt keine Bedeutung besitzt. Das Zukünftige (τὰ μέλλοντα, rabbinisch: *ha-āthir labo* = was bestimmt ist zu kommen), ein apokalyptisch-rabbinischer Fachausdruck, meint den Äon der Heilsvollendung, die himmlische Welt oder die Tage des Messias[22]. Gemäß der Eschatologie unseres Briefes sind die Glaubenden bereits in das Reich des Sohnes seiner Liebe versetzt (1,13). Die eschatologische Wirklichkeit hat die Vergangenheit überwunden[23].

---

[17] Die Belege sind gesammelt bei S. SCHULZ, in: ThWb VII, 398f. Genannt seien rer. div. her. 72; leg. all. 3,96; conf. ling. 190; migr. Abr. 12.
[18] LOHMEYER, HUGEDÉ. Vgl. EWALD, ERNST; S. SCHULZ, in: ThWb VII, 400f.
[19] Zu unterscheiden ist auch Hebr 8,5; 10,1.
[20] Belege bei PASSOW II, 1450.
[21] GnR 96 (60c). Bei BILLERBECK III, 629. Aufschlußreich ist auch Josephus, bell. 2,28: „Jetzt kommt er (Archelaos), um den Schatten der Herrschaft sich vom Herrn (dem Kaiser) zu erbitten, deren Körper er längst an sich gerissen hat. So macht er den Kaiser nicht zum Herrn der Dinge, sondern der Namen."
[22] Vgl. BILLERBECK IV, 820.
[23] LOHSE vermutet, daß die Schatten-Körper-Spekulation in der kolossischen Philosophie eine Rolle spielte. Der eigene Kult, als Schatten gewertet, soll zum Pleroma, dem Urbild, führen. Das ist recht unwahrscheinlich, weil dann V 17 weitgehend seine Wirkung verfehlen würde.

Die Wirklichkeit aber heißt Christus. Diese Fortsetzung erwartete man eigentlich[24]. Aber der Verfasser überspringt diesen Gedanken und eilt gleich zum nächsten. Er hatte das bereits gegenwärtige eschatologische Heil dem Schatten gegenübergestellt. Das Bild Schatten/Körper führt er nicht weiter aus. Vielmehr denkt er beim Soma an die Kirche (vgl. V 19), durch die das Heil vermittelt wird[25]. Sie vermag es, weil sie zu Christus gehört, sein Leiþ ist. Diese Zuordnung zu Christus wird durch den abschließenden Genitiv nachdrücklich herausgestellt. Möglicherweise geschieht das in Abhebung von der Leibvorstellung der Häresie, die dann die Elementarmächte als heilvermittelnde Instanzen zum Leib hinzugezählt hat. Wiederum käme die geschichtliche und christologische Prägung der Soteriologie gegenüber einem mythisch-naturhaften Heilskonzept zur Geltung.

V 18 Parallel zu 16f[26] wird die Warnung vor dem richtenden Urteilen der Häretiker wiederholt und verschärft. Sie spielen sich als Schiedsrichter auf und wollen den Christen, die ihnen nicht willfährig sind, den Kampfpreis absprechen. Das der Athletensprache entnommene καταβραβεύω, in dem das Wort βραβεῖον (Kampfpreis, praemium; vgl. 1 Kor 9, 24; Phil 3, 14) enthalten ist, gewinnt den allgemeinen Sinn von verurteilen, verdammen[27]. Sie betrachten ihre Sonderlehre als heilsnotwendig. War in 16f auf äußere Speisevorschriften, Feste und Termine Bezug genommen, so betrifft Vers 18 rituelle und auf den inneren Kreis der Sektierer ausgerichtete Besonderheiten. Man wird davon ausgehen können, daß diese stichwortartig gekennzeichnet werden[28]. Die ausgewählten Stichwörter werden mit Hilfe von zwei Partizipien glossiert: θέλων und φυσιούμενος. Beide deuten ihr religiöses Tun als Selbstgefälligkeit. Das erste ist zu übersetzen mit: sie finden Gefallen an[29]. Das Ethos übertriebener

---

[24] SCHWEIZER versucht, diese Fortsetzung zu erreichen, indem er eine Verschreibung annimmt: Χριστός statt Χριστοῦ. Das Fehlen des Artikels τοῦ in einigen Handschriften vermag dies kaum zu rechtfertigen.
[25] Man darf den Soma-Begriff nicht überinterpretieren. HUGEDÉ und MOULE sehen in ihm drei Bedeutungen vereinigt: die Wirklichkeit als Gegenüber zum Schatten, den Leib der Kirche und Christi Opferleib (MOULE mit Berufung auf Hebr 10,5) bzw. die Gegenwart der künftigen Güter (HUGEDÉ mit Berufung auf Hebr 10,1). LÄHNEMANN, Kolosserbrief 136f, sah neben dem ekklesiologischen Sinn eine Anspielung auf die Leib-Askese der Häretiker. SODEN deutete Χριστοῦ als gleichbedeutend mit κατὰ Χριστόν, Calvin mit ἐν Χριστῷ (bei HUGEDÉ).
[26] Zum Parallelismus vgl. BUJARD, Untersuchungen 89.
[27] In der Athletensprache bedeutet es disqualifizieren. Zum Verb vgl. Kol 3,15.
[28] Anders PERCY, Probleme 168–174, der an eine subjektive Beurteilung durch den Apostel denkt. Ähnlich HUGEDÉ. Man darf aber weder den Unterschied zwischen dem Kolosser- und Galaterbrief verwischen (gegen PERCY) noch den Zusammenhang zwischen den Engeln und den Weltelementen in Frage stellen (gegen HUGEDÉ). Vgl. oben zu 2,8 LÄHNEMANN, Kolosserbrief 138, hingegen wertet die Präposition ἐν in 2,16.18.23 als Hinweis darauf, daß ein Zitat vorliegt.
[29] θέλων ἐν wird seit LIGHTFOOT mit Hinweis auf LXX 2 Kg 15,26; 3 Kg 10,9; Ps 111,1; 146,10; TestAss 1,6 als Semitismus bzw. Septuagintismus gedeutet. Es kann sich aber auch um lässige Koiné handeln. Zum Verhältnis von Semitismen und Koiné vgl. die grundsätzlichen Ausführungen von A. THUMB, Die griechische Sprache im Zeitalter des Hellenismus (Berlin

persönlicher Religiosität umgibt das Sektierertum. Es äußert sich in ihrer „demütigen Gesinnung" und Verehrung der Engel. Auch die ταπεινοφροσύνη ist auf die Engel zu beziehen. Darum gewinnt das Wort, das ansonsten eine genuin christliche Tugend bezeichnet (vgl. Kol 3,12; Phil 2,3; Eph 4,2; 1 Petr 3,5; Apg 20,19), die in der biblischen Spiritualität verbreitet ist, einen ganz anderen Sinn. Der Grundton des Servilen, Abhängigen, Kriecherischen, den der Grieche aus der „Demut" heraushört, kommt wieder zum Vorschein[30]. Weil die Demut in Herm(r) 3,10,6; (s) 5,3,7; ψ 34, mit dem Fasten verbunden ist[31], meinte man, es werde erneut auf die Fastenübungen der Sektierer angespielt. Besser weitet man den Begriff auf ihren Engelsdienst aus, der Fasten, Körperkasteiung miteinschließt, aber vor allem ihre Unterwürfigkeit unter die kosmischen Mächte zum Ausdruck bringt.

Man hat die Verehrung der Engel, die in der kolossischen Häresie vorauszusetzen ist, dadurch abzuschwächen versucht, daß man den Konventikel der Sektierer in die Liturgie der Engel, das heißt, in die von den Engeln im Himmel vollzogene Liturgie einbezogen wähnte[32]. Diese Interpretation kann sich darauf berufen, daß in der Qumran-Gemeinde ähnliche Vorstellungen beheimatet waren[33], aber auch darauf, daß die apokalyptische Literatur wiederholt von Himmelsreisen begnadeter Seher zu berichten weiß. In der Regel wird diese Verbindung als Anspruch auf geistliche Überlegenheit gewertet[34]. Aber auch das wäre zu wenig. Es hilft auch nicht weiter, in der Verehrung der Engel nur eine Angleichung an deren Lebensstil zu erblicken, durch die man die Heilsgüter schon jetzt in Besitz nehmen kann[35]. Sie essen nicht, sie trinken nicht, sie pflegen nicht ihres Leibes, sie dienen Gott in eitel Geistlichkeit (so schon Luther)[36]. Wenn θρησκεία einen kultischen Akt, eine rituelle Funktion, eine religiöse Zeremonie oder Observanz bezeichnet, durch die eine Gottheit, ein Kaiser oder ein Verstorbener geehrt wird[37], liegt es am nächsten, in der „Verehrung der Engel" einen Eigenkult angesprochen zu sehen, durch den die Häresie sich als selbständige Größe neben der christlichen Gemeinde konstitu-

---

1974, Nachdruck von 1901) 120–133. A. FRIDRICHSEN, ΘΕΛΩΝ Col 2,18, in: ZNW 21 (1922) 135–137; DIBELIUS möchten θέλων zu Unrecht nach vorn beziehen: Es darf euch keiner geflissentlich (Fridrichsen: mit kalter Überlegung) verurteilen. Vgl. BLASS-DEBR § 148,2.
[30] Zur Wortgeschichte vgl. GNILKA, Philipperbrief 105f. Die Armenfrömmigkeit von Qumran hat mit der ταπεινοφροσύνη von Kol 2,18.23 nichts zu tun. Anders N. KEHL, Erniedrigung und Erhöhung in Qumran und Kolossä, in: ZKTh 91 (1969) 364–394, besonders 374–383.
[31] Reiches Material breitet aus F. O. FRANCIS, Humility and Angelic Worship in Col 2,18, in: F. O. FRANCIS – W. A. MEEKS, Conflict at Colossae (Sources for Biblical Studies 4) (Missoula 1973) 163–195, hier 168–171.
[32] Das ist die These von FRANCIS (Anm. 31). Sie deutet den Genitiv als einen subiectivus.
[33] Vgl. GNILKA, Epheserbrief 123–125.
[34] W. CARR, Two Notes on Colossians, in: JThS 24 (1973) 492–500, hier 500.
[35] KEHL (Anm. 30) 392.
[36] EWALD 397.
[37] Vgl. die Definition bei SPICQ, Lexicographie I, 379. In der Weisheitsliteratur wird das Wort für den Götzendienst verwendet: ἡ γὰρ τῶν ἀνωνύμων εἰδώλων θρησκεία (Weish 14,27; vgl. 14,16,18; Test Job 2,2).

Die Irrlehrer sind falsche Richter

iert. Der Haupteinwand gegen diese Interpretation besteht darin, daß man einen solchen Kult, der schwer zu belegen sei, einstigen Christen oder Juden nicht zutraut. Im Judentum kann allerdings vor Engelkult gewarnt werden[38]. Nach TestDan steht der Engel in der Nähe Gottes: „Und naht euch Gott und seinem Fürbittengel! Er ist der Mittler zwischen Gott und Menschen" (6,2; vgl. TestLer 5,3–6). Engelkult war später immer wieder Bestandteil christlicher Häresien, besonders in der Gnosis[39]. Auch im Heidentum ist Engelkult, wenn auch spärlicher, nachgewiesen[40]. Für Kolossä muß der naturhafte Zusammenhang von Elementenlehre und Engelkult beachtet werden[41]. Jedoch standen an der Spitze der Hierarchie nicht die Engel, sondern Gott. Sie sollten nur, allerdings Christus gleichrangig, zu Gott führen.

Der Relativsatz ἃ ἑόρακεν ἐμβατεύων kann als der rätselvollste Satz des ganzen Briefes gelten[42]. Das spiegelt die Fülle der Interpretationsversuche wider. Es gab rigorose Eingriffe in den Text: ἐώρα bzw. αἰώρα κενεμβατεύων = schwebend treten sie ins Leere (Lightfoot) oder ἄμετρα κενεμβ. = maßlos ins Leere tretend (Ewald)[43]. Zwar schließt sich so das Folgende gut an, aber die Textveränderungen sind willkürlich. Die Unsicherheit der Interpreten gründet vor allem in der Vieldeutigkeit von ἐμβατεύω. Es bedeutet 1. hineingehen, betreten; 2. an etwas herantreten, um es zu erforschen, (mühsam) eindringen; 3. in eine Erbschaft, einen Besitz eintreten, in Besitz nehmen[44]. Im Anschluß an den zweiten Sinn bezieht man es auf den peinlich geregelten Weg zur Vollendung, der durch asketische Übungen, Tabuvorschriften und Gesetzesobservanz bestimmt ist[45]. Wählt man die dritte Möglichkeit, so denkt man an die Sicherheit, mit der die Häretiker das Heil schon zu besitzen

---

[38] TosChul 2,18: „Wenn man schlachtet auf den Namen der Sonne, des Mondes, der Sterne, der Tierkreisbilder, des großen Engelfürsten Mikhael..., so ist es Fleisch von Opfern für Tote." Bei BILLERBECK III, 377. Ist Apk 19,10; 22,8f eine Warnung vor Engelkult?

[39] Ign Trall 5,2 polemisiert gegen solche, die in der Kenntnis des Himmlischen, der Plätze der Engel, der Rangordnung der Herrschaften wahre Jünger zu sein meinen. Vgl. Eirenaios, ref. II, 30,6; II, 32,5; Origenes, c. Cels VI, 30f.

[40] Vgl. J. MICHL, in: RAC V, 53–60.

[41] Sicher hat dieser Zusammenhang den Engelkult eigengeprägt, aber auch ermöglichen helfen. Das betont E. SCHWEIZER, Die „Elemente der Welt", in: Beiträge zur Theologie des NT (Zürich 1970) 147–163, hier 153–160.

[42] Vgl. A. D. NOCK, The Vocabulary of the New Testament, in: JBL 52 (1933) 131–139; S. EITREM, EMBATEYΩ. Note zur Col. 2,18: in: StTh 2 (1948) 93; M. DIBELIUS, Die Isisweihe bei Apuleius und verwandte Initiationsriten, in: Botschaft und Geschichte II (Tübingen 1956) 30–79, besonders 55–65; F. O. FRANCIS, The Background of EMBATEYEIN (Col 2,18) in Legal Papyri and Oracle Inscriptions, in: F. O. FRANCIS – W. A. MEEKS (Anm. 31) 197–207; S. LYONNET, L'Epître aux Colossiens (Col 2,18) et les mystères d'Appolon Clarien, in: Bib 43 (1962) 417–435; H. KRÄMER, Die Isisformel des Apuleius (Met XI 23,7), in: WuD 12 (1973) 102f.

[43] Einzelne Handschriften (ℵ C Ψ vg arm) lesen verneinend: ἃ μή. EWALD meint, von seiner Konjektur aus, die Variante erklären zu können. Wahrscheinlich wollte man bestreiten, daß die Häretiker etwas gesehen hatten. Für kaum erklärbar hält die Variante BLASS-DEBR § 428,4.

[44] PASSOW I, 885; H. PEISKER, in: ThWb II, 531f.

[45] Vgl. LOHMEYER; LYONNET (Anm. 42) 435; H. PEISKER, in: ThWb II, 532.

meinen, in es eingetreten sind, wie einst die Mose-Generation in das gelobte Land[46].

Nachdem Dibelius[47] nachweisen konnte, daß ἐμβατεύω ein Term der Mysteriensprache ist, darf vermutet werden, daß auf ein Initiationsritus der Häresie angespielt ist. Dieser kann wegen der knappen Aussage allerdings nicht sicher beschrieben werden. ἐμβατεύω bezeichnet dann das (erste) Betreten des Kultraumes, die Zulassung des Initianden zum Kult. Dieses Eintreten war mit der Schau der Dinge verbunden, die die Sonderlehre bestimmen, einer Schau der Demut vor den Engeln und ihrer Verehrung. Man könnte diese Schau als subjektive Vision deuten, die der Initiation vorausging und übersetzen: „eintretend in das, was er geschaut hat". Besser ist es, die Schau mit dem Initiationsritus zu verbinden: „was er eintretend (= bei der Weihe) geschaut hat"[48]. Dies könnte man sich nach Art der Mysterien so vorstellen, daß dem Initianden ein Bild gezeigt wurde, das ihm die kosmischen Zusammenhänge erschließen und verdeutlichen sollte[49].

Das Tun der Häretiker ist Aufgeblasenheit. Mit diesem Wort wird ihr Dünkel gebrandmarkt. Sie verletzen die Liebe und meinen, besser zu sein als die anderen. Nach Paulus bläht gerade die Liebe nicht auf, wohl aber die unerleuchtete Erkenntnis (1 Kor 13,4; 8,1)[50]. Die Irrlehrer erreichen doch nicht, was sie erstreben (εἰκῇ). Vielleicht liegt ein Sarkasmus vor. Sie wähnen, mit dem göttlichen Pleroma erfüllt zu sein (vgl. Kol 2,9), in Wahrheit wurde nur ihr sarkischer Sinn aufgeblasen. Die Sarx ist wie in Kol 2,11.13 und 23 in sensu malo der Trieb, der den Menschen ins Verderben zieht.

V 19 Wie in V 17b die Orientierung auf Christus hin wenigstens angedeutet war, so wird sie jetzt ausführlicher besprochen[51]. Nach der katalogischen Kürze

---

[46] Vgl. HUGEDÉ; FRANCIS (Anm. 42). An Überheblichkeit denkt auch SODEN, der mit „stolzierend" übersetzt. Ähnlich noch M. DIBELIUS, die Geisterwelt im Glauben des Paulus (Göttingen 1909) 141, der später seine Auffassung korrigierte.
[47] (Anm. 42) 59f. Hier sind die Inschriften gesammelt, die aus einem Apollon-Heiligtum in Klaros (Ort in Ionien in der Nähe von Kolophon) stammen. Die Inschriften gehören dem 2. Jahrhundert n.Chr. an. Klaros wurde nach Plutarch, Pomp. 24, von den Seeräubern heimgesucht.
[48] Mit DIBELIUS, LOHSE, SCHWEIZER. – HEGERMANN, Schöpfungsmittler 161, will mit dem Folgenden verbinden: „wegen des bei der Einweihung Geschauten eitel aufgeblasen".
[49] Vgl. Apuleius, met. 11,23,7: „Ich nahte dem Grenzbezirk des Todes, stieg über Proserpinas Schwelle und fuhr durch die Elemente zurück, um Mitternacht sah ich die Sonne im weißen Licht flimmern, trat zu Toten- und Himmelsgöttern von Angesicht zu Angesicht..." Ohne Verwendung von Bildern ist diese Prozedur schlecht vorstellbar. FRANCIS (Anm. 31) 176, SCHWEIZER denken an ein visionäres Erlebnis, LOHMEYER 124 Anm. 3 einfach an eine besondere religiöse Erfahrung. Daß ein besonderes lokales Heiligtum im Text nicht erwähnt wird, kann kein Einwand gegen die oben entwickelte Interpretation sein. Sollte der Kultraum unterirdisch angelegt gewesen sein? Vgl. DIBELIUS (Anm. 42) 47.
[50] Das Wort φυσιόω begegnet im NT nur noch in 1 Kor, hier gleichfalls in Auseinandersetzung mit den Irrlehrern. Vgl. TestLev 14,7: „... ihr bläht euch auf und wollt mehr sein als die anderen". Nicht uninteressant ist zum Vergleich die Polemik Philos gegen die Mysterienfrömmigkeit. Hierzu vgl. HEGERMANN, Schöpfungsmittler 9–26.
[51] Auch das unterstreicht die Parallelität von 16f und 18f. Christus wird in 19 zwar nicht genannt, die constructio ad sensum ἐξ οὗ aber hat ihn eindeutig im Blick. Einzelne Handschrif-

in der Beschreibung der häretischen Praktiken fällt der breite Stil auf, der sich durch pathetische Verdoppelungen auszeichnet (Lohmeyer). „Festhalten" begegnet innerhalb der neutestamentlichen Briefliteratur in Spätschriften: festhalten an den Überlieferungen, in denen ihr unterrichtet worden seid (2 Thess 2,15), am Bekenntnis (Hebr 4,14), an der vorausliegenden Hoffnung (Hebr 6,18). Dahinter steht die Erfahrung des Abirrens mancher Gemeindemitglieder. Der Vorwurf, daß die Häretiker nicht am Haupt festhalten, bestreitet ihre Christuszugehörigkeit und kann als indirekte Einladung begriffen werden. Er ist gleichbedeutend mit: sie haben Christus aufgegeben[52]. Faktisch würden sie diesen Vorwurf zurückgewiesen haben. Jedoch gibt es für unseren Autor keinen Kompromiß zwischen Christuszugehörigkeit und Stoicheia-Verehrung (vgl. 2,8). Christus, das Haupt, ist jene Kraft, die den Leib vollauf versorgt und zusammenhält, so daß sein Wachstum gesichert ist.

Die Haupt-Leib-Vorstellung greift zurück auf den Christus-Hymnus (1,18). Dibelius hat sich insbesondere durch die auffällige Formulierung „der ganze Leib" (πᾶν τὸ σῶμα) zu der Auffassung verleiten lassen, der Leib bezeichne den Kosmos. Bezüglich der Kirche sei der Apostel weniger an deren lückenloser Geschlossenheit als vielmehr an deren Einheit interessiert und spreche darum in ekklesiologischen Zusammenhängen von dem einen Leib (ἕν σῶμα: Kol 3,15; Röm 12,4f; 1 Kor 10,17; 12,12–20). Ohne Zweifel sind die Vorstellungen vom Zusammenhalt des Leibes durch Bänder, von seiner Versorgung im Rahmen der Makroanthropos-Spekulation (= die Welt ein großer Mensch) von Haus aus kosmologischer Natur. Philo berichtet von einem starken Band, den Willen des Schöpfers, durch den das Weltall zusammengehalten wird (rer. div. her. 246). „Prüfend durchwandere auch den größten und vollkommensten Menschen, diese Welt, und betrachte ihre Teile genau, wie sie nach Orten zwar getrennt, in ihren Kräften aber verbunden sind und eine Einheit darstellen. Beobachte ferner, welches das unsichtbare Band dieser Harmonie und Einigkeit für alle ist" (migr. Abr. 220). Nach PapLeiden II,27 (ed. C.Leemanns) wird die Gottheit angerufen: „Du bist der Herr, der das All erzeugt und nährt und wachsen läßt."[53] Es muß aber in Erinnerung gerufen werden, daß unser Autor die im Christus-Hymnus vorgegebene kosmische Leib-Vorstellung auf die Kirche hin auslegte und dies im Brief konsequent durchgehalten wird. Wenn „der ganze Leib" im Blickpunkt steht, geschieht dies, um der häretischen Meinung zu wehren, daß der Leib auch von anderen Quellen – neben Christus – abhängig sei. Dabei wird eine doppelte Hauptstellung Christi unterschieden. Er ist Haupt jeder Macht und Gewalt (2,10), indem er sie beherrscht. Sie sind nicht sein Leib. Er ist Haupt der Kirche, die sein Leib ist. Sie wird von ihm (ἐξ οὗ) versorgt und zusammengehalten. Dabei ist in erster Linie an das Wort der Ver-

---

ten – D* sy^h – ergänzen nach κεφαλὴν Χριστόν vermutlich unter Einfluß von Eph 4,15f. Zum Verhältnis von Eph 4,15f zu Kol 2,19 vgl. Percy, Probleme 413–416.
[52] Mit Lightfoot gegen Hugedé, der die Strenge des Gesetzes abmildert.
[53] Weitere Belege bei Gnilka, Epheserbrief 103–105; Hegermann, Schöpfungsmittler 58f.150; G. Fitzer, in: ThWb VII, 856.

kündigung (und die Sakramente?) zu denken, von denen die Kirche lebt. Die präsentischen Formulierungen stellen auf jeden Fall das Fortdauernde dieses lebenerhaltenden Wirkens heraus.

Ist Christus als das Haupt das Lebensprinzip, so wird das, was er spendet, durch Gelenke und Bänder oder Sehnen an den Leib weitergegeben und vermittelt. Im Hintergrund steht vermutlich die Anthropologie der hippokratischen Medizinerschule, nach der das Haupt als Zentralorgan des Körpers galt. Die Gelenke hatten als die Kontaktstellen im Körper auch die Funktion, wie Kanäle Nahrung und Lebenskräfte weiterzuleiten. Darum kann man die Epichoregie den Gelenken, das Zusammenhalten den Bändern zuschreiben[54]. Alles zusammen bewirkt das Voranschreiten im „Wachstum Gottes"[55]. Diese abschließende Wendung beinhaltet ein Zweifaches: zum einen besagt sie, daß Kirche nie am Ziel ist, sondern als lebendiger Organismus beständig sich fortentwickeln muß. Der Vorgang ist intensiv und extensiv zu verstehen, als Wachstum in der Reife und in der Zahl ihrer Glieder. Zum anderen ist Gott der beherrschende Zielpunkt ihres Seins. Die Erlösung bleibt theozentrisch ausgerichtet.

III

Der Abschnitt geißelt in der Irrlehre den Dünkel einer falschen Religiosität. Sie verliert sich in der Erfüllung äußerer Vorschriften und wird zur Sinnlosigkeit. Ihr Denken ist gesetzlich bestimmt. Darum berührt sich ihre Kritik mit der paulinischen Thorakritik. Ihre Grundlage ist nicht das mosaische Gesetz, sondern heidnisches, mit Elementen der Mysterienfrömmigkeit gemischtes Wesen. Mag sich auch in den Mysterienreligionen eine starke Sehnsucht nach Erlösung ausdrücken, der von der Häresie beschrittene Weg führt in den Aberglauben. Vom Aberglauben gespeiste Tabuvorschriften am Rande der Religion gibt es auch heute. Sie sind Ausdruck eines Fatalismus, der das Schicksal des einzelnen – bewußt oder unbewußt – durch berechenbare, elementare Gewalten bestimmt sieht. Man fürchtet bestimmte Zahlen, bestimmte Tage (Astrologie) oder klammert sich an Glückszeichen. Auch das sich ausbreitende Sektenwesen hat hier eine wesentliche Wurzel. Jedoch: „Seinsanalyse – ob physische oder metaphysische – ist kein Weg zum Gottesverständnis und zur Erlösung."[56]

---

[54] Zur Physiologie vgl. F. W. BAYER, in: RAC I, 430–437; G. FITZER, in: ThWb VII, 855, 27 ff. Zu σύνδεσμος vgl. Kol 3, 14; Eph 4, 3; Apg 8, 23. συμβιβάζω kann auch „belehren" heißen (vgl. 1. Kor 2, 16), dieser Sinn aber liegt hier nicht vor. LÄHNEMANN, Kolosserbrief 141 Anm. 125, denkt an Armenversorgung und Unterweisung. Dies geht ebenso zu weit wie die Annahme, daß die Gelenke und Bänder metaforisch auf Gemeindeämter und -dienste abheben. Anders Eph 4, 16. Hierzu GNILKA, Epheserbrief 219f. ἐπιχορηγέω begegnet wiederholt in Eheverträgen. Vgl. MOULTON-MILLIGAN 251. Im umgekehrten Sinn LXX Sir 25, 22: „Denn harte Knechtschaft und Schande ist es, wenn eine Frau ihren Mann versorgt" (ἐπιχορηγῇ). Dies ist die einzige Stelle, wo das Verb in LXX vorkommt. 2 Makk 4, 9 ist textlich unsicher. Die Choregen in Athen, die die Theater zu versorgen hatten und auf die HUGEDÉ verweist, tragen zum Verständnis unserer Stelle kaum etwas bei.

[55] Die figura etymologica ist als plerofore Wendung anzusprechen. Anders Kol 2, 11. Vgl. BUJARD, Untersuchungen 158.

[56] CONZELMANN 193.

Die Irrlehrer sind falsche Richter

Gott hat die Erlösung der Menschheit durch Jesus Christus gewirkt, in der Geschichte. An die Stelle obskurer Heilsvorstellungen muß der Glaube an dieses Handeln Gottes treten. Damit ist die Sorge für das Ganze zu verbinden, für die Gemeinschaft, für den Leib der Kirche, der – in seinen einzelnen Gliedern – versorgt und zusammengehalten werden muß.

III. Abschnitt
Weisung: Die Verwirklichung des neuen Lebens
(2,20 – 4,6)

Die Gemeinde hat sich daran zu erinnern und es neu zu begreifen, daß ihr christliches Leben allein aus der Christusgemeinschaft, in die jeder durch die Taufe gestellt worden ist, gespeist wird. Sie sind mit Christus gestorben und auferweckt worden. Daraus ergeben sich Konsequenzen. Diese werden in diesem großen Abschnitt in wohl abgewogenen und aufeinander abgestimmten Schritten gezogen. Die Konsequenzen aus der Gemeinschaft mit dem Tod Christi betreffen die endgültige Überwindung einer falschen Weltverhaftung, wie sie die Irrlehrer mit ihrer Stoicheia-Verehrung propagieren (2,20–23). Die Konsequenzen aus der Teilhabe an Christi Auferweckung fordern ein „nach oben", an Christus orientiertes Leben ein (3, 1–4). Die Imperative tötet! ziehet an! – nämlich den alten und den neuen Menschen – leiten jeweils ein weiteres Kapitel ein. Das aus dem Sein abgeleitete Sollen kennzeichnet die Paränese erneut als Taufparänese. Die Verwirklichung des neuen Lebens ist zwar Aufgabe jedes einzelnen, greift aber gleichzeitig stets auf die Gemeinschaft über. So handelt 3, 5–11 vom neuen Menschen und von der neuen Menschheit, 3, 12–17 in besonderer Weise von der christlichen Gemeinde, die ja der Ort sein soll, wo die neue Menschheit ansichtig wird. Die Haustafeln als die Weisung an die verschiedenen Stände setzen die Gemeinschaftsbezogenheit der Taufparänese fort und geben nüchterne, nicht unproblematische Regeln für den christlichen Alltag (3, 18 – 4, 1). Im Schlußteil (4, 2–6) tritt nochmals beides in den Blick, die ökumenische Kirche und die Ortsgemeinde, die eine in der Sorge um die weltweite Verkündigung, die andere in der Auseinandersetzung mit der Häresie. Das Gemeindemitglied hat sich vor Ort zu bewähren, soll sich aber auch in Verbindung mit einer neuen Ökumene verstehen und in beiden christliche Solidarität erweisen.

1. KONSEQUENZEN AUS DER TEILHABE AM TOD CHRISTI (2,20–23)

20 Wenn ihr mit Christus den Elementen der Welt weggestorben seid, was laßt ihr euch Satzungen auferlegen, als lebtet ihr noch in der Welt: 21 Faß nicht an, koste nicht, berühre nicht! 22 – das alles ist zum Verbrauch da und wird so vernichtet – wie es den Vorschriften und Lehren von Menschen entspricht? 23 Dies hat zwar den Ruf von Weisheit, in freiwilligem Kult und

Unterwürfigkeit, durch Schonungslosigkeit gegen den Leib; keinem zur Ehre, ist nur zur Übersättigung des Fleisches!

I

Der Abschnitt setzt die konkrete Auseinandersetzung mit der Irrlehre fort, hebt sich aber vom Vorausgehenden insofern ab, als jetzt die Gemeinde unmittelbar und nicht auf dem Umweg über den Hinweis auf die Agitation der Häretiker (wie 2,4.8 und 16: μηδείς bzw. μή τις) ermahnt wird. Mit dem folgenden Abschnitt 3,1–4 verbindet ihn die gleiche konditionelle Einleitung εἰ (οὖν?)[1] und die Thematik. Diese wird antithetisch entfaltet: Wer mit Christus gestorben ist, lebt nicht mehr in der Welt (2,20). Wer mit Christus auferweckt wurde, strebt nach oben (3,1). Vers 20 enthält die entscheidende Aussage unseres Abschnitts, die in 21–23 entfaltet und – im Blick auf die Irrlehre – glossiert wird. Dabei fließen wiederum häretische Schlagwörter in den Text ein. Ihre Vorschriften (21) und Selbsteinschätzung (23b) werden jeweils zunächst zitiert und anschließend ironisch kommentiert. Dabei scheint sich unser Autor in 22.23a ein wenig zu verlieren, so daß der Eindruck einer syntaktischen Undurchsichtigkeit entsteht[2]. Eine gewisse Ordnung ist dadurch erreicht worden, daß jeweils drei gegnerische Gebote bzw. Schlagwörter angeführt werden und die Kommentierung zweimal in der gewohnten relativischen Weise erfolgt (22a.23a).

II

V 20 Es werden Konsequenzen gezogen. Darum wird auf vorher Gesagtes zurückgegriffen: einmal auf die Tauflehre (2,12), das andere Mal auf die Unvereinbarkeit von Christendienst und Elementenverehrung (2,8)[3]. Wenn jetzt vom Mitsterben mit Christus die Rede ist, ist das gegenüber 2,8 (Mitbegraben) ein neuer Gedanke. So wird die Abhängigkeit von einer vorgegebenen Tauflehre noch deutlicher (vgl. Röm 6,8). Die aoristische Form (ἀπεθάνετε) besagt, daß das Taufgeschehnis nicht mehr rückgängig gemacht werden kann. Schon Paulus verkündete die durch die Taufe erfolgte Befreiung von Sünde (Röm 6,2 und 10), Gesetz (Gal 2,19) und Egoismus (Gal 6,14; vgl. Röm 7,10–25). Unser Pauliner konzentriert das Freigewordensein auf die Weltelemente und betrachtet es als ein vollständiges (Konstruktion mit ἀπό). Dennoch ist ein Rückfall möglich, wie das Verhalten einiger Gemeindemitglieder offenbar nahelegen kann. Sie lassen sich von der Propaganda der Häretiker beein-

---

[1] οὖν, gelesen von ℵ³ vg^clem sy^h 69, ist textlich umstritten.
[2] LOHMEYER 126f möchte die syntaktische Unsicherheit als Folge einer rhetorischen Anordnung des Textes ansehen. Es sollen drei Doppelzeiler vorliegen, in denen jeweils in der ersten Zeile die These der Irrlehre, in der zweiten die Antithese des Apostels zu lesen sei: Die Aufteilung aber trifft auf 22.23a nicht zu. – In 23 folgt auf ein μέν kein δέ. Hierzu vgl. B. HOLLENBACH, Col II.23: Which Things Lead to the Fulfilment of the Flesh, in: NTS 25 (1978/79) 254–261. ἅτινά ἐστιν wird fortgeführt durch πρὸς πλησμονὴν τῆς σαρκός. Das Dazwischengeschaltete ist dieser Hauptaussage syntaktisch untergeordnet.
[3] Die pointierende Wiederholung eines Satzteiles in einem abhängigen Satz oder in einem Satzteil gehört zum Stil unseres Autors. Vgl. BUJARD, Untersuchungen 188.

drucken. Rückfall aber bedeutet Rückkehr in die Sklaverei der Gesetzesobservanz, die die Elementarmächte abverlangen. Wie verhalten sich die Weltelemente zur Welt? Insofern die Christen nicht mehr in der Welt leben, sind sie dem Machtbereich der Stoicheia entzogen. Sie wurden in den Herrschaftsbereich des Christus befreit (vgl. 1,13). Die Welt gilt darum als der Raum, in dem die Stoicheia ihre Macht auszuüben vermögen. Das Paradoxon der christlichen Existenz besteht demnach darin, daß die Glaubenden als mit Christus Gestorbene, und das heißt mit ihm Erhöhte, in der Welt leben und sich bewähren müssen. Die Maßstäbe ihres Wertnehmens und Handelns können darum nicht mehr die Welt und ihre Gesetzlichkeit, ihre Ängste und Kausalitäten sein, sondern die durch ihn, genauer das Mit-ihm-Gestorbensein, gewonnene Freiheit[4]. Diese wird in den Darlegungen über den neuen Menschen erläutert werden (3,5–17). Damit ist die Gnadenlehre der Häretiker radikal in Frage gestellt, weil diese davon ausgehen, daß weltimmanente Gebote den Weg zur Erlösung eröffnen. Das in der Gräzität seltene Verb δογματίζειν, das anordnen, Edikte erlassen, hier passivisch: sich Satzungen auferlegen lassen bedeutet, ist im Zusammenhang mit den Satzungen des Verses 14 zu sehen[5]. Christus hat sie annulliert und außer Kraft gesetzt.

V 21 Drei dieser Satzungen werden – in verkürzter Form – angeführt. Es handelt sich um Verbote, mit bestimmten Dingen (und Personen?) in Kontakt zu treten, also um Tabu-Vorschriften. Weil das Objekt nicht genannt wird, bleibt der konkrete Hintergrund etwas im Unklaren. Nur beim zweiten Verbot „Nicht kosten" ist der Bezug auf Speisen eindeutig. Mit der gewählten Formulierung gelingt es aber, die Skrupel einer paralysierten und unfreien Frömmigkeit anzudeuten. „Der Mechanismus des Tabu ist indessen immer derselbe: gewisse Sachen, Personen oder Gebiete haben an einem ganz anderen ontologischen Bereich teil, und notwendig bedeutet der Kontakt mit ihnen das Durchbrechen einer ontologischen Ebene, was verhängnisvoll werden kann."[6] Die Ausnahmestellung von Gegenständen, Handlungen, Personen kann darauf beruhen, daß diese verflucht sind und darum unrein, für den kultischen Dienst unfähig machen, aber auch darauf, daß sie dem Zutritt des Profanen und Gewöhnlichen entzogen sein sollen[7]. In unserem Fall gelangt die erste Mög-

---

[4] SCOTT erläutert die Freiheit mit Hilfe der mechanischen Gesetze der physikalischen Welt, denen das Seiende – von der toten Materie über Pflanze und Tier bis zum Menschen – in unterschiedlicher Bindung unterworfen ist. Wer so argumentiert, trifft allerdings eher den Freiheitsbegriff der kolossischen Philosophie als den des Kolosserbriefes.
[5] Vgl. G. KITTEL, in: ThWb II, 234; BLASS-DEBR § 314. Zum Verb vgl. LXX 1 Esr 6,33; Est 3,9; Dn 2,13.15; 2 Makk 10,8; 15,36; 3 Makk 4,11. In Verbindung mit dem Begriff Philosophie Justin, apol. I, 7,3; Epictet III, 7,17. Vorausgesetzt ist, daß es für den Philosophen angemessen ist, Sentenzen aufzustellen. Das Wortfeld φιλοσοφία/δογματίζειν fügt sich entsprechend in unseren Brief ein.
[6] M. ELIADE, Die Religionen und das Heilige (Darmstadt 1976, Nachdruck) 40. Vgl. E. STIGLMAYR, in: RGG ³VI, 598–600.
[7] So ist es in der Qumran-Gemeinde den Mitgliedern verboten, bestimmte Sachen zu berühren (Dam 10,13; 12,17), umgekehrt dürfen die Außenstehenden nicht die „Reinheit der heiligen Männer" berühren (1 QS 5,13; vgl. 6,16f.20; 7,19; 8,17).

lichkeit zur Anwendung. Das erste Verbum (ἅπτω) könnte ein Verbot des Geschlechtsverkehrs anzeigen[8]. Auch die in 1 Tim 4,3 bekämpfte Irrlehre stellt neben das Speisen- das sexuelle Verbot (vgl. Gn 20,4 und 6 LXX; 1 Kor 7,1). Dagegen wendet man ein, daß ein so einschneidendes Tabu unmißverständlich hätte ausgedrückt werden müssen. Jedoch dürften den Kolossern die Taburegeln der Häretiker bekannt gewesen sein, so daß sich unser Autor mit Anspielungen begnügen konnte. Ansonsten bleibt das Nebeneinander der nahezu synonymen Wörter ἅπτω und θιγγάνω rätselhaft. Zu behaupten, das eine beinhalte die Vorstellung, das Berührte besitzen zu wollen, das andere bezeichne die leiseste Art der Verbindung, reicht nicht aus[9]. So besteht die vielfach angenommene Antiklimax darin, daß von sexuellen über Speisen- zu gegenständlichen Tabus vorangeschritten wird.

V 22 In einem gedanklichen Einschub wird ein allgemeines Urteil über den Umgang des Christen mit der Welt und dem, was diese ihm zur Verfügung stellt, abgegeben. Der Christ ist frei in seinem Verhältnis zur Welt. Die Häretiker möchten Weltdinge tabuisieren und perhorreszieren. Die gegen sie gerichtete Argumentation erscheint nüchtern, fast aufklärerisch. Die Weltdinge sind vergänglich und so für den Gebrauch bestimmt. Niemals können sie den Christen beherrschen oder versklaven, vielmehr ist dieser ihr Herr. Mit dieser Argumentation ad hominem entfernt sich unser Pauliner von Paulus in gleicher Weise, wie er sich an eine Jesus-Tradition anschließt (Mk 7,9)[10]. Während der Apostel Essen und Trinken und jegliches Tun als Möglichkeiten, Gott zu verherrlichen, wertet (vgl. 1 Kor 10,30), wird in Mk 7 die Unterscheidung zwischen reinen und unreinen Speisen auf sarkastische Weise ad absurdum geführt. Allerdings ist auch Paulus davon überzeugt, daß alles rein ist (Röm 14,20). Nach Jesu Meinung verunreinigt sich der Mensch nicht durch unreine Speisen. Die Wurzel der eigentlichen Unreinheit liegt im Herzen des Menschen, in seinen bösen Gedanken und Plänen, die zu bösen Taten werden (Mk 7,15.20–23).

Die von den Irrlehrern aufgestellten Satzungen werden mit einem Zitat von Is 29,13, das weitgehend der Septuaginta entspricht, aber nicht eigens als Zitat gekennzeichnet wird, als Vorschriften und Lehren von Menschen abqualifiziert[11]. Die Berufung auf Is 29 bedeutet eine weitere auffällige Übereinstim-

---

[8] Vgl. A. R. C. Leaney, Colossians II.21–23, in: ExpT 64 (1952/53) 92.
[9] Soden. Beide Verben stehen LXX Ex 19,12 nebeneinander (vom Berühren des Gottesberges). Für θιγγάνω ist dies die einzige Belegstelle in LXX. Lightfoot rechnet für die kolossische Häresie mit essenischen Elementen. Zu den Tabuvorschriften vgl. Lv 5,2f; 11,8; 15,7; Nm 19,11; 31,19; Billerbeck III, 629; Apuleius, met. XI, 19,3; 21,3; 23,2f (Verbot von Tierfleisch); 28,5; 30,1.
[10] Es ist abwegig, φθορά im Sinn von Untergang, Verlust des Heiles zu deuten (gegen Hugedé). Eine ältere Exegese interpretierte zusätzlich ἀπόχρησις als Mißbrauch und übersetzte: das alles führt durch Mißbrauch zum Untergang (des Menschen). Damit wäre die Radikalität der Ablehnung der häretischen Forderungen erheblich abgeschwächt. Vgl. Lightfoot. Zu ἀπόχρησις = Verbrauch, Bedarf; φθορά = Verlust, Vernichtung durch Verbrauch vgl. Preisigke-Kiessling, sub vocibus. Dibelius stellt den Text willkürlich um, indem er V 22b an 20 ausschließt.
[11] LXX Is 29,13: διδάσκοντες ἐντάλματα ἀνθρώπων καὶ διδασκαλίας. Kol 2,22 stellt

mung mit Mk 7,7. Sollte der Autor die Tradition von Mk 7 gekannt haben[12]? Eher wird man daran zu denken haben, daß sich bestimmte Argumente, auch solche aus der Schrift, in der Auseinandersetzung der Gemeinde mit der Synagoge oder mit christlichen Judaisten herausgebildet und bewährt haben. Hier werden sie auf eine analoge Situation übertragen. Der entscheidende Punkt des Zitats, der nur in der griechischen Bibel scharf herauskommt, ist die Gegenüberstellung von Gottesverehrung und Menschengeboten. Letztere schließen die wahre Gottesverehrung aus. Für unsere Stelle ist bemerkenswert, daß der Wille Gottes in der Naturordnung gegeben ist. Gegen diese versündigen sich die Häretiker mit ihren selbstverfertigten Tabugeboten (vgl. 2,8: Überlieferung von Menschen). Während die Vorschriften die praktische Lebensführung betreffen, rufen die Lehren den theoretischen Anspruch der Philosophie (vgl. 2,8) in Erinnerung[13].

V 23 Nochmals wird ein harter Schlag gegen die Irrlehre geführt. Dabei wird resümiert. Begriffe, die bereits in V 18 verwendet wurden, tauchen wieder auf[14]. Die größten Schwierigkeiten bereitet die syntaktische Zuordnung. Weil diese nicht herstellbar zu sein schien, konjizierte man den Text, jedoch ohne auf Zustimmung zu stoßen[15]. Die Überlieferung des Textes ist in einem minimal erscheinenden, aber wichtigen Punkt unsicher[16]. Am besten geht man davon aus, daß gegnerische Schlagwörter aufgegriffen und beurteilt werden. Ihre relative Selbständigkeit wirkt sich im Text weiter aus und erschwert dessen Verständnis. Daß es fünf seien, wie es Fünferreihen in 3,5.8.12 gibt, ist nicht stichhaltig[17]. Die Besonderheit des Textes zeigt sich auch darin, daß Begriffe vorkommen, die sonst im gesamten Neuen Testament nicht mehr anzutreffen sind, wie freiwilliger Kult (ἐθελοθρησκία), Schonungslosigkeit (ἀφειδία) des Leibes und Sättigung (πλησμονή) des Fleisches, oder Begriffe, deren spezielle Verwendung selten ist. Letzteres betrifft λόγος und τιμή.

Ein zusammenfassendes Urteil gesteht den Vorschriften und Satzungen zu, einen λόγος σοφίας zu haben. Diese griechische Wendung kann anerkennend und argwöhnend gemeint sein, im Ruf der Weisheit oder im Gerede der Weis-

---

ἐντάλματα καὶ διδασκαλίας nebeneinander. Es entspricht dem Stil unseres Autors, Synonyme zu häufen. Vgl. BUJARD, Untersuchungen 147f. Nach Masora lautet Is 29,13: „Und ihre Furcht vor mir, nichtig, angelerntes Menschengebot" (O. KAISER); nach dem Targum: „Und es ist ihre Furcht vor mir wie ein Befehl lehrender Männer" (= wie ein Befehl, den Menschen gelehrt haben). Vgl. BILLERBECK III, 629, auch Eph 4,14.
[12] Vermutung von LIGHTFOOT.
[13] K.-H. RENGSTORF, in: ThWb II, 163,41ff, betont, daß von διδασκαλίαι (Plural) die Rede ist. Diesen stünde die eindeutige Willensoffenbarung Gottes gegenüber.
[14] Zur Stereotypie des Sprachgebrauchs als Stileigenheit unseres Autors vgl. BUJARD, Untersuchungen 98–100.
[15] P. L. HEDLEY, Ad Colossenses, 2,20–3,4, in: ZNW 27 (1928) 211–216, hier 215, ergänzt: [χρῆσθε οὖν αὐτοῖς, 'ἀλλ'] οὐκ ἐν τιμῇ = „*gebrauchet sie, aber* haltet sie nicht in Ehre", mit Berufung auf 1 Kor 7,31, E. VON DOBSCHÜTZ möchte lesen: ἀφειδία σώματος οὐκ ἐντίμη τινὶ πρὸς κτλ. Bei NESTLE-ALAND (Apparat). Zur Syntax vgl. oben Anm. 2.
[16] καί vor ἀφειδίᾳ fehlt in P⁴⁶ B 1739 und dürfte zu streichen sein. Seine Hinzufügung wäre dann erleichternde Korrektur. Der Dativ ἀφειδίᾳ wäre dann ein instrumentalis.
[17] Vermutung von BORNKAMM, Häresie 151. Dagegen spricht bereits, daß sich die Zahl der charakterisierenden Substantive in V 23 auf 6 beläuft.

heit stehen besagen wollen[18]. Läßt der Gedankengang eigentlich nur letzteres zu, muß der Anspruch der Philosophie, Weisheit zu verbreiten, herausgehört werden. Ihm gegenüber betont unser Autor zu wiederholten Malen die Notwendigkeit, die rechte Weisheit zu besitzen (1, 9.28; 3, 16), in Weisheit zu wandeln (4, 5). Der Satz, daß in Christus alle Schätze der Weisheit und Erkenntnis verborgen sind (2, 3), gewinnt auf diesem Hintergrund sein besonderes Relief. Das kritische Zugeständnis – im Griechischen mit μέν (es ist *zwar* so) markiert – läßt einen Gegensatz, ein Jedoch (δέ) erwarten. Dieses bleibt eigentümlicherweise aus. Der Gegensatz aber kann im letzten Satzteil gesehen werden, der ihnen die „Ehre" abspricht[19].

Ihre Weisheit stellt sich in einem Dreifachen dar. Zunächst ist es der der Häresie eigene Kult, der in 2, 18 Engelverehrung genannt worden war. ἐθελοθρησκία ist wiederum ein zweideutiger Begriff. Zusammensetzungen mit ἐθελο – können nämlich entweder etwas bezeichnen, das man absichtsvoll ist oder tut, oder etwas, das man sein oder tun möchte, in Wirklichkeit aber nicht ist[20]. Je nachdem ist bei dem „freiwilligen Gottesdienst" auf den großen Eifer oder auf die Unvollkommenheit abgehoben. Weil es sich um ein Schlagwort der Häretiker handeln dürfte, wird das Wort schillernd, je nachdem, ob sie oder unser Autor es verwenden. Im übrigen neigt fehlgeleitete Religiosität dazu, mißverständliche und gelegentlich sogar komische Begriffe zu entwickeln. Der Ungeist schafft sich abartige Formen. Das zweite Signum ihrer Weisheit ist die Unterwürfigkeit, die mit dem Sonderkult in enger Berührung steht (vgl. zu 2, 18). Das dritte, die Schonungslosigkeit gegen den Leib, soll vielleicht als das herausgestellt sein, worauf alles andere hinausläuft[21]. Im soldatischen Bereich ist sie eine gepriesene Tugend. Als religiöse Grundhaltung verzerrt sie das Menschenbild. Auf den Schriftgelehrten Rab wird das Wort zurückgeführt: Der Mensch wird dereinst Rede und Rechenschaft ablegen müssen über alles, was sein Auge gesehen hat, ohne daß er davon genossen hat[22]. Für die Häretiker sind Askese und Enthaltsamkeit Manipulationen, mit deren Hilfe sie die Errei-

---

[18] Vgl. Passow II, 77. Das philologische Problem behandelt ausführlich Lightfoot. – ἅτινα bezieht man am besten auf das unmittelbar Voraufgehende. Lohmeyer bezieht es auf die δόγματα, Soden auf 20–22. Als Relativum drückt es die Qualität mit aus, reiht es eine Person oder Sache in eine bestimmte Klasse ein. Vgl. Gal 4, 24; Phil 3, 7.

[19] δέ nach μέν kann auch anderwärts fehlen: Röm 10, 1. Es ist nicht notwendig, von einem μέν solitarium zu sprechen (Lähnemann, Kolosserbrief 147 Anm. 148). Vgl. Hollenbach (Anm. 2).

[20] Z. B. ἐθελοδουλεία = freiwillige Unterwerfung; ἐθελοκάκησις = freiwillige Vernachlässigung der Pflicht; ἐθελοδιδάσκαλος = Lehrer aus eigener Kraft. Dieser letzte Begriff ist in Herm(s) 22, 2 eindeutig negativ besetzt. Zahlreiche Beispiele bei Liddell-Scott 479; Blass-Debr. § 118, 2. Moulton-Milligan halten ἐθελοθρησκία für einen vom Apostel ad hoc geprägten Begriff. Bieders Übersetzung „Willkürdienst" übersieht die Nuance des Zweideutigen.

[21] Die Sonderstellung der dritten Figur ergibt sich beim Weglassen des καί im Text. Vgl. oben Anm. 16. Nach Lightfoot bezeichnen die ersten beiden Wendungen die religiösen Elemente, die dritte die praktische Regel.

[22] Bei Billerbeck III, 404. – Percy, Probleme 141 hält mit Recht den Asketismus für ein Spezifikum der vom synkretistischen Geist erfüllten Spätantike und verweist auf Neupythagoreer, Therapeuten, Ebioniten, Enkratiten, auch auf Apollonios von Tyana. Vielfach ist der Asketismus mit volkstümlichem Dämonenglauben verknüpft.

chung des Göttlichen erzwingen wollen. Es geht ihnen nicht um den Kampf gegen das Böse, sondern darum, die Überwindung der Welt zu demonstrieren und darin Sicherheit zu erlangen.

Die erneute und vielleicht schärfste Zurückweisung aller dieser Praktiken erfolgt im Abschluß des Satzes. Nur unter dieser Voraussetzung wird man dem schwierigen Text gerecht werden können, der auf vielfache Weise abgeschwächt worden ist. Das mehrdeutige Wort τιμή (= Wertschätzung, Ehre, Achtung, Würde) ist mit den Speisen in Verbindung gebracht worden: durch Askese tue man diesen Ehre an[23]. Man deutete es als Rücksichtnahme auf die christlichen Glaubensbrüder, die dann die Häretiker vermissen ließen[24]. In der Kirchenväterzeit faßte man die ganze Wendung vielfach als Erläuterung der „Schonungslosigkeit gegen den Leib" und übersetzte: (Die Irrlehrer) geben ihm (dem Leib) nicht die (ihm von Gott zugebilligte) Ehre, indem sie ihn (= das Fleisch) nicht sättigen[25]. Die Lösung des Problems dürfte darin liegen, daß auch hier ein gegnerisches Stichwort, das der Mysteriensprache ebenfalls bekannt ist, aufgegriffen wurde. In den Mysterien bezeichnet es die Berufung durch die Gottheit zu den beseligenden und erlösenden Geheimnissen. So spricht der Myste Lucius bei Apuleius: „Durch die deutlich sichtbare Wertschätzung (dignatione) der größten Gottheit bin ich schon längst zum seligen Dienst ausersehen und erkoren." Dabei sind asketische Regeln einzuhalten: „Und ebenso wie die übrigen Anbetenden soll ich mich schon jetzt von unheiligen und sündigen Speisen enthalten, um auf desto geraderem Weg zu den geheimen Mysterien des reinsten Glaubens vorzudringen."[26] Der Isis-Priester begrüßt den Mysten: „Ach, Lucius, Glück und Segen, daß dich die erhabene Gottheit aus ihrem gnädigen Willen so hoher Ehre würdigt!"[27] – Wir können vermuten, daß die kolossische Philosophie in Nachahmung der Mysterien den Erwählungsgedanken auf die Stoicheia-Verehrung übertrug. Dies wird ihnen energisch bestritten: Keinem bringt es Ehre! Und damit holt unser Autor zum letzten Gegenschlag aus. Es dient zur Sättigung, Befriedigung, Füllung (πλησμονή) des Fleisches. Die Sättigung ist hier das Gegenteil der Mäßigung und darum im Sinn von Übersättigung zu deuten[28]. Diese Begriffsbestimmung reicht zurück bis auf Plato, der vor der πλησμονή warnt. Wer ihr verfällt, gleiche dem Tier, das sich jede „Sätti-

---

[23] DIBELIUS; J. SCHNEIDER, in: ThWb VIII, 178 Anm. 47.
[24] B. REICKE, Zum sprachlichen Verständnis von Kol 2,23, in: StTh 6 (1952) 39–53. Das Verständnis von τιμή = Rücksichtnahme ist kaum zu halten.
[25] Bei G. DELLING, in: ThWb VI, 133. Die Interpretation scheitert u. a. an der Gleichschaltung von σῶμα und σάρξ.
[26] Met. XI, 21,8f. Die Verbindung zur Mysteriensprache vermutete bereits LOHMEYER 130 Anm. 3, der verschiedene Belege anführt. Zur Sache vgl. jetzt GRIFFITHS, Isis-Book 281.
[27] Met. XI, 22, 5: quem propitia voluntate numen augustum tantopere dignatur. Vgl. XI, 29, 4: „Es liegt kein Grund vor, daß dich die lange Reihe der Riten erschreckt, als sei früher etwas unterlassen worden. Gib dich vielmehr über deine ständige Ehrung durch die Götter eitler Freude hin" (adsidua ista numinum dignatione laetus capesse gaudium).
[28] LIGHTFOOT und im Anschluß an ihn CAIRD, MOULE, THOMPSON verfehlen den Sinn der Wendung, wenn sie V 23c zusammenfassend paraphrasieren: Es ist ohne Wert gegen die fleischliche Zügellosigkeit. Dagegen HEDLEY (Anm. 15) 215. Syntaktisch trägt πρὸς πλησμονὴν τῆς σαρκός den Akzent. Vgl. oben Anm. 2.

gung" mit Speise, Trank und körperlicher Liebe gewährt[29]. In gleicher Weise mahnt Philo, die Übersättigung sei feindlich und schädlich für Seele und Leib (vgl. LXX Ez 39,19; Hos 13,6)[30]. Die Wirkung der sarkastischen Wendung, die die Gegner hart treffen mußte, besteht darin, daß sie an der „Schonungslosigkeit gegen den Leib" anknüpft. Der Wechsel von Leib zu Fleisch ist zu beachten. Was sie dem Leib versagen, führt zur Aufblähung des fleischlichen, irdischen Sinnes (vgl. Kol 2,18). Dabei dürfte auf ihr Rühmen angespielt sein, durch den Stoicheia-Kult am Pleroma der Gottheit Anteil gewonnen zu haben (vgl. zu 2,9).

III

Die Fremdartigkeit der in diesem Abschnitt geführten Auseinandersetzung mit der Irrlehre betrifft bei aller zeitgebundenen Einkleidung eine fortbestehende Problematik: das Verhältnis des Christen zur Welt. Für die Gegner ist die Welt von dämonischen, numinosen Kräften erfüllt, denen man sich zu unterwerfen hat. Die Einfügung in ihre Welt mag ihnen als Ordnung und Gesetz erschienen sein, so daß sie nicht wahrnahmen, in welch sklavische Abhängigkeiten sie hineingeraten waren. Die vermeintliche Kenntnis der Gesetzmäßigkeiten der Welt gab ihnen sogar das Gefühl der Überlegenheit. Anscheinend bedarf es des Sarkasmus, um Verblendete zur Einsicht zurückzuführen oder um solche, die vom Irrtum bedroht sind, zu schützen. Darum spricht der Text ironisch von der Demut der Aufgeblasenen, der Sattheit der Asketen und der Lächerlichkeit der Geehrten. Die Tabuisierung des Weltlichen, seine Vergöttlichung oder seine Verteufelung, können kein Weg sein, der zum Ziel führt. Für den Christen ist die Welt nicht Norm und Gesetz, sondern der Raum, in dem er sich zu bewähren hat. Das macht ihn nicht zum schrankenlosen Herrn der Welt, die er nach Belieben ausbeutet. Vielmehr soll er in verantworteter Freiheit mit ihr umgehen. Die Abhängigkeiten von Welt, in die der Christ geraten kann, ihre faszinierende und gleichzeitig versklavende Mächtigkeit liegen heute auf einem anderen Gebiet. Ihre absolute Anerkennung fordernden Gesetzmäßigkeiten sind der Zwang zum Erfolg, zur Erreichung gesellschaftlicher Ehre ($\tau\iota\mu\acute{\eta}$) und eines allgemeinverbindlichen Lebensstandards. Hier Tabus zu brechen, um menschlicher und freier zu leben, stünde dem Christen an.

---

[29] Leg. VIII, 831e. Weitere Belege bei G. DELLING, in: ThWb VI, 131f.
[30] Vit. cont. 37. Philo schildert das Leben der Therapeuten, die sich durch außerordentliche Mäßigung im Essen und Trinken auszeichnen.

Exkurs 2:

Die kolossische Häresie

1. Die Häresie, von der die Gemeinde der Kolosser und wahrscheinlich auch die anderen Gemeinden des Lykostales bedroht gewesen sind, macht den Angelpunkt unseres Briefes aus. Um ihn dreht sich in größerer oder geringerer Entfernung fast alles, was im Brief gesagt wird. Darum ist es notwendig, die Häresie zu rekonstruieren zu versuchen. Die Schwierigkeit besteht darin, daß wir nur die Gegenargumente unseres Autors kennen, nicht aber direkte Äußerungen der Irrlehrer selbst. Im allgemeinen nimmt man an, daß der Autor nicht nur die Häresie, wenn auch karikierend und polemisch, beschreibt, sondern auch manche ihrer Schlagwörter aufgreift. Wenn gelegentlich in Kommentaren Sicherheit bezüglich der Rekonstruktion der Irrlehrer vermittelt wird[1], ist Skepsis geboten. Mit Zuverlässigkeit läßt sich eigentlich nur etwas über die Phänomenologie der Irrlehre aussagen, das heißt, darüber, wie sie sich nach außen hin darstellte. So beobachteten die Häretiker Tabugebote, die Speise und Trank betrafen, sie hielten besondere Tage und Fristen, sie verehrten die Engel und Mächte und brachten das mit den Gestirnen in einen gewissen Zusammenhang, sie besaßen vielleicht einen eigenen Initiationsritus und einen eigenen Kult, hielten aber dennoch am Christusglauben fest, sie kasteiten ihren Leib und bekundeten damit ihre dualistische Weltauffassung, in der sie das Irdisch-Materielle hinter sich zu lassen bestrebt waren. Besteht in diesen Punkten weitgehende Übereinstimmung, so brechen die Meinungen in der religiösen Beurteilung und vor allem in der religionsgeschichtlichen Ableitung auseinander. Die Ableitungen reichen vom Judentum über jüdische Gnosis und hellenistische Mysterien bis zu heidnischen Kulten. Bald wird das Jüdische, bald das Gnostische oder Heidnische stärker betont. Ebensowenig ist ein Konsens darüber hergestellt, ob der christliche Glaube die Häresie aus sich entließ oder ob die die Gemeinde gefährdende Religion schon früher in Kolossä ansässig war, oder anders formuliert: welches die Zusatzreligion war, das Christentum oder die andere Religion[2]. Nicht selten wird die Problematik mit dem Schlagwort Synkretismus verdeckt, das zwar zutrifft, aber einer näheren Klärung bedarf[3]. Und schließlich, gab es neben den christlichen Häretikern Propagandisten jener Religion, die außerhalb der Gemeinde standen[4]?

---

[1] Etwa Lohse 186: „Aus den kurzen Zitaten und Schlagworten, die der Kolosserbrief innerhalb der Unterweisung der Gemeinde anführt, lassen sich die Grundzüge jener Lehre, die die Gemeinde zu gefährden droht, mit einiger Sicherheit rekonstruieren."
[2] So kommt für Lähnemann, Kolosserbrief 103, das Christentum als Zusatzreligion hinzu.
[3] Zu denken gibt das Wort von M. Eliade, Die Religionen und das Heilige (Salzburg 1954, Nachdruck Darmstadt 1976) 522: „Was man Synkretismus nennt, ist im Ablauf des religiösen Lebens überall und ununterbrochen zu beobachten."
[4] So Dibelius 38. – M. D. Hooker, Were there false teachers in Colossae?, in: Christ and Spirit in the NT (Festschrift C. F. D. Moule) (Cambridge 1973) 315–331, bestreitet die Existenz einer kolossischen Häresie. Ihre Hauptargumente sind der angeblich ruhige Ton, in dem der Apostel schreibt, und das Nebeneinander des Mächteglaubens und jüdischen Thoragehorsams, die beide bekämpft würden und die erst der Apostel zusammengebracht habe. Die

2. Im folgenden sollen *drei profilierte Positionen* vorgestellt werden, um von der Breite der Palette der Meinungen einen Eindruck mitzuteilen. Die erste Position, die bereits Lightfoot[5] bezogen hatte, siedelt die Häresie im heterodoxen Judentum, näherhin in den Kreisen der Essener, an. Die Irrlehre ist dann eine Mischung von christlichem und essenischem Gedankengut. In der Tat lassen sich einige vielleicht verblüffende Parallelen zwischen den Daten des Kolosserbriefes und den Essenern aufweisen. Lightfoot, der sich seinerzeit nur auf den Bericht des Flavius Josephus über die Essener stützen konnte, stellt das Gesetzesdenken, Reinheitsvorschriften, die auch das Essen und Trinken betreffen, einen rigorosen Asketismus, die Leugnung der leiblichen Auferstehung, kosmologische Spekulationen, eine esoterische Angelologie und Tendenzen zur Sonnenverehrung als Bindeglieder heraus[6]. Der Essenismus ist für Lightfoot eine Vor- oder Nebenform der Gnosis, mit der jener in den Hauptmerkmalen derselben Exklusivität, der Mittlertätigkeit von Engeln und einer strengen asketischen Haltung übereinstimmen würde. – In neuerer Zeit greift S. Zedda[7] die essenische Deutung der Irrlehre in Kolossä auf. Aufgrund der Handschriftenfunde von Qumran des Jahres 1947 und vervollkommneter Vorstellungen über die Gnosis kann er die Position präzisieren. Auch Zedda hält den Essenismus für eine Frühform der Gnosis. Die „Gnosis von Qumran" erblickt er darin, daß „die Mitglieder der Gemeinde des Bundes Bescheid wissen über den Plan der Schöpfung, ihren Ursprung und ihr Ziel, und dieses Wissen als Eigenbesitz, gleichsam als erlösendes Geheimnis ansehen"[8]. Im besagten Sinn jüdisch erscheinen ihm das Einhalten von Zeiten und Fristen, die Abstinenzgebote, die Kalenderfrömmigkeit, die Beschneidung (vgl. Kol 2,11), die Kenntnis über die Zusammenhänge der Welt. Für die Kalenderfrömmigkeit in Qumran kann auf 1 QS 10, 1–8; 1, 14f; Dam 3, 14f; 6, 18f; für die Reinheitsgebote auf Dam 6, 17–20 und andere Stellen verwiesen werden. Interessant in Verbindung mit Kol 2, 18 ist der Hinweis darauf, daß Engelvisionen in Qumran

---

Gemeinde sei nur allgemein vom Rückfall in das Heidentum und der Anziehungskraft des Judentums, das von Judenchristen zur Geltung gebracht worden sei, bedroht gewesen. Diese Beurteilung ist eine grobe Vereinfachung, die die spezifischen Aussagen unseres Briefes nicht wahrnimmt und die Vereinbarkeit von Mächteglauben und Tabugeboten nicht reflektiert. Auch spielt die Thora im Brief nicht die Rolle, die H. ihr zuschreibt.

[5] 73–113. Auch abgedruckt in: F. O. Francis – W. A. Meeks, Conflict at Colossae (Sources for Biblical Studies 4) (Missoula 1973) 13–59.

[6] Letzteres bezieht sich auf den rätselhaften Text bei Josephus, bell. 2, 128: „Der Gottheit gegenüber sind sie (die Essener) auf eigenartige Weise fromm. Bevor nämlich die Sonne aufgeht, sprechen sie nichts Unheiliges aus, vielmehr einige altherkömmliche Gebete an sie, gleichsam bittend, daß sie aufgehe."

[7] Il carattere Gnostico e Giudaico dell'errore colossese nella luce dei manoscritti del Mar Morto, in: RevBib 5 (1957) 31–56. Auch E. W. Saunders, The Colossian Heresy and Qumran Theology, in: Studies in the History and Text of the NT (Festschrift K. W. Clark) (Studies and Documents 29) (Salt Lake City 1967) 133–145, erhellt die kolossische Häresie von den Qumran-Handschriften aus, ist sich aber kritischer der Grenze der Vergleichs- und Identifizierungsmöglichkeit bewußt. So wertet er Qumran als Gelegenheit, die uns „ein klareres Verständnis der Formen des synkretistischen Judentums gewährt, das seinen verwirrenden Einfluß auf zahlreiche christliche Gemeinden in Kleinasien erweist" (142).

[8] 43 f.

eine Rolle spielten (1 QM 10,10f) und nach Jub 4,15–21 Engel über den Aufbau der Welt und die einzuhaltende Ordnung der Zeiten und Jubiläen belehren. Ein Schlüsseltext für Zedda ist die Katechese von 1 QS 3,13ff: „Vom Gott der Erkenntnisse stammt alles Sein und Geschehen, und bevor sie ins Dasein getreten, setzte er ihren ganzen Plan fest... Er schuf den Menschen zur Beherrschung der Welt und setzte ihm zwei Geister, um in ihnen zu wandeln bis zur festgesetzten Zeit seiner Heimsuchung. Das sind die Geister der Wahrheit und des Unrechts..."

Die zweite Position, als deren Repräsentant G. Bornkamm gelten darf, setzt zwar auch beim Judentum, freilich nicht dem essenischen, an, rechnet aber in starkem Maß mit Einflüssen aus dem heidnischen Raum. Bornkamm definiert die kolossische Irrlehre zusammenfassend wie folgt: „Sie entstammt einem gnostisierten Judentum, in dem jüdische und iranisch-persische Elemente, sicher auch Einflüsse chaldäischer Astrologie sich eigentümlich verschmolzen und mit dem Christentum verbunden haben."[9] Ausgangspunkt der Darlegung ist die Lehre von den Weltelementen. Deren jüdischer Charakter zeige sich in der Zuordnung der Engelmächte zu den Weltelementen, die im apokryfen Judentum reichliche Entsprechungen besitze, in der Parallelisierung von Weltelementen und Gesetzesdenken, in der Forderung der Beschneidung, in der Beachtung periodisch wiederkehrender Zeiten. Die Sinngebung aber sei nicht mehr jüdisch, sondern neu. Zeiten und Fristen stünden nicht mehr unter dem Zeichen der Heilsgeschichte, sondern unter dem Zeichen des dem Gestirnablauf entsprechenden Wandels der Natur. Die Tabugebote und asketischen Forderungen hätten mit jüdischen Fastengeboten nichts mehr zu tun, sondern widerspiegelten die Haltung und Absicht der Gnosis, die ihre Adepten auf diesem Weg selbstübernommener Frömmigkeitsübungen und Askese zur Erfüllung mit den Gotteskräften der Elemente einer höheren Welt führen wollte. Das damit in den Blick tretende gespaltene gnostische Weltbild von oben und unten versteht den Menschen als einen aus der Welt hinausstrebenden, dem durch die Einsicht (Gnosis) in die Weltverhältnisse der Weg zur Selbsterlösung eröffnet wird. Der orientalische Mythos vom Leib des Weltengottes und den Elementen als seinen Gliedern begegne hier in neuer Verwandlung. Die Weltelemente würden im Zuge der dualistischen Weltbetrachtung der Gnosis zu Elementen der Lichtwelt im Gegensatz zur Welt der Finsternis. In einer Wiedergeburt gewinne der Mensch seine Zugehörigkeit zur Lichtwelt und damit Erlösung. Die kolossische Häresie habe dieses Wiedergeburts-Mysterium propagiert. Die zu verehrenden Mächte vermittelten dabei den Zugang zur „Fülle", zum göttlichen Leben. Bornkam bemüht sich, sein Konzept durch Verweise auf zahlreiche Beispiele der christlichen und jüdischen Sektengeschichte zu belegen, stiftet aber damit eher eine Verwirrung an[10]. Bemerkenswert aber ist, daß ihm

---

[9] BORNKAMM, Häresie 153. Ähnlich DIBELIUS 38–40.
[10] So wird auf die orientalische Aion-Theologie, die Mithras-Religion, die hellenistischen Mysterien, die Elchasaiten, das Corpus Hermeticum, die Pseudoklementinen, die Manichäer, die Hypsistarier als mögliche vergleichbare Religionen verwiesen, und zum Schluß auch noch auf J. W. Goethe, der, in einem Gespräch mit Eckermann positiv zur Gottes- und Sonnenver-

die Hypsistarier, eine kleinasiatische Sekte des 4. Jahrhunderts, ein treffender Ausdruck der kolossischen Häresie und ihre Nachfahren sind. Gregor von Nazianz beschrieb diese so: „Sie verehrten das Feuer und die Lichter; sie beobachteten den jüdischen Sabbat und das Verbot gewisser Speisen... Ihr höchstes Wesen ist allein der Schöpfer."[11]

Die dritte Position, die mit dem Namen E. Schweizers[12] verbunden ist, löst sich noch stärker vom typisch Jüdischen. In bestechender Weise wird die in der hellenistischen Welt offenkundig verbreitete Verehrung der „Elemente der Welt" als der bestimmende Background der kolossischen Häresie herausgearbeitet[13]. Nach der hellenistischen Vorstellung bedroht der Streit der Elemente die Harmonie der Welt. Diese wird nach Philo, der viel Hellenistisches apperzepierte, gewährleistet durch Gott, der den Frieden stiftet. Der Tempelkult gilt letztlich der Harmonisierung des Alls oder ist Danksagung für deren Gewährung[14]. Wenn in Weish 13, 1–16 zwischen der Verehrung der Elemente und dem Götzendienst unterschieden und in 7, 17 sogar die untrügliche Kenntnis des Wirkens der Elemente gerühmt wird, zeige dies, daß eine Elementenverehrung auch von einer monotheistischen Religion leichter übernommen werden konnte. In der Philosophie des Empedokles wird die Verbindung der menschlichen Seele mit den Elementen in der Weise vorgetragen, daß die bösen Seelen in ihrem Aufstieg zum reinsten Äther als dem Ort ihrer Befreiung durch die Elemente gehindert werden, indem sie zur Strafe in aufhörlichem Kreislauf alle Elemente durchwandern müssen, von der Luft zum Meer, zur Erde, zur Sonne und wieder zurück in die Luft. Die στοιχεῖα gewännen hier zwar nicht personalen Charakter, aber doch die Stellung von Mächten, die den Mächten Sünde, Gesetz, Tod bei Paulus vergleichbar seien. Tabu- und Abstinenzgebote, die Beobachtung von Tagen und Fristen ordneten sich hier sinnvoll ein, da der Mensch, in die Mischung der Elemente hineingenommen, um seinen einstigen Aufstieg besorgt ist. Das somit für die kolossische Häresie, deren Elementenverehrung vielleicht Mysterienform angenommen habe, zusammengetragene Milieu sieht auch Schweizer in einem Text besonders anschaulich zum Ausdruck gebracht. Es ist bezeichnend, daß es ein neupythagoreischer Text ist: Die

---

ehrung sich bekennend, als „der letzte, jedenfalls wohl der größte Vertreter der kolossischen Häresie" angesehen werden könne (156). Hier erscheint die Grenze zwischen der Phänomenologie einer Religion und der Sinngebung ihres äußeren Erscheinungsbildes nicht mehr gewahrt.

[11] Orat. 18,5 (PL 35,990f). – HEGERMANN, Schöpfungsmittler 161–168, hingegen möchte die Häresie stärker vom heidnischen Raum abrücken und mit dem häretisch-synkretistischen Judentum verbinden, vor allem wegen der angeblich milden Beurteilung durch den Autor. Interessant ist der Vergleich mit der Mysterienpolemik Philos (9–26).

[12] Die „Elemente der Welt", in: Beiträge zur Theologie des NT (Zürich 1970) 147–163. Vgl. auch SCHWEIZER (Komm.) 100–104.

[13] Sicher ist es abwegig, wenn HEGERMANN, Schöpfungsmittler 161, und H. M. SCHENKE, Der Widerstreit gnostischer und kirchlicher Christologie im Spiegel des Kolosserbriefes, in: ZThK 61 (1964) 391–403, hier 393f, der Meinung sind, der Begriff στοιχεῖα τοῦ κόσμου stamme vom Autor ad Colossenses. SCHENKE sieht mit unterschiedlichen Akzentuierungen sowohl letzteren als auch die Häresie unter dem Einfluß der Gnosis.

[14] Vgl. vit. Mos. 2,101f; rer. div. her. 197; spec. leg. 1,120.

vier Elemente sind Feuer, Wasser, Erde, Luft. Das unsterbliche, göttliche obere Element aber ist der Äther. Die Menschen sind mit den Göttern eines Geschlechts (πρὸς θεοὺς συγγένειαν), weil ihr oberster Seelenteil am göttlichen Element teilhat. Die reinsten Seelen werden von Hermes zur Höhe geleitet, die unreinen, die jetzt die Luft bevölkern, von den Erinnyen gequält. Darum muß man den Göttern, abgestuft nach Tagen (ἀπὸ μέσου ἡμέρας), Ehre erweisen, Reinigungsbäder (λουτρῶν) nehmen[15], auf Fleisch und andere Speisen verzichten usw.[16]

3. Eine *detaillierte Rekonstruktion der Häresie* aus dem Text des Kolosserbriefes ergibt folgendes hypothetisches Bild: In der Gesamtanlage des Briefes ist zwar der Abschnitt 2,4–23 in besonderer Weise der Auseinandersetzung mit der Irrlehre gewidmet, unterschwellig ist diese aber überall mehr oder weniger präsent. So kann die häufige Erwähnung der Weisheit (1,9.28; 2,3.23; 3,16; 4,5) und Erkenntnis (1,9f; 2,2f; 3,10) als Hinweis darauf gelten, daß die Irrlehrer sich eines besonderen heilsnotwendigen Wissens rühmten. Sie dürften darum ihre Sonderlehren, für die sie sich auf eigene Traditionen beriefen (vgl. 2,8 und 6), Philosophie genannt haben (2,8). In deren Mittelpunkt steht die Verehrung der Elemente der Welt. Weil dies das Spezifikum ausmacht, kommt eine essenische Ableitung ebensowenig in Frage, wie eine einseitig gnostische Bestimmung fragwürdig bleiben muß. Die Elemente weisen die Häresie als naturhaft-mythische Religion aus, die bereits von ihrer Struktur her mit dem Evangelium unvereinbar ist. Der Mensch, in die Elemente eingebunden, fühlt sich sowohl von ihnen bedroht als auch zu ihnen hin befreit, mag man ihnen Person- oder Machtcharakter, was wahrscheinlicher ist (vgl. 2,20), zugesprochen haben. Im Isis-Mysterium wurden sie als personale Wesen angesehen[17]. Auf jeden Fall stehen sie zu Engeln in engster Beziehung, die als Führer über sie gesetzt sind. Darum ist die Häresie Engeldienst (2,18). Christus, an dem man durchaus festhielt, ist nicht Beherrscher der Mächte, sondern primus inter pares. Damit kommen wir zur entscheidenden Heilsfrage, die die Häretiker als Frage nach der konkret-jenseitigen Erlösung umtrieb. Die durch das Evangelium zugesprochene Vergebung der Sünden (2,13) reichte ihnen nicht aus. Im Vordergrund stand die Teilhabe an dem Unsterblichkeit gewährenden göttlichen Leben. Eine Auferstehung des Leibes dürfte den Häretikern kaum erstrebenswert erschienen sein. Es galt den Aufstieg der Seele zu sichern, die so zum Pleroma, zur Fülle des göttlichen Lebens gelangen sollte. Gewährt wurde dies

---

[15] SCHWEIZER (Anm. 12) 160 verweist auf Kol 2,12.
[16] Bei H. DIELS – W. KRANZ, Die Fragmente der Vorsokratiker I (Berlin ⁶1951) 448–451. Der Text stammt aus dem 1. Jahrhundert v. Chr. – L. M. CONGDON, The False Teachers at Colossae (Mikrofilm) (Diss. Drew Univ. 1968) rekonstruiert die kolossische Irrlehre im Licht philonischer und qumranischer Texte. LÄHNEMANN, Kolosserbrief 63–107, betrachtet die Häresie als synkretistische, aus jüdischen und heidnischen Vorstellungen zusammengesetzte Sekte, zu der das Christentum später hinzugetreten sei. Neu gegenüber den vorgestellten Erklärungsversuchen ist, daß er kleinasiatische Kulte, so den Kybele-Kult und den Kult des Mondgottes Men, in die Überlegungen miteinbezieht.
[17] Vgl. G. WAGNER, Das religionsgeschichtliche Problem von Römer 6,1–11 (AT ANT 39) (Zürich 1962) 117 und Anm. 100. Vgl. Gal 3,8.

nicht primär von Christus, sondern von den Elementen und den über sie gestellten oder mit ihnen gleichzusetzenden Mächten, die Christi Leib bildeten (vgl. 2,9f). Schweizer hat diesen Vorgang treffend als Aufnahme der Seele in den für sie konsubstanzialen Lichtaether beschrieben. Entscheidend ist, daß es sich um einen naturhaften Vorgang handelt, der der steuernden Vorbereitung bedarf. Hier ordnen sich nun die zahlreichen Einzelgebote ein, deren sich die Häretiker als eines freiwilligen Gottesdienstes rühmten (2,23). Speise- und Abstinenzvorschriften und das Begehen von Tagen und Terminen mögen von ihrer Terminologie her jüdisch sein (2,16.21), sind aber inhaltlich nicht durch die heilsgeschichtliche memoria, sondern dazu bestimmt, den Menschen in die kosmische Ordnung der Mächte einzufügen. Dem gleichen Zweck dienten sexuelle Enthaltsamkeit (2,21) und leibliche Kasteiung (2,23). Nicht das jüdische Gesetz prägt die Religion, sondern eine heidnisch-mythische Mentalität. Ein jüdisches Gehäuse ist mit fremdem Geist erfüllt. Darin unterscheidet sich die kolossische von der im Galaterbrief bekämpften Irrlehre, obwohl sie mit dieser vor allem wegen der Elementenlehre manches verbindet (vgl. Gal 4,3.8–10). Der in 2,17 aufgestellte Gegensatz des Schattens der künftigen Dinge zur Wirklichkeit des Leibes Christi darf nicht zu der Auffassung verführen, daß dem Schatten doch eine positive, wenn auch sehr geminderte Bedeutung zukäme. Manche Ausleger schließen daraus, daß der Schatten, der ja die Sonderlehre bezeichnen muß, die Thora meine. Das Bild vom Schatten jedoch hebt hier ab auf das, was völlig nichtig und wirkungslos ist. Die Verehrung der Mächte erfolgte wahrscheinlich nicht bloß, um die jenseitige Erlösung vorzubereiten, sondern auch zum Schutz für das irdische Dasein. Die Engel wurden als schicksalsbestimmende Mächte angesehen und gefürchtet. An dieser Stelle rückt die Elementenverehrung in die Nähe der Astrologie und Magie. In diesem Bereich hat die Verknüpfung des menschlichen Geschicks mit dem Lauf der Gestirne stets eine wichtige Rolle gespielt. Der Brief deutet ferner an, daß die Häretiker arrogant und aggressiv aufgetreten sind. Von einem starken Elitebewußtsein getragen, richteten und verurteilten sie die anderen (2,16 und 18). Darum wird für die Gemeinde gefordert, daß jeder in der Lage ist, Rede und Antwort zu stehen (4,6). Sie sollen mit den Irrlehrern, mit denen „draußen" (4,5: alte Häretikerbezeichnung), umgehen können und sich nicht einschüchtern lassen.

Darüber hinaus wird man für die Häresie vermuten dürfen, daß sie einen eigenen Kult pflegte, der den hellenistischen Mysterien vergleichbar ist. Gerade auf diese Weise erst konnten sie ihre Besonderheit dokumentieren. Der Kult galt dann den Engelmächten, nicht einer heidnischen Gottheit. So wahrscheinlich dieser kolossische Sonderkult ist, so schwierig ist seine nähere Bestimmung. Immerhin gibt es einige Anzeichen. Mit ἐμβατεύω in 2,18 dürfte ein Mysterienterminus aufgegriffen sein, der das Betreten des Kultraumes, die Zulassung zum Kult bezeichnet. Die damit verbundene Schau bezieht sich entweder auf ein ekstatisches Erlebnis (Engelvision?) oder – was näherliegt – auf die bildliche Darstellung der kosmischen Ordnung, wie man sie verehrte. Auch ist damit zu rechnen, daß die Häretiker einen eigenen Initiationsritus kannten, der von unserem Autor als Beschneidung apostrofiert wird (2,11) und die Überwindung des sterblichen Leibes darstellen sollte. Im Kult nahm man die Himmelsreise der Seele durch die Elemente rituell vorweg und gewann so antizipatorisch Anteil am unsterblichen Leben. 2,12f stellt dem dann den christlichen Lebensbesitz entgegen. Es verdient Beachtung, daß die genannten kultischen Akte im Isis-Mysterium, wie es bei Apuleius beschrieben wird, ihre Entsprechungen haben. Auf die Verehrung der στοιχεῖα als personale Wesen in diesem Mysterium wurde oben schon hingewiesen. Der Initiand nähert sich im Kultakt dem Grenzbezirk des Todes, steigt über Proserpinas Schwelle, fährt durch alle Elemente zurück, sieht um Mitternacht die flimmernde Sonne im weißen Licht und tritt zu den Toten- und Himmelsgöttern von Angesicht zu Angesicht (met. XI, 23,7). Dies bedeutet nichts anders als eine Vorwegnahme der Himmelsreise der Seele. Der Initiand gewinnt Schutz vor der Bedrohung durch die Elemente (XI, 25,3f), ist dem blinden Schicksal entkommen, hat Abstinenzgebote zu beachten (XI, 28,5; 30,1), den Leib zu züchtigen (21,3; 19,3), erfährt das Wirken der Gestirne als schicksalbestimmend (22,3) und erhält schließlich Anteil am unsterblichen Leben (21,6f)[18]. Durch diese Analogien sollte nur das Milieu gekennzeichnet und keinesfalls eine Abhängigkeit behauptet werden. Die kolossische Häresie ist im geschilderten Rahmen als etwas Eigenständiges zu betrachten.

Schwerlich hat die Häresie vor der christlichen Gemeinde in Kolossä existiert. Das jüdische Element konnte durch ehemalige Proselyten eingebracht worden sein. Der Eindruck, daß der Autor nur milde mit der Irrlehre ins Gericht geht, trügt. Sicherlich hat er ein anderes Temperament als Paulus und vermeidet leidenschaftliche Ausbrüche wie Phil 3,2 oder Gal 5,15.12. Andererseits spricht er eine unmißverständliche Sprache und findet auch harte Worte gegen die Häretiker (2,4.8.16–18); in 2,23 liegt ein Sarkasmus vor[19].

4. Religionssoziologisch ist die kolossische Häresie als Sekte einzustufen. Nach P. Honigsheim[20] sind die Kennzeichen einer Sekte die Kleinzahligkeit neben einem umfassenderen Gebilde, ein Elitebewußtsein, das enge Gemeinschaftspflege bedingt, das Festhalten an speziellen Unterschieden, die Assimilierung. Diese Kennzeichen sind gegeben. Unter den verschiedenen Sektentypen wird die kolossische zur aggressiven Form zu zählen sein. Die uns teilweise recht fernliegenden Besonderheiten der Sekte werden uns verständlicher, wenn wir die gesellschaftliche und wirtschaftliche Situation Kleinasiens in der zweiten Hälfte des 1. Jahrhunderts bedenken. Kleinasien war vom wirtschaftlichen Tiefstand mitbetroffen, der die östliche Reichshälfte heimsuchte und auch eine Folge der Ausbeutung seitens der römischen Beamtenschaft war. Die Kluft

---

[18] Der Gedanke des Gewinns unsterblichen Lebens im Mysterium sollte nicht verflacht und auf die moralische Ebene übertragen werden. Mit J. G. Griffiths, Apuleius of Madaurus. The Isis-Book (EPRO 39) (Leiden 1975) 51–55, gegen Wagner (Anm. 17) 120–123, der den Vergleich mit einer Mönchsweihe bringt und von einer neuen Lebensbahn spricht. Vgl. auch S. Eitrem, Die vier Elemente in der Mysterienweihe, in: SO 4 (1926) 39–59.5 (1927) 39–59.
[19] Vgl. J. Gewiess, Die apologetische Methode des Apostels Paulus im Kampf gegen die Irrlehre in Kolossä, in: KiLe 3 (1962) 258–271, der eine Anpassung der Sprache des Apostels an die Sprache der Häresie behauptet.
[20] RGG ³V, 1657f.

zwischen arm und reich vergrößerte sich. Die Bevölkerung hatte keinen Patriotismus. Entwurzelt, in die Fremde gezogen oder dort geboren, lebten viele in den Städten mit Menschen aus verschiedenen Ländern. Da man sowohl unter Menschen wie unter Göttern wählen konnte, wandte man sich an die, von denen man Trost und Hilfe erhoffte. Die zeitgenössische Philosophie war an der Glückseligkeit des einzelnen interessiert. Der Schwerpunkt des religiösen Lebens hatte sich in die private Frömmigkeit verlagert. Religiöse Bruderschaften und Mysterienvereine konstituierten sich, die zu Trägern und Sammelbecken des Synkretismus wurden. Individualisierung und Spiritualisierung bestimmten die Richtung[21]. Daneben werden in der Sekte Urinstinkte wirksam, die in zahllosen naturhaft-mythischen Religionen aller Epochen angetroffen werden können. So singen die Schamanen uraltaischer Völker bei einem Ritual, das die Himmelfahrt der Seele darstellen soll:

> „Unterhalb des weißen Himmels,
> Oberhalb der weißen Wolke;
> Unterhalb des blauen Himmels,
> Oberhalb der blauen Wolke,
> Steig empor zum Himmel, Vogel!"[22]

Auf dem Weg der Magie, mechanisch interpretierter Riten und der Astrologie sich des Göttlichen zu bemächtigen, stellt eine Form der Frömmigkeit dar, die nicht nur auf einer primitiven Kulturstufe angetroffen werden kann. Im modernen Sektenwesen bricht sie erneut auf. Im säkuralisierten Gewand beherrscht sie Horoskope, Stern- und Aberglauben auch heute. Der Autor ad Colossenses ruft angesichts der Häresie der bedrohten Gemeinde das Evangelium vom Heilshandeln Gottes in Christus Jesus in Erinnerung, das den Menschen nicht zuletzt aus der Knechtschaft einer dämonisierten Welt befreien wollte.

2. KONSEQUENZEN AUS DER TEILHABE AN DER AUFERWECKUNG CHRISTI (3,1–4)

1 Wenn ihr also mit Christus auferweckt worden seid, trachtet nach dem, was oben ist, wo Christus ist, zur Rechten Gottes sitzend, 2 an das, was oben ist, denket, nicht an das Irdische! 3 Denn ihr seid gestorben, und euer Leben ist mit

---

[21] Vgl. die Situationsschilderungen bei M. ROSTOVTZEFF, Gesellschaft im römischen Kaiserreich (Leipzig 1931) I, 1–3; II, 147ff; M. P. NILSSON, Geschichte der griechischen Religion II, 279ff; 546ff; U. v. WILAMOWITZ-MOELLENDORFF, Der Glaube der Hellenen II (Darmstadt ³1959, Nachdruck) 381.399ff. 451ff.
[22] Bei ELIADE (Anm. 3) 139. Hier reichhaltiges religionsgeschichtliches Material zu Auffahrtsmythen (135–143).

Kol 3,1

Christus in Gott verborgen. 4 Wenn Christus, unser Leben, offenbar werden wird, dann werdet auch ihr mit ihm offenbar werden in Herrlichkeit.

I

Wie im vorausgegangenen Abschnitt 2,20–23 werden aus der Taufe Konsequenzen gezogen. War dort das Gestorbensein der Ausgangspunkt, so ist es jetzt das Auferwecktsein mit Christus. Diese Konsequenzen werden in zwei parallel formulierten Imperativen zusammengefaßt: τὰ ἄνω ζητεῖτε bzw. φρονεῖτε. Sie bestimmen die ersten Verse[1]. In V 3 wird eine Begründung geboten, die mit dem Gegensatz von Gestorbensein und Leben erneut an die Taufe anknüpft (2,12f). Erfolgte die Taufe in der Vergangenheit, richten sich die Imperative und auch die perfektische Beschreibung des verborgenen Lebens (3) auf die Gegenwart, so führt V 4 eine neue Zeitstufe ein. Im Verheißungsstil wird die Zukunft eröffnet. Die Parusie tritt in den Blick.

Prägend für den Abschnitt ist die Christusgemeinschaft, formal das σὺν Χριστῷ, das gleich dreimal vorkommt: mit Christus auferweckt (1), mit Christus in Gott verborgen (3), mit Christus in Herrlichkeit offenbar werden (4). Dem Gedanken, die Teilhabe am Christusgeschick zu verdeutlichen, dient auch die Wiederholung des Verbs in 4: er wird offenbar werden, ihr werdet offenbar werden. Repetierend wird von „eurem bzw. unserem Leben" gesprochen (3f)[2]. Dabei wird aus der Gemeinschaft die Identität, wenn Christus einfach „unser Leben" heißt. In V 1b findet sich ein vorgeprägter christologischer Satz, der vom Sitzen Christi zur Rechten Gottes handelt. Hier und am Ende von V 3 tritt neben Christus Gott, der das letzte Ziel des Weges Christi und der Christen ist.

II

V 1 Aus erfüllten Bedingungen werden Folgerungen gezogen. Als erfüllte Bedingung wird im Anschluß an 2,12b angegeben: Ihr seid mit Christus auferweckt worden[3]. Das „mit Christus" sichert das am Täufling erfolgte Heilsgeschehen als ein an das Christusgeschehen gebundenes und damit das Heil als ein dem Menschen unverfügbares und von Gott gewährtes ab[4]. In 2,12 hörten wir, daß das Mitauferwecktsein durch den Glauben geschehen war, also eine auch nur dem Glauben zugängliche Veränderung am Menschen bedeutet. Es stellt sich die Frage, ob der Mensch damit schon am Ziel und vollendet ist. Wer

---

[1] LOHMEYER 131, der den gesamten Abschnitt in vier Doppelzeilen gliedert, möchte um dieser Struktur willen mit V 1b einen neuen Satz beginnen lassen: Wo Christus ist, sitzend zur Rechten Gottes, nach droben richtet die Herzen usw. Dies ist ebenso abzulehnen wie die Meinung von LAMARCHE, Structure 460f, die mit V 3 einen Neuansatz gegeben sieht. ZEILINGER, Der Erstgeborene 147, klassifiziert 3f als hymnischen Doppelspruch.

[2] In V 4 ist der Text unsicher. Die besseren Textzeugen lesen „euer Leben" (P^{46} ℵ C D* 33 1739 vg). „Unser Leben" bieten B D^c syr^p und zahlreiche Minuskeln. Dennoch wird man letzteres bevorzugen. Die Umwandlung in die Anrede gleicht an den Kontext an. Anders Dibelius. V 4 ist aber kein vorgegebener Satz. Der Wechsel vom Ihr zum Wir ist dem Verfasser zuzuschreiben.

[3] εἰ οὖν bezieht sich auf 2,12 zurück, keinesfalls auf den vorausgegangenen Abschnitt 2,20ff (gegen LIGHTFOOT, SODEN). Dieser war ja bereits ein Abschnitt der Konsequenzen. Zum falschen Rückbezug verleitet die Annahme, mit 3,1 beginne ein neuer – der paränetische – Teil des Briefes.

[4] Vgl. R. SCHNACKENBURG, Baptism in the Thought of St. Paul (Oxford 1964) 72f.

dies erwartet, wird durch den folgenden Imperativ schockiert: Trachtet nach dem, was droben ist (τὰ ἄνω)! Sie sind also (als Auferweckte) noch auf der Erde. Sind sie gespaltene Existenzen? Das Paradoxon formuliert die Spannung der christlichen Existenz. Dies in spannungsvollen Sätzen bewußtzumachen war schon die Art des Apostels: „Wir sind der Sünde gestorben ... Also herrsche nicht die Sünde in eurem sterblichen Leib" (Röm 6,3 und 12). „Ihr aber seid nicht im Fleisch, sondern im Geist ... Wenn ihr nämlich nach dem Fleisch lebt, werdet ihr sterben" (Röm 8,9 und 12). Das Sein bestimmt das Sollen, der Indikativ den Imperativ. Die Steigerung der Spannung von Kol 3,1f allerdings sucht bei Paulus ihresgleichen. Die Auferweckung der Christen blieb für ihn ein streng endzeitliches Ereignis (vgl. Röm 6,5 und 8). Auf diese Weise wahrte er den eschatologischen Vorbehalt. Wie der Autor ad Colossenses Gegenwart und Zukunft trennt, wird erst im weiteren Verlauf geklärt werden. Zunächst kommt es darauf an, die durch die Taufe gewonnene Neuorientierung wirksam werden zu lassen.

Das Obere (τὰ ἄνω) ist die Welt Gottes, das Himmlische. Schon das Alte Testament ist es gewohnt, zwischen dem, was im Himmel oben, und dem, was auf der Erde unten ist, zu unterscheiden (LXX Ex 20,4; Dt 4,39; 5,8 usw.). Die Unterscheidung lebt im Rabbinischen fort. In Fortführung der Geschichte von der ehernen Schlange heißt es RH 3,8: „Solange die Israeliten nach oben blickten und ihr Herz ihrem Vater, der im Himmel ist, unterwarfen, erwiesen sie sich als stark; wenn aber nicht, so fielen sie"[5]. Obwohl gerade dieser Satz Kol 3,1 nahezukommen scheint, wird man im Rückgriff auf alttestamentlichrabbinisches Milieu dem Imperativ nicht gerecht. Es muß mitberücksichtigt werden, daß im hellenistischen Bereich in einer bis auf Plato zurückreichenden Entwicklung die obere Welt als die wahre, wirkliche, eigentliche gewertet wurde. Den Weg nach oben zu finden, wird entscheidend. So meint Philo, daß die gottbegeisterte Seele „vom wahrhaft Seienden geführt und zu ihm nach oben getragen wird, während die Wahrheit ihr vorausschreitet und was im Wege ist, wegräumt" (rer. div. her. 70). Nach CHerm 4,11 spricht Hermes zuversichtlich: „Du wirst den Weg nach oben finden." Für ApkBargr 4,15 ist der „Ruf nach oben" gleichbedeutend mit dem Eingang in das Paradies[6].

Für den Christen hat der obere Bereich eine neue Intensität gewonnen. In ihm weilt Christus, der Erhöhte, der zur Rechten Gottes sitzt, wie mit Worten aus ψ 109,1 gesagt wird. Der christologisch gedeutete V 1 aus ψ 109 – dem meist zitierten Psalm innerhalb des Neuen Testaments – wird zum christlichen Glaubenssatz, der später ins Credo eingeht. In Röm 8,34 erstmalig mit der Auferweckung verbunden, wird das Sitzen zur Rechten Gottes entweder als

---

[5] Bei BILLERBECK I, 395. Man stellt Parallelen her zwischen dem Oberen und dem Unteren. MidrHl 2,7 (98b), bei BILLERBECK II, 116. Oder man spekuliert über das, was oben anders ist als unten: bChag 15a, bei BILLERBECK III, 133: „Es ist traditionelle Lehre, daß es oben kein Sitzen und keinen Streit und keine Rückseite und keine Ermüdung gibt." Maimonides interpretierte die Überlieferung so: kein Sitzen, kein Stehen, keine Ermüdung, keine Verbindung. Zum Begriff vgl. F. BÜCHSEL, in: ThWb I, 376–378.

[6] Weiteres Material bei E. SCHWEIZER, Erniedrigung und Erhöhung bei Jesus und seinen Nachfolgern (AThANT 28) (Zürich ²1962) 145–155.

hoheitsvolle Tat Christi selber („er setzte sich": Hebr 1,3; 8,1; 10,12; 12,2) oder als der für ihn seit der Erhöhung angemessene Ort aufgefaßt („er ist": 1 Petr 3,22). Hier vereinen sich beide Aspekte[7]. Mit Hilfe des vertrauten Credosatzes wird τὰ ἄνω als die Heilssphäre des Hellenismus kurzerhand für das Christentum annektiert[8]. Christus hat in seiner Auferweckung nicht nur den Weg nach oben freigemacht, sondern er herrscht jetzt auch als der über sie Erhöhte über die Mächte und ist der seiner Gemeinde zugewandte Kyrios. Der Imperativ ruft auf, nach dem zu trachten, was – im erläuterten Sinn – oben ist, nach den durch Christus offenbar gewordenen himmlischen Gütern (vgl. Kol 1,5). ζητεῖν hebt ab auf die intensive Mühe, sich diese eröffneten Güter zu verschaffen[9]. Letztlich sind diese mit Christus identisch. Die Mühe erweist den Christen und das Christentum als etwas Unfertiges, Unvollkommenes, auf dem Weg Befindliches[10].

V 2 Der Imperativ wird variierend wiederholt. Betrifft das Trachten, Suchen den Willen, so das φρονεῖν die Gedanken[11]. Die Gedanken sind die Quelle des Guten und des Bösen und somit entscheidend für die Lebensgestaltung. Gedanken können den Menschen bis in den Schlaf hinein beunruhigen. Christus will sich unserer Gedanken bemächtigen. Paulus verwendet das Verb mit Vorzug für das Denken an den Nächsten (Röm 12,16; 15,5; 2 Kor 13,11; Phil 2,2.5; 4,2), der in unsere Gedankenwelt mit einzubeziehen ist. Am nächsten kommt Röm 8,5: „Denn die dem Fleisch gemäß sind, richten sich aus auf das Fleischliche, die aber dem Geist gemäß sind, auf das Geistige." Darf man im Duktus dieser Stelle interpretieren und sagen: „Der Verfasser hingegen kommt wie Paulus von der alttestamentlichen Sicht her, die in der Weiterentwicklung des Frühjudentums die Gegenüberstellung von Fleisch und Geist schon mit der von Erde und Himmel, Welt und oberer Welt vermischt?"[12] Nicht das, was irdisch ist, sinnen[13], ist gewiß qualitativ-wertend und wird hier auch die Häretiker in den Blick nehmen wollen, deren Anstrengungen nicht bestritten werden. Sie sind aber auf die falsche Richtung hin orientiert (vgl. 2,21f). Dennoch wird man

---

[7] Vgl. die Übersetzung: „wo Christus ist, sitzend zur Rechten Gottes".
[8] Vgl. E. GRÄSSER, Kol 3,1–4 als Beispiel einer Interpretation secundum homines recipientes, in: ZThK 64 (1967) 139–168, hier 157.
[9] Mit BAUER, Wörterbuch 670, Ewalds Vorschlag, sich interessiert um etwas kümmern oder sorgen, trifft nicht zu. Die Vermutung von LOHMEYER 133 Anm. 1, daß hinter dem Imperativ des V 1 ein liturgisches Sursum corda steht, ist kaum haltbar.
[10] Treffend sagt BIEDER 174: „Das ‚fertige' Christentum, das sich in einer christlichen Weltanschauung gefällt, ist der Feind des lebendigen Glaubens. Da ist nur noch ein Absud des Glaubens vorhanden, eine gewisse traditionelle Gläubigkeit…"
[11] Die Übersetzungen fallen recht unterschiedlich aus: Richtet den Sinn (LOHSE); richtet die Herzen (LOHMEYER); richtet euch aus (SCHWEIZER); trachtet (CONZELMANN); sinnet (ERNST). Die Grundbedeutung des Verbs ist: bei Sinnen sein, denken. Vgl. PASSOW s.v.
[12] SCHWEIZER.
[13] Nach BUJARD, Untersuchungen 210–214 (212), ist Kol 3,2 die einzige (adversative) Syllepse im Brief. Eine Syllepse ist wie die Ellipse eine verkürzte Redeform, die aber im Unterschied zu dieser aus dem Zusammenhang leicht ergänzt werden kann. Zu ergänzen wäre in V 2b ein passender Imperativ.

die räumlichen Kategorien, die das Proprium unseres Briefes (und des Epheserbriefes) sind, nicht aufweichen dürfen. Als Auferweckte sind sie an einen anderen „höheren" Ort versetzt worden. Zum Vergleich ist an das Sinaimysterium Philos von Alexandreia zu erinnern, nach dem Mose und die Israeliten, die den Berg besteigen, in der oberen Welt angesiedelt sind[14]. Die Versetzung ist nicht gleich Weltflucht[15]. Diese mögen die Häretiker angestrebt haben. Das Christus-Lied 1,15–20, das Glaubensbekenntnis der kolossischen Gemeinde, ist nicht vergessen. Es hatte die universale Versöhnung proklamiert, die vom Autor ad Colossenses auf die Kirche hin ausgelegt wurde (1,21ff). Dies bedeutet für unseren Zusammenhang, daß die Christen in Christus einen neuen Standpunkt gewonnen haben, von dem aus sie Welt anders, „richtig" beurteilen können. Sie erhielten so die Möglichkeit und die Pflicht, Welt zu verändern, zu befreien, zu versöhnen. Es erweist sich erneut, daß der Autor die optimistische Weltsicht des Christus-Liedes – nicht zuletzt angeregt durch die Auseinandersetzung mit seinen Kontrahenten – korrigiert. Nicht das Irdische zu denken beinhaltet darum auch nicht Weltvergessenheit. Nur soll das Irdische nicht zu Norm und Maßstab des Denkens werden, weil dies Christus ist.

V 3 Man erwartet noch eine nähere Beschreibung des spannungsvollen Verhältnisses von Indikativ und Imperativ. Nunmehr wird sie gegeben. In den VV 1f waren das Sein und das Sollen das Thema, in 3f sind es das Sein und das Werden, das Gegenwärtige und das Zukünftige. Als Überleitung dient ein knapper Begründungssatz, der das Streben nach oben nochmals motivieren soll: Denn ihr seid gestorben (vgl. 2,20). Seit der Taufe hat die Vergangenheit keinen Anspruch mehr. Der alte Mensch ist tot (vgl. Röm 6,6 und 8). Was sie erreicht haben, ist also zunächst dies, daß sie sich des bisherigen alten Lebens entledigen konnten. Das neue Leben ist ein mit Christus in Gott verborgenes. Es ist zwar ein in der Gegenwart real vorhandenes, aber nur im Glauben zu haben und darum kein unverlierbarer Besitz. Darin liegt die Differenz zu 2 Tim 2,18. Von Paulus hebt sich der Satz darin ab, daß nach Röm 2,7; 6,22f; Gal 6,8 das ewige Leben – und dies ist in der Tat hier gemeint – zukünftig ist. Darum ist dem Apostel auch die Unterscheidung von verborgen und epifan, mit deren Hilfe in 3f der eschatologische Vorbehalt eingebracht wird, unbekannt. Wie ist der schon gegenwärtige Lebensbesitz der Getauften zu denken? Es legt sich die im Judentum, besonders der Apokalyptik, beheimatete Vorstellung nahe, daß die zukünftigen Heilsgüter, der Garten Eden, der Name des Messias, das Reich Gottes als präexistente Größen schon jetzt im Himmel bereit liegen. Sie sind jetzt verborgen, dann werden sie offenbar werden. Sie schlafen jetzt gleichsam, dann werden sie erwachen. Den Gerechten wird das zuteil, was ihnen „in treuer Sorge aufbewahrt ist" (ApkBarsyr 84,6), „was ihnen vorbereitet ist" (4 Esr 7,14). Sie empfangen die Dinge, „die für die letzte Zeit bereitstehen"

---

[14] Vgl. HEGERMANN, Schöpfungsmittler 26–47; GNILKA, Epheserbrief 103 und 126. – In diesem Punkt unterscheidet sich V 2 auch von Phil 3,19f.
[15] Dies unterstreichen mit Recht nahezu alle Kommentatoren, auch F. J. SCHIERSE, „Sucht, was droben ist!", in: GuL 31 (1958) 86–90, hier 90.

(13,18)[16]. Die Konzeption von der Präexistenz der Heilsgüter will Sicherheit geben. Das Zukünftige ist bei Gott in guter Hut. Es kann, weil schon vorhanden, jederzeit hervortreten. Hierzu paßt, daß das Leben in Gott verborgen ist. Diese so bei Paulus nicht nachweisbare Wendung will Gott als den Garanten des neuen Lebens aufweisen. Ist das jüdisch-apokalyptische Modell auch hilfreich, so erfaßt es ein wichtiges Moment nicht: den schon vorhandenen, durch den Glauben gewonnenen, wenn auch verlierbaren Lebensbesitz. Die Besonderheit liegt in der Christusgemeinschaft, im σὺν Χριστῷ. Christus ist nicht der Ort, bei dem unser Leben, seitdem wir in der Taufe auferweckt wurden, hinterlegt wurde. Vielmehr ist Christus, das Haupt, als Träger des Lebens noch verborgen. Das Leben bleibt an ihn gebunden. Es kann nie das eigene Leben der Getauften, das heißt ein von Christus getrenntes, sein. Es bleibt immer ein Leben mit Christus[17]. Möglicherweise steht die Aussage vom verborgenen Leben wiederum im Gegensatz zu den Häretikern, die mit ihrem Lebensbesitz prahlten, den sie durch die Verehrung der Stoicheia erlangt zu haben meinten[18].

V 4 Verborgen ist das Leben mit Christus von der Taufe bis zur Parusie. Jetzt wird der Blick auf die Parusie hingelenkt. Es ist die einzige Stelle in unserem Brief, wo das der Fall ist[19]. Das bedeutet den Anschluß an die herkömmliche Eschatologie. Christus, unser Leben, wird offenbar werden. Das Verborgene wird hervortreten. Die Rede von der Offenbarung des Messias, Gottes oder des Reiches Gottes am Ende ist in der Apokalyptik beheimatet: „Dann offenbart sich die Herrschaft meines Gesalbten" (ApkBarsyr 39,7), „der Name jenes Menschensohnes" (Henaeth 69,26); „Der Höchste offenbart sich auf dem Richterthron" (4 Esr 7,33)[20]. Die Verbindung mit dem Leben hat in 1 Joh ihre

---

[16] P. VOLZ, Die Eschatologie der jüdischen Gemeinde im neutestamentlichen Zeitalter (Tübingen ²1934) 114–117.
[17] Vgl. H.-F. WEISS, Gnostische Motive und antignostische Polemik im Kolosser- und Epheserbrief, in: K.-W. TRÖGER, Gnosis und NT (Gütersloh 1973) 311–324, hier 321.
[18] GRÄSSER (Anm. 8) 158 erläutert die unio cum Christo in Kol 3,1–4 vom gnostischen Erlösermodell her, nach dem sich der Erlöser in den zu Erlösenden findet und restituiert und so zum erlösten Erlöser wird. „Denn die Trennung dieser ζωή von der jetzt schon auferweckten Existenz wird ermöglicht sein durch das hellenistische Urbild/Abbild-Schema, wonach der irdische Mensch sein wahres Leben (Doppelgänger) im Himmel weiß" (162). Im Gegensatz zur Gnosis bleibt aber der Autor ad Colossenses auch bei der Übernahme des hellenistischen Oben-Unten-Schemas weltzugewandt und weltbejahend. Klar ist ohnehin, daß er die Erlösung auf geschichtliche und nicht naturhafte Weise sich vollziehen sieht. In der Auseinandersetzung mit der Irrlehre wird das wichtig. Zum Syn Christo vgl. auch GNILKA, Philipperbrief 76–93. Gräßers These von einer Interpretation secundum homines recipientes, einer Anpassung an die Verstehensmöglichkeiten der Adressaten, hängt nicht zuletzt auch davon ab, welches Taufverständnis das ursprünglichere ist, ob das von Röm 6,4 oder Kol 2,12. Besteht nicht die Möglichkeit, daß Paulus in Röm 6 eine durch den Enthusiasmus mißdeutete Auffassung abschwächt? Leider geht Gräßer auf diese Frage nicht ein. Vgl. hierzu oben S. 135 und 14.
[19] HEGERMANN, Schöpfungsmittler 194, möchte auch 1,22 und 28 auf die Parusie beziehen, zu Unrecht. Vgl. oben zu den Stellen.
[20] Zahlreiche Belege bei VOLZ (Anm. 16) 115f; BILLERBECK I, 179 (Anm. c) Vgl. 1 Petr 5,4. Das Verb φανεροῦν verwendet Kol 1,26; 4,4 noch für die Offenbarung des streng verborgen

Parallele. Hier fällt auch die Offenbarung Christi mit der der Gläubigen zusammen: „Wir wissen, daß, wenn er offenbar wird, wir ihm ähnlich sein werden" (3,2). „Wer den Sohn hat, hat das Leben" (5,12). Heißt Christus *unser* Leben, so schließt sich der Autor bekräftigend in die Erwartung mit ein[21]. Die Identifizierung von Christus und Leben erfährt im folgenden σὺν Χριστῷ wieder die personale Distanz. Phil 1,21: „Denn mir ist das Leben Christus" oder Gal 2,20: „Christus aber lebt in mir" kommen bezüglich der Lebensvorstellung nahe an unsere Stelle heran, das Unterscheidende aber sollte beachtet werden. Der physische Tod wird im Kolosserbrief nicht reflektiert (wie etwa Phil 1,21ff). Das natürliche, schicksalhafte Ereignis des Todes erscheint übersprungen. Die Parusie als die heilsgeschichtliche Erwartung überdeckt es. Weil die Getauften schon Auferweckte sind, braucht ihre Auferweckung am Tag der Offenbarung nicht mehr erwähnt zu werden. Der Autor ad Colossenses bleibt seinem Konzept treu, obwohl er in diesem apokalyptische mit hellenistischen eschatologischen Denkformen, zeitliche mit räumlichen Kategorien kombiniert[22]. Auch das Gericht bleibt unerwähnt. Nur die Vollendung des Heils wird beschrieben.

Die vollständige Angleichung des Schicksals der Christen an das Christusschicksal erweist sich darin, daß die Christen auch an der Parusie des Christus teilhaben werden[23]. Die Veränderung gegenüber den älteren Paulinen wird nochmals deutlich. Hieß es dort: „Wir werden auf Wolken entrückt werden zur Einholung des Herrn in die Luft" (1 Thess 4,17); „Nicht werden wir alle entschlafen, alle aber verwandelt werden" (1 Kor 15,51), ging dort das Erleben der Schar der Christen bei der Parusie von unten nach oben, so ist jetzt die Bewegungsrichtung umgekehrt. Hält der Brief auch die Wahrung des eschatologischen Vorbehalts mit Hilfe des Gegensatzes verborgen-epifan bis zum Schluß durch, so läßt er die Christen in kühnem Enthusiasmus beteiligt sein an der Offenbarung des Parusie-Christus vor der Welt. Sie erfolgt in Herrlichkeit[24]. Der Begriff Doxa, in 1,11 und 27 mehr als Floskel verwendet, entfaltet in diesem Zusammenhang seine ganze Kraft. Er bezeichnet das Wesen oder Leben Gottes, hier die endgültige Gewinnung der unverhüllten ζωὴ αἰώνιος. Was soll real geschehen? Die Auferstehung der Leiber? Die Verwandlung der Lebenden? Oder bleibt Auferweckung ein geistiger Vorgang, der dann das Oben vom Unten trennt[25]? Soll man das Gemälde einfach so stehen lassen? Mit der Parusie allerdings wird eine Erwartung aufgegriffen, nach der Gott endgül-

---

gehaltenen Geheimnisses. In LXX kommt es nur Jer 40,6 vor. Ob Kol 3,4a ein überliefertes Bekenntnis ist, wie Lohse meint, ist nicht sicher.
[21] Zum textkritischen Problem vgl. oben Anm. 2.
[22] Steinmetz, Heils-Zuversicht 31, möchte darum nur von Spuren einer futuristischen Eschatologie im Kolosserbrief reden.
[23] V 4 ist die einzige mit ὅταν-τότε formulierte Korrespondenzaussage unseres Briefes. Hierzu vgl. Bujard, Untersuchungen 205–207. Anders Kol 4,16.
[24] Grässer (Anm. 8) 165 stellt treffend für Kol 3,3f fest: „die Dialektik der eschatologischen Existenz bei Paulus ist ersetzt durch die Dialektik der transzendenten Existenz".
[25] Deutet Grässer (Anm. 8) 165f diese Auffassung an, wenn er sagt: „Die individuelle Endvollendung scheint vielmehr vorgestellt im Modell der hellenistischen Apotheose"? Nach Soden hingegen wird der Vorgang von V 4 genauer vorgestellt in 1 Kor 15,51ff; Phil 3,21.

tig auf die Welt zukommt, der Himmel sich zur Erde herabneigt, in der Sprache unseres Briefes: der Gegensatz von Oben und Unten aufgehoben werden wird. Das Syn Christo bleibt die endgültige Antwort unseres Briefes auf die eschatologische Fragestellung. Im sakramentalen Geschehen der Taufe grundgelegt, findet es bei der Parusie seine Vollendung.

III

Drei Schwerpunkte bestimmen den Abschnitt: das Sein des Christen, sein Werden und sein Sollen. Oder anders gesagt: sein gegenwärtiger, auf Bewährung hin verliehener Heilsbesitz, seine Heilsvollendung in der Zukunft und sein Lebensauftrag. Letzterer steht beherrschend am Anfang. Wir sind im paränetischen Teil des Briefes. Der Imperativ erscheint höchst abstrakt formuliert: nach oben streben! Was das an konkreten Erfordernissen miteinschließt, muß im folgenden entfaltet werden. Grundlegend ist die Orientierung des Lebens. Es soll auf Christus hin ausgerichtet sein. Alles andere ergibt sich daraus. Das Sein betrifft das, wovon die Christen leben. Es ist eine verborgene Realität. Sie ist nicht anschaulich, auch für die Christen nicht. „Was ich bin..., das schaue ich jetzt noch nicht; ich darf es durch das Evangelium hören."[26] Es ist ein verborgenes Leben. Dennoch etwas, das den Namen ζωή letzteigentlich verdient. Der Lebensbegriff, der gegenüber den älteren Paulinen als Eigenprägung des Kolosserbriefes gelten darf, kann als die Mitte des Abschnitts angesehen werden. Was die Irrlehrer und andere auch immer als Leben bezeichnen und als die Erfüllung ihres Lebens ansehen mögen, für die Gemeinde ist es Christus, darum ζωὴ ἡμῶν. Dieses Leben hat Zukunft. Was es eigentlich ist, soll in der Zukunft erst offenbar werden. Das wird mit enthusiastischen Worten geschildert. Damit ist der Glaube, der das Ärgernis zu überwinden hat, herausgefordert. Das Ärgernis besteht in der immer wieder zutage tretenden Diskrepanz von Sein und Sollen. Was an den Christen wirklich gesehen werden kann und was sie selber an sich sehen, ist nur zu oft das Versagen, die Alltäglichkeit, die Armseligkeit. Die folgenden Texte, die von der Überwindung des alten und der Gewinnung des neuen Menschen handeln, schließen sich sinnvoll an.

3. DER NEUE MENSCH UND DIE NEUE MENSCHHEIT (3,5–11)

5 Tötet also die Glieder auf der Erde: Unzucht, Unreinheit, Leidenschaft, böses Verlangen und die Habsucht, die Götzendienst ist. 6 Um deretwillen kommt der Zorn Gottes. 7 In ihnen wandeltet auch ihr einst, als ihr in diesen lebtet. 8 Jetzt legt auch ihr alles ab, Zorn, Wut, Bosheit, Schmährede, Zotenrede aus eurem Mund! 9 Belügt euch nicht gegenseitig, da ihr den alten Menschen mit seinem Tun ausgezogen 10 und den neuen angezogen habt, der erneuert wird zur Erkenntnis hin nach dem Bild dessen, der ihn schuf, 11 wo

---

[26] CONZELMANN 196.

es nicht mehr Grieche und Jude, Beschneidung und Unbeschnittensein, Barbar, Skythe, Sklave, freier Mann gibt, sondern Christus alles und in allen (ist).

I

Der Abschnitt ist einleitend von Imperativen beherrscht. Der erste Imperativ νεκρώσατε (tötet, laßt absterben) hat eine fünfgliedrige Lasterreihe zum Objekt (V 5). Es folgen drei ineinandergeschachtelte Relativsätze (6f). Der erste erläutert das letzte der fünf Laster, die Habsucht. Der zweite erläutert die gesamte Pentade. Der dritte bezieht die Laster auf die Vergangenheit der Adressaten (einst)[1]. Der zweite Imperativ ἀπόθεσθε (legt ab) schließt mit „jetzt aber" an und hat gleichfalls eine fünfgliedrige Lasterreihe zum Objekt (8). Das wirkt wie eine Wiederholung, unterstreicht aber den Kampf gegen das Böse. Der dritte Imperativ μὴ ψεύδεσθε (9a) faßt zusammen. Zwei klanglich einander angeglichene Partizipien in 9b und 10a ἀπεκδυσάμενοι-ἐνδυσάμενοι[2] stellen den neuen Menschen dem alten entgegen. Wie wichtig der neue Mensch ist, erkennt man daran, daß er auf dreifache Weise erläutert wird (10b.11), partizipial und in einer οὐκ-ἀλλά-Wendung. Er dürfte das sachliche Zentrum dieses und auch des folgenden Abschnitts sein.

Zahlreiches traditionelles paränetisches Material wurde aufgenommen. Dies wird im einzelnen zu zeigen sein. Vermuten läßt dies bereits die Wiedergabe zweier Fünferreihen sowie die bildhafte Rede vom Aus- und Ankleiden, die auch in anderen Briefen anzutreffen ist (vgl. Röm 13,12 und 14; Eph 4,22–25). Man hat sogar von einer katechismusartigen Tradition gesprochen[3]. Dennoch dürfen die Aktualisierung der Überlieferung im Kontext und auch ihre Einbettung in das Briefganze nicht übersehen werden. Formal zeigt sich dies bereits im folgenden: der Imperativ „tötet" (5) schließt an den Indikativ „ihr seid gestorben" an (2,20; 3,3). Das auffällige Doppelkompositum ἀπεκδυσάμενοι (9) hat seine Entsprechung in der ἀπέκδυσις von 2,11. Die Erwähnung der Erkenntnis in 10 entspricht einem Tenor des Briefes. Der Zusammenhang von Bild und Schöpfung im gleichen Vers erinnert an die erste Strophe des Christus-Liedes (1,15ff). Vielleicht besteht auch eine Verbindung zwischen der abundierenden Formel πάντα καὶ ἐν πᾶσιν in 11 und 1,18c[4]. Insgesamt entfaltet der paränetische Teil die richtungweisenden Imperative von 3,1f[5].

---

[1] Nach SCHWEIZER 138 wurden die genannten Laster als grundsätzlich schon hinter den Adressaten liegend angesehen. Dann aber verlöre der Imperativ in 5 seinen Sinn.
[2] Zum Klangeffekt vgl. BUJARD, Untersuchungen 179f.
[3] LOHMEYER 136.
[4] Vermutung von LÄHNEMANN, Kolosserbrief 55. MASSON 144 und 159 hält 2,5–11 für einen erst später in den Brief hineingenommenen Text. Zu seiner These, daß im Kolosserbrief eine Grundschrift durch den Verfasser des Epheserbriefes erheblich erweitert worden sei, vgl. oben S. 20. Die Querverbindungen im vorliegenden Abschnitt sind ein Teilargument gegen diese These.
[5] LOHMEYERS strophische Gliederung des Abschnitts in 4 Vierzeiler überzeugt nicht. Die Behauptung etwa, in jedem der ersten drei Vierzeiler herrscht ein einziger Imperativ (135), stimmt nicht. Die Bedeutung des dritten Imperativs ist damit überschätzt. Auch die unterschiedliche Stellung der Imperative spricht dagegen. Wohl gibt es Ansätze zu kunstvoller Rede, etwa der Chiasmus in 7a–8a: Pronomen – Verb – temporales Adverb; temp. Adverb – Verb – Pronomen. Beobachtung von SCHWEIZER 138.

II

V 5 Es beginnt mit einer seltsam verschlüsselten Aufforderung: Tötet also die Glieder auf der Erde! Diese Glieder werden dann als fünf Laster vorgestellt[6]. Warum sagt der Text nicht einfach: Wehret den Lastern? Er befindet sich offenkundig in einer paränetischen Tradition. Zunächst wird man sehen müssen, daß immer noch die Auseinandersetzung mit den Häretikern die Feder bestimmt. Der gegen diese gerichtete Imperativ von 2b: Sinnet nicht auf das, was auf der Erde ist! ist aufgegriffen. An diesem Punkt scheiden sich die Geister. Die kolossischen Philosophen bemühten sich, Welt durch Askese und Kasteiung zu überwinden. Für den Christen kommt es darauf an, gegen das Böse, das in der Welt ist, anzugehen. Er soll bei sich selbst beginnen.

Mit den Gliedern ist das Bild vom Menschen aufgenommen. Er setzt sich aus Gliedern zusammen. In den VV 9f wird vom alten und neuen Menschen gesprochen. Die Identifizierung der Glieder mit den Lastern oder mit dem bösen Trieb ist jüdisch empfunden. Nach ApkBarsyr 40,3 sind die Glieder Werkzeug der Sünde[7]. Diese Anschauung, die die Grenze zwischen dem Leiblichen und dem Geistigen überspringt, ist bereits Paulus bekannt: „Ich brauche ein Bild um der Schwachheit eures Fleisches willen: Wie ihr nämlich eure Glieder als Knechte in den Dienst der Unreinheit und der Gesetzlosigkeit gestellt habt, um gesetzlos zu sein, so stellt jetzt eure Glieder als Knechte in den Dienst der Gerechtigkeit, um heilig zu werden" (Röm 6,19; vgl. 13). Der unerlöste Mensch sieht ein anderes Gesetz in seinen Gliedern, das dem Gesetz seiner Vernunft widerstreitet und ihn gefangen gibt an das Gesetz der Sünde, das in seinen Gliedern ist (Röm 7,23; vgl. 5). Die Anschauung läßt die Verquickung von Verhängnis und freier Tat innewerden. Der Mensch, der sich durch sein Tun in Schuld verstrickt hat, ist nicht in der Lage, sich von sich selbst, seiner Vergangenheit, zu befreien. Auf diesem Hintergrund gewinnt der Imperativ christlichen Rang. Die Glieder des alten Menschen absterben zu lassen, ergibt sich aus der Taufe, in der der „Fleischesleib" abgetan wurde (Kol 2,11)[8]. Von sich selbst also befreit, soll der Mensch sich verwirklichen.

Obwohl es nicht ausdrücklich gesagt wird, entsprechen offenkundig den „Gliedern auf der Erde" andere Glieder oben, hat der zu verwirklichende neue Mensch sein Vorbild im Himmel. Für dieses Konzept kommt man mit dem jüdischen Glieder-Schema nicht mehr aus. Als religionsgeschichtlicher Hintergrund wird der iranische Dualismus angegeben. Danach baut der Mensch mit seinen guten oder bösen Taten als seinen Gliedern sein himmlisches Selbst auf und entscheidet damit über sein ewiges Schicksal. Der zu seinem himmlischen Selbst gelangende Mensch wird durch das Anlegen von vergöttlichenden

---

[6] MASSON mißversteht die Konstruktion, wenn er τὰ μέλη als Vokativ deutet: Tötet also, ihr irdischen Glieder (der Kirche), Unzucht usw. – Zahlreiche Handschriften fügen hinzu: Tötet also *eure* Glieder... (A ℜ DG lat).
[7] In der Spekulation der Rabbinen wird die Zahl der Verbote und Gebote entsprechend der Zahl der Glieder eines Menschen berechnet (bMak 23b, bei BILLERBECK I, 901). Das Bild kann zu einem Gleichnis ausgeweitet werden (bNed 32b, bei BILLERBECK III, 94).
[8] Zum Imperativ νεκρώσατε vgl. Röm 8,13; 6,11.

Gewändern zu einem Gottwesen umgewandelt. Auffällig wäre, daß die Fünfzahl für die Taten des Menschen eine Rolle spielt und auch für den König des Licht-Paradieses belegt ist, der fünf geistige Glieder hat, nämlich Liebe, Glaube, Treue, Edelsinn und Weisheit[9]. Im Kolosserbrief mischen sich im Zusammenhang mit dem Bild vom (neuen) Menschen anthropologische, soteriologische und kosmologische Aussagen. Letztere werden im Sinn der Umdeutung von 1,18 ekklesiologisch gefaßt. Die Kombination von Kosmologie, Soteriologie, Anthropologie im Rahmen der Anthropos-Spekulation hat bei Philo beachtenswerte Parallelen. Makro- und Mikroanthropos-Vorstellung greifen ineinander, wenn es heißt, der Mensch sei eine kleine Welt und die Welt ein großer Mensch (rer. div. her. 155f). Der Logos des ewigen Gottes ist dabei die felsenfeste Stütze des Alls (plant. 9). Er ist „hoch über dem ganzen Kosmos und der Ehrwürdigste und Allgemeinste von allem, was es gibt" (lib. all. 3,175)[10]. Der Logos hat die Welt zum Gewand. Er bekleidet sich mit den Elementen, nämlich mit „Erde, Wasser, Luft, Feuer und das aus diesem Bestehende", so wie sich die Einzelseele mit dem Körper und der Geist mit den Tugenden bekleidet (fug. 110). Philo bezeugt hier nicht nur die Fünfzahl der Elemente, die er wahrscheinlich von den Pythagoreern übernimmt, sondern auch die Analogie, die zwischen Welt und Mensch besteht[11]. Von daher gesehen, dürfte es kein Zufall sein, daß auch Tugend- und Lasterpentaden bei Philo begegnen (rer. div. her. 282; virt. 180; ebr. 21). Trotz des Eindrucks der All-Einheit treten Oben und Unten auseinander. Der Logos ist mit den göttlichen Kräften oben angesiedelt (som. 1,128; lib. all. 3,175). Für das „geistige und himmlische Wesen der Seele" kommt es darauf an, nach Überwindung der stofflichen Elemente den Weg nach oben, zum ätherischen Himmel, dessen Teil sie ist, zu gewinnen (rer. div. her. 283)[12]. Im Dualismus der Gnosis bricht dann das Oben und Unten, das bei Philo noch eine spannungsvolle Einheit ist, in zwei unversöhnliche Teile auseinander. Das philomische Weltbild befindet sich im Vorfeld der Gnosis.

Ähnliches gilt für unseren Brief. Die Differenzierung von Oben und „auf der Erde" führt nicht zur Verteufelung der Welt. Im Gegenteil, durch Christus ist

---

[9] Vgl. R. REITZENSTEIN, Das Iranische Erlösungsmysterium (Bonn 1921) 152–163; DERS., Die hellenistischen Mysterienreligionen (^{3}1927 Nachdruck 1966) 265–275. In diesem Rahmen deuten DIBELIUS (einschränkend), CONZELMANN, BRAUN, Qumran I, 232. SCHWEIZER 140: „In Asien herrscht, wie chinesische und iranische Belege schon vor Zoroaster zeigen, die Fünfzahl der Elemente und ihre Parallelisierung mit hohen Geisteswesen, die so etwas wie Tugenden darstellen, vor. Das wird tatsächlich hinter den hellenistischen Vorstellungen stehen, ohne daß man sich dieser Herkunft noch bewußt sein wird." – HEGERMANN, Schöpfungsmittler 163, erwägt, daß vorgnostisch-persische Einflüsse mit der Einwanderung mesopotamischer Juden nach Lydien und Phrygien zur Zeit Antiochus d. Gr. verknüpft werden könnten, ist allerdings diesen Einflüssen gegenüber skeptisch.
[10] Die Verknüpfung von Logoslehre und Makroanthropos-Spekulation auch opif. mund. 82; migr. Abr. 220; spec. leg. 1,210. Vgl. U. FRÜCHTEL, Die kosmologischen Vorstellungen bei Philo von Alexandrien (ALGHL 2) (Leiden 1968) 34f.
[11] Mit dem, was aus diesen besteht, als fünftem Element wird der Äther gemeint sein. Zur Fünfzahl der Elemente bei Plato, Aristoteles, den Pythagoreern vgl. A. LUMPE, in: RAC IV, 1078f.
[12] Vgl. SCHWEIZER 138–141.

die All-Einheit prinzipiell wiedergewonnen. Das Gute oder Böse ist nicht metafysisch im Wesen des Menschen angelegt. Die Überwindung der „irdischen Glieder" ist eine durch Christus ermöglichte Aufgabe, die radikal in Angriff zu nehmen ist[13]. Obwohl unser Autor das Pentadenschema aufgreift, verwischt er es, indem er zwei Fünferreihen von Lastern aufeinander folgen läßt.

Lasterkataloge bilden in der Regel das Pendant zu Tugendkatalogen und haben in der neutestamentlichen Umwelt weite Verbreitung. Es lassen sich spezifische Unterschiede ausmachen. In der Stoa gruppieren sie sich um die vier Kardinallaster[14]. Epiktets Lasterkataloge schildern die Affekte und ihre Folgen. Am lebendigsten wirken sie bei den popularphilosophischen Wanderpredigern, die nicht selten konkrete Mißstände geißeln. Im frührabbinischen Judentum sind sie relativ selten. Hingegen sind sie in den Qumran-Handschriften häufiger anzutreffen, wo sie zusammen mit Tugenden streng dualistisch geprägt sind[15]. Unsere Lasterreihe geht nicht auf aktuelle Mißstände in Kolossä ein – dann wäre der Hochmut als Anspielung auf die ταπεινοφροσύνη von 2,18 und 23 zu erwarten –, sondern bewegt sich ganz in traditionellen Bahnen und nimmt in diesem Sinn die folgenden Haustafeln vorweg. Entstammen sie einem Moralkatechismus[16]? Mit Unzucht, Unreinheit und Habsucht sind jene Laster genannt, die vom Standpunkt des Juden aus als typisch heidnisch galten. Die Perversion des sexuellen und des Besitztriebes wurden als Kennzeichen heidnischen Wesens angesehen[17]. Der Lasterkatalog in 1 QS 4,9ff, an dessen Spitze die Habsucht steht, zählt „abscheuliche Taten im Geist der Unzucht und greuliche Wege im Dienst der Unreinheit" zum Losanteil des Frevelgeistes[18]. Das πάθος und die ἐπιθυμία sind im Unterschied zu den drei anderen von Haus aus griechische Begriffe. Der erste wird für die in der philosophischen Literatur vielverhandelten Affekte verwendet, wird jedoch hier wie auch in Röm 1,26; 1 Thess 4,5 gänzlich ungriechisch im Sinn sexueller Leidenschaft (Luther: schändliche Brunst) gebraucht[19]. Will man zwischen diesen und den ersten beiden Lastern differenzieren, so richten sich diese auf Taten, jene auf die gedankliche Sphäre.

---

[13] Vgl. Mk 9,43–48; Mt 5,29f.
[14] Als Gegenstück zu den Kardinaltugenden sind dies Torheit, Zügellosigkeit, Ungerechtigkeit und Feigheit. Zum Ganzen vgl. KAMLAH, Form 103–175.
[15] Vgl. F. MUSSNER, Der Galaterbrief (HThK 9) (Freiburg 1974) 392–395 (Exkurs 7: Gal 5,16–25 und 1 QS 4).
[16] Hierzu vgl. VÖGTLE, Tugend- und Lasterkataloge 38–45, und unten zu 3,8.
[17] Vgl. BILLERBECK III, 62–74.
[18] In neutestamentlichen Katalogen erscheint die πορνεία in Mk 7,21; 2 Kor 12,21; Gal 5,19; Eph 5,3 (vgl. TestRub 4,6; Lev 14,5f; Dam 4,17f); die ἀκαθαρσία in 2 Kor 12,21; Gal 5,19; Eph 5,3; die πλεονεξία in Mk 7,22; Röm 1,29; Eph 5,3. In 2 Kor 12,21 steht die Trias ἀκαθαρσία, πορνεία, ἀσέλγεια, die auch an der Spitze der umfangreichen Lasterreihe in Gal 5,19 begegnet. Das ist für die Zusammensetzung der Kataloge zu beachten.
[19] Vgl. BONHÖFFER, Epiktet 124f. πάθος ist bezeichnenderweise in der LXX massenhaft in 4 Makk anzutreffen, sonst nur noch Job 30,31; Spr 25,20 in Textvarianten. In Kol 3,5 wird man den Begriff nicht auf Homosexualität einschränken dürfen (gegen LOHMEYER). ἐπιθυμία kann auch Positives bezeichnen (vgl. Phil 1,23), darum ἐπιθυμίαν κακήν. P^{46}G streichen das Adjektiv zu Unrecht.

Die Habgier wird (durch Artikel) abgesetzt und so als Hauptlaster gekennzeichnet[20]. Sie meint das aggressive und exzessive Mehr-haben-Wollen (πλέον-ἔχειν)[21]. Sie allein – und nicht die ganze Pentade – wird als Götzendienst gebrandmarkt. Dabei handelt es sich um einen Vergleich, der im jüdischen Bereich geläufig ist[22]. Es ist in Erinnerung zu rufen, daß die frühchristlichen Gemeinden sich mehrheitlich aus Schichten der armen Bevölkerung zusammensetzten. Das Beieinander von Reichtum und Gottlosigkeit entsprach einer alten Erfahrung: „Besser wenig in Gottesfurcht als reiche Schätze und keine Ruhe; besser ein Gericht Gemüse, wo Liebe herrscht, als ein gemästeter Ochse und Haß dabei" (Spr 15,16f). Die Reichen „werden reich durch Gewalttat von fremdem Gut. Sie, die sättigen könnten, töten die Darbenden durch Hunger; sie, die Nackte bekleiden könnten, ziehen sie vollends aus" (Henslav 10,5; vgl. Mt 6,24 par.)[23].

V 6 Eine Drohung schließt sich an[24]. Es wäre aber fatal, die hier genannten Laster geringzuachten. Unter formkritischem Aspekt haben wir in den VV 5f eine Folge von Imperativ (tötet die Glieder!), Lasterreihe und Gerichtsandrohung. Dies entspricht einem Schema, das auch an anderen Stellen des Corpus Paulinum vorkommt, etwa 1 Kor 5,9–13: Habt keine Gemeinschaft mit Unzüchtigen! (9), Lasterreihe (10ff), Ankündigung des göttlichen Gerichts (13). Oder Gal 5,16–21: Wandelt im Geist! (16–18), Lasterreihe (19–21a), Ankündigung des Ausschlusses aus dem Reich Gottes (21b). Oder 1 Thess 4,3–6: Heiligt euch in der Ehe! (3a), Lasterreihe (3b–6a), Ankündigung der Rache Gottes (6b)[25]. Weil in V 2 die Mahnung mit einer früher gegebenen mündlichen Anweisung in Verbindung gebracht wird, darf man vermuten, daß Paulus das Schema bereits in der Missionspredigt oder Gemeindeunterweisung verwendete. Möglicherweise übernahm er es von den stoisch-kynischen Wanderphilosophen[26].

Angedroht wird der Zorn Gottes. Die Rede vom Zorn Gottes ist alttestamentlich (Dt 29,19; Jos 7,1.26; 2 Kg 22,13; Is 5,25; 9,18 usw.) und gänzlich unstoisch. Dem griechisch gebildeten Juden Philo bereitet sie erhebliche

---

[20] Vgl. BLASS-DEBR § 258,1.
[21] Vgl. SPICQ, Lexographie II, 704–706.
[22] Auch in V 8 wird das fünfte Laster in der Pentade erläutert. Nach Test Rub 4,6 führt die Unzucht zu den Götzen, nach Test Jud 19,1 die Habsucht. Zahlreiche ähnliche Vergleiche bei BILLERBECK III, 607. Die πλεονεξία erscheint in Mk 7,22; Röm 1,29 in einem Katalog, bildete aber in Kol 3,5 ursprünglich nicht das 6. Laster. Gegen B. S. EASTON, NT Ethical Lists, in: JBL 51 (1932) 1–12, hier 6.
[23] DIBELIUS rechnet mit einer direkten Einwirkung von Mt 6,24 par. auf Kol 3,5. LOHMEYER hält die Einwirkung eines Wortspiels für möglich: *bs'* (ungerechter Gewinn) und *sb'* (Götzenbild). Im Hintergrund dürften auch die reich mit Gold und Edelsteinen verzierten heidnischen Götterbilder stehen.
[24] Die pluralische LA δι' ἅ ist gegenüber δι' ὅ (D* G) zu bevorzugen.
[25] Vgl. auch Eph 5,1–5: Imperativ (1f), Lasterreihe (3f), Gerichtsankündigung (5).
[26] Hierzu vgl. die von VÖGTLE, Tugend- und Lasterkataloge 70f, gebotenen Texte aus Epiktet. Das Verhältnis des Corpus Paulinum zur Diatribe bedürfte dringend einer neuen eingehenden Aufarbeitung.

Schwierigkeiten. Er widmete der Unveränderlichkeit Gottes eine eigene Schrift[27]. Schwierigkeiten bereitet sie auch manchen Rabbinen und manchen neueren Auslegern[28]. Gewiß ist mit dem Zorn Gottes hier auf das Endgericht verwiesen, das so sicher kommen wird, daß im Präsens von ihm geredet werden kann. Das objektive Gerichtsgeschehen, nicht das subjektive Beteiligtsein des göttlichen Richters steht im Vordergrund. Dennoch impliziert die Heiligkeit Gottes auch den Widerwillen gegen das Böse[29]. Nach Paulus wird Christus vom kommenden Zorn erlösen (1 Thess 1,10; Röm 5,9) und sich damit endgültig als Retter erweisen. Der unlösliche Zusammenhang von Barmherzigkeit und Gerechtigkeit Gottes bleibt ein Problem. Die Tiefe dessen, was Paulus in Röm 1–3 hierzu zu sagen weiß, ist in unserem Brief sicher nicht erreicht. Das alttestamentlich-jüdische Erbe, das sich im Zorn Gottes über die Laster der Heiden ausspricht, käme noch deutlicher zum Vorschein, wenn der Zusatz „über die Söhne des Ungehorsams" (= die Heiden) im Text ursprünglich wäre. Er erweist sich aber als aus der parallelen Stelle Eph 5,6 (und 2,2?) übernommen und belegt auf seine Weise die enge Verbindung beider Briefe auch in der Nachgeschichte[30].

V 7 Der Vers ist von einer starken Spannung erfüllt. Es ist die Spannung von Vergangenheit und Gegenwart der Adressaten. In der Vergangenheit lebten sie als Heiden, in Übereinstimmung mit ihrer Umwelt in den beschriebenen Lastern[31]. Ihr Leben war ein angepaßtes. Jetzt ist es anders geworden. Dennoch ist damit der an sie gerichtete Imperativ, sich von diesen Lastern zu befreien (tötet die Glieder!) nicht aufgehoben. Neben das bekannte Schema von Einst und Jetzt (vgl. 1,21f) tritt ein räumliches. Wie sie einst *in* diesen Lastern wandelten, so haben sie jetzt – wie wir hörten – ihr Leben *in* Gott, wenn auch auf verborgene Weise (3,3), *in* Christus (2,12). Sie sind bereits in das Reich des Sohnes versetzt (1,13). Christ sein bedeutet aus den überkommenen Formen ausbrechen können und gegen das Milieu leben. Auf diesem Hintergrund wird das zunächst tautologisch wirkende Beieinander von Wandeln und Leben belangvoll. Wandeln, biblischer Term für die Realisierung der sittlichen Existenz, nimmt die Eigenverantwortung des Menschen in den Blick. Leben hingegen ist umfassend und hebt auf das ab, was die Gesamtexistenz bestimmt[32]. Einst lebten sie im heidnischen Milieu, ἐν κόσμῳ (vgl. 2,20) und wandelten ent-

---

[27] deus imm. 51–56 ist besonders aufschlußreich. Hier bietet Philo eine Interpretation der für ihn sehr anstößigen Stelle Gn 6,7.
[28] Rabbi Jochanan († 279) hat gesagt: „Vor Gott stehen nur Engel des Friedens, aber Engel des Zornes sind fern von ihm, denn es heißt: Jahve... ist langmütig." Bei BILLERBECK III, 30. Hier weitere Diskussionsbeiträge. – MOULE schwächt mit der Beobachtung ab, daß die Bibel die Begriffe μῆνις (Groll) und χόλος (Galle) für Gott nicht verwendet.
[29] Vgl. G. STÄHLIN, in: ThWb V, 425. Zum Problem auch G. H. C. MAC GREGOR, The Concept of Wrath of God in the NT, in: NTS 7 (1960/61) 101–109.
[30] Dies gilt, obwohl die längere LA besser bezeugt ist. Die kürzere LA bieten P⁴⁶ B.
[31] „Auch ihr" (καὶ ὑμεῖς) unterstreicht die Gemeinsamkeit.
[32] ἐζῆτε ἐν τούτοις statt αὐτοῖς ist emphatischer und ursprünglicher. Letzteres lesen 𝔐 G. Zu beachten ist auch der Tempuswechsel. περιεπατήσατε (Aorist), ἐζῆτε (Imperfekt). Die einzelnen Schritte und der dauernde Zustand sind konfrontiert.

sprechend. Jetzt leben sie in Christus und sollen wandeln würdig des Herrn (1,10), in Weisheit (4,5), in Christus Jesus, dem Herrn, wie sie ihn empfangen haben (2,6). Wenn das Verhältnis von Sein und Sollen, Indikativ und Imperativ immer wieder angesprochen wird und einen Leitfaden des gesamten Briefes ausmacht, muß das damit zusammenhängen, daß die metafysische Begründung des Glaubens einerseits und seine ethische Durchbildung andererseits das große Problem des Christentums ist. Die Gemeinde setzte sich zusammen aus Leuten, die für die geistige Aufnahme tiefer theologischer Argumente imstande gewesen sein müssen, deren ethischer sensus aber aufgrund ihrer heidnischen Vergangenheit und Umgebung nicht selten nicht Schritt hielt. Auch dieses Problem bleibt bestehen[33].

V 8 Das Jetzt bezeichnet die eschatologisch bestimmte Wende. Man erwartete, daß vom gewonnenen Heil gesprochen wird (vgl. etwa Eph 5,8: Jetzt seid ihr Licht im Herrn). Wenn statt dessen erneut, wieder mit Hilfe einer Pentade, die Überwindung der Laster gefordert wird, bedeutet das eine antienthusiastische Korrektur[34]. Der Christenstand, das verborgene Leben, kann nur ansichtig werden in einer geänderten sittlichen Lebensform. Der Imperativ leget ab!, der das Bild vom Ablegen eines Kleides wachruft, beinhaltet in neutestamentlichen Zusammenhängen stets Taufparänese[35]. Er ist gut geeignet, die Totalität der erforderlichen Wandlung zu veranschaulichen. Er entspricht dem Umkehr-Gedanken der synoptischen Tradition, überträgt diesen vom biblischen in ein hellenistisches Milieu. Jesus ist anschaulich-konkret, dieses bevorzugt ontologische Kategorien. τὰ πάντα (= das alles) unterstreicht die Totalität und macht bewußt, daß beide Pentaden nur einen beliebigen Auszug bieten. Die zweite Pentade ist den irarum differentiae, den verschiedenen Äußerungen menschlichen Zornes, gewidmet (vgl. Eph 4,31). Über den Zorn zu handeln war ein beliebtes Thema in der Stoa. Man sah in ihm eine der größten Gefahren für das menschliche Zusammenleben[36]. Die christliche Gemeinde übernimmt diese Erfahrung und wendet sie auf sich an. Im einzelnen ist der θυμός gegenüber der ὀργή der wütende Zornesausbruch. Diogenes Laertius 7,114 definiert den θυμός als den beginnenden Zorn. Die κακία, sonst ein Allgemeinbegriff für die Bosheit, wird man in diesem Zusammenhang auf eine boshafte Handlungsweise beziehen dürfen. Die βλασφημία und die αἰσχρολογία sind als Läster- und Schmährede geradezu gleichrangig. Will man einen Unterschied machen, so geht die erste auf ein den Ruf des Nächsten schädigendes, üble

---

[33] Vgl. LOHMEYER und SCOTT.
[34] SCHWEIZER vergleicht diese mit Röm 6,4, wo Paulus im Tauftext den Enthusiasmus ethisch umbiegt.
[35] Vgl. Röm 13,12; Eph 4,22; 1 Petr 2,1; Hebr 12,1. Verblaßt ist das Bild in Jak 1,21; 1 Clem 13,1; 57,2. Eine andere Verwendung findet es in 2 Kor 5,4. – καὶ ὑμεῖς blickt diesmal auf die anderen Christen in anderen Gemeinden. Nach TACHAU, „Einst" 126, sind die VV 7f chiastisch miteinander verbunden.
[36] Vgl. GNILKA, Epheserbrief 239f. Rabbinische Äußerungen über den Zorn bei BILLERBECK I, 276–278. Nach Rabbi Hillel (um 20 v.Chr.) ist der Aufbrausende nicht geeignet zum Lehrer.

Nachrichten verbreitendes Reden, die zweite auf die Form (Zotenrede)[37]. Der fast überflüssig erscheinende Zusatz „aus eurem Mund" will die Verantwortung im Umgang mit Sprache akzentuieren[38].

Überblickt man die beiden fünfgliedrigen Lasterreihen in 3,5 und 8 in Verbindung mit dem Imperativ „Belügt einander nicht" (9a), legt sich die Vermutung einer Abhängigkeit vom Dekalog nahe. Die erste Pentade reflektiert das 6. und 7. Gebot Du sollst nicht die Ehe brechen, Du sollst nicht stehlen, die zweite das 5. und 8. Gebot Du sollst nicht morden, Du sollst nicht Falsches gegen einen anderen aussagen (vgl. Dt 5,17–20; Ex 20,13–16). Der Konnex von Schmährede, Zorn und Mord im christlichen Unterricht wird durch Mt 5,21f bestätigt. Trifft die Vermutung zu, so läge an dieser Stelle eine Übertragung der altbiblischen Dekalog-Tradition in hellenistisches Verständnis vor. Weil der Kolosserbrief und vor allem seine Paränese weitgehend durch die Taufe geprägt ist, wird man weiter annehmen können, daß uns hier ein Einblick in die Taufkatechese gewährt wird. Ehemalige Heiden mußten mit den Grundlagen biblischer Ethik vertraut gemacht werden. Ob diese Katechese unmittelbar in der Taufliturgie in einem Abschwörungsritus an das Böse (den Bösen?) nochmals aufgegriffen wurde und daran erinnert ist, muß hingegen zweifelhaft bleiben[39].

V 9 Nicht zu lügen ist eine Mahnung, die sich so in den alten Paulusbriefen nicht findet. Sie ist nahezu ein Charakteristikum der Spätschriften[40]. Haben wir sie bereits oben als dekalogische Tradition erkannt, so legt der Kontext nahe, ihr zusammenfassende Bedeutung zuzuschreiben. Darum meint sie mehr als die verbale Verdrehung der Wahrheit oder Verstellung[41]. Sie wirkt sich schädigend auf die Gemeinschaft hin aus (εἰς ἀλλήλους) und betrifft einen Bereich, in dem sich nur gemeinschaftlich leben läßt. Die Wahrheit ist an das Evangelium als das „Wort der Wahrheit" gebunden (1,5). Die Kolosser haben „die Gnade Gottes in Wahrheit" erkannt (1,6). Die Lüge als Gegensatz zur Wahrheit kennzeichnet das Wesen des alten Äons (vgl. Apk 22,15: die Lüge lieben und tun)[42]. Der Imperativ mag auch warnend an die Häretiker gerichtet sein.

Die partizipialen Formen, die vom Ablegen des alten und Anziehen des neuen Menschen handeln, blenden wieder das vergangene Taufgeschehen ein. Grammatisch können sie sowohl als Imperative als auch als echte Partizipien

---

[37] αἰσχρολογία ist hapleg im NT. In der analogen Pentade Eph 4,31 entspricht ihr die κραυγή. Zur Sache vgl. BONHÖFFER, Epiktet 105f und 331. SODEN möchte die Pentade nach dem Schema 1 + 2 + 2 gegliedert sehen. Der Zorn werde entfaltet in zwei ihm konforme Handlungs- und Redeweisen. Zorn, Bosheit und Lästerrede haben in den Lasterkatalogen von Qumran ihre Entsprechungen. Hierzu vgl. WIBBING, Tugend- und Lasterkataloge 92f.
[38] Formal entspricht er der Erläuterung am Ende von V 5. G aeg Ambrosiaster fügen hinzu μὴ ἐκπορευέσθω. Einfluß von Eph 4,29?
[39] Vermutung von KAMLAH, Form 34–38. 185–189. Das Korrelat zum Abschwörungsritus sei das Glaubensbekenntnis, das in der Tauftradition als Tugendkatalog aufscheine.
[40] Vgl. Eph 4,25; 1 Tim 1,10; Jak 3,14; Did 3,5; Barn 20,2. Häufig in den Test VII. Vgl. GNILKA, Epheserbrief 234; auch Sir 7,13; Spr 12,22.
[41] HUGEDÉ erinnert an die Molièresche Figur des Tartuffe.
[42] Vgl. KAMLAH, Form 33; BIEDER 195.

(dann begründend) verstanden werden. Ein eindeutiger Imperativ (ἐνδύσασθε) folgt in V 12. In den Zusammenhängen von Taufe und Ethik waren bisher alle Taufverweise Feststellungen dessen, was geschehen ist (2, 11–13.20; 3, 1.3). Auch das empfiehlt die Übersetzung: weil ihr den alten Menschen abgelegt habt[43]. Damit kommt der Imperativ μὴ ψεύδεσθε voll zur Entfaltung.

Die Bildwörter vom Ablegen und Anziehen müssen in ihrer Verbindung gesehen werden. Auch darin liegt ihre Besonderheit in der christlichen Taufparänese (vgl. Röm 13, 12–14; Eph 4, 22–24). Im Alten Testament (LXX) fehlt das Bildwort vom Ablegen einer Eigenschaft des Menschen. In der griechischen Literatur ist es beheimatet und dringt von hier in das hellenistische Judentum ein[44]. So spricht Philo vom Ausziehen des unfreiwilligen Irrtums (cher. 66), der Fehler (mut. nom. 223: ἁμαρτήματα), aber auch davon, daß die gottliebende Seele den Leib auszieht[45]. Es verdient Beachtung, daß das seltene Doppelkompositum ἀπεκδύομαι, das innerhalb des Neuen Testaments nur unser Brief kennt, für das Ablegen des Leibes im Tod in außerbiblischen Texten nachgewiesen werden kann[46]. Das Ausziehen des alten Menschen ist demnach seine totale Überwindung, sein Tod. Es besagt dasselbe wie das Ausziehen des Fleischesleibes in 2, 11. Der alte und neue Mensch, dem äußeren und inneren Menschen (2 Kor 4, 16; Röm 7, 22; Eph 3, 16), aber auch der Adam-Christus-Parallele (Röm 5, 12ff) vergleichbar, ist durch den unüberbrückbaren Gegensatz geprägt, der den auch in der Predigt Jesu vorkommenden Wechsel vom Alten zum Neuen noch an Schärfe überbietet (vgl. Mk 2, 21 parr.). Die Glieder, aus denen sich der alte Mensch zusammensetzt, sind seine πράξεις (vgl. Kol 3,5). Im Unterschied zu πρᾶγμα (die Tat) ist πρᾶξις das Tun, aber auch die Handlungsweise. Der alte Mensch weist sich durch seine Praktiken, seinen Lebensstil aus. Dieser ist abgetan. Imperativisch formuliert: „Denn wenn ihr nach dem Fleisch lebt, werdet ihr sterben. Wenn ihr aber durch den Geist die πράξεις des Leibes tötet, werdet ihr Leben" (Röm 8, 13). Bezeichnend ist, daß unser Brief den Gegensatz Fleisch–Geist nicht benutzt. Das Problem von Ortho- und Heteropraxie jedoch bleibt brennend[47].

---

[43] Mit Merk, Handeln 205; Mussner, Abbott; B. Rey, L'homme nouveau d'après s. Paul, in: RSPhTh 48 (1964) 603–629, hier 617; R. Schnackenburg, Der neue Mensch – Mitte christlichen Weltverständnisses (Kol 3, 9–11), in: Schriften zum NT (München 1971) 392–413, hier 400f. Anders Lightfoot, Lohse, Lohmeyer. Schweizer 146 Anm. 508 spricht von einem Aor. inchoativus, den er imperativisch übersetzt. Die Neuwerdung sei das in den Einzelproblemen dauernd Durchzuhaltende. E. Larsson, Christus als Vorbild (ASNU 23) (Uppsala 1962) 198, spricht von Participia coniuncta.
[44] Ein früher Beleg bei Euripides, Iph. Taur. 602: ἐκδῦναι κακῶν. Weitere Belege bei Schweizer 146 Anm. 510. Vgl. Gnilka, Epheserbrief 229.
[45] Leg. all. 2, 55; vgl. 2, 80; som. 143; ep. Ar. 122; OdSal 11, 10f.
[46] Hippolyt, ref. VIII, 10, 7; das Substantiv bei Gregor von Nyssa, Vita Maurinae (ed. W. Jaeger, S. 398, 15). Belege bei P. W. van der Horst, Observations on a Pauline Expression, in: NTS 19 (1972/73) 181–187, hier 183.
[47] Van der Horst (Anm. 46) möchte die Formulierung vom Ablegen des alten Menschen aus der Philosophenschule der Skeptiker ableiten. Von Pyrrho von Elis ist das Wort überliefert: „Wie schwer ist es, den alten Menschen abzulegen" (bei Eusebios, praep. ev. XIV, 18, 26), das dieser in einer grotesken Lage gesprochen haben soll. Von einem bissigen Hund

V 10 An die Stelle des alten ist der neue Mensch getreten. Diese Aussage ist zunächst auf den einzelnen Glaubenden zu beziehen. Nicht nur etwas an ihm ist verändert worden, er selbst ist ein anderer geworden. Der neue Mensch – von ihm reden nur der Kolosser- und Epheserbrief (Eph 4, 24)[48] – ist ein Programm, das wegen seines hohen Anspruchs faszinierende Ausstrahlung besitzt. Schon der Autor ad Colossenses scheint darum zu wissen, daß es ein Ziel ist, das stets vorgegeben bleiben muß. In diesem Leben könnte keiner sagen, er habe es erreicht, und darum zu streben aufhören. Es wird zwischen metafysischem Bestimmtsein und empirischer Verwirklichung unterschieden. Jeder ist ein neuer Mensch geworden, darum soll er erneuert werden. Vielleicht verdient es Beachtung, daß es im Unterschied zu Eph 4, 24 nicht καινός, sondern νέος ἄνθρωπος heißt. νέος ist neu im Sinn der Zeit, darum auch jung, frisch, jugendlich. καινός ist neu dem Wesen nach, bezeichnet das noch nicht Dagewesene, daher Ungewöhnliche, Unerwartete, Unerhörte[49]. Der zweite Begriff taucht im ἀνακαινούμενον auf. Der νέος ἄνθρωπος hat die Kraft, sich zu erneuern. Dies bleibt die Lebensaufgabe (Part. Präsens), die wiederum aus der Gnade lebt (Passivum).

Damit tritt bereits die starke Ethisierung des Konzeptes in den Blick. Worin besteht der neue Mensch[50]? Wie erwähnt, ist die Neuheit radikal gedacht. Das Bild vom Anziehen bestimmter Eigenschaften oder Lebensbestimmtheiten ist schon dem Alten Testament vertraut und auch der zeitgenössischen stoischen Philosophie bekannt[51]. Philo spricht vom Anziehen des Guten (migr. Abr. 144), des Gewandes der Wahrheit (ebr. 86), ewiger Verbannung (cher. 9) und benutzt für den erforderlichen Gesinnungswechsel das Bild vom Gewandwechsel im Anschluß an den bunten Rock des ägyptischen Josef, der als homo politicus ihm sehr verdächtig erscheint: „Ziehen wir also den bunten Rock aus und legen den heiligen an, in den die bunten Muster der Tugenden eingewoben sind" (som. 1, 225). Die weisheitliche Metafer vom Anlegen der Rüstung Gottes lebt bei Paulus fort (Röm 13, 12; 1 Thess 5, 8; Eph 6, 11ff; vgl. Weish 5, 18ff). Radikal ist das Bild vom Kleid im Kolosserbrief durch den neuen Menschen. Die Stoa ist von der wesentlichen Gutheit des Menschen überzeugt und fordert nur ein Leben secundum naturam[52]. Nach der Gnosis ist das ewige Ich im dafür prädestinierten Menschen grundgelegt. In den Mysterien spielt die

---

verfolgt auf einen Baum sich flüchtend, mußte er die sinnliche Realität des Hundes anerkennen. Der Ableitungsversuch ist eher geeignet, von den eigentlichen religionsgeschichtlichen Hintergründen abzulenken. – πρᾶξις im positiven Sinn Röm 12, 4.

[48] Röm 6, 6 ist der alte Mensch erwähnt. Der Gedanke vom neuen Menschen, der hier prinzipiell angelegt ist, wird allerdings nicht ausgesprochen.

[49] Vgl. Passow, s. v. – Eine ästhetische Erklärung des Wechsels von νέον zu ἀνακαινούμενον reicht nicht aus. Vf. hätte die Formulierung von Eph 4, 4 verwenden können.

[50] Außer der Anm. 43 genannten Literatur vgl. noch J. Fransen, L'homme nouveau. Ep. aux Colossiens, in: BVC (1968) 22–31; C. F. D. Moule, „The New Life" in Colossians 3, 1–17, in: RExp 70 (1973) 481–493.

[51] Seneca, ep. 67, 12: indue magni viri animum.

[52] Zum Vergleich Paulus/Seneca vgl. Sevenster, Seneca 63–166. Zum AT vgl. Job 29, 14; 2 Chr 6, 41; Ps 35, 26 usw.

Sittlichkeit keine besondere Rolle[53]. Kol 2,10 redet demgegenüber vom neuen Menschen in einer umfassenden Neugestalt.

Warum aber spricht er nicht vom Anziehen Christi wie Paulus in Röm 13,14 (imperativisch); Gal 3,27 (indikativisch), was doch als der primäre Hintergrund für V 10 zu gelten hat? Der christologische Bezugspunkt ist sogar entscheidend für den neuen Menschen. Er macht das spezifisch Christliche im neuen Menschenbild aus. Nur ist er eigenartig verschlüsselt ausgedrückt: die als Lebensaufgabe zu vollziehende Erneuerung erfolgt gemäß dem Bild dessen, der ihn, nämlich den neuen Menschen, geschaffen hat[54]. Schöpfer ist Gott, Eikon aber ist Christus, der in 1,15f Schöpfungsmittler genannt wurde. Es liegt nicht bloß ein Rückverweis auf das Christuslied, sondern auch auf den priesterschriftlichen Bericht von der Erschaffung des Menschen vor, wonach dieser „nach dem Bild Gottes" (Gn 1,27 LXX: κατ' εἰκόνα θεοῦ ἐποίησεν αὐτόν), „nach unserem Bild" (V 26) gemacht wurde. Die Zusammenhänge werden nur begreiflich, wenn man mit dem Autor – und mit Paulus – davon überzeugt ist, daß der Mensch seine schöpfungsmäßige Gottebenbildlichkeit und damit die Grundlage seiner Menschenwürde durch die Tat Adams verloren hat. Eikon Gottes zu sein war so für den Menschen ein Konzept, das letztlich als Verheißung angelegt gewesen ist. In Christus, der Eikon schlechthin, wird dem Menschen die Gottebenbildlichkeit und mit ihr seine wesentliche Würde erneut gewährt. Der neue Mensch ist neue Schöpfung (vgl. 2 Kor 5,17; Gal 6,15)[55]. Gottes Schöpfung ist stets creatio ex nihilo. Das gilt für die erste wie für die zweite Schöpfung. Christus, das Bild Gottes, wird zum Mittler des neuen Menschenbildes. Die Identität von Röm 13,14; Gal 3,27 ist gelockert. Der neue Mensch ist Bild des Bildes, Abbild des Urbildes. Um dieser bibeltheologischen Zusammenhänge willen, die den Schöpfungsgedanken erläutern, hat der Pauliner die gegenüber Röm 13,14; Gal 3,27 abgeänderte Formulierung gewählt. Das Konzept vom Menschen als Bild des Bildes berührt sich in auffälliger Weise mit Philo, für den der göttliche Logos der erste wahre Mensch ist, nach dessen Bild der empirische

---

[53] LOHSE beruft sich für das Verständnis von Kol 3,9f auf Apuleius, met. 11,24, wonach der Initiand der Mysterien rituell bekleidet wird, „durch zwölf Stolen geheiligt, in wirklich geheimnisvollem Ornat", und auf diese Weise kosmisch-mystische Kräfte empfängt. Ein direkter Einfluß dieses Ritus auf christliches Taufverständnis setzte doch einen konkreten Gewandwechsel bei der Taufspendung voraus. Diesen nehmen R. SCROGGS – K. J. GROFF, Baptism in Mark: Dying and Rising with Christ, in: JBL 92 (1973) 537, an, ist aber für diese frühe Zeit unwahrscheinlich.
[54] Nur der Bezug der κατά-Wendung auf das Partizip ist sinnvoll. EWALD verbindet sie mit der Erkenntnis. Dem Menschen solle eine Erkenntnis zuteil werden, die der göttlichen entspricht. Dabei ist der ethische Duktus der Formulierung übersehen.
[55] Zur Neuschöpfung vgl. auch Eph 2,10.15; 4,24. Der Gedanke der Neuschöpfung ist dem zeitgenössischen Judentum bekannt. Im rabbinischen Judentum kann man darunter verstehen die Berufung Moses, Abrahams, die Sündenvergebung, erwartet man aber auch eine eschatologische Neuschöpfung. Vgl. H. SCHWANTES, Schöpfung der Endzeit (AzTh I/12) (Stuttgart 1962) 27f. Zu Qumran vgl. BRAUN, Qumran I,200. Sonst E. SJÖBERG, Wiedergeburt und Neuschöpfung im palästinensischen Judentum, in: STL 4 (1950) 44–85; G. SCHNEIDER, Neuschöpfung oder Wiedergeburt? (Düsseldorf 1961).

Mensch geschaffen wurde[56]. Daß der neue Mensch prinzipiell schon Eikon ist, hebt unseren Brief von Röm 8,29 ab. Es ist allerdings ein Geschenk auf Bewährung hin.

Die Erneuerung hat als unmittelbares Ziel die Erkenntnis (εἰς ἐπίγνωσιν). Paulus nennt in einem vergleichbaren Text die Doxa (2 Kor 3,18). Die Erkenntnis ist darum weder das komprehensive Begreifen der Vollendung (Ewald) noch – in Fortführung der Adamsgeschichte – die Unterscheidung des Guten vom Bösen (Lohmeyer, Mußner), sondern – in Anlehnung an analoge Stellen des Briefes – die Erkenntnis Gottes (1,10), Christi als des Geheimnisses Gottes (2,2): vor allem aber des göttlichen Willens (1,9), den es zu tun gilt.

V 11 Der neue Mensch nimmt nicht bloß im einzelnen Menschen Gestalt an. Die Menschheit ist erneuert. Der Übergang vom Anthropologischen zum Kosmologischen ist durch die Anthropos-Spekulation – die Welt ein großer Mensch, der Mensch eine kleine Welt – ermöglicht. Erneuerte Welt aber ist der Christus-Leib. Für die alte Menschheit sind Trennung und Spaltung signifikant. Sie sind ein Zeichen der Gottentfremdung. Im Christus-Leib, in der Ekklesia, sind sie aufgehoben. Jetzt wird deutlich, daß die Neuwerdung des einzelnen durch seine Eingliederung in den Christus-Leib, die in der Taufe geschah, ermöglicht worden ist. Der gleiche Zusammenhang liegt in 1 Kor 12,13 vor: „Denn wir alle wurden in einem Geist in einen Leib hineingetauft, Juden wie Griechen, Sklaven wie Freie." Noch deutlicher in Gal 3,27f: „Alle, die ihr auf Christus getauft seid, habt Christus angezogen. Da ist nicht mehr Jude noch Grieche, nicht mehr Sklave noch Freier, nicht mehr Mann noch Frau, denn ihr seid alle einer in Christus Jesus." Es liegt demnach ein paulinischer Verkündigungs-Topos vor, der gleichbleibende Strukturen besitzt, im Detail aber variiert werden kann. Daß der Autor ad Colossenses ad hoc variierte, kann gezeigt werden[57].

Die Aufhebung völkischer, rassischer, religiöser, kultureller Barrieren im Christus-Leib wurzelt in der Geisterfahrung des frühesten Christentums. Die Frage nach dem religionsgeschichtlichen Hintergrund ist demgegenüber zweitrangig, wenn auch nicht unwichtig[58]. Zur Zeit des Kolosserbriefes ist der

---

[56] opif.mund. 139 u.o. Vgl. U. FRÜCHTEL, Die kosmologischen Vorstellungen bei Philo von Alexandrien (ALGHL 2) (Leiden 1968) 29–32. Man wird Philo nicht jeden eschatologischen Bezug absprechen können (gegen LOHSE 205 Anm. 5). Vgl. F.-W. ELTESTER, Eikon im NT (BZNW 23) (Berlin 1958) 159 und 128. Philo steht allerdings in seiner Schöpfungstheologie mit der Unterscheidung von mundus intelligibilis und sensibilis in der Abhängigkeit von platonischen Gedanken, die vom NT weit entfernt sind.

[57] Der Streit in der Frage, ob der Verkündigungs-Topos in Kol 3,11 gar nicht auf die kolossische Situation eingeht (LOHSE) oder dies weitgehend tue (LIGHTFOOT), wird in der Mitte zu entscheiden sein. – Die Anknüpfung mit ὅπου an V 10 ist eine lockere, bezieht sich sachlich aber auf die, welche den neuen Menschen angezogen haben.

[58] E. KÄSEMANN, Zum Thema der urchristlichen Apokalyptik, in: Exegetische Versuche und Besinnungen II (Göttingen 1964) 105–131, hier 124f, wird Recht haben mit der Vermutung, daß als dieser Hintergrund am ehesten die apokalyptische Erwartung in Frage kommt, die den Erlösten einen engelgleichen Zustand verheißt. Anders noch DERS., Leib und Leib Christi (BHTh 9) (Tübingen 1933) 144, wo Ginza 554,31ff (LIDZBARSKI) zitiert wird: „Mit einem

Enthusiasmus des Anfangs bereits deutlich zurückgegangen. Dies wird sowohl in der Nichterwähnung des Gegensatzes Mann–Frau als auch bei einem Vergleich mit den Haustafeln erkennbar (3, 18 – 4, 1; vgl. 1 Kor 7, 21–24)[59]. Freilich versteht sich die Aufhebung der genannten Barrieren als Antizipation endzeitlich eschatologischer Verhältnisse, nicht als politisches Programm. Dennoch muß sich das, was prinzipiell ermöglicht worden ist, auch konkret auswirken, zumindest im Raum der Kirche. Kirche könnte so als Raum der Befreiung Modell für die Welt werden[60]. Die Ausrichtung des Indikativs auf den Imperativ hat Geltung für den einzelnen, aber auch für den Makroanthropos, die Kirche, die eine neue Menschheit darstellen sollte.

Im einzelnen werden vier in der Welt bestehende Gegensätze aufgeführt, Gruppen, die sich voneinander abgesondert haben, sich beargwöhnen, anfeinden oder unterdrücken: Griechen und Juden, Beschneidung und Unbeschnittenheit; Barbaren, Skythen; Sklaven, Freie. Das erste Gegensatzpaar gliedert die Menschheit vom jüdischen Standpunkt aus. Die Griechen sind „der durch Sprache, Abstammung und Kultur von den Juden unterschiedene Teil der Menschheit, also die wesentlich hellenistische Gesamtbewohnerschaft des Imperium Romanum, abgerechnet die Juden"[61]. Der dem Begriff Grieche bei Paulus inhärente Gleichklang mit Heide tritt zurück. Dem religiösen Gegensatz beider Gruppen ist das zweite Paar, ganz jüdisch empfunden, gewidmet. Das dritte Paar beschreibt keinen Gegensatz, vielmehr bildet der Barbar den Gegenpol zum Griechen. Der Barbar ist zunächst der, welcher nicht griechisch spricht, die griechische Kultur nicht kennt. Darum mischt sich mit dem Wort der Eindruck des Unzivilisierten, Barbarischen, Wilden[62]. Der Skythe ist für die Antike der Inbegriff der Unkultur. Schon Herodot IV, 59–82 beschreibt ihre absonderlichen und grausamen Sitten und Gebräuche. Das Volk der Skythen siedelte nördlich von Hellas, also auf dem Balkan und östlich davon[63]. Der

---

Glanz sind sie bekleidet, ein Licht ist über alle gebreitet. Sie stehen in gleicher Größe da und nehmen voneinander das Maß an." Andere dachten an den androgynen Adam als Vorbild. Auseinandersetzung bei J. S. Vos, Traditionsgeschichtliche Untersuchungen zur paulinischen Pneumatologie (GTB 47) (Assen 1973) 95 Anm. 26.

[59] ἄρσεν καὶ θῆλυ dringt aus Gal 3, 28 sekundär in den Text ein: D* G it.

[60] Das christliche Konzept unterscheidet sich von der Stoa, die die physische Gleichheit aller Menschen verkündet. Nach Seneca, ep. 31, 11, ist in allen der gleiche animus bonus. Epiktet, selbst als Sklave geboren, verlangte sogar, in jedem Sklaven den Bruder zu sehen, der demselben göttlichen Samen entstamme wie wir. Schon für Chrysipp aber unterscheidet sich der Sklave vom freien Lohnarbeiter nur durch die Dauer der Dienstbarkeit. Vgl. POHLENZ, Stoa 136 und 471. SCOTT zitiert den Satz, der eine verbreitete Mentalität wiedergibt: homo homini lupus.

[61] H. WINDISCH, in: ThWb II, 510.

[62] Die Wendung als völkische Totalitätsformel Grieche–Barbar Röm 1, 14; schon bei Herodot V, 49, 2f; 23, 2; oft bei Philo: op. mund. 128; ebr. 193; conf. ling. 6 u. ö. Das Moment der Sprache deutlich in 1 Kor 14, 11: „Wenn ich nun die Bedeutung der Sprache nicht kenne, bleibe ich für den Sprechenden ein Barbar usw." – Vgl. Philo, conf. ling. 6. Zum Feindseligen vgl. Livius 31, 29, 15: „Mit den Fremdstämmigen, mit den Barbaren ist und wird für die Griechen ewiger Krieg sein." – Vgl. auch BILLERBECK III, 27–29.

[63] Der Name Skythe im NT nur hier. Nach Herodot IV, 76, 1 lehnen die Skythen griechische Bräuche ab. Nach Plinius, hist. nat. VII, 2, 9f, kennen sie Menschenopfer und Kannibalismus;

Gegensatz von Sklaven und Freien ging als sozialer quer durch die Gesellschaft. Der römische Jurist Galen († ca. 178) definiert ihn so: „Der Hauptunterschied im Personenrecht besteht darin, daß es freie Menschen und Sklaven gibt. Darüber hinaus sind unter den freien Menschen die einen als Freie geboren, die anderen Freigelassene."[64] Im Unterschied hierzu nennt unser Vers den Sklaven an erster Stelle (vgl. 3,24 – 4,1). Die Sklavenfrage war die große soziale Hypothek der Antike.

Charakteristisch für diese Aufreihungen ist die latente Spannung, die zwischen den Gegensätzen Grieche–Jude einerseits und (Grieche–)Barbar andererseits besteht[65]. Der erste ist jüdisch, der zweite hellenistisch. Daß beides nebeneinander steht, dürfte kennzeichnend sein für die kolossische Gemeinde. Ferner kann nicht übersehen werden, daß die verbreitete Scheidung von Juden und Griechen[66] (= Israel und die Gojim im Jüdischen) nur hier im Neuen Testament in der umgekehrten Reihenfolge Grieche und Jude geboten wird. Man wird zumindest sagen können, daß das Griechische an Interesse gewonnen hat. Die Erwähnung von Beschneidung und Unbeschnittenheit kann als Anspielung auf eine von den Häretikern eingeführte Beschneidungspraxis gewertet werden (vgl. 2,11 und 13).

Entscheidend ist, daß in der Kirche alle diese menschlichen Differenzierungen ihre Sachlichkeit und Bedeutung eingebüßt haben. Denn für die in der Kirche Lebenden ist Christus „das alle anderen Eigenschaften in sich auflösende, einzig konstituierende Moment" (Soden). Dies wird mit der von Haus aus kosmologischen Formel „alles in allem" Christus ausgesagt[67]. Die gleiche Formel, in 1 Kor 15,28 mit Gott verbunden und auf die endzeitliche Zukunft gerichtet, wird an Christus gebunden und auf die Gegenwart bezogen. Weil die Kirche im Blick ist, wird man vermuten dürfen, daß die kosmologische Formel ekklesiologisch umgedeutet ist und die einzelnen Griechen, Juden, Barbaren, Sky-

---

vgl. noch 2 Makk 4,47; 3 Makk 7,5; Josephus, Ap. 2,37; BILLERBECK III, 630. Der griechische Name Skythopolis für Bet-Schean (vgl. 2 Makk 12,29) rührt her vom Skytheneinfall in Israel im 7. Jahrhundert v.Chr., nach dem Skythen sich im Land niederließen.

[64] Inst. 1,9–11. Bei SPICQ, Lexicographie I, 211f. Zum Problem vgl. den Exkurs Sklaven und Freie in der Antike im Kommentar zum Philemonbrief dieser Kommentarreihe. – καί zwischen δοῦλος und ἐλεύθερος, geboten von AD* G, ist zu streichen.

[65] Beide relativieren sich gegenseitig. Vom griechischen Standpunkt aus ist der nicht griechisch sprechende Jude ein Barbar. Das ist auch später ein Vorwurf gegen das Christentum. Der Philosoph Celsus stellt nach Origenes, c. Cels I,2, fest: „Die Lehre der Christen ist von ihrem Ursprung her barbarisch." Zutreffender Kommentar des Origenes: „Er meint natürlich das Judentum, mit dem das Christentum zusammenhängt."

[66] Vgl. Röm 1,16; 2,9.10; 3,9; 10,12; 1 Kor 1,24; 10,32; 12,13; Gal 3,28; Apg 19,17; 20,21. – LOHMEYER 143 hält die Formel Juden und Christen (statt Römer) für anachronistisch. Sie gebe nach 50jähriger Römerherrschaft Zeugnis für die makkabäischen Kämpfe gegen das Griechentum. Auf der anderen Seite haben die Römer griechische Kultur und literarisch sogar die Scheidung Griechen – Barbaren übernommen. Belege bei LIGHTFOOT 217. – In Kol 3,11 sind die ersten beiden Gegensatzpaare ein Chiasmus.

[67] Vgl. Philo, vit. Mos. 2,228; saer. A.C. 67; quaest. in Ex. 2,68; leg. all. 1,44; 3,4; gig. 47; post. C. 30; som. 2,221; Marc. Aurel 7,9. Auch GNILKA, Epheserbrief 98f. – Textlich ist in V 11 der Artikel vor πάντα, geboten von B ℵ DG, wahrscheinlich zu streichen. Die gleiche Textunsicherheit besteht auffälligerweise auch für 1 Kor 15,28.

then usw. angesprochen sind⁶⁸. Darum ist zu übersetzen: alles in allen. Das Kirchenbild des Kolosserbriefes stellt sich nochmals als ein missionarisches dar. Freilich treten mit dem Evangelium noch nicht in Berührung gekommene Völkerschaften wie etwa Ägypter oder Chaldäer nicht vor Augen⁶⁹.

III

Der Abschnitt hat zum zentralen Gedanken den neuen Menschen. Der daraus sich ergebende Anspruch ist groß und könnte als Utopie erscheinen. Bei näherem Hinsehen erblickt man zunächst nichts spezifisch Christliches. In der Wiederholung der Lasterpentaden schließt sich der Text an vorgegebene stoische und jüdische Wertvorstellungen an. Das Menschenbild aber, das hinter den ethischen Imperativen steht und die eigentlichen Maßstäbe setzt, ist Christus. Durch ihn ist die Menschenwürde wiederhergestellt und der einzelne erneut als Bild Gottes, als Bild des Bildes angenommen. Durch Christus wird der unerhörte Anspruch, der mit dem neuen Menschen gegeben ist, erträglich, annehmbar, verständlich. Denn es wird klar, daß am Anfang Gott steht, der Neues schafft. Der neue Mensch ist neue Schöpfung. In Christus ist er bereits verwirklicht. Darin unterscheidet sich christliche Humanität von anderen Humanitätsformen, daß sie auf ein gottgesetztes Urbild blickt. S. Kierkegaard mag Recht haben mit dem Satz, daß das, was wir heute das Humane nennen, „ein verflüchtigtes Christentum, ein Kulturbewußtsein, ein Bodensatz des Christentums" sei⁷⁰. In den Christus-Leib durch die Taufe aufgenommen, ist der Christ neuer Mensch geworden, übernimmt er aber die nunmehr sein Leben bestimmende Aufgabe, es zu werden, in die von Christus gesetzten Maßstäbe hineinzuwachsen. Der Autor ad Colossenses hat diese Aufgabe in den Vordergrund gerückt und Neusein als tägliche Erneuerung beschrieben. Worauf es ankommt, ist also das beharrliche Voranschreiten auf dem einmal beschrittenen Weg, um nicht mittelmäßig zu werden. Weil Christus unterschiedslos alle Menschen angenommen hat, werden von Menschen gemachte Unterscheidungen und Klassifizierungen im Christus-Leib bedeutungslos, zerbrechen irdische Maßstäbe. Ein neues Verhältnis der Menschen zueinander ist ermöglicht. Die Überwindung völkischer, rassischer, sozialer Gegensätze ist mehr als ein So-tun-als-ob, weil gerade auch in ihnen sich das Wesen des alten Menschen widerspiegelt. Die hier gestellte Aufgabe erwies sich von vornherein als schwierig und konnte immer wieder nur durch die Mittelmäßigkeit der Christen Rückschläge erfahren oder auf der Strecke bleiben.

---

[68] Mit SCHNACKENBURG (Anm. 43) 408. Anders SCHWEIZER, LOHSE, LOHMEYER. Innerhalb des Briefes besteht ein Verweiszusammenhang mit 1,18: ἐν πᾶσιν αὐτὸς πρωτεύων.
[69] Vgl. H. WINDISCH, in: ThWb II, 510. Aristides, apol 2,1, zählt neben Juden und Christen Chaldäer, Griechen und Ägypter auf. – Abwegig ist der Versuch von T. HERMANN, Barbar und Skythe. Ein Erklärungsversuch zu Kol 3,11, in: ThBl 9 (1930) 106f, Barbar und Skythe als Süd- und Nordvolk, Schwarz- und Weißfarbige zu erklären.
[70] Die Tagebücher 1834–1855. Auswahl und Übertragung von T. HAECKER (Leipzig ²1941) 502.

4. CHRISTLICHE GEMEINDE (3,12–17)

12 Ziehet also an als Gottes Erwählte, Heilige, Geliebte herzliches Erbarmen, Güte, Demut, Milde, Geduld! 13 Ertragt einander und vergebt einander, wenn einer gegen den anderen eine Beschwerde hat. Wie der Herr euch vergeben hat, so (vergebt) auch ihr! 14 Über diesen allen aber die Liebe, die das Band der Vollkommenheit ist. 15 Und der Friede Christi entscheide in euren Herzen; zu dem ihr in einem Leib berufen wurdet. Und werdet dankbar! 16 Das Wort Christi wohne reichlich unter euch! In aller Weisheit belehrt und weist einander zurecht mit Psalmen, Hymnen und geistlichen Liedern; in der Gnade (stehend) singet Gott in euren Herzen! 17 Und alles, was ihr tun möget im Wort oder im Werk, alles im Namen Jesu, des Herrn, Dank sagend Gott, dem Vater, durch ihn.

I

Der einleitende Imperativ ἐνδύσασθε οὖν korrespondiert als positive Entsprechung mit νεκρώσατε οὖν in V 5. Beide zusammen korrespondieren mit den Indikativen „ihr seid gestorben" (2,20); „ihr seid mitauferweckt" (3,1). Wie in den VV 8f eine Lasterpentade durch einen Zentralbegriff (ψεῦδος) zusammengefaßt wird, so diese Fünferreihe von Tugenden (12) durch die ἀγάπη in 14[1]. Zwei Partizipien (ἀνεχόμενοι-χαριζόμενοι) erläutern die Pentade, wobei das zweite, die Vergebung betreffend, nochmals eigens erklärt und begründet wird. Offenbar ist die Vergebung besonders wichtig.

Von diesem ersten Teil abgehoben, haben wir im zweiten zunächst zwei Imperative auf -τω, die den Frieden Christi und das Wort Christi angehen und mehr einem Segenswunsch gleichkommen (15f). Drei Partizipien (διδάσκοντες-νουθετοῦντες-ᾄδοντες) gehen ein auf den Gottesdienst der Gemeinde. Die Dreizahl verschafft sich noch einmal Geltung, wenn drei Formen des geistlichen Gesanges aufgezählt werden (16). Ein letzter christologisch orientierter Imperativ ruft auf zur Ausrichtung allen Redens und Handelns auf diese Mitte hin (17). Ist demnach Christus der Akzent dieses Teils, so erhält er eine weitere Prägung durch die wiederholte Mahnung zur Danksagung (15b und 17b). Neben dem Kyrios Jesus (13? und 17) und Christus (15f) aber steht Gott. An ihn wendet sich der Dank (17) und das preisende Lied (16) derer, die sich ἐκλεκτοὶ τοῦ θεοῦ κτλ. nennen dürfen.

II

V 12 Der Imperativ „ziehet also an herzliches Erbarmen usw." verdeutlicht die Aufgaben jener, die den neuen Menschen angezogen haben. Wie der alte Mensch wird der neue durch seine πράξεις, seine Handlungsweise, konstituiert[2]. Jeder Getaufte ist angesprochen. Die πράξεις aber, die genannt werden,

---
[1] LOHMEYER 144 überschätzt erneut die Stilgebung, wenn er behauptet, daß der erste und dritte wie der zweite und vierte Begriff „durch gleiche Silbenzahl, gleiche Kasusbildung, gleiche Betonung und gleichen Ausklang verbunden sind". Das ist nur zum Teil zutreffend.
[2] Das folgende οὖν bezieht man am besten auf die VV 10f.

sind solche, die das Zusammenleben, die Bildung von Gemeinde einfordert und zur Voraussetzung hat. Auch in der detaillierten Betrachtung trägt der neue Mensch individuelle und kollektive Züge. Der Mikro- kann vom Makroanthropos nicht getrennt werden und umgekehrt. Die fünf aufgezählten Tugenden sind die des geselligen Lebens. Im Kontext bilden sie das Gegenstück zu den irae differentiae in V 8. Allerdings sind sie durchweg jüdisch empfunden.

Im einzelnen steht herzliches Erbarmen, wörtlich: „Eingeweide des Erbarmens" an erster Stelle[3]. Dieses ganz biblisch empfundene Bild geht davon aus, daß im Innern des Menschen seine Affekte und Gefühle sitzen. „In meinem Schoß und meinen Eingeweiden tut es mir weh", klagt Salomo zum Ausdruck seelischen Schmerzes (PsSal 2, 15). „Ich brannte in meinen Eingeweiden, es offen zu sagen", gesteht Naphtali (TestNaph 7, 4). So wird das physiologische Bild hergenommen als Metafer für die Regung und Gesinnung der Barmherzigkeit: „Josef war ein guter Mann, ... barmherzig (εὔσπλαγχνος) und erbarmend" (Test Sim 4, 4), auch von Gott: „Am Ende der Tage wird Gott sein Erbarmen (τὰ σπλάγχνα) auf die Erde senden."[4] Die χρηστότης, die Güte, Milde, Freundlichkeit, gilt als Tugend der Könige und Mächtigen und ist auch eine Eigenschaft Gottes. Im griechischen Bereich kann sie auch ein abschätziges Urteil erfahren und in die Nähe von falscher Nachgiebigkeit und Mangel an Strenge gerückt werden. Im Neuen Testament ist sie als menschliche Eigenschaft stets positiv gesehen[5]. Die ταπεινοφροσύνη rückt im Kolosserbrief in einen Gegensatz zur falschen Demut der Häretiker (2, 18 und 23). Es ist wiederholt gezeigt worden, daß das griechische Wort im biblischen Bereich eine völlige Umprägung erfuhr. Im Griechischen sagt man es dem nach, der eine niedrige, servile Gesinnung besitzt. In der Stoa kann es als Laster gelten[6]. Im Sinn von Mäßigung (modestia) gewinnt es positiven Rang[7]. Die christliche Demut ist

---

[3] Nach PASSOW s. v. sind τὰ σπλάγχνα (lat. viscera) besonders die edleren Teile der Eingeweide, Herz, Lunge, Leber, die vom Opfertier übrigbleiben, nachdem die Götter ihren Anteil empfangen haben.

[4] Vgl. TestAbr A 3, 5; JosAs 6, 1 und SPICQ, Lexicographie II, 812–815. Häufig in den Test XII. Beliebt sind die Verbindungen εὔσπλαγχνος, σπλάγχνα ἐλέους. Seltener ist unsere Verbindung σπλ. οἰκτιρμοῦ. H. KÖSTER, in: ThWb VII, 556f, nimmt daher Abhängigkeit von Phil 2, 1 an. Auch die Qumran-Gemeinde versteht sich als „Gemeinschaft der Wahrheit, *gütiger Demut, barmherziger Liebe* und gerechten Denkens, *einer gegen den anderen*" (1 QS 2, 24f). Diese Formulierung kommt Kol 3, 12f recht nahe. Auch 1 QS 4, 3. Wenn BRAUN, Qumran I, 233, einwendet, daß Weisheit und Einsicht in unserer Pentade fehlen, läßt er außer acht, daß die Erkenntnis für Kol ansonsten unerläßlich ist.

[5] Vgl. 2 Kor 6, 6; Gal 5, 22; Eph 2, 7, auch SPICQ, Lexicographie II, 971–976; K. WEISS, in: ThWb IX, 478–481; L. R. STACHOWIAK, Chrestotes. Ihre biblisch-theologische Entwicklung und Eigenart (SF 17) (Freiburg/Sch. 1957). Das Anliegen des Vf. ist, zu zeigen, daß man diese und verwandte Tugenden ntl. Kataloge nur dann richtig interpretiert, wenn man sie nicht als Formeln der stoisch-kynischen Überlieferung allgemein humanitären Inhalts begreift. Bei Philo häufig: leg. all. 3, 73; sacr. C. A, 27; agric. 47 usw.

[6] Vgl. GNILKA, Philipperbrief 105f; SCHRAGE, Einzelgebote 204; SPICQ, Lexicographie II, 878–880. In der LXX fehlt das Substantiv ταπεινοφροσύνη, das Verb nur Ps 131, 2, häufig ταπεινόω.

[7] Vgl. S. REHRL, Das Problem der Demut in der profan-griechischen Literatur im Vergleich zu Septuaginta und NT (Münster 1961).

nicht die von F. Nietzsche verachtete Hundedemut, sondern jene Haltung, die im anderen Menschen ein Geschöpf Gottes und eine Schwester und einen Bruder Christi erblickt[8]. Die πραΰτης, die Sanftheit, Sanftmut, Milde, ist kaum von der χρηστότης zu unterscheiden. An dieser Stelle wird eine gewisse Unschärfe des Katalogs deutlich. Auch sie, Eigenschaft Gottes und des edlen Herrschers, ziemt nach Sir 36,23 der guten Ehefrau. Sie ist insbesondere die Fähigkeit, menschliche Unterschiede außer acht zu lassen. Ihr Gegenteil ist die ἀγριότης (Härte, Rüdigkeit)[9]. Die μακροθυμία, die Langmut, Ausdauer, Geduld, schließlich ist im Zusammenleben jene Eigenschaft, die den anderen annimmt und erträgt, gerade auch den Schwierigen. Während die vorher genannten vier Tugenden Aktivitäten im Umgang mit dem Mitmenschen umschreiben, ist diese fünfte passiv. Doch bedarf sie nicht minder einer Anstrengung, zu der die Liebe befähigt (vgl. 1 Kor 13,4: ἡ ἀγάπη μακροθυμεῖ). Es ist aufschlußreich, daß die Langmut im Neuen Testament ebenso von Gott und Christus (Röm 2,4; 9,22; 1 Tim 1,16; 1 Petr 3,20) ausgesagt wie vom Menschen gefordert wird (2 Kor 6,6; Gal 5,22; 2 Tim 3,10). Ihr Gegenteil ist der Jähzorn (ὀξυχολία)[10].

Weil alle fünf Eigenschaften – wie wir sahen – auch Gott zugesprochen werden, meinte man, es werde in V 12 zur imitatio Dei aufgerufen. Doch dürfte diese Auffassung den Text überfordern[11]. Eine zusätzliche Begründung des Imperativs bietet die überschwengliche dreifache Anrede: Gottes Erwählte, Heilige, Geliebte. Sie will die vorausgegangene heilende und rettende Aktivität Gottes sicherstellen. Um ihretwillen – nicht um der physischen Gleichheit aller Menschen willen wie in der Stoa – ist der Christ primär zu den erläuterten Haltungen verpflichtet und befähigt. Das steigert die Verantwortung. Die theozentrische Sicht der Bibel unterscheidet sich von der anthropozentrischen der zeitgenössischen Philosophie[12]. Die Heiligkeit, heute leider ein abgegriffenes und abstraktes Wort, zeichnet die kritische Distanz zur Welt.

V 13 Gleichsam die Summe aus der Pentade ziehend, werden die Kolosser aufgerufen, einander zu ertragen und einander zu vergeben. Die präsentischen Formulierungen geben kund, daß dieses Gebot stets Geltung beansprucht[13]. Die Gemeinschaft der Gemeinde, die eine Minorität im Verbund der Einwoh-

---

[8] Vgl. Phil 2,3; Eph 4,2; 1 Petr 5,5; Apg 20,19.
[9] Vgl. 1 Kor 4,21; Gal 5,23; 6,1; Eph 4,2; 2 Tim 2,25; Tit 3,2; Jak 1,21; 3,13; 1 Petr 3,15; auch BONHÖFFER, Epiktet 313; GNILKA, Epheserbrief 198; F. HAUCK – S. SCHULZ, in: ThWb VI, 646–651.
[10] Zu diesem Gegensatz vgl. Herm(m) 5,1,3; 6,2,5.
[11] Mit MERK, Handeln 210. Anders LOHSE.
[12] Vgl. SEVENSTER, Seneca 172f. 178. Der Hintergrund des Erwählungsgedankens ist alttestamentlich. Er wird vom alten auf das neue Gottesvolk übertragen und lebt auch in der Apokalyptik und in Qumran fort. Belege bei G. SCHRENK, in: ThWb IV, 187–190; LOHSE 210 Anm. 5. Zur Überschwenglichkeit vgl. Henaeth 38,4: „Heilige, Gerechte, Auserwählte". SCHWEIZER spricht mit Hinweis auf Röm 1,7 von Angleichung an paulinischen Stil.
[13] BIEDER 205f vergleicht die Gemeinschaft der Gemeinde mit der Gemeinschaft der Ehe: „wenn zwischen den Ehegatten wirklich die Liebe herrscht, so ist sie auch nicht einfach stationär da, sondern sie ist lebendig und erweist sich immer wieder als lebendig in einem ständigen Geben und Nehmen..."

ner der Stadt bildete, lebt von dieser Einmütigkeit. Die Mahnung geht darum über einen konkreten Anlaß hinaus. Auch der eingeschaltete Bedingungssatz nennt nur profylaktisch einen Eventualfall: wenn einer einen Tadel, eine Beschwerde, Anklage (μομφή) gegen den anderen hat[14]. Das seltene griechische Wort, fast nur in der gehobenen Literatursprache belegt, hat amtlichen, juridischen Charakter, wie das häufige dazugehörige Verb erweist[15]. Die Möglichkeit rechtlicher Auseinandersetzungen von Gemeindemitgliedern ist ins Auge gefaßt. Dann sollten sie eher verzichten als zum heidnischen Richter laufen (vgl. 1 Kor 6,1). Für den Eventualfall Vorsorge zu treffen ist ein gängiger Topos in der Briefliteratur[16].

Die christliche Begründung für die beständige Vergebungsbereitschaft besteht darin, daß der Herr zuvor ihnen Vergebung gewährt hat. Angespielt ist auf die Erfahrung der Taufe. Es ist umstritten, ob mit dem Herrn Gott oder Christus gemeint ist[17]. Die Vergebung wird normalerweise auf Gott zurückgeführt (so Kol 2,13; vgl. die Vergebungsbitte im Vaterunser). Christus kann allerdings in den Paulusbriefen zu wiederholten Malen als Vorbild hingestellt werden: „Werdet meine, wie ich Christi Nachahmer bin" (1 Kor 11,1; vgl. Röm 15,3; 1 Thess 1,6). Mit καθώς wird der Vorbildgedanke in dem Sinn überhöht, daß auf Christus, der im Kreuz Vergebung stiftete, als den ermöglichenden Grund christlicher Vergebung zurückgelenkt ist[18]. Die καθώς-Wendung – allerdings sonst stets in Verbindung mit ὁ Χριστός – hat Parallelen (Röm 15,7; Eph 5,2.25.29) und könnte sowohl mit „wie" als auch mit „weil" übersetzt werden. Die Fortsetzung mit οὕτως aber empfiehlt hier ersteres. Man hat darum in diesem Zusammenhang statt von Vorbild und Imitatio von Conformitas gesprochen. Ist mit dem Kyrios also Christus gemeint, so ist der Erhöhte in den Blick getreten, der als der Irdische Gottes vorausgreifendes Vergeben lehrte und lebte (vgl. Mt 6,12 par; 18,23–35), und jetzt mit göttlicher Vollmacht Vergebung zuspricht[19].

---

[14] LOHMEYER bringt den Tadel mit der Häresie in Verbindung und zieht den Schluß, daß die Häresie noch nicht in die Gemeinde eingedrungen sei, sondern sie nur in Beunruhigung versetzt habe.
[15] Das Substantiv ist hapleg im NT und der LXX nicht bekannt. Literaturbelege bei PASSOW s.v. Das Verbum μέμφομαι Röm 9,19; Hebr 8,8; häufig in Papyri. Die Wendung εἰς τὸ ἐν μηδενὶ μεμφθῆναι ist bei der Erledigung von Amtsgeschäften geläufig. Vgl. PREISIGKE-KIESSLING II,67. Die Seltenheit des Substantivs führte zu Textvarianten. D* liest das gleichbedeutende μέμψιν, G ὀργήν.
[16] Vgl. 1 Kor 7,9.11f.15.28.36f; 10,27f; Röm 13,4; 14,15.23; Gal 6,1; 2 Thess 3,10 u.ö. Auch SCHRAGE, Einzelgebote 46f. Zur nachgestellten Protasis vgl. BEYER, Syntax 76 und Anm. 1.
[17] Für Gott als Subjekt treten ein ERNST; MERK, Handeln 211f.
[18] Vgl. H. SCHLIER, in: ThWb I, 361.
[19] N.A. DAHL, Formgeschichtliche Beobachtungen zur Christusverkündigung in der Gemeindepredigt, in: Ntl. Studien für R. Bultmann (BZNW 21) (Berlin ²1957) 3–9, hier 7. Die exegetische Unsicherheit hat sich auch in der Textüberlieferung niedergeschlagen. So lesen statt ὁ κύριος offenkundig in Anlehnung an die parallelen Wendungen C℘ sy ὁ Χριστός, in Anlehnung an Eph 4,32 arm 33 Augustinos ὁ θεὸς ἐν Χριστῷ. ℵ* korrigiert in θεός. Den oben bevorzugten Text haben P⁴⁶ ABD*G lat. – Die καθώς-Formel lebt in der Patristik fort: „Ihr habt sie aufgenommen wie auch euch der Herr" (IgnPhld 11,1).

V 14 Als christliche Kardinaltugend wird die Liebe herausgestellt, die über diesen allen – nämlich den in V 12 aufgereihten Eigenschaften – anzuziehen ist. Weil der Imperativ „ziehet an" auch noch den Akkusativ τὴν ἀγάπην bestimmt, ist das Bild vom Kleid nochmals aufgegriffen. Es ist daher richtig, wenn man die Liebe im Rahmen dieser Metafer als Obergewand aufgefaßt hat, das die anderen Kleidungsstücke bedeckt[20]. Auf jeden Fall ist die ἀγάπη als das Herzstück des neuen Menschen gekennzeichnet, wie die Lüge das Wesen des alten Menschen ausmacht (V 9). Die Liebe als Grundgebot des Christen ist eine Sicht, die mit den alten Paulusbriefen (Röm 13,8–10; 1 Kor 13; Gal 5,14) übereinstimmt und in der Verkündigung Jesu wurzelt (Mt 5,43f par; 22,34–40 parr.). Die Kolosser hatten sich hier offenbar schon bewährt (Kol 1,4 und 8).

In einer für unseren Brief typischen Identifikationsaussage wird die Liebe als das Band der Vollkommenheit definiert[21]. Zwei Interpretationen sind möglich. Man kann die Liebe als die Vollkommenheit sehen. Dann rückt der Text in die Nähe der letzten Antithese der matthäischen Bergpredigt (Mt 5,55–48). Die Liebe als σύνδεσμος verbindet alle anderen menschlichen Tugenden und führt sie zur Vollkommenheit. Ohne Liebe sind sie nichts (vgl. 1 Kor 13,1–3). Man kann sich für diese Auffassung darauf berufen, daß in der hellenistischen Moralphilosophie die Frage nach dem, was alle Tugenden zusammenhält, diskutiert wurde. So haben die Pythagoreer nach einem immer wieder zitierten Wort des Simplicius, in Epict. 30, die Freundesliebe das Band aller Tugenden (σύνδεσμος πασῶν τῶν ἀρετῶν) genannt[22]. Die Vollkommenheit aber, von der V 14 spricht, bedarf nicht des Bandes. Darum ist die andere Auffassung plausibler, nach der die Liebe als das vollkommene Band gerühmt wird. Sie ist die Kraft, die Gegensätze überbrücken und Getrenntes dauerhaft verbinden kann. In der liebenden Einheit stellt sich Vollkommenheit dar.

Der Hintergrund der σύνδεσμος-Spekulation ist nicht in der Moralphilosophie, sondern in der Kosmologie zu suchen. Nach Plato können zwei Dinge ohne ein Drittes nicht schön zusammengefügt werden. Nur ein vermittelndes Band kann zwischen ihnen Vereinigung bewirken. Dieses Band ist die Analogie. Plato überträgt die Frage nach dem Zusammenhalt auf die Elemente der Welt und auf den menschlichen Körper (Tim 31a–c). In der Aufnahme platonischer Ideen ist für Philo der Logos „ein Band (δεσμός) des Alls, das alle seine Teile verknüpft und zusammenhält und sie hindert, sich voneinander zu lösen" (fug. 112). Die Welt, die „der größte und *vollkommenste* Mensch" heißt, besitzt Teile, die zwar „nach Orten getrennt, aber in ihren Kräften verbunden sind und eine Einheit darstellen" (migr. Abr. 220). Der Weltbildner hat dafür Vorsorge getroffen, daß sich nichts löse, was einmal so schön gebunden war (181)[23].

---

[20] SODEN. Die Übersetzung „zu dem allen" (LOHSE) ist grammatisch möglich, erschwert aber das biblische Verständnis.
[21] Die Verwendung des ὅ ἐστιν ohne Rücksicht auf das Genus des Korrelats, um eine Identifizierung auszudrücken, hat in den alten Paulinen kein Gegenstück. Vgl. 1,24.27; 2,17; auch PERCY, Probleme 33f; BUJARD, Untersuchungen 150. Einzelne Textzeugen ändern: ὅς ἐστιν (ℵ* D*); ἥτις ἐστιν (𝔐).
[22] Bei DIBELIUS, der die einschlägigen und seither wiederholten Belege bereits sammelte.
[23] Weitere Belege bei GNILKA, Epheserbrief 199f. Zur Problematik K. REINHARDT, Kosmos

Unser Pauliner redet allerdings nicht über die Welt, sondern überträgt kosmologische Gedanken auf die Kirche. Kosmologie wird umgesetzt in Soteriologie und damit in geschichtliches Handeln. Das von ihm im Christus-Lied angewendete Interpretationsprinzip (1, 18) wirkt sich auch hier weiter aus. Darum steht nicht mehr der einzelne Christ mit den ihn befähigenden Tugenden im Blickpunkt, sondern das Soma Christi (vgl. V 15). Im paränetischen Kontext kann dieser Übergang schnell hergestellt werden. Der Leib Christi muß zusammengehalten und vor Auflösung bewahrt werden. Am vollkommensten geschieht dies durch die Liebe. Diese Liebe entspringt nicht menschlicher Kraft, sondern die Glieder des Leibes sind als von Gott Geliebte (V 12) dazu berufen.

V 15 Neben die Liebe tritt – locker angeschlossen[24] – der Friede Christi. Einen Friedenswunsch – meist mit „der Gott des Friedens"[25] (Röm 15, 33; Phil 4, 9; 1 Thess 5, 23; „der Liebe und des Friedens" 2 Kor 13, 11) – bringt Paulus fast regelmäßig im Schlußabschnitt seiner Briefe (vgl. auch Gal 6, 16; Eph 6, 23). Nur hier wird vom Frieden Christi, vom Frieden, den Christus gibt (gen. auctoris), gesprochen[26]. Dieser Friede ist die eschatologisch-messianologische Heilsgabe. Im Judentum wurde sie immer wieder sehnsüchtig erwartet: „Der Friede wird kein Ende haben" (Is 9, 6); willkommen ist der Freudenbote, „der den Frieden verkündigt" (52, 7). „Frieden den Fernen und Frieden den Nahen, spricht der Herr, ja, ich werde sie heilen" (57, 19). Die Erwartung richtet sich auf den Friedensfürsten (Is 9, 5). „Und er wird der Friede sein" (Mich 5, 4). Hier kann sogar der Messias mit dem Frieden identifiziert werden. Auch nach einem Wort des Rabbi Jose Hagelili kann der Name des Messias Friede genannt werden (vgl. Eph 2, 14)[27]. Im Unterschied zum hellenistischen Friedensbegriff ist die Fülle des biblischen Wortes schalom zu bedenken. Erschöpft sich jener im militärisch-politischen Bereich, so greift schalom darüber hinaus auf das unversehrte Sein des Menschen und der Gesellschaft, das insbesondere auch die heilvolle Beziehung des Menschen zu Gott miteinschließt[28]. In das Soma Chri-

---

und Sympathie (München 1926); G. RUDBERG, Syndesmos, in: CNT 3 (1937) 19–21; A. FRIDRICHSEN, Charité et perfection. Observation sur Col. 3, 14, in: SO 19 (1939) 41–45; G. FITZER, in: ThWb VII, 854–857. – Interessant im Vergleich mit Kol 3, 14 ist der in CHerm 1, 18 ausgesprochene Gedanke, daß der Eros die Bande des Alls auflöst. – D* G it lesen statt „Band der Vollkommenheit", „Band der Einheit".

[24] Anschluß eines Hauptsatzes mit καί in unserem Brief nur 3, 15 (2mal!).17; 4, 16.17, abgesehen vom Christuslied. Das ist auffällig im Vergleich mit anderen ntl. Schriften, etwa Mk. Vgl. BUJARD, Untersuchungen 42. Man wird daraus den Schluß ziehen können, daß in 3, 15–17 Einzelmahnungen zusammengestellt sind. Es ist nicht erforderlich, mit 3, 15 einen neuen Abschnitt beginnen zu lassen (so LOHMEYER, BIEDER), auch nicht mit 3, 15b (so MUSSNER).

[25] Zur Wendung vgl. Hebr 13, 20; TestDan 5, 2.

[26] Phil 4, 7: der Friede Gottes; 2 Thess 3, 16: der Herr des Friedens. – Einzelne Handschriften ändern in Kol 2, 15: der Frieden Gottes (AC 33); der Frieden des Herrn (ℵ* 2127).

[27] Bei BILLERBECK III, 587.

[28] Vgl. GNILKA, Epheserbrief 138f. LOHMEYER erinnert an den jüdischen Fürbittengel, der als Mittler zwischen Gott und dem Volk Frieden schafft. Vgl. Test Dan 6, 2; Ass 6, 6; Henaeth 40, 8; 52, 5 u. ö. – Religiöse Qualität gewinnt die Pax im Römertum besonders seit der Weihung der Ara pacis im Jahre 9 v. Chr. Vespasian baute 75 n. Chr. einen Friedenstempel.

sti ist dieser Friede hineingestiftet. Nur so kann man es verstehen, daß sie in den Frieden hineingerufen worden sind. Im Unterschied zur alttestamentlichen und insbesondere apokalyptischen Erwartung[29] ist der messianologische Friede schon da. Wie jedes Heilsgut muß aber auch der Friede angeeignet und verwirklicht werden, daß er in ihrem Leben Gestalt gewinnt[30]. „In ihren Herzen" hebt ab auf den einzelnen und die Gemeinschaft. Der Friede soll Schiedsrichter unter ihnen sein (βραβευέτω). Das seltene Wort, das wörtlich das Erteilen des Kampfpreises durch den Schiedsrichter bezeichnet, in allgemeiner Bedeutung aber „entscheiden, lenken, regieren, verwalten" meint, tritt im Gesamttext des Briefes zum Verurteilen (2,19: καταβραβευέτω) der Irrlehrer in Opposition[31]. Die Entscheidungen, die sie zu treffen haben, sollen dem Frieden dienen, der Spaltung, die die Häretiker betreiben, entgegenwirken. Der eine Leib kann in diesem Kontext nur der ungeteilt eine vorgegebene Leib Christi sein (vgl. Eph 4,4)[32]. Die Friedensaufgabe der Kirche für die Welt, ihr Modellcharakter für eine mögliche Einheit der Welt, wird hier nicht prägnant ausgesprochen (anders Eph 2,14–17)[33].

Die Aufforderung zum Danksagen durchzieht wie ein Ceterum censeo den Brief (1,12; 2,7; 3,17; 4,2). Nur hier wird zum dankbar sein, wörtlich: dankbar werden, gemahnt. Der konkrete Anlaß für den Dank ist der empfangene Ruf, doch macht die Haltung des Dankes ein Existential christlichen Lebens aus. Sie ist Anfang, Mitte und Ende gläubigen Seins[34]. Der Eucharistia der Gemeinde entspricht das Dankgebet des Apostels für sie (1,3).

V 16 Die Gemeinde wird auf ihre gottesdienstliche Versammlung hin angesprochen. Vers 17 redet dann vom christlichen Alltag. Die Verkündigung und das Singen geistiger Lieder haben in der Versammlung ihren angemessenen Ort. Es ist zu berücksichtigen, daß diese in den Häusern stattfindet[35]. In Form eines Wunsches wird die Verkündigung zunächst als Sache Christi vorgestellt. Das Wort Christi ist etwas Vorgegebenes und besitzt unabhängig von den Menschen Geltung und Anspruch. Christus ist sein Inhalt und Ursprung. Nicht ist auf das Wort des irdischen Jesus abgehoben – dieses spielt in unserem Brief keine Rolle –, sondern auf das Wort, das der Erhöhte jetzt durch seine Boten ausrichten läßt. Letztlich ist es das Evangelium (vgl. 1,5; 4,3), das Paulus Wort Gottes nennt (vgl. 1,25; 1 Kor 14,36; 2 Kor 2,17; 4,2; Phil 1,14) und dem Menschenwort entgegensteht (1 Thess 2,13). Die singuläre Wendung „Wort

---

[29] Vgl. Henaeth 5,7: „Den Auserwählten aber wird dann Friede, Licht zuteil und Freude. Doch euch, ihr Frevler, trifft der Fluch." Ferner 10,17; 58,4; 71,15,17; Test Dan 5,2.11.
[30] Vgl. 1 Kor 7,15: „Im Frieden hat euch Gott gerufen." Der von Gott ergehende Ruf ist bei Paulus ein beliebter Gedanke: Röm 9,24; 1 Kor 1,9; Gal 1,6.15; 5,13 u.ö.
[31] Das Verb ist hapleg im NT. Die Bedeutung „verwalten" im Griechischen der Papyri. Vgl. PREISIGKE-KIESSLING s.v. Das Wort ist häufig in der Literatur des hellenistischen Judentums anzutreffen: Josephus, bell. 6,143; Philo, leg. all. 1,87; 3,35; ebr. 77; rer. div. 95 usw.
[32] Beispiele für eine rein bildhafte Verwendung des Soma-Gedankens bei E. SCHWEIZER, in: ThWb VII, 1039.
[33] Vgl. GNILKA, Epheserbrief 138–152.
[34] Vgl. LOHMEYER.
[35] Vgl. den Exkurs Christliche Hausgemeinden im Kommentar zum Philemonbrief.

Christi" ist im Zusammenhang mit der Akzentuierung Christi in unserem Brief und der Bekämpfung der Irrlehre zu sehen[36]. Die Einwohnung des Wortes Christi unter ihnen ist gleichbedeutend mit dem „Christus unter euch" als dem offenbaren Mysterium (1, 27). Sie ist darum nicht auf das Einwohnen im einzelnen Menschen zu beziehen und besitzt in der Anwesenheit des Gesetzes Gottes im Herzen des Menschen (ψ 36, 31) kaum eine Parallele[37]. Die reichliche Wohnung (πλουσίως) will die Verkündigung forcieren, die die Präsenz Christi in der Gemeinde bedeutet, der ihr Leben gestalten will.

In der gegenseitigen Belehrung und Zurechtweisung wird das Wort Christi unter ihnen wirksam. Während in 1, 28 Belehren und Zurechtweisen dem Apostel und seinen Mitarbeitern zugeschrieben waren, kommen sie hier allen Gemeindemitgliedern zu. Gab es in Kolossä keine Lehrer, wie sie andere paulinische Gemeinden sonst voraussetzen (1 Kor 12,28f, Röm 12,7)? Man wird aus ihrer Nichterwähnung in unserem Brief keine weitreichenden Schlüsse ziehen dürfen. Schon Paulus kennt neben dem besonderen Dienst der Lehre die gegenseitige Zurechtweisung aller Gemeindemitglieder (Röm 15,24). Die Gemeinde in allen ihren Gliedern trägt die Verantwortung für alle in ihr[38].

Unscharf erscheint die Zuweisung der modalen Bestimmungen. „In aller Weisheit" wird man auf jeden Fall auf das Belehren und Zurechtweisen beziehen[39]. Daß die Christen von Kolossä Weisheit erlangen, ist als das besondere Anliegen unseres Autors in seiner Auseinandersetzung mit der Häresie zu sehen (1,9.28; 2,23; 4,5). Weisheit wurzelt allein in Christus (2,3)[40]. Aber auch die Psalmen, Hymnen und geistliche Lieder wird man mit dem Belehren und Zurechtweisen verbinden dürfen. Diese sind dann der Ausdruck der Didaskalia und als Mittel der Paränese und Auferbauung durchaus geeignet. Die Situation ist noch der von 1 Kor 14 vergleichbar: „Wenn ihr zusammenkommt, so hat jeder einen Psalm, er hat eine Lehre usw." (14,26). Der Gottesdienst der Gemeinde ist auch für Kolossä der Ort der Wirksamkeit des Geistes, bei aller sonst festgestellten Zurückhaltung gegenüber dem Pneuma. Dem Attribut πνευματικαῖς ist seine volle Bedeutung „vom Geist gewirkt" zu belassen[41].

---

[36] 2 Thess 3,1 spricht vom Wort des Herrn. Zahlreiche Hss gleichen in Kol 3,16 an: Wort Gottes (A C* 33), Wort des Herrn (ℵ*).
[37] Gegen LIGHTFOOT, LOHMEYER.
[38] H. GREEVEN, Propheten, Lehrer, Vorsteher bei Paulus, in: ZNW 44 (1952/53) 1–43, hier 16f, meint, daß sich die Gesamtgemeinde belehrt, indem sie durch ihre Lehrer belehrt wird. Diese Sicht differenziert nicht die beiden Möglichkeiten.
[39] Anders LOHMEYER, der ἐν πάσῃ σοφίᾳ nach vorn verweisen möchte.
[40] Der Weisheitsbegriff ist biblisch bestimmt. Nur ist er vom Gesetz (Sapientialliteratur) auf Christus übertragen. Der Vergleich mit dem stoischen Ideal des Weisen trägt nicht viel aus. Hierzu vgl. SEVENSTER, Seneca 164f. Zum stoischen Ideal U. WILCKENS, Weisheit und Torheit (BHTh 26) (Tübingen 1959) 257–268.
[41] SCHWEIZER schwächt ab: Geistlich seien die Lieder wohl nur im Unterschied zu weltlichen Liedern genannt, ohne daß an die Wirkung des Geistes gedacht sei. – Das Attribut πνευματικαῖς bezieht man am besten auf alle drei Arten der Gesänge, nicht nur auf ᾠδαῖς. – Zur paränetischen Verwendung ntl. Hymnen vgl. DEICHGRÄBER, Gotteshymnus 188–196. SCHWEIZER, LOHSE verbinden die Gesänge mit dem Partizip ᾄδοντες. Dies mag als das Nächstliegende erscheinen, läßt aber die angesprochene gottesdienstliche Situation nicht so gut in den Blick treten.

Innerhalb des Neuen Testaments, besonders innerhalb des paulinischen Briefkorpus, sind uns einige Beispiele dieser urchristlichen Gesänge, vielleicht die besten, überliefert (z. B. Phil 2, 6–11; 1 Tim 3, 16; Eph 2, 14–17; Joh 1, 1ff). In 1, 15–20 hat unser Brief selbst ein solches Lied erhalten. Viele dieser spontanen Äußerungen werden – vom formalen Gesichtspunkt aus betrachtet – von geringerer Qualität gewesen sein. In der jeweiligen Lage aber dienten sie dem geistigen Nutzen der versammelten Gemeinde. Zwischen Psalmen, Hymnen und Liedern (wörtlich: Oden) in unserem Vers genauere Unterschiede ermitteln zu wollen bringt nicht viel ein[42]. Daß der Psalm das zum Musikinstrument gesungene Lied sei, ist nicht erkennbar. Freilich ist der Psalm ein ausgesprochener biblischer Begriff, während Hymnen und Oden dem Griechen vertraut sind[43].

Dem äußeren Vorgang soll ein innerer entsprechen. Das Gott zugewandte frohe Herz soll ihm Lieder singen. Die Teilnahme am Gottesdienst ist ein den ganzen Menschen, nicht nur seinen Mund betreffender Akt. Adressat der Lieder ist Gott, nicht – wie es 1, 15–20 voraussetzt – Christus (anders Eph 5, 19). Wenn sekundär der Kyrios in den Text eindringt, ist dies Angleichung an die genannte Stelle[44]. Rätselhaft ist die Modalbestimmung ἐν τῇ χάριτι. Das Wort kann zunächst Gnade, aber auch Dank oder Anmut bedeuten. Der Artikel fordert das erste[45]. Weil sie in der Gnade stehen, haben sie allen Grund zum Lobgesang. Die theologische Verwendung der χάρις kennt erst das Neue Testament[46]. Eine Steigerung bedeutet der absolute Gebrauch, der auch bei Paulus vorkommt (Gal 5, 4; 2 Kor 4, 15) und der die Gnade als die den Menschen rettende und eine nahezu selbständige Größe erfassen läßt.

V 17 Der Gottesdienst setzt sich fort im Alltag des Christen, der jetzt prägnant und umfassend in das Visier tritt. Es verdient Beachtung, daß der christliche Werktag in einer Sprache beschrieben wird, die von liturgischen Wendungen durchsetzt ist. Darum hat man geglaubt, es werde – wie in V 16 – von der gottesdienstlichen Versammlung gesprochen. In Wahrheit geht es um den

---

[42] Nach SODEN könnten die Psalmen die Lieder nach hebräischem, die Hymnen die Lieder nach griechischem Muster und die Oden der allgemeinste Begriff sein. Nach LIGHTFOOT sind die Psalmen die im christlichen Gottesdienst verwendeten atl. Psalmen, die Hymnen die selbstverfaßten Lieder und die Oden der Oberbegriff.

[43] Es ist bezeichnend, daß Philo nicht die Dreiheit – wie in Kol 3, 16 –, sondern nur die Zweiheit „Hymnen und Oden" verwendet. Vgl. Flacc. 122; leg. all. 3, 26; agrac. 80–82; som. 2, 268f; virt. 72. Nach PASSOW s. v. scheint das Wort ψαλμός auf die biblisch-christliche Literatur beschränkt. Im Gebrauch der Wörter Hymnus und Ode gibt es im Griechischen kaum einen Unterschied. Der Hymnus ist insbesondere der Preis auf Götter, Helden und Sieger. Vgl. F. SALVONI, Strumento musicale e culto cristiano (Col. 3, 16; Eph 5, 18–21), in: RBR 5 (1970) 173–191.

[44] C²Dᶜ K Ψ* lesen τῷ κυρίῳ. Weniger bedeutsam ist die Umstellung von τῷ θεῷ nach ᾄδοντες in einigen Hss.

[45] Schon die Alten hatten Schwierigkeiten bei der Interpretation. Daraus erklärt es sich, daß einzelne Hss den Artikel streichen (𝔓𝔎). Diese LA bevorzugt zu Unrecht EWALD, der mit „unter Dank" übersetzt.

[46] Vgl. SPICQ, Lexicographie II, 960.

„Gottesdienst im Alltag der Welt"[47]. Sein Kennzeichen ist die völlige Orientierung auf Christus hin, die dreimal eingeschärft wird: πᾶν, πάντα und der dazwischengeschaltete erläuternde Nebensatz „was ihr tut im Wort oder im Werk"[48]. Das recht verstandene christliche Leben kennt weder eine Trennung von Feier und Arbeit noch eine Loslösung der Werke von der Person. Immer steht der Christ in der Ganzheit seiner Existenz vor seinem Herrn. Zwar hebt auch die stoische Philosophie darauf ab, daß das ethische Bewußtsein selbst die kleinsten Pflichten des täglichen Lebens durchdringen müsse und nichts mit halbem Herzen, mit Unlust oder dem Gefühl eines Zwanges geschehen dürfe, der Christ aber bringt eine neue Motivation ein[49]. Im Namen des Herrn Jesus reden und handeln bedeutet, sich von ihm gesendet wissen, in seinem Auftrag handeln und schließt auch die Anrufung seines Namens bei der Arbeit mit ein. Die Christen sind jene, die den Namen des Herrn anrufen (Röm 10,13; 1 Kor 1,2; Apg 2,21). Wie im Alten Testament der Name Gottes die machtvolle göttliche Gegenwart vertritt, so ist mit dem Namen des Herrn Jesus auf seine das Leben bestimmende Präsenz hingelenkt[50]. Die Rede vom Herrn Jesus, die bei Paulus vorab in liturgisch-traditionellen Stücken anzutreffen ist (Röm 10,9; 1 Kor 11,23; 12,3; 16,23; 2 Kor 4,14; 1 Thess 2,15), bezieht sich nicht auf das Vorbild des irdischen Jesus, sondern den erhöhten Kyrios[51]. Es mag ärgerlich erscheinen, daß für die Bewältigung des christlichen Alltags keine konkreteren Regeln geboten werden, jedoch ist in dieser allgemeinsten Form das Entscheidende gesagt. In bezug auf vergleichbare stoische Weisungen fällt auf, daß nicht vor Reichtum und dem Erwerb unnötiger Besitztümer gewarnt wird[52]. Vielleicht darf man dies als Bestätigung dafür werten, daß die christliche Gemeinde sich überwiegend aus Angehörigen der nichtprivilegierten und armen Bevölkerungsschichten zusammensetzte. Die Arbeit wird ernst genommen. Sie steht keinesfalls außerhalb des Zusammenhangs christlicher Ethik. Nicht nur bewährt sich in ihr der Christ, sie ist auch für ihn eine Möglichkeit, dem Herrn zu dienen.

Und sie ist Möglichkeit, Gott zu danken. Liturgisch formuliert, richtet sich der Dank durch ihn, den Herrn Jesus, an Gott, den Vater. Die Vaterschaft Got-

---

[47] Den Begriff prägte E. KÄSEMANN in einem gleichlautenden Aufsatz, der Röm 12 betrifft, in: Exegetische Versuche und Besinnungen II (Göttingen 1964) 198–204. Zur Auseinandersetzung mit der älteren gottesdienstlichen Interpretation des V 17 vgl. DIBELIUS, LOHSE.
[48] Der konditionale Relativsatz πᾶν ὅ τι ἐάν ist ein Semitismus (vgl. BEYER, Syntax 169), der Hauptsatz ein Anakoluth (hierzu BLASS-DEBR § 466,3). Die Opposition Wort–Werk, die die Hauptfelder menschlicher Betätigung markiert, ist der griechischen Literatur geläufig und hebt hier auch ab auf die Übereinstimmung: λόγῳ, μέν λέγουσι..., ἔργῳ δὲ οὐκ ἀποδείκνυσι (Herodot IV, 8,2). Weitere Belege bei HUGEDÉ 188 Anm. 115.
[49] Stoische Belege bei BONHÖFFER, Epiktet 291 und 302.
[50] Vgl. Lv 18,21; Dt 12,11; 2 Kg 23,27; Ps 20,2; 44,6; 124,8; Spr 18,10; Apg 3,6; 1 Kor 1,10; 5,4. Zum Ganzen vgl. H. BIETENHARD, in: ThWb V, 242–281.
[51] Gegen SODEN. Paulus bevorzugt es, von unserem Herrn Jesus (Röm 4,24; 16,20; 1 Kor 5,4; 9,1) bzw. unserem Herrn Jesus Christus zu sprechen (Röm 1,4; 5,1.11.21; 6,23 usw.). Diese geläufigeren Wendungen gaben Anlaß zu Textvarianten: κυρίου Ἰησοῦ Χριστοῦ (ℵ* vg^clem); Ἰησοῦ Χριστοῦ (A C D* G).
[52] Stoische Belege bei SEVENSTER, Seneca 210.

tes kann im Corpus Paulinum auf vielfache Weise artikuliert werden. Paulus bevorzugt die Rede von Gott, unserem Vater (besonders im Segensgruß der Briefpräskripte); Eph 4,6 spricht vom Gott und Vater aller, 2 Kor 11,31 vom Gott und Vater des Herrn Jesus. Die Formulierung Gott, der Vater, haftet an Texten mit liturgisierender Sprache (Phil 2,11; Kol 1,12; Eph 6,23; Gal 1,1). Dies bestätigt erneut den gleichgearteten Sprachcharakter unseres Verses[53]. Wie Christus nach Kol 1,15–20 der Mittler der All-Schöpfung und All-Versöhnung war (δι' αὐτοῦ), so bleibt er auch der Mittler zwischen Gott und der Gemeinde im Alltag der Welt.

III

Der Abschnitt stellt Anforderungen an die christliche Gemeinde. Er nennt wesentliche Voraussetzungen, die erfüllt sein müssen, damit christliches Gemeindeleben gelingen kann. Zu den Tugenden des geselligen Lebens muß die Liebe hinzutreten. Sie allein ist die Kraft, die Gemeinschaft vor der Auflösung der notwendigen Einheit bewahren kann. Konkret schließt das die Forderung ein, daß einer dem anderen im Fall einer Beleidigung oder eines Unrechts zu vergeben immer wieder bereit ist. Die Gemeinde bezieht ihr Leben aus Quellen, die ihr geschenkt sind, nicht aus eigenem Vermögen. Es ist der Friede Christi, der ihr zuteil geworden ist und der sich unter ihnen verwirklichen will. Es ist das Wort Christi, das in Predigt und Weisung allen zusammen und jedem einzelnen den Weg weist. Im Gottesdienst versammeln sie sich, um sich in gemeinsamen Hymnen und Liedern auf die Grundlagen ihrer Existenz zu besinnen. Was ihnen hier zuteil wird, tragen sie dann in den Alltag der Welt hinaus, in dem sie sich in ihrer Arbeit, in ihrem Reden und Handeln, unter den Namen Jesu, den sie ihren Herrn nennen, gestellt wissen.

5. CHRISTLICHER ALLTAG (3,18 – 4,1)

18 Ihr Frauen, ordnet euch den Männern unter, wie es sich im Herrn ziemt. 19 Ihr Männer, erweist den Frauen Liebe, und werdet nicht bitter gegen sie. 20 Ihr Kinder, gehorcht den Eltern in allen Stücken, denn das ist schicklich im Herrn. 21 Ihr Väter, reizt eure Kinder nicht, daß sie nicht den Mut verlieren. 22 Ihr Sklaven, gehorcht den Herren, (die es) dem Fleische nach (sind), in allen Stücken, nicht in Augendienerei, um bei den Menschen Gefallen zu erhaschen, sondern in der Geradheit des Herzens. Fürchtet den Herrn. 23 Was ihr auch schafft, das tut von Herzen, als geschähe es für den Herrn und nicht für Menschen. 24 Ihr wißt, daß ihr vom Herrn als Wiedergutmachung den Erbbesitz empfangen werdet. Christus, dem Herrn, dienet! 25 Denn wer Unrechtes tut, wird empfangen, was er Unrechtes getan hat.

---

[53] D G ℜ Clemens Alex fügen hinzu: dem Gott *und* Vater, vielleicht unter Einfluß von Eph 5,20. Die Minuskel 323 dreht um: dem Vater und Gott.

Und da gibt es kein Ansehen der Person. 4,1 Ihr Herren, was recht ist, gewährt den Sklaven, und die Billigkeit. Ihr wißt, daß auch ihr einen Herrn im Himmel habt.

I

Die Struktur des vorliegenden Abschnittes, den man auch die Haustafeln des Kolosserbriefes nennt, ist klar. Sechs Gruppen oder Stände innerhalb der Gemeinde werden mit artikuliertem Nominativ gesondert angesprochen: Ehefrauen, Ehemänner, Kinder, Väter, Sklaven, Herren[1]. Je zwei Gruppen gehören als aufeinander hingeordnete im Sinne der Unter- und Überordnung zusammen. Formal ist dies dadurch angezeigt, daß Subjekt und Objekt in der gleichen Zeile jeweils ausgetauscht werden: Ihr Frauen, ordnet euch den Männern unter... Ihr Männer, liebt die Frauen usw.[2] Beachtet man dies, fällt auf, daß in 20f die Kinder zwar den Eltern, dann aber die Väter allein den Kindern zugeordnet werden. Jede Anrede weist als Mindestbestand folgende drei Elemente auf: 1. den anredenden Nominativ, 2. einen Imperativ (nur in 19b und 21 verneinend) und 3. eine Motivation, die vergleichend (mit ὡς), final (mit ἵνα), begründend (mit γάρ) oder partizipial (εἰδότες ὅτι) abgefaßt sein kann. Eine Ausnahme bildet die Weisung an die Männer (19), die anstelle von Imperativ + Motivation zwei Imperative bietet. Als einzige ist die Weisung an die Sklaven über die drei Elemente hinaus mit zahlreichen Zusätzen versehen. Sie hat darum als die wichtigste zu gelten. Diese Zusätze sind folgende: der Imperativ wird durch eine μή-ἀλλά-Wendung erläutert (22b). Zwei weitere imperativische Sätze werden eingefügt (23 und 24b). Letzterer erfährt eine eigene Begründung (25), die allerdings im Blick auf das Endgericht die erste Begründung (24a) fortsetzt[3].

Auch sind die einzelnen Weisungen durch parallele Strukturen ineinander verzahnt. Die an die Frauen, Kinder und Sklaven gerichteten Imperative lauten ὑποτάσσεσθε bzw. ὑπακούετε. Die den Frauen und Kindern gegebenen Motivationen enden mit der Formel „im Herrn" (18 und 20). Der Herr, der gleich siebenmal erwähnt und in V 24 Christus, der Herr, genannt wird, ist überhaupt die zentrale Orientierung des Abschnitts. Sklaven und Herren werden mit Hilfe eines mit εἰδότες ὅτι eingeleiteten Satzes an diesen Herrn erinnert (24 und 4,1b). Der Schematismus des Textes weckt die Vermutung, daß der Autor ad Colossenses eine vorgegebene paränetische Form – oder einen vorformulierten Text? – aufgriff, die einer eigenen Untersuchung bedarf.

---

[1] Die Anrede im Nominativ (mit Artikel) ist im Griechischen gleichsam als Anrede in der Er-Form durchaus möglich. Im Attischen war sie noch auf die Anrede an Untergebene eingeschränkt. Bereits die LXX, von der diese Anredeform hier beeinflußt sein könnte, kennt diese Einschränkung nicht mehr. Vgl. BLASS-DEBR § 147,3 und Hos 5,1; Joel 1,2.13; Mich 3,1.9.
[2] In Kol 3,18–4,1 stehen die Gruppen asyndetisch nebeneinander: αἱ γυναῖκες... οἱ ἄνδρες κτλ. Im Epheserbrief erfolgt Verbindung mit καί, wenigstens in 6,1 und 9.
[3] LOHMEYER 155 gliedert die Weisung an die Sklaven formal in drei Dreizeiler. Dies ist schon wegen der unterschiedlichen Länge der Zeilen recht unwahrscheinlich.

EXKURS 3:

Die Haustafeln

1. *Das frühchristliche Vergleichsmaterial* erstreckt sich auf neutestamentliche Spätschriften und frühpatristische Dokumente, das heißt, auf eine relativ kurze Zeit. Wenn mit dem 2. Jahrhundert diese Form der Paränese wieder verschwindet, wird das damit zusammenhängen, daß man sie als den Anforderungen nicht mehr genügend erkannte und bessere Formen entwickelte. Im Kolosserbrief taucht sie zum erstenmal innerhalb des christlichen Bereiches auf. Der Begriff „Haustafeln", der in der Reformationszeit aufkam, schon Luther bekannt war[4] und sich eingebürgert hat, ist nicht auf alle so bezeichneten Formen ohne weiteres anwendbar. Es gilt, die Unterschiede sorgfältig zu beachten. Auch im Hinblick auf Kol 3,18 – 4,1 wäre es angemessener, von Ständetafel zu reden, doch soll der gewohnte Name beibehalten werden. Am nächsten verwandt mit dem Kolosserbrieftext ist Eph 5,22 – 6,9. Deutlich geht der Text in seiner völlig gleichen sechsfachen Strukturierung auf die Kolosserbriefvorlage zurück und/oder fußen beide Abschnitte auf derselben Tradition. Die Haustafel des Epheserbriefes ist erheblich ausgeweitet. Die Belehrungen der Eheleute beherrscht der Vergleich mit der Verbindung Christi mit der Kirche. Alttestamentliche Zitate dringen hier wie auch in die Weisung an die Kinder ein (5,31; 6,2f)[5]. Entfernter, aber offenkundig noch zur gleichen Form gehörig ist 1 Petr 2,13 – 3,7. Die nominativische Anrede, der Imperativ (allerdings im Partizipialstil) und die jeweils beigefügte Motivation als Aufbauelemente stimmen mit Eph/Kol überein. Allerdings ist die paarweise Belehrung nur noch in der Weisung an die Eheleute gegeben. Nur noch die Sklaven, nicht mehr die Herren werden gemahnt, Kinder und Väter treten gar nicht in den Blick. Abgesehen davon, daß die Reihenfolge gegenüber Kol/Eph geändert ist, steht an der Spitze die Aufforderung, sich der staatlichen Ordnung zu unterwerfen[6]. Den Sklaven (οἰκέται) wird das Beispiel des geduldig leidenden Christus vor Augen gestellt, den Frauen das Beispiel Saras. Christliche Frauen haben durch ihr Beispiel die Möglichkeit, ihre heidnischen Männer für den Glauben zu gewinnen (3,1f).

In den Pastoralbriefen finden wir eine veränderte Situation vor. Sowohl in 1 Tim 2,1–15 als auch in Tit 2,1–10 ermahnt der Apostel die einzelnen Gruppen bzw. trägt er seinem Schüler Titus auf, in entsprechender Weise zu ihnen zu reden (1 Tim 2,1: παρακαλῶ; Tit 2,1: σὺ δὲ λάλει). Das könnte darauf schließen lassen, daß die „Haustafeln" ihren Sitz im Leben in der Gemeindepredigt haben. Jedoch werden nach einer Aufforderung, „für alle Menschen, für Könige und alle Obrigkeiten" zu beten, in 1 Tim 2 nur die Männer und Frauen angesprochen, aber nicht bezüglich ihrer Ehe, sondern ihrer Stellung in der Gemeinde. Wenn sich ein Episkopen- und Diakonenspiegel anschließt

---

[4] Vgl. K. WEIDINGER, Die Haustafeln. Ein Stück urchristlicher Paränese (UNT 14) (Leipzig 1928) 1.
[5] Vgl. GNILKA, Epheserbrief 272–303; PERCY, Probleme 395–404.
[6] Eine verwandte Belehrung, die das Verhältnis des Christen zum Staat betrifft, liegt Röm 13,1–7 vor. Diesen Abschnitt rechnet man vielfach auch zur Haustafel-Tradition.

Exkurs 3

(Kap. 3), bestätigt sich der Eindruck, daß wir es nicht mehr mit einer Haus-, sondern einer Gemeindetafel zu tun haben[7]. Ähnlich ist es in Tit 2. Hier werden uns zwar paarweise einzelne Gruppen vorgeführt, aber es sind nicht mehr die Gruppen der Haustafeln des Kolosser- und Epheserbriefs, sondern die alten Männer und Frauen und die jungen Frauen und Männer, die sich in der Gemeinde gegenseitig dienen und nützlich sein sollen. Eine Reminiszenz an die Haustafel ist nur die Weisung an die Sklaven (2, 9f). Bei aller Verwandtschaft bleibt die Ausrichtung auf die Gemeinde auch hier zu beachten. Die Sklaven sollen durch ihr Leben ein Schmuck sein für die christliche Lehre. Es fehlt eine Mahnung an die Herren der Sklaven.

In der frühpatristischen Literatur begegnet uns ein buntes Bild. Doch lassen sich deutlich formale Unterschiede erkennen. Im Polykarpbrief 4, 2 – 6, 1 haben wir ähnlich wie in Tit 2 direkte Belehrungen der Diakone, der jungen Männer und Frauen und der Presbyter in der Gemeinde. Daneben werden die Gemeindeleiter aufgefordert, die Ehefrauen und die Witwen zu einem christlichen Leben anzuhalten. Das für die Haustafeln typische Nebeneinandertreten der aufeinander hingeordneten Stände ist nicht vorhanden. Dieses tritt nur mehr sporadisch und fragmentarisch auf. So werden im Brief des Ignatios an Polykarp die Ehefrauen und -männer zu gegenseitiger Liebe ermuntert. Allerdings wird es dem Bischof ans Herz gelegt, die Eheleute in seiner Gemeinde auf diese Weise zu ermahnen (5, 1). Die beiderseitigen Belehrungen der Herren und Sklaven leben in Barn 19, 7 und Did 4, 11 fort. An beiden Stellen wird der Herr dem Sklaven als Abbild Gottes (τύπος θεοῦ) vorgestellt: „Ihr Sklaven aber, ordnet euch euren Herrn unter als einem Abbild Gottes in Achtung und Furcht" (Did 4, 11). Ansonsten bleiben jetzt die Weisungen allein an den Mann als das Haupt der Familie ausgerichtet. Seine Beziehungen werden ausgeweitet auch auf den Nächsten, den Bruder (Barn 19, 3f)[8], die Vorgesetzten, die Alten, die Jungen (1 Clem 21, 6; 1, 3), sogar auf den Herrn Jesus Christus (1 Clem 21, 6) und Gott, den Schöpfer (Barn 19, 2). Es wird vor Abtreibung des ungeborenen Kindes gewarnt und die Erziehung der Kinder anempfohlen (Barn 19, 5; Did 4, 9). Bezeichnend für die neugewonnene Ausrichtung auf die Männer ist 1 Clem 21, 6 – 9, wo auf die unmittelbare Anrede an die Männer: „Unseren Herrn Jesus Christus ... wollen wir verehren, unsere Vorgesetzten achten, die Älteren ehren, die Jugend erziehen in der Zucht der Gottesfurcht, unsere Frauen zum Guten anleiten", in den unpersönlichen Stil übergewechselt wird: „Sie sollen die liebenswerte Sitte der Keuschheit aufweisen... Unsere Kinder sollen der Erziehung in Christus teilhaft werden usw." (vgl. 1 Clem 1, 3)[9].

---

[7] Ungeachtet des wichtigen Unterschiedes können in beiden Tafeln gleiche Motive auftauchen. Vgl. die Äußerungen über den wahren Schmuck der Frau in 1 Petr 3, 3f und 1 Tim 2, 10f.
[8] Barn 18–20 entwickelt die Zwei-Wege-Lehre. Zur gerechten Beurteilung lese man auch den „Weg der Finsternis", wo die sozialen Verpflichtungen noch stärker hervortreten. Auf diesem Weg wandeln Leute, die „um Witwen und Waisen sich nicht kümmern, ... dem Bedürftigen den Rücken kehren, den Bedrängten unterdrücken, den Reichen beistehen, die Armen ungerecht richten" (20, 2).
[9] 1 Clem 21, 6–9 wird fast wörtlich von Klemens von Alexandreia, Strom. 4, 107f (GCS 15, 295f), übernommen.

Die Haustafeln

Überblickt man das frühchristliche Material, so läßt sich von Haustafeln (Ständetafeln) im eigentlichen Sinn nur für Kol, Eph und 1 Petr sprechen. In den Pastoralbriefen liegen „Gemeindetafeln" vor. Einzelne Motive aber sind übertragbar und deuten ein breiteres Traditionsfeld an. In der frühen Patristik mischen sich beide Formen, wenngleich die Haustafelform zurücktritt und einer allein an die Männer gerichteten Weisung Platz macht. Die Meinung, daß am Anfang eine christliche Urhaustafel gestanden hat, ist abzulehnen[10]. Der Eindruck, der vor allem durch die Verwandtschaft von Kol 3,18 – 4,1 und Eph 5,22 – 6,9 entsteht, trügt. Zwischen beiden Briefen besteht literarische Abhängigkeit. Daneben aber muß es eine mündliche Unterweisungsform gegeben haben, die in ihren Grundlinien, aber nicht im Detail festlag. Die Haustafel des Kolosserbriefes ist ihr ältester schriftlicher Niederschlag im christlichen Raum. Aus welchen Quellen diese Unterweisungsform schöpfte, wird sehr unterschiedlich beantwortet.

2. Ein Blick in die *Forschungsgeschichte* lehrt, daß man in der Beurteilung der Haustafeln noch am Anfang dieses Jahrhunderts zwei im Grundsätzlichen unterschiedene Positionen vertrat. Die eine ging davon aus, daß die Haustafeln eine aus einer konkreten Situation heraus geschaffene christliche Form der Weisung darstellte, die aktuelle Mißstände in den angesprochenen Gemeinden auffangen wollte[11]. Die andere – sie ist mit dem Namen A. Seeberg verknüpft – betrachtete die Haustafeln als usuelle und nicht aktuelle Belehrung, die zusammen mit Herrenworten und anderem paränetischen Material einem christlichen Katechismus entstamme, der schon sehr früh als Handreichung für Katecheten und Missionare geschaffen worden sei. Dabei rechnete Seeberg für die Haustafeln mit Einflüssen aus jüdischer Tradition[12]. Beide Positionen sind überholt und können auf sich beruhen[13]. Das Bemühen der Forschung wurde

---

[10] D. Schroeder, Die Haustafeln des Neuen Testaments. Ihre Herkunft und ihr theologischer Sinn (Theol. Diss. Hamburg 1959, Maschinenschrift) 27f. 108–115, besonders 197 (Tafel IV), meint, diese christliche Urhaustafel aus Kol, Eph, 1 Petr und Röm 13,1ff herausschälen zu können. Sie umfaßt die Belehrungen der sechs aus den Haustafeln von Kol und Eph bekannten Gruppen in knappster Form und eine Aufforderung, sich der staatlichen Gewalt zu unterwerfen, Paulus sei ihr Schöpfer. – Zwischen house-tables und church-tables unterscheidet auch W. Lillie, The Pauline House-tables, in: ET 86 (1975) 179–183. Ähnlich L. Goppelt, Jesus und die „Haustafel"-Tradition, in: Orientierung an Jesus (Festschrift J. Schmid) (Freiburg 1973) 93–106, näherhin 94f, der zusätzlich noch Tafeln nach Weise der Spruchweisheit erkennt. Zu ihnen zählt er Barn 19 und Did 4.

[11] Vgl. Haupt zu Kol 3,22f; Lueken zu Kol 3,18. Es ergaben sich gelegentlich groteske Folgerungen. So meinte Olshausen zu μὴ διαβόλους in Tit 2,3 in der Ermahnung der alten Frauen, es handle sich um einen Fehler, der „in diesem Stande häufig ist". Bei Weidinger (Anm. 4) 3.

[12] A. Seeberg, Der Katechismus der Urchristenheit (Leipzig 1903), besonders 37ff. Vgl. Ders., Die beiden Wege und das Apostoldekret (Leipzig 1906); Die Didache des Judentums und der Christenheit (Leipzig 1908). Mit einem urchristlichen Katechismus rechnet auch P. Carrington, The Primitive Christian Catechism (Cambridge 1940).

[13] Die Katechismus-These ist oft widerlegt worden. In unserem Kontext zuletzt hierzu J. E. Crouch, The Origin and Intention of the Colossian Haustafel (FRLANT 109) (Göttingen 1972) 13–18; W. Schrage, Zur Ethik der neutestamentlichen Haustafeln, in: NTS 21 (1975) 1–22, hier 3.

durch M. Dibelius auf ein neues Fundament gestellt. Ausgehend von dem Bedürfnis des jungen Christentums, sich an Weisungen im Alltagsleben zu orientieren, sieht es Dibelius zunächst in einer gewissen Verlegenheit. Mit seiner eschatologischen Botschaft habe es anfänglich auf grundsätzliche Stellungnahmen zu Kultur, Vaterland, Familie verzichten können. Im Zuge der sich dehnenden Zeit zu diesen Stellungnahmen herausgefordert, griff es auf sittliche Belehrungen zurück, wie sie in der hellenistisch-stoischen und jüdischen Propaganda herausgebildet worden waren. Die Stoa hatte offenbar ein Schema herausgebildet, das den neutestamentlichen Haustafeln entspricht und sich in diesen wiederfindet. Die kolossische Haustafel sei noch arm an original-christlichem Gedankengut. Allmählich habe sich eine Christianisierung der Tafeln durchgesetzt. In einem ganz langsam einsetzenden Prozeß habe das Christentum begonnen, die Welt zu bearbeiten. Gerade die Haustafeln seien geeignet, diesen Prozeß zu verdeutlichen [14]. K. Weidinger hat in einer knappen Monographie das einschlägige Material ausgebreitet und die Thesen seines Lehrers Dibelius im wesentlichen bestätigt. Auch er geht davon aus, daß die neutestamentlichen Haustafeln nichtchristlichen Ursprungs sind. Löst man aus der kolossischen Haustafel das ἐν κυρίῳ ab, „so bleibt nichts übrig, was nicht ein Stoiker oder jüdischer Lehrer sagen könnte"[15]. Auch Weidinger hält dafür, daß der Prozeß der Verchristlichung des Materials, der nicht nur ein äußerlicher sei, im Lauf der Zeit vorangeschritten wäre. Christliche Formeln, alttestamentliche Motivierungen und schließlich auch alle anderen brauchbaren Gedanken aus dem ganzen Bereich des christlichen Glaubens seien in diesen Prozeß aufgenommen worden. Zum Gemeinplatz wie gelegentlich im Hellenismus sei das Schema nicht geworden[16]. Der Fortschritt, den Weidingers Buch einbrachte, ist der Aufweis des Zusammenhangs, in dem die Tafeln in der stoisch-kynischen Philosophie stehen. Sie gehören in das Kapitel über das καθῆκον, die Pflichten des sittlichen Menschen, über deren Bedeutung und Abgrenzung in den verschiedenen Schulen heftig diskutiert wurde. Wenn sich darüber hinaus das καθῆκον als Fortsetzung der „ungeschriebenen Gesetze" (νόμιμα ἄγραφα) darstellt, zeige das die Verflechtung von allgemeinem Volksbewußtsein und philosophischer Reflexion an. In Übereinstimmung mit der Natur zu handeln ist das Ziel stoischer Moral[17]. Im Anschluß an Dibelius und Weidinger sieht neuerdings J. E. Crouch zwar auch den Urgrund der Haustafeln im Hellenismus, betont aber nachdrücklich den Einfluß des hellenistischen Judentums. Dieses komme als der eigentliche Anknüpfungspunkt für Kol 3,18ff in Frage. Konvertiten aus diesen Kreisen könnten als Vermittler der einschlägigen Tradition gelten. Dieses Judentum, das der griechischen Philosophie gegenüber offen war, habe die paarweise Ermahnung einander zugeordneter Stände geschaffen und somit den Gedanken der Unterordnung bestimmter Gruppen unter andere herausgearbeitet. Das ὑποτάσσεσθαι entspreche dem Einfluß des

---

[14] 48–50 (Exkurs: Haustafeln).
[15] (Anm. 4) 51.
[16] 74f.
[17] 40–49.

Gesetzes der hellenistisch-jüdischen Propaganda, der über einen nomistischen Flügel in der christlichen Gemeinde Platz gegriffen habe. Infolgedessen warnt Crouch vor der Übertreibung der Verchristlichung dieser Überlieferung und hält die Haustafeln nur für eine relativ christliche Schöpfung[18].

Einen anderen Weg beschritt Lohmeyer. Er möchte die Haustafel aus alttestamentlich-jüdischer Tradition ableiten und sogar jüdischer Katechismusüberlieferung entlehnt sehen. Bestimmend ist für ihn die Beobachtung, daß die schwächeren Gruppen der Frauen, Kinder und Sklaven zuerst gemahnt werden. Weil in der Ansprache an die Männer, Väter und Herren die religiöse Motivierung fast ganz fehle, glaubt er sogar, daß diese Ansprache erst später hinzugetreten sei. Frauen, Kinder und Sklaven bildeten nach jüdischer Auffassung die minder Berechtigten in Kultus, Recht, Glaube und Sitte. Da das, was ihnen zustand oder nicht zustand, von der älteren Gesetzgebung weniger berücksichtigt worden sei, beginne man seit dem Deuteronomium bis in die rabbinische Zeit dies festzulegen. Die christliche Haustafel, schon vor Paulus vorhanden, knüpfe hier an und trage kursorisch die Pflichten der Frauen, Kinder und Sklaven zusammen[19]. Allerdings zeigt eine Durchsicht der einschlägigen rabbinischen Stellen, daß die religiösen und kultischen, nicht die sozialen Pflichten verhandelt werden[20]. K. H. Rengstorf erblickt hingegen in den neutestamentlichen Haustafeln eine „genuin christliche Schöpfung"[21]. Ohne auf vergleichbares religionsgeschichtliches Material einzugehen, gewinnt er seine Einsichten allein aus der Erörterung der Texte, die ihm für die christliche Familie, den οἶκος, abgefaßt sind. Die Einschränkung, daß der οἶκος auch bedeutsam sei für einen Christen, der in einem nichtchristlichen Haus lebt, kommt nicht zum Tragen, da für Rengstorf die entscheidende Bezugsperson das Familienhaupt ist – Ehemann, Vater und Herr der Sklaven in einer Person –, das zur Liebe zu Frau, Kind und Sklave aufgerufen werde. Die genuine Christlichkeit ergibt sich demnach aus der Durchdringung der gegebenen Ordnung mit neuem Geist, deren Heiligung, der Interpretation des ὑποτάσσεσθαι im Sinn gegenseitiger Unterordnung. Obwohl Rengstorf besser von Verchristlichung, die zu prüfen sein wird, als von genuin christlicher Schöpfung hätte sprechen sollen, scheitert seine οἶκος-These daran, daß offenkundig nicht die christliche Familie, sondern einzelne Stände angesprochen werden. Gewiß spielt sich deren Leben gemäß der damaligen Ordnung primär im Hause ab. Doch dürfte zum Beispiel ein

---

[18] (Anm. 13) 141–154.102–107.119. CROUCH sieht einen Berührungspunkt zwischen Hellenismus und Judentum im ungeschriebenen Gesetz des einen und den Noachitischen Geboten des anderen. Beide waren aufgefaßt als Sittenkodex, der für alle Menschen Gültigkeit beansprucht. In diesem Gebiet der Vermischung wurzelte auch die Haustafeltradition der jüdischen Propaganda (90–101).
[19] 153–155.
[20] Ber 3,3: „Frauen, Sklaven und Kinder sind nicht betroffen vom Rezitieren des Schema und Tragen der Phylakterien usw."; Chag 1,1: „Alle sind zum Erscheinen im Tempel an den Feiertagen verpflichtet, ausgenommen... Kinder... Frauen, Sklaven, die nicht freigelassen sind, Lahme, Blinde, Kranke, Greise und die, welche nicht zu Fuß hinaufpilgern können. Weiteres Material bei BILLERBECK IV, 727 d–1.
[21] Die neutestamentlichen Mahnungen an die Frau, sich dem Manne unterzuordnen, in: Verbum domini manet in aeternum (Festschrift O. Schmitz) (Witten 1953) 131–145, hier 136.

gut Teil der angeredeten christlichen Sklaven auch Ehemänner und Väter gewesen sein. Auch D. Schroeder hält die neutestamentliche Haustafel für „eindeutig christlich"[22]. Nur die Fragestellung stamme aus der Stoa, ansonsten bestünden erhebliche Unterschiede. Leider bekommt Schroeder die Vermittlerrolle des hellenistischen Judentums nicht in den Blick. Wichtig ist die Beobachtung, daß die Form der Haustafeln mit Imperativ und Begründung im apodiktischen Recht des Alten Testaments ihre Entsprechung habe. Zu Recht vermißt Schroeder den Imperativ in der Stoa vollständig. Dort werden vielmehr die Probleme über die innere Gesinnung „gelöst". Der wahre Sklave sei jener, der seinen Begierden versklavt ist. Die Christlichkeit der Haustafeln wird ähnlich wie bei Rengstorf in der Korrespondenz von Unterordnung und Liebe in den christlichen Motivationen gesehen. Ob dies allerdings für die Behauptung ausreicht, die Haustafeln hätten ihren Ursprung in der Lehre der Apostel, letztlich des Paulus, erscheint zweifelhaft, zumal Schroeder zusätzlich eine – allerdings unklar bleibende – Verbindung zwischen apostolischer Haustafel und Jesu Lehre, näherhin seiner Forderung des Liebesgebotes, herstellt[23]. Diese Verbindung versucht L. Goppelt[24], der Lehrer Schroeders, zu klären. Ausgehend von der Feststellung, daß es in der Frage der Ehescheidung und des Verhältnisses des Christen zum Staat jesuanische Tradition bei Paulus gibt (1 Kor 7,10f; Röm 13,7), wird die Auffassung vertreten, daß die Überlieferung der Jesusworte in der Urchristenheit in zwei unterschiedlichen Ausprägungen vorgelegen habe, in einer synoptischen und einer paränetischen. Während die Evangelienüberlieferung die Logien primär als Verkündigung in der Situation Jesu bezeuge, gebe sie die paränetische Tradition als Weisung des erhöhten Herrn an seine Gemeinde wieder, umgeformt in Regeln im Stil der Weisheit[25]. Weil auch die Haustafeln von Jesus, dem Kyrios, ausgehen, sei damit das sozialethische Prinzip einer Beziehungsethik gegeben, das es ermöglichte, aus der Umwelt entsprechende Modelle und Beispiele sehr gezielt auszuwählen. Darüber hinaus eine unmittelbare Beziehung zwischen den Haustafeln und Jesus herzustellen, muß als ein gescheiterter Versuch angesehen werden. Denn weder kommt in den Haustafeln wie in Mk 10,1–12 par. die Ehescheidung zur Sprache noch lassen sich überzeugende Berührungspunkte in der jeweiligen Berufung auf das Gesetz oder die Schöpfungsordnung erkennen.

Die divergierenden Ableitungsversuche für die neutestamentliche Haustafel reichen von der Stoa über das alttestamentliche und hellenistische Judentum bis hin zu Erklärungen, die die Haustafel als grundsätzlich christliche Bildung erscheinen lassen. Wie sieht das Vergleichsmaterial außerhalb des Neuen Testaments aus? Eine Auswahl einschlägiger Texte soll darüber informieren.

---

[22] (Anm. 10) 131.
[23] 26.32–67.91–108.157–161.178–181.
[24] (Anm. 10).
[25] Das beachtenswerte Anliegen GOPPELTS besteht darin, zu erklären, wie es zu wesentlichen Übereinstimmungen zwischen Paulus und Jesus gekommen ist. Dieses Anliegen liegt jedoch außerhalb der Fragestellungen unseres Briefes. Zur Haustafel-Problematik vgl. jetzt auch K. THRAEDE, Zum historischen Hintergrund der „Haustafeln" im Neuen Testament, in: Pietas (Festschrift B. Kötting) (Münster 1980) 359–368.

3. *Außerneutestamentliches Vergleichsmaterial* ist in größerer Zahl aus Schriften stoischer Philosophen herangezogen worden. Das Bild variiert im Detail, läßt aber ständig sich wiederholende Züge erkennen. Epiktet, diss. 2, 17, 31, erwartet von einem idealen Schüler, daß er zu ihm käme mit der Bitte: „Ich möchte als Frommer, als Philosoph und besorgter Mensch wissen, was meine Pflicht ist (καθῆκον) gegenüber den Göttern, den Eltern, den Brüdern, dem Vaterland, den Fremden." Geboten wird also eine knappe Aufzählung, die vom καθῆκον-Gedanken erfüllt ist. Die grundlegenden Beziehungen des Menschen sind angesprochen. Man kann sich vorstellen, daß in der philosophischen Belehrung die Aufzählung inhaltlich gefüllt wurde. Die Belehrung ist auf den Mann ausgerichtet: „Ich soll nämlich nicht gefühllos sein wie eine Statue, sondern meine Beziehungen, in denen ich stehe, die natürlichen wie die auferlegten, beachten, nämlich als Frommer, als Sohn, als Bruder, als Vater, als Bürger" (diss. 3, 2, 4). Haben auch Gott und die Eltern Vorrang, so brauchen nicht immer alle Relationen aufgezählt zu werden. Wir haben es zwar mit einem festen Schema zu tun, das aber jeweiligen Situationen und Anliegen angepaßt werden kann. So gibt Epiktet einem Römer, der nach der Vorlesung mit seinem Sohn mit der Bitte um weitere Belehrung zu ihm kommt, den Rat: „In der Begierde kein Unrecht tun, in der Lustlosigkeit sich nicht treiben lassen..., die natürlichen und auferlegten Beziehungen bewahren als Sohn, Vater, Bruder, Bürger, Mann, Frau, Nachbar, Weggefährte, Herrschender, Beherrschter" (diss. 2, 14, 8). Diese Reihung verdient deshalb unsere Aufmerksamkeit, weil sie aufeinander zugeordnete Personen anspricht, also nicht mehr nur an eine einzige Person gerichtet sein kann. Wie das Nebeneinander von Mann und Frau die Ehe im Blick haben dürfte, so läßt sich bei dem Herrschenden und Beherrschten an Herr und Sklave denken. Im allgemeinen wird die Beziehung Herr–Sklave nur ganz selten ins Auge gefaßt. Etwas farbiger, weil wenigstens jeweils mit einem Verbum versehen, ist das Schema in diss. 3, 7, 26: „Es ist Pflicht des Menschen (δεῖ)... sich als Bürger zu betätigen, zu heiraten, Kinder zu erzeugen, Gott zu verehren, sich um die Eltern zu kümmern usw." Freilich ist der Blick hier wieder eingeengt auf den freien Mann, wie das meist der Fall ist [26].

Ein willkommenes Beispiel dafür, wie das vorgegebene Schema in der Predigt der Popularphilosophen aufgefüllt werden konnte, bietet Hierokles, ein sonst unbekannter Stoiker des 1. oder 2. Jahrhunderts n. Chr., dessen Werk Stobaios teilweise in seine Anthologie aufgenommen hat [27]. Angeredet wird der

---

[26] Weitere Belege bei Epiktet, diss. 2, 10, 1.7f; Dio Chrysostomos, orat. 4, 91; Diogenes Laertius 7, 108; Ps-Plutarch, de liberis educandis 10; Marc. Antonius 1, 17; 4, 31. Weitere Belege bei CROUCH (Anm. 13) 47–56. Das Schema kann in Lobreden und Biografien aufgenommen werden. Ein interessanter Beleg findet sich bereits bei Polybius 18, 41, 8, wo es über Attalus heißt: „Er lebte sehr verständig und edel mit Frau und Kindern, bewahrte allen Kampfgefährten und Freunden die Treue."

[27] Das Werk rekonstruierte K. PRAECHTER, Hierokles der Stoiker (Leipzig 1901). In welchem Umfang Hierokles von Stobaios aufgenommen wurde, ist umstritten. Praechter charakterisiert Hierokles so: „Es ist wahr, unser Hierokles ist kein führender Geist, er ist einer von vielen, kein Feldherr, sondern gemeiner Soldat, aber Soldat eines Heeres, das die Welt erobert hat... Ich meine das Heer der stoischen Popularphilosophen" (S. V).

Mann auf der Straße. Vorgehalten wird ihm sein Verhältnis zu den Göttern, zum Vaterland, zu den Eltern, Brüdern, Verwandten, zur Arbeit und zur Ehe. Im Vergleich mit der neutestamentlichen Haustafel verdient das Kapitel über die Bruderliebe unsere Aufmerksamkeit. Es setzt mit der Goldenen Regel ein. Andere zu behandeln, wie man sich selbst behandelt sehen will, wird für den Umgang mit den Sklaven geraten, aber auch für das Verhalten der Eltern gegenüber den Kindern und umgekehrt[28]. Dies ist nämlich die einzige Stelle, wo das Gegenübertreten zweier Gruppen festgestellt werden kann. Im Kapitel über die Ehe hingegen wird dem Mann die Heirat und auch das Kinderzeugen mit zahlreichen Vernunftgründen nahegelegt[29]. Die Ehefrau erhält keine eigene Belehrung.

Im hellenistischen Judentum, aber auch in der alttestamentlichen Weisheitsliteratur wirken die griechischen Vorgaben nach. Wenn in Sir 7,18–28 der Mann gemahnt wird, einen Freund nicht auszutauschen, einen klugen Sklaven zu lieben wie sich selbst, die Söhne in Zucht zu nehmen, die Töchter zu behüten, die Frau nicht zu verstoßen, den Vater zu ehren und die Schmerzen der Mutter niemals zu vergessen, so klingen zwar biblische Zitate an wie das Gebot der Nächstenliebe Lv 19,18 und das dekalogische Gebot der Elternliebe Ex 20,12; Dt 5,16. Dennoch ist die Reihung ohne hellenistischen Einfluß kaum vorstellbar. Auch andere analoge Weisungen, wie Sir 9,1–9; 26; 30,1–13; 42,9–14, bleiben stets allein an den Mann adressiert, wie auch dem Mann im Judentum die Pflicht der Kindererziehung zufiel[30].

Einen Schritt weiter führen Philo und Josephus. Philo kennt sowohl die Vorstellung eines für alle Menschen verbindlichen Gesetzes, das in die menschliche Natur hineingestiftet ist[31], als auch das von ihm zu wiederholten Malen zitierte καθῆκον-Schema und erweist hierin seine Abhängigkeit von der Stoa: Wer nur seinem eigenen Nutzen nachgeht – gemeint sind die Hedonisten – wird das Beste zerstören, nämlich „Ehrung der Eltern, Sorge für die Frau, Erziehung der Kinder, vorwurfsfreie Behandlung der Sklaven (οἰκετῶν), Leitung des Haushalts, Beirat in der Stadtverwaltung, Stärkung der Gesetze, Wahrung der Sitten, die Achtung vor den Älteren, das gute Andenken an die Toten, die Teilnahme an den Lebenden, die Ehrfurcht vor dem Göttlichen in Worten und Taten"[32].

---

[28] Stobaios, anth. 4,27,20.
[29] anth. 4,22, 21–24; 24,14. Vgl. auch WEIDINGER (Anm. 4) 27–33.
[30] Selbst Sir 26, das Lob der guten Frau usw., ist an den Mann gerichtet. Vgl. 26,10.11.20.
[31] Etwa Abr. 275: Abraham beobachtete das Gesetz und alle göttlichen Gebote, „nicht durch die Schrift belehrt, sondern ohne Schrift von der Natur (τῇ φύσει), weil er sich eifrig bemühte, ihren gesunden und lebensfrischen Anregungen zu folgen". Vgl. ApkBarsyr 57,2.
[32] Post. C. 181. Vielleicht zitiert Philo hier einen vorgegebenen Text. Vgl. CROUCH (Anm. 13) 77. Oder deus imm. 17: „Denn wenn Einzelne alles um ihrer selbst willen tun wollen, ohne sich um die Ehrung des Vaterlands, den Schutz der Gesetze, die Sicherung der Sitten, die Wohlfahrt der Einzelnen und der Gesamtheit, die Achtung vor den Heiligtümern und die Frömmigkeit gegen Gott zu kümmern, werden sie ins Unglück geraten." Weitere Beispiele bieten deus imm. 19; fug. 3; plant. 146; mut. nom. 40; ebr. 17f; vit. Mos. 2,198. Es ist nicht zutreffend, wenn SCHROEDER (Anm. 10) 74 behauptet, daß Philo die Pflichten Gott gegenüber gar nicht erwähnt. Richtig ist, daß er sie dem biblischen Monotheismus anpaßt. Zum Ganzen vgl. auch F. GEIGER, Philon von Alexandrien als sozialer Denker (Stuttgart 1932) 40f.

Er kann dieses Schema aber im Sinn der Über- und Unterordnung entwickeln. Wenn dabei die Eltern, die Älteren, die Herrschenden, die Wohltäter, die Herren als die Übergeordneten und die Kinder, die Jüngeren, die Untergebenen, die Empfänger von Wohltaten, die Sklaven als die Untergeordneten eigene Ermahnungen erhalten, kommt er Kol 3,18ff schon sehr nahe (decal. 165–167): „Die Sklaven sollen ihren Herren mit Liebe dienen, die Herren aber ihre Sklaven milde und freundlich behandeln. Damit wird die Ungleichheit des Standes ausgeglichen" (167). Dies ist eine Weisung, die sich mit dem Herren-Sklaven-Schema Kol 3,22 – 4,1 durchaus vergleichen läßt[33]. Inspiriert wird Philo zu diesem Denken in den Kategorien der Über- und Unterordnung durch das Gesetz, näherhin das Elterngebot des Dekalogs. In spec. leg. 2,225–227, eine Erläuterung des vierten Gebots, zählt er wieder die gleichen einander entsprechenden Gruppen Eltern – Kinder, Ältere – Jüngere, Lehrer – Schüler usw. auf, sieht aber diese hierarchische Ordnung exemplarisch in der Familie gegeben. In eindringlichen Ausführungen versucht er, klarzumachen, daß sich alle anderen Gruppierungen auch auf das Verhältnis Eltern – Kinder übertragen lassen: „Denn wie sich Gott zur Welt verhält, so die Eltern, glaube ich, zu den Kindern."[34] Eine summarische Darlegung des jüdischen Gesetzes mit einer Beschreibung des Synagogengottesdienstes schließt Philo ab mit der Bemerkung: „Es erscheint angemessen, daß der Mann der Frau die Gesetze überliefert und der Vater den Söhnen und der Herr den Sklaven."[35] Die gesellschaftliche Ordnung hat für den Juden Philo im Gesetz ihre feste Stütze. Im übrigen stimmt die Dreigliedrigkeit mit Kol 3,18ff überein. Auch Josephus interpretiert das καθῆκον-Schema im Licht der Thora. Mit der selbstbewußten Frage: „Welche Ordnung wäre ehrwürdiger als diese?" eröffnet er seine Darlegungen über die jüdische Lebensweise, die er auf Gott, Ehe, Familie, die Ehrung der Toten, die Pflege der Freundschaft, die Hilfe gegenüber Freunden und Notleidenden ausgerichtet sieht[36]. Innerhalb dieser Strukturen soll die Frau dem Mann in allem gehorchen (ὑπακουέτω), „nicht um von ihm Mißhandlungen erfahren zu müssen, sondern damit sie von ihm geleitet werde; denn Gott hat dem Mann die Herrschaft gegeben" (Ap. 2,201). Und die Verpflichtung der Kinder, die Eltern zu ehren, habe das Gesetz unmittelbar hinter die Pflichten gegen Gott gestellt (2,206). Die Sklavenfrage wird nicht angesprochen[37]. In noch stärkerem Maß als Philo und Josephus ist Pseudo-Phokylides, eine vermutlich

---

[33] Philo verzichtet freilich auf die Anrede-Form.
[34] Spec. leg. 2,225. Vgl. 2,224–241. Die Auffassung, die Eltern seien Götter zweiten Ranges, ist wiederum stoisch. Vgl. PRAECHTER (Anm. 27) 45f.
[35] Das Zitat ist entnommen einem Philo-Fragment bei Eusebios, praep. ev. VIII, 7,14 (GCS 43,1, S. 432). Die philonische Authentizität des Textes ist umstritten. Positiv urteilt J. HEINEMANN, Philons griechische und jüdische Bildung (Breslau 1932) 352ff. CROUCH (Anm. 13) 82 hält die Stelle für eine schlagende Parallele zur Haustafel des Kol. Er sieht freilich, daß hier wiederum allein der Mann kompetent ist.
[36] Ap. 2, 189–214.
[37] Philo, spec. leg. 2,123, rechtfertigt den Erwerb von Sklaven aus den Fremdvölkern mit Berufung auf Lv 25,44f mit dem pragmatischen Argument, daß wir für tausenderlei Verrichtungen im Leben der Dienste von Sklaven bedürfen. Es ist klar, daß dieser Geist die Sklaverei zu überwinden nicht geeignet war.

zwischen 30 v. Chr. und 40 n. Chr. in Alexandreia abgefaßte jüdisch-hellenistische Schrift[38], griechischer Philosophie verpflichtet. Wenn auch hier im Rahmen des καθῆκον-Schemas Mann und Frau auseinandertreten, etwa der Mann vor dem Pantoffelregiment reicher Frauen, aber auch die Frau vor einer Geldheirat gewarnt wird, könnte das damit zusammenhängen, daß Eheverträge in Alexandreia von Mann und Frau, nicht von den Eltern geschlossen wurden und die Frau sogar an erster Stelle genannt zu werden pflegte[39]. Hingegen gibt es für das Verhältnis Eltern–Kinder, Herren–Sklaven nur Ratschläge für die Erstgenannten[40]. Auffallend ist, daß die Mutter den Knaben, der sich verfehlt, zurechtweisen soll (208).

Das Vergleichsmaterial lehrt, daß die Haustafel in Kol 3,18ff an eine im außerchristlichen Raum vorhandene Form der ethischen Weisung anschließt und unmöglich als eine genuin christliche Schöpfung angesprochen werden kann. Die im hellenistischen Judentum nachgewiesenen hierarchisch strukturierten Ständeregeln, mögen sie auch im einzelnen variabel sein, sind als unmittelbare Anknüpfungspunkte zu werten[41]. Der vorgegebene, traditionelle Charakter der kolossischen Haustafel erweist sich auch darin, daß ihr Stil von dem des übrigen Briefes abweicht. Ihre knappen Sätze, die nur in der Weisung an die Sklaven unterbrochen werden, haben im übrigen Brief kaum eine Parallele. Auch ließe sich 4,2 glatt an 3,17 anschließen[42]. Dies soll aber nicht heißen, daß die Haustafel nicht genuiner Bestandteil des Briefes sei und in ihm keine wichtige Funktion zu erfüllen habe. Die Sklavenweisung hat unser Autor in besonderer Weise gestaltet, da sie seinem Stil der langen Sätze und der oft locker aneinandergereihten Satzteile entspricht. Die Vorgabe ist als mündlich tradiertes Schema zu denken, das in seiner oben beschriebenen Struktur fixiert war: Anrede – Imperativ – Motivation. Diese Struktur, die im καθῆκον-Schema stoischer und jüdisch-hellenistischer Provenienz keine Parallele besitzt, lieh man beim Alten Testament aus. Es ist die Struktur des apodiktischen Rechts[43]. Man wird dabei jedoch an die alttestamentliche Weisheit zu denken haben, in der dieses „Recht" in pädagogische Mahnung umgeschmolzen erscheint. Als ein Beispiel unter vielen sei Sir 3,1 genannt: „Ihr Söhne" (Anrede): „höret, was das Recht des Vaters ist, und handelt danach" (Imperativ), „damit es euch

---

[38] Vgl. P. W. van der Horst, The Sentences of Pseudo-Phocylides (SVTP 4) (Leiden 1978) 81–83.
[39] Pseudo-Phokylides 195–206. Zu den alexandrinischen Eheverträgen vgl. W. Schubart, Ägypten von Alexander dem Großen bis auf Mohammed (Berlin 1922) 169.
[40] 207–217. 223–227. Daneben wird das Verhältnis zu Freunden, Verwandten und zu älteren Menschen geregelt.
[41] Schrage (Anm. 13) 8 rechnet darüber hinaus mit direktem Einfluß des Hellenismus. – Für die Verwandtschaft der neutestamentlichen mit der jüdisch-hellenistischen Haustafel spricht auch ihre beiderseitige Verwurzelung in der Missionssituation.
[42] Vgl. 3,17 εὐχαριστοῦντες und 4,2 ἐν εὐχαριστίᾳ. – Abwegig ist die Meinung von W. Munro, Col. 3,18 – 4,1 and Eph. 5,21 – 6,9 Evidences of a Late Literary Stratum?, in: NTS 18 (1971/72) 434–447, nach der die Haustafeln erst später in den Brieftext interpoliert worden seien.
[43] Vgl. E. Gerstenberger, Wesen und Herkunft des „apodiktischen Rechts" (WMANT 20) (Neukirchen-Vluyn 1965).

gut geht" (Motivation)⁴⁴. Kommt ein christlicher Ursprung für die neutestamentliche Haustafel nicht in Frage, so muß die Möglichkeit einer Verchristlichung geprüft werden. Wurde die stoische Haustafel verchristlicht oder wurde christliches Denken über die Haustafel erneut gesetzlichem Denken in diesem Punkt unterworfen? Dies wird die Interpretation des Textes zu berücksichtigen haben.

4. *Warum schuf man in der christlichen Gemeinde bei Aufnahme einer vorgegebenen Form eine eigene Haustafel?* Schwerlich ist dies der Ausdruck einer Resignation gegenüber der Welt angesichts des für die nahe Zukunft angenommenen Endes der Geschichte⁴⁵. Zwar finden wir in Kol 3, 24 – 4, 1 eschatologische Motivationen, eine Naherwartung jedoch hätte eher zu einer Festschreibung des Status quo geführt, wie wir sie in 1 Kor 7, 20–24 haben. Eher stimmt der Satz: „Wo Paränese gebraucht wird, herrscht Alltagsstimmung."⁴⁶ Die Situation der paulinischen Gemeinden hatte sich seit der Abfassung des 1 Kor verändert. Wenn es zutrifft, daß der Rückgriff auf in der Umwelt bereitliegende Formen mit einer geänderten eschatologischen Erwartung zusammenhängt, läßt sich daneben ein besonderer Grund dafür angeben, daß eine Haustafel entwickelt wurde? Eine verbreitete Auffassung erklärt dies so: Der frühchristliche Enthusiasmus, der sich in Gal 3, 28: „Da gilt nicht mehr Jude noch Grieche, nicht mehr Sklave noch Freier, nicht mehr Mann noch Frau", beredten Ausdruck verschafft hatte, habe bei den Unterdrückten die Erwartung einer alsbaldigen Befreiung erweckt. Diese Erwartung erfüllte sich nicht. Hinzu komme, daß benachbarte Religionsgemeinschaften, soweit ihnen dies möglich war, das Sklavenproblem auf ihre Weise anpackten. Im Judentum wurde der stammesfremde Sklave frei, der die jüdische Religion übernahm. Gnostische und Mysterien-Konventikel machten keinen Unterschied zwischen Sklaven und Herren. So müsse die Entstehung der Haustafel zurückgeführt werden auf die Notwendigkeit, christlichen Lehrern paränetisches Material in die Hand zu geben, mit dessen Hilfe sie die durch den Geist gewirkte Überbetonung der Gleichheit bekämpfen konnten⁴⁷. Trifft diese antienthusiastische oder „antirevolutionäre" Interpretation, die die Haustafel als etwas zutiefst Unchristliches erscheinen ließe, zu? Eine Nuancierung dieser Interpretation stellt die Meinung dar, die Flucht des Sklaven Onesimos – in Kolossä –, die im Philemonbrief

---

⁴⁴ Vgl. Sir 2, 1–3; 4, 10; 6, 23–32 und GERSTENBERGER (Anm. 43) 121 Anm. 1. – Die pädagogische Umschmelzung bedeutet, daß in den Haustafeln kein apodiktisches Recht mehr verkündet wird.
⁴⁵ So meint MERK, Handeln 223, es habe einer Neuordnung der bürgerlichen Verhältnisse und Pflichten für die Gemeinde unter christlichen Gesichtspunkten nicht mehr bedurft.
⁴⁶ WEIDINGER (Anm. 4) 6.
⁴⁷ CROUCH (Anm. 13) 120–145. Ähnlich schon RENGSTORF (Anm. 21) 144; LILLIE (Anm. 10) 181; SCHROEDER (Anm. 10) 89–91. Die These wird verschärft durch die Behauptung Schroeders, ursprünglich habe sich die Haustafel nur an die Frauen, Kinder und Sklaven gewandt. Wie Schroeder dann noch sagen kann, die Haustafel sei genuin christlich, verstehe, wer will. SCHWEIZER 161 übernimmt Crouchs These mit der Einschränkung „Sicher ist dies nicht der einzige Ursprung, weil Kinderemanzipation gewiß damals nie aktuell war und in der Haustafel immer beide Partner angesprochen werden."

erörtert wird, habe den (oder einen) Anlaß für die Entstehung der Haustafel abgegeben[48].

Jedoch haben wir überhaupt keinen Anhaltspunkt dafür, daß in christlichen Sklavenkreisen Exzesse vorgekommen seien. Die Flucht eines Sklaven war nichts Außergewöhnliches. Es darf auch nicht übersehen werden, daß in Kol 3,11 das „nicht mehr Sklave noch Freier" von Gal 3,28 aufrechterhalten wird. Hingegen fehlt das „nicht mehr Mann noch Frau". Die Auslassung könnte gegen emanzipierende Bestrebungen von Frauen gerichtet sein. Ähnliche Tendenzen haben wir auch in 1 Kor 11,3.5; 14,34–36. Die Übernahme und Ausgestaltung der Haustafel entspricht vielmehr dem Bedürfnis, den christlichen Taufbewerbern eine entsprechende Belehrung vortragen zu können. Die zahlreichen Verweise auf die Taufe in unserem Brief können die Vermutung bestätigen, daß die Haustafel, deren überliefertes Gerippe sicherlich mündlich aufgefüllt werden konnte, im Taufunterricht ihren Sitz im Leben besitzt. Mit der Übernahme eines fremden Vorbildes bestätigte man die gesellschaftlichen Verhältnisse und Regeln der Zeit für die Angehörigen der jeweiligen Stände und ihr Leben in der Welt. Für die Spannung, die zweifelsfrei zwischen Kol 3,11 und 3,22 – 4,1 besteht, ist zu bedenken, daß in der „Haustafel" eben nicht das christliche Haus, sondern die Angehörigen der Stände angesprochen sind, daß in der christlichen Gemeinde die Sklaven einen erheblichen Teil, wenn nicht die Mehrheit ausmachten und daß die Gemeinde offenkundig nicht bereit war, zum Sklavenaufstand aufzurufen. Die gesellschaftliche Bewährung erfolgt im jeweiligen Stand. Für die kolossische Haustafel kann man bei 3,22 – 4,1 mit einer aktualisierenden Note rechnen. Wir konnten bereits beobachten, daß der Autor hier in besonderer Weise eingegriffen hat. Die Ursache ist in der konkreten Situation zu sehen, in der sich die Kolosser in ihrer Auseinandersetzung mit der Häresie befinden. Deren weltflüchtige und asketische Tendenzen waren möglicherweise dazu angetan, die tägliche Arbeit zu vergessen oder nicht mehr so ernst zu nehmen. Die Kolosser hatten ein gestörtes Weltverhältnis. Es ergäbe sich somit auch für die Haustafel unseres Briefes, daß nicht eine antirevolutionäre Stimmung Pate stand, sondern der banale Alltag.

II

V 18 Paarweise werden die Stände ermahnt, als erster der Ehestand. Der gesellschaftlich schwächere Teil wird jeweils als erster angeredet. Was den Ehefrauen in einem knappen Satz gesagt wird, erscheint in bezug auf Vollzug und Gestaltung ihrer Ehe einigermaßen dürftig. Die Unterordnung der Frau unter den Mann entspricht gemeinantiker Eheauffassung. Zwei Züge bestimmen fast durchweg das Eheleben in der Antike: „die leitende Rolle des Mannes und die Führung des gemeinsamen Hauswesens, wobei dem Manne vor allem das Außenwerk obliegt, der Frau der häusliche Aufgabenbereich"[49]. Dieses

---

[48] So H. Gülzow, Christentum und Sklaverei in den ersten drei Jahrhunderten (Bonn 1969) 63f. Auch Lohmeyer 155; Ernst 235.   [49] G. Delling, in: RAC IV, 691–707, hier 691.

Bewußtsein kann in der griechischen Literatur auf die verschiedenste Weise zum Ausdruck gebracht werden. Nach Aristoteles lenkt der Gatte die Frau so, wie der Regierende einer Stadt die freien Bürger leitet. Nur bei den Barbaren habe die Frau die gleiche Stellung wie die Sklavin (pol. I, 5, 1 f; 1, 5). Für Okellos (2. Jahrhundert v. Chr.) ist die Überordnung des Mannes etwas Naturgewolltes, wenngleich er gleichzeitig die συμφωνία als etwas für das Eheleben Entscheidendes herausstellt[50]. Plutarch betont, daß, wie im harmonischen Zusammenklang zweier Stimmen die tiefere die führende ist, so auch der Mann im Eheleben der leitende Teil sei. Die rechte Frau füge sich ihm auch im religiösen Bereich[51]. Die Papyri, die uns einen unmittelbaren Einblick in das Alltagsleben verschaffen, setzen die gleiche Einstellung voraus: Die Frau hat dem Mann gehorsam zu sein, wozu regelmäßig gerechnet wurde, daß sie ohne seine Zustimmung das Haus nicht verläßt[52]. Durch die Stoa kam es zu gewissen emanzipativen Bestrebungen der Frau[53]. Allerdings wird man diese auf die höheren Gesellschaftsschichten eingeschränkt sehen müssen. Möglicherweise kam es daraufhin im hellenistischen Judentum zur Einschärfung der alten Lebensweise[54]. Die Haustafel – und analoge neutestamentliche Äußerungen – sind im Milieu dieses Judentums beheimatet. Aufschlußreich ist 1 Kor 14,34: „Denn es ist ihnen (den Frauen) nicht gestattet, (in der Gemeindeversammlung) zu reden. Vielmehr sollen sie sich unterordnen (ὑποτασσέσθωσαν), wie es auch *das Gesetz* sagt." Es ist nicht möglich, dem ὑποτάσσεσθαι einen christlichen Rang abzugewinnen[55]. Zwar besteht ein Unterschied[56] zwischen Unterordnung und Gehorsam (ὑπακοή), aber die Einfügung in die vorgegebene Ordnung ist der Ausgangspunkt.

Eine „christliche" Interpretation bieten erst der Vergleichssatz und die folgende parallele Weisung an die Männer. Die Floskel „wie es sich ziemt" (ἀνῆκεν) erinnert an das stoische καθῆκον[57]. Die Motivierung ist aber eine völlig andere. Die Pflicht gründet nicht in einer von der Natur gesetzten Ordnung, sondern im Herrn. Der Herr weist in die Ordnung ein. Weil der Herr das letzte Kriterium ist, kann eine positive Ordnung nicht das Endgültige sein.

---

[50] Ocellus Lucanus 49 (ed. E. Harder, Berlin 1926; Nachdruck Dublin 1966).
[51] Praec.coniug. 11 und 19.
[52] P Tebt. 104,14f aus dem Jahr 92 v.Chr. Weitere Belege bei DELLING (Anm. 49) 696.
[53] Belege bei CROUCH (Anm. 13) 107f.
[54] Vgl. die oben S. 213 zitierte Äußerung des Josephus, Ap. 2, 201. Auch Philo, spec. leg. 2,124: „Die Männer haben von Natur einen Vorrang vor den Frauen..."
[55] Für die Unterordnung der Frau verwenden das Verb Plutarch, praec. coniug. 33; Pseudo-Kallisthenes I, 22, 4. Man kann Kol 3, 18 nicht von der Unterordnung Christi unter den Vater (1 Kor 15,28) her erklären. Gegen E. KÄHLER, Die Frau in den paulinischen Briefen (Zürich 1960) 156. 179. 201f. Vgl. E. KAMLAH, ΥΠΟΤΑΣΣΕΣΘΑΙ in den neutestamentlichen Haustafeln, in: Verborum Veritas (Festschrift C. Stählin) (Wuppertal 1970) 237–243.
[56] Diesen betont SPICQ, Lexicographie II, 913. – Einzelne Hss fügen in ängstlicher Sorge vor einem Mißverständnis ein: Ordnet euch den eigenen (L) bzw. euren (D* G it sy) Männern unter.
[57] Das Imperfekt bezeichnet bei Ausdrücken die Notwendigkeit, daß etwas notwendig ist. Vgl. BLASS-DEBR § 358, 2. LOHMEYER, SODEN überinterpretieren, wenn sie die Vergangenheit als gebietende Autorität hingestellt sehen.

Doch in der konkreten Lage ziemt es sich im Herrn, das Gegebene anzunehmen. Weder erschien es ratsam, die eschatologische Ordnung in das Jetzt einzutragen, noch das Weltliche zu übergehen. Das Spannungsverhältnis von Realität und christlichem Ideal (Gal 3,28; Kol 3,11) betrifft auch die folgenden Weisungen, besonders aber die Sklavenfrage[58].

V 19 Korrespondierend zur Unterordnung der Frau steht die Liebe des Mannes. Man sah das eine nur im Verbund mit dem anderen als sinnvoll an. Strittig ist die Frage, ob die vom Mann geforderte Liebe einen spezifisch christlichen Akzent trägt oder nur in einem konventionellen Sinn gemeint ist, „der Freundlichkeit eines Herrn zu seinem Diener nahe steht" (Lohmeyer)[59]. Auffallend ist das Fehlen jeglicher christlicher Motivation. Träfe Lohmeyers Meinung zu, bedeutete dies einen Rückfall hinter manche griechische und jüdische Auffassung. Ein bekanntes Homerwort lautet: „Nichts Besseres gibt es, als wenn Mann und Frau einmütigen Sinnes das Haus verwalten" (Od. 6,182ff). Für Hierokles[60] ist die Ehe schön wegen der Gemeinschaft (κοινωνία) der Ehegatten, wie für Musonius die Übereinstimmung (ὁμόνοια) das Entscheidende im Eheleben ausmacht[61]. Im rabbinischen Judentum kann das Gebot der Nächstenliebe auf die Liebe des Mannes zur Frau übertragen werden[62]. Jedoch bieten die Haustafeln außerhalb des Neuen Testaments regelmäßig dem Mann praktische Weisungen, die von der Warnung vor einer Geldheirat über das Verbot der Gewalttat bis zur Einschärfung der Pflicht der Kinderzeugung reichen. Darum ist in der Konzentration auf die ἀγάπη eine Besonderheit zu sehen[63]. Auch die Wahl des Wortes ist zu beachten[64]. Denn die Agape ist im Gegensatz zum Eros schon im Profangriechischen nicht auf die Erfüllung des eigenen Triebes gerichtet, sondern darauf, dem Partner Liebe zu erweisen, ihn zu beschenken und glücklich zu machen. Wenn man nicht geneigt ist, in einer isolierten Haustafel dem Lieben christlichen Charakter zuzusprechen, gewinnt es diesen jedoch im Kontext des Briefes, in dem die Agape eine gewichtige Rolle spielt. In 3,14 erfuhren wir, daß die Agape die wichtigste Eigenschaft des neuen Menschen ausmacht (vgl. 1,4.8.13; 2,2; 3,12). Dies kann hier noch nicht vergessen sein.

Der positiven Weisung schließt sich eine negative an. Die Erbitterung ist eine Spielart des Zornes (Eph 4,31; vgl. Röm 3,14; Apg 8,23). Das Verb πικραίνω

---

[58] HUGEDÉ findet für den Autor galant, daß er sagt: „Mesdames, soyez soumises à vos maris" und nicht: „Maris, soumettez vos femmes!"
[59] Ähnlich MERK, Handeln 216; CROUCH (Anm. 13) 111–114. Die christliche Note betonen SCHRAGE (Anm. 13) 13 Anm. 2; SCHROEDER (Anm. 10) 123–127.
[60] Bei Stobaios, anth. 4,22,24.
[61] Bei DELLING (Anm. 49) 694.
[62] bJeb 62b (bei BILLERBECK II, 374). Weitere Belege bei CROUCH (Anm. 13) 113 und Anm. 80.
[63] Pseudo-Phokylides 195f fordert die Frau zur Gattenliebe auf: στέργε... φρονέη φίλα.
[64] Vgl. E. STAUFFER, in: ThWb I, 34–55. Die LXX verwendet ἀγαπᾶν für die Liebe des Mannes zur Frau (Gn 24,67; 29,18; 34,3; Ri 16,4; 2 Chr 11,21 u.ö.), kennt aber keine Haustafel. In den vergleichbaren Weisungen der Weisheitsliteratur kommt das Wort nicht vor. – Einzelne Hss ergänzen in Kol 3,19 wieder: *eure* Frauen (D* G it).

– wörtlich: einen bitteren Geschmack beibringen – meint passivisch das bitter, erzürnt, böse werden. Der Frau gegenüber kann es seinen Anlaß in den natürlichen Schwächen des Geschlechts haben (Soden), vermag sie aber in besonderer Weise zu verletzen. Auch jüdische Weisheit weiß darum. Wie der große Rab vor der Kränkung der Frau warnt, „da ihre Träne bald sich findet"[65], gibt Tob 10,13 den Rat, seine Frau nicht zu betrüben. Für Plutarch ist klar, daß die kleinen Zwistigkeiten des Alltags das Eheleben am meisten gefährden[66].

V 20 Auch die Weisung an die Kinder klingt einseitig-streng. Ihr Verhältnis zu den Eltern ist im Gehorsam zusammengefaßt, wobei im griechischen ὑπακούειν die Vorstellung des Hörens durchaus noch lebendig ist. In diesem Sinn ist das Kind Vater und Mutter verpflichtet. Durch die Betonung des Gehorsams „in allen Stücken" (κατὰ πάντα) erscheint die Mahnung an die folgende Sklavenweisung in V 22a angeglichen[67]. Die Strenge wird nur begreiflich, wenn man die Rolle des Kindes in der zeitgenössischen Gesellschaft bedenkt. Die Antike erblickt im Kind vor allem das Unfertige, Kindische. Es gilt als wankelmütig, unentschlossen und zu einer ernsten Beschäftigung kaum fähig. Mit der Geringschätzung verbindet sich ein gewisser rationalistischer Optimismus, der darauf baut, daß durch angestrengte Erziehungsarbeit aus dem „Rohstoff" Kind etwas gebildet werden kann. Auch Altes Testament und Judentum urteilen überwiegend negativ über das Kind. Da es zu Mutwillen und Unart neigt, bedarf es scharfer menschlicher Zucht. „Das Trachten des Menschen ist böse von Jugend auf" (Gn 8,21). Nach rabbinischer Auffassung ist der „böse Trieb" von Geburt an im Menschen. Nur ganz selten erzählt eine Talmudanekdote davon, daß ein Gelehrter sich mit einem Kind abgegeben hat[68]. Der Gehorsam als hervorstechendes Merkmal der Elternbeziehung des Kindes ist hellenistisch, das Alte Testament spricht schon im Dekalog von „Ehren", was umfassender ist (Ex 20,12; Dt 5,16; Sir 3,1f)[69]. Wir haben Anzeichen dafür, daß das hellenistische Judentum das rebellische Kind strenger beurteilt hat als das rabbinische[70]. Der Gehorsam ist so für das Kind nahezu gleichbedeutend mit der Möglichkeit zu leben. Freilich gibt es auch andere Stimmen[71].

In der Begründung wird der Gehorsam des Kindes εὐάρεστον (angenehm, wohlgefällig, schicklich) genannt. Damit ist zunächst die bürgerliche Tugend

---

[65] Bei BILLERBECK III, 631.
[66] Praec. coniug. 22.
[67] In den unbestrittenen Paulusbriefen ist der Begriff Gehorsam ausschließlich auf Gott, Christus und das Evangelium ausgerichtet.
[68] Vgl. A. OEPKE, in: ThWb V, 638–647. – Jesus hat eine andere Einstellung zum Kind. Vgl. Mk 10,13–16.
[69] Epiktet, diss. 1,13, 2; 2,10,7, spricht vom Gehorsam des Sohnes. Der Ungehorsam gegen die Eltern in Lasterkatalogen Röm 1,30; 2 Tim 3,2.
[70] Vgl. Philo, spec. leg. 2,232; Josephus, Ap. 2,206.217. Die Rabbinen diskutierten den Konflikt zwischen dem Gehorsam gegen die Eltern und dem gegen Gott, etwa BM 2,10. Auch das rigorose κατὰ πάντα hat bei Josephus, Ap. 2,201, seine Entsprechung: εἰς ἅπαντα.
[71] BGU II 423, Zeile 15f: Hier äußert sich in einem Brief aus dem 2. Jahrhundert n.Chr. ein junger Soldat gegenüber seinem Vater: „Schreibe mir ein Briefchen, ... damit ich (die Schrift) Deiner Hand verehren kann, weil Du mich wohl erzogen hast."

gemeint, wie sie auch Epiktet, diss. 1, 12, 8; 2, 23, 29, fordern kann[72]. Die sekundäre Verchristlichung der Floskel ist an der einmaligen und grammatisch unkorrekten Formulierung „wohlgefällig im Herrn" – statt des zu erwartenden „wohlgefällig dem Herrn" – zu erkennen[73]. Paulus, der die Floskel auch kennt, gebraucht sie stets korrekt (Röm 12,1; 14,18; Phil 4,18: Gott wohlgefällig)[74]. An dieser Stelle wird besonders deutlich, wie die vorgegebene gesellschaftliche Ordnung vom Christentum angenommen wurde. Der Ansatz einer Neuinterpretation ist darin zu sehen, daß die Kinder eigens angesprochen und somit als sittlich verantwortlich angesehen werden. In den Haustafeln der Umwelt hat das in dieser Form keine Entsprechung. Die christliche Bewährung der Kinder liegt vor allem in ihrem Verhalten den Eltern gegenüber.

V 21 In hellenistisch-jüdischen Haustafeln schließt an die Ehebelehrung die Weisung, die die Kindererziehung betrifft, an[75]. Auch in diesem Punkt hängt Kol 3,18ff vom Vorbild ab. Für die Erziehung verantwortlich sind die Väter, die hier allein angesprochen werden. Dies sollte nicht bezweifelt werden[76]. Die den Vätern gegebene Mahnung, die eigenen Kinder nicht herauszufordern, aufzureizen, zu erbittern, spielt an auf die patria potestas, die als lateinisch-römische Ordnung in die Welt des Hellenismus eingedrungen war und dem pater familias weitestgehende Vollmachten, einschließlich der Zucht- und Strafgewalt, übertrug[77]. Wenn Philo, spec. leg. 2,232, eine nahezu uneingeschränkte Strafvollmacht bestätigt, setzt er die Kenntnis der patria potestas voraus. Das rabbinische Judentum urteilte milder: „Nie lasse man übermäßige Strenge in seinem Hause walten" (bGit 7a)[78]. Im Hellenismus entwickelt Plutarch sympathische Ratschläge für die Kindererziehung. So hält er Schläge und Mißhandlungen für falsche Erziehungsmittel. Wirkungsvoller seien die Belehrung, das Versprechen, der Hinweis auf Vorbilder (lib. educ. 11f. 16.18). Im Judentum basierte die Erziehung auf der Religion. Dem Vater oblag die Pflicht, den Sohn zu beschneiden, ihn die Thora zu lehren, ihm ein Handwerk beizubringen und ihm eine Frau zu suchen[79]. Von einer Erziehung der Töchter hören wir ganz selten etwas. Sie gilt es, zu behüten und zu bewahren[80].

Den freiwilligen Verzicht auf die patria potestas oder doch zumindest ihre

---

[72] Epiktet verwendet das Verb εὐαρεστέω, das auch die LXX bevorzugt.
[73] Einzelne Textzeugen korrigieren in diesem Sinn (81 und Klemens von Alexandreia).
[74] Vgl. 2 Kor 5,9; Eph 5,10; Hebr 13,21; LXX Weish 4,10; 9,10.
[75] Josephus, Ap. 2, 199–204; Pseudo-Phokylides 195–217.
[76] SCHWEIZER hält eine Einbeziehung der Mutter für möglich. Vgl. aber etwa Qid 1,7: „Alle Verpflichtungen, die im Gesetz dem Vater gegenüber dem Sohn auferlegt werden, betreffen den Mann und nicht die Frau."
[77] Vgl. G. SCHRENK, in: ThWb V, 949–951. Das Verb ἐρεθίζω wird meist in sensu malo verwendet. In sensu bono bedeutet es: anspornen, ermuntern. Vgl. 2 Kor 9,2 und SPICQ, Lexicographie I, 288.
[78] Vgl. auch Dt 21,18–21. Nahe an Kol 3,21 kommt Pseudo-Phokylides 207 heran: „Sei nie mit deinen Kindern hart (μὴ χαλέπαινε), sei vielmehr gütig." – Wenn einzelne Hss in V 21 (𝔓D* GKL) μὴ παροργίζετε (erzürnt nicht) lesen, ist das Einfluß von Eph 6,4.
[79] TosQid 1,11 (336), bei BILLERBECK II, 380. Vgl. Josephus, Ap. 2,204.
[80] Vgl. Pseudo-Phokylides 215f.

Einschränkung wird man, obwohl dies auch anderswo anzutreffen ist, gleichfalls als Ansatz für eine interpretatio christiana werten dürfen. Als einzige an die Väter gerichtete Weisung gewinnt diese Einschränkung in der Haustafel verstärkte Bedeutung[81]. Es ist nicht unrichtig zu sagen, daß sie die väterliche Liebe als Erziehungsprinzip zur Geltung kommen lassen möchte. Die Motivation, daß den Kindern durch das herrische Gebahren der Väter nicht der Mut genommen werden soll[82], unterstreicht dies. Die Erziehung zum freien Gehorsam tritt zumindest in den Blick.

V 22 Die ausführliche Sklavenmahnung trägt den Akzent. Das Leitwort ist der Gehorsam. Dieser wird zunächst näher definiert. Er richtet sich auf die irdischen Herren, wörtlich: die Herren dem Fleische nach. Dies könnte abwertend gemeint sein[83], weil der Begriff Sarx im zweiten Teil des Briefes regelmäßig negativ verwendet wird (2, 11.13.18.23). Richtiger aber ist es, daß so die Grenze des irdischen Herrn angedeutet wird. Neben ihm gibt es den eigentlichen Herrn. Der umfassende Gehorsam soll frei sein von Augendienerei und der Sucht, Menschen zu schmeicheln[84]. Diese Haltung schmälerte nicht nur den vom Sklaven geleisteten Dienst, sondern entwürdigte auch seine ohnehin bereits vielfach mißachtete Person noch mehr. Statt mit servilem Gebahren um die Gunst seines Herrn besorgt zu sein, soll er den Herrn fürchten[85]. Der Übergang zu dem anderen zunächst nicht näher bezeichneten Herrn, mit dem selbstverständlich Christus gemeint ist, ist bezeichnend, weil der Sklave in diesem seinen eigentlichen Herrn erkennen soll. Dies besagt keinesfalls, daß der irdische Herr für den Sklaven die Stelle jenes Kyrios einnimmt, sondern durch jenen – wie sich noch zeigen wird – irdisches Sklaventum relativiert werden kann. So soll die zu leistende Arbeit in Herzenseinfachheit geschehen, die das Gegenteil von Verstellung, aber auch eine gewisse Generosität zum Ausdruck bringt[86]. Abgesehen vom Kyrios Christos klingt die Argumentation jüdisch. Ein Wort des Rabbi Simeon des Gerechten lautet: „Seid nicht wie Sklaven, die dem (irdischen) Herrn dienen, um eine milde Gabe zu empfangen, sondern seid wie Sklaven, die dem Herrn dienen, nicht um eine milde Gabe zu empfangen. Und laßt die Furcht des Himmels auf euch ruhen" (Ab 1,3)[87].

---

[81] In den hellenistisch-jüdischen Haustafeln können auch belanglose Dinge erwähnt werden. So rät Pseudo-Phokylides 210–212, dem Knaben keine Locken wachsen zu lassen oder Zöpfe um das Haupt zu flechten.
[82] ἀθυμέω ist hapleg im NT. Bei Thukydides 2,88 steht es oppositionell zu θαρσέω, bei Xenophon, Cyrop. 1,6,13, steht ἀθυμία im Gegensatz zu προθυμία.
[83] So SCHRAGE (Anm. 13) 11.
[84] Zu den Begriffen vgl. GNILKA, Epheserbrief 300 und Anm. 5. κατὰ πάντα streichen P46 81, wahrscheinlich unter Einfluß von Eph 6,5. Ob ἐν ὀφθαλμοδουλίᾳ oder im Plural zu lesen ist, ist schwer zu entscheiden. Vielleicht ist der Singular doch Einfluß von Eph 6,6 und darum der Plural zu bevorzugen.
[85] Nur an dieser Stelle spricht das NT davon, Christus zu fürchten. Die gewohnte biblische Wendung ist die Furcht Gottes: Apg 10,2.22.35; 13,6.26; 1 Petr 2,17; Apk 14,7; 19,5. Aber auch diese kennt Paulus nicht. P46 ℵ d vg^clem korrigieren Kol 3,22 in diesem Sinn.
[86] Vgl. GNILKA, Epheserbrief 300 und Anm. 3; SPICQ, Lexicographie I, 125–129; J. AMSTUTZ, ΑΠΛΟΤΗΣ (Bonn 1968).
[87] LOHMEYER spricht – ohne Belege – von einer spezifisch pharisäischen Ethik.

V 23 Die Ausrichtung auf den Kyrios, der jetzt den Menschen gegenübertritt, wird weiter erläutert. Dabei wird responsorisch die allgemeine Aufforderung des V 17 auf die Sklaven übertragen[88]. Die Vielfalt ihrer Tätigkeit sah anders aus und umfaßte oft erniedrigende Dienste. Die Dienste letztlich dem Herrn geleistet zu sehen, verlangt eine große Abstraktionsfähigkeit, läßt aber die Arbeit zum Gottesdienst im Alltag der Welt werden. So könnte sie ἐκ ψυχῆς geschehen, bewußt in diesem Geist übernommen werden. Im Blick auf die kolossische Häresie gewinnt diese positive Neuorientierung auf die Welt hin grundsätzliche Bedeutung. Im einzelnen haben auch die hier eingebrachten Motivationen im jüdischen Bereich ihre Parallelen, nicht aber bei Paulus. ἐκ ψυχῆς treffen wir bereits im Hauptgebot der Gottesliebe an (LXX Dt 6,5), aber auch in der Weisheitsliteratur (Sir 6,26; 7,29: ἐν ... ψυχῇ; TestGad 2,1; PsSal 9,7). Auch die Gegenüberstellung von Gott und Mensch ist hier bekannt (Sir 2,18)[89].

V 24 Der Sklave ist von seinem Herrn abhängig, aber dies ist für den christlichen Sklaven nicht der irdische Herr, sondern der Kyrios des eschatologischen Gerichts. Dort wird der gerechte Ausgleich erfolgen. Dieser wird einmal als Wiedergutmachung (ἀνταπόδοσις), zum anderen als Empfang eines Erbbesitzes (κληρονομία) beschrieben. Beide Begriffe kontrastieren die irdische Situation des Sklaven. Hier war er weder erbberechtigt, noch konnte er im Fall der Nötigung eine Wiedergutmachung durchsetzen. ἀνταπόδοσις wird meist in sensu malo verwendet und kann auch Vergeltung, Büßung bedeuten[90]. Ins Positive gewendet kann sie nur besagen wollen, daß der dann in Empfang zu nehmende Erbbesitz alle irdischen Drangsale wird voll auszugleichen vermögen. Der Erbbesitz[91] oder auch das Hoffnungsgut (1,5), letztlich Christus selbst (1,17; 3,1–4) ist ohne Unterschied auch dem Sklaven wirksam zugesprochen. Gottes Zuspruch verbürgt den Ausgleich.

Das Ende des Verses ist textlich unsicher. Liest man mit ℵ und Klemens von Alexandreia: „Dem Herrn Christus *nämlich* dient ihr" oder mit G und Ambrosiaster: „Ihr werdet empfangen ... den Erbbesitz unseres Herrn Jesus Christus, dem ihr dient", wäre δουλεύετε als Feststellung zu lesen. Zu bevorzugen aber ist die kurze Lesart, die einen Imperativ erheischt: „Christus, dem Herrn, die-

---

[88] Der responsorische Stil ist für unseren Brief kennzeichnend. Vgl. BUJARD, Untersuchungen 98–100. Jedoch leitet V 23 ein: ὃ ἐάν. ℵ gleicht an die Einleitung des V 17 an. Unter Einfluß von Eph 6,7 fügen A ClemAlex hinzu: τῷ κυρίῳ δουλεύοντες. Zur Abbreviatur in 23b vgl. BLASS-DEBR § 425,4.
[89] Vgl. LOHMEYER.
[90] Vgl. ψ 68,22; 90,8; 93,2; Is 34,8; 54,18 usw. Auch PREISIGKE-KIESSLING s. v. Das Wort ist hapleg im NT, das Verb Röm 11,35; 12,19; 1 Thess 3,9; 2 Thess 1,6; Hebr 10,30. Die Wendung ἀπὸ κυρίου (ohne Artikel) kennt Paulus nicht. Die LXX kennt sie: Job 21,20, häufiger mit παρά: ψ 26,4; 36,23; 117,23 u.ö.
[91] Im Begriff κληρονομία schwingt ein Zweifaches mit, sowohl der Gedanke des Erbteils als auch der des Eigentums. Vgl. BAUER, Wörterbuch, s. v.; J. HERRMANN, in: ThWb III 774,f. Gut veranschaulicht dies Mk 12,7 parr. Paulus verwendet das Wort nur in Gal 3,18. Vgl. Eph 1,14.18; 5,5.

net!"⁹² Umstritten ist, ob diese Aufforderung ausschließlich den Sklaven gesagt ist oder bereits die Herren miteinbezieht (vgl. Röm 12,11c). Weil der anschließende Begründungssatz in V 25 gleichfalls über die Sklavenmahnung hinausblickt (s. unten), wird man dies auch bereits für den Imperativ anzunehmen haben⁹³. Sklaven und Herren werden – trotz der erst in 4,1 folgenden unmittelbaren Anrede an die Herren – unter dem einen Kyrios zusammengeschlossen. Die Rede vom „Herrn Christus" hat bei Paulus, der meist von unserem Herrn Jesus Christus spricht, keine Parallele⁹⁴. Hier will sie eindeutig sicherstellen, wer der Herr ist, dem alle zu dienen haben. Christus ist dabei zum Eigennamen verblaßt.

V 25 Das eschatologische Gericht bringt aber auch den Ausgleich für den, der Unrecht tat. Zu beachten ist wieder die nüchterne, nahezu juristische Sprache. Die verwendeten Verben sind durch Papyri reichlich belegt. ἀδικέω (Unrecht tun) ist sehr häufig in Petitionen an höher gestellte Beamte anzutreffen, in denen einer Klage führt, daß ihm Unrecht widerfahren ist, κομίζω (erhalten, empfangen) hingegen in Empfangsbestätigungen⁹⁵. Das bedeutet allerdings nicht, daß auf einen konkreten Fall – etwa den des Onesimos – Bezug genommen ist⁹⁶. Die präsentische Formulierung „Wer unrecht tut" deutet vielmehr an, daß die gesamte christliche Existenz in den Blick tritt und die Frage von Heil oder Unheil entschieden wird. Formal haben wir es mit einem Satz heiligen Rechts, kaum mit einem Zitat⁹⁷, zu tun. Die Sätze heiligen Rechtes sind dadurch ausgezeichnet, daß sie das Handeln des Menschen dem künftigen Gerichtshandeln Gottes bzw. Christi in der Form der Talio, der genauen Entsprechung, gegenüberstellen. In ihrem Ausblick auf das eschatologische Gericht unterscheiden sie sich von ähnlich strukturierten Weisheitssentenzen, die nur eine allgemeine Erfahrung wiedergeben, etwa: „Tu nichts Böses, so trifft dich nichts Böses" (Sir 7,1)⁹⁸.

Die Unbestechlichkeit des göttlichen Gerichts schafft Zuversicht. Ein Ansehen der Person (προσωπολημψία), die Parteilichkeit gibt es nicht bei ihm. Der Begriff – wahrscheinlich Wortschöpfung des Paulus (vgl. Röm 2,11) – knüpft an an der alttestamentlichen Wendung πρόσωπον λαμβάνειν (auf das Gesicht schauen, parteilich sein: Lv 19,15; 4 Kg 3,14; Mal 1,8f; 2,9 usw.), die fast immer im Zusammenhang von Gottes gerechtem Eintreten für die Entrechteten

---

⁹² Anders LIGHTFOOT, der die Unmittelbarkeit des Ausdrucks übersieht, wenn er für einen Imperativ ein ὡς fordert.
⁹³ Anders MERK, Handeln 218.
⁹⁴ Röm 16,18 spricht Paulus von unserem Herrn Christus.
⁹⁵ MOULTON-MILLIGAN, sub vocibus. Aufschlußreich sind Mt 20,13 und 25,27. κομίζω bei Paulus nur in 2 Kor 5,10; vgl. Eph 6,8.
⁹⁶ Gegen LOHMEYER, LIGHTFOOT. Daß in Phm 18 das gleiche Verb begegnet, ist kein Indiz.
⁹⁷ Vermutung von BUJARD, Untersuchungen 188 Anm. 30. Zur Struktur – konditionales Partizip – vgl. BEYER, Syntax 211f.
⁹⁸ Dies ist zum Streit zwischen E. KÄSEMANN, Sätze heiligen Rechtes im NT, in: NTS 1 (1954/55) 248–260, und K. BERGER, Zu den sogenannten Sätzen heiligen Rechts, in: NTS 17 (1970/71) 10–40, zu sagen. BERGER bestreitet zu Unrecht deren Existenz.

und Geringen gebraucht wird⁹⁹. Hier wird die Unbestechlichkeit auf den Kyrios Christus übertragen. Die Sache wie der alttestamentliche Hintergrund empfehlen dringend die Annahme, daß Sklaven und Herren betroffen sind. Das Ansehen der Person hebt auf soziale Unterschiede ab. Sklave und Herr haben sich für von ihnen begangenes Unrecht zu verantworten. Damit ist die Weisung an die Herren vorweggenommen, wenn auch nicht überflüssig geworden. Sie konnte aber so in der vorliegenden Knappheit ausfallen.

Überblickt man die Sklavenweisung, so enthält sie zunächst nichts spezifisch Christliches. Die Über- und Unterordnung kennt schon die philonische Haustafel (decal. 167). Das Motiv, Gott mehr zu fürchten als die Menschen, ist dem zeitgenössischen Judentum gleichfalls nicht fremd. So wird man das Besondere darin sehen können, daß für den christlichen Sklaven der eigentliche Herr der Kyrios Christus ist. Dies bedeutet keine Zementierung der sozialen Verhältnisse, freilich auch nicht deren Aufhebung. Nur wird dem Sklaven die Möglichkeit eingeräumt, seine Existenz christlich und damit sinnvoll zu deuten. Hinzu kommt die eschatologische Perspektive. Im Gericht des Kyrios wird die jetzt schon bestehende prinzipielle Gleichwertigkeit realisiert bzw. über das Leben des Menschen nach dessen Taten entschieden werden. Das Gericht nach den Werken ist Bestandteil der Haustafel in diesem Punkt. Die Relativierung des irdischen Sklavenstandes erfolgt auf einer rein geistigen Ebene. Ähnliches geschah in der Stoa, nur in einem ganz anderen Sinn. Für sie war der wirkliche Sklave der, welcher von seinen Leidenschaften versklavt wurde: „So ist erst recht ein Tor, wer den Menschen entweder bloß nach dem Kleid schätzt oder nach der zufälligen Stellung, die er innehat. ‚Er ist ein Sklave.' Aber vielleicht freien Geistes. ‚Er ist ein Sklave.' Soll ihm das schaden? Zeige mir doch den, der es nicht wäre. Der eine ist ein Sklave der Wollust, der andere der Habsucht, ein dritter des Ehrgeizes, alle der Hoffnung, alle der Furcht. Ich mache mich anheischig, dir einen gewesenen Konsul zu zeigen, der Sklave eines alten Weibes ist."¹⁰⁰ – Demgegenüber beurteilte die jüdisch-christliche Tradition den Sklavenstand realistischer. Dennoch war weder die Stoa noch die Haustafel geeignet, die Sklaverei zu überwinden¹⁰¹.

V 4,1 Die Mahnung an die Herren, deren Besitz im rechtlichen Sinn die Sklaven waren, expliziert das bereits in 24b.25 implizit Gesagte, freilich in ziemlich allgemeiner Form. Es besteht eine gewisse Korrespondenz. „Was recht ist" entspricht dem möglichen Unrecht, die Billigkeit der Parteilichkeit. Das Verhältnis der Herren zu den Sklaven wird in Kategorien dargestellt, die das Unrecht beseitigen helfen und die Herren als Anwalt des Rechts ihrer Sklaven sehen wollen. Die ἰσότης ist hier aber nicht die Gleichheit (wie 2 Kor 8, 13f),

---

⁹⁹ Beobachtung von SCHWEIZER. Weitere Belege bei GNILKA, Epheserbrief 302. LOHMEYER meint, in V 25 könnte LXX Sir 35,10–13 zitiert sein. E. LOHSE, in: ThWb VI, 780f, hält προσωπολημψία schon für einen Begriff des hellenistischen Judentums, kann aber keine Belege angeben. Philo kennt den Begriff jedenfalls nicht. Vgl. Index Philoneus.
¹⁰⁰ Seneca, ep. 47,17.
¹⁰¹ Zum Vergleich Stoa-Paulus SEVENSTER, Seneca 185–192.

sondern die Billigkeit[102]. Was recht und billig ist, ist nicht in das Belieben der Herren gelegt, sondern hat der Fairness zwischenmenschlicher Beziehungen zu entsprechen. Gemeint ist die reichliche Gewährung aller lebensnotwendigen Dinge. Ähnlich argumentierte schon die Stoa, deren Anliegen das hellenistische Judentum aufgegriffen hatte. Seneca, ep. 47,10, will das Verhältnis Herren–Sklaven vom Gesetz der Goldenen Regel bestimmt sehen: „Lebe mit dem Untergebenen so, wie du wünschst, daß dein Vorgesetzter mit dir lebt." Philo, spec. leg. 2,66f, verlangt für den Sklaven Arbeitsruhe am Sabbat, damit ihm „ein lebendiger Funke und Schimmer der Freiheit" gegeben sei. Nahe an 4,1 kommt Pseudo-Phokylides 224: „Dem Sklaven gib ein zugemessenes Maß". Freilich folgt die utilitaristische Begründung: „damit er dir anhängt". Am weitesten geht Sir 7,20f, wo die Freilassung eines klugen Sklaven angeraten wird (weitere Regeln Sir 4,30; 33,31)[103]. Diesen Rat vermißt man in der Haustafel. Dies wird damit zusammenhängen, daß es nicht viele Herren in der Gemeinde gegeben haben wird. Dies erklärt aber nicht alles. Der eigene Gesichtspunkt ist wiederum die Abhängigkeit der Herren vom gemeinsamen Kyrios, der unparteilich über Recht und Unrecht richten wird[104].

III

Zusammenfassend stellt sich die bereits oben angedeutete grundsätzliche Frage nach der Christlichkeit der Haustafel-Paränese. Erweisen die Haustafeln das Urchristentum als „Agentur einer repressiven Gesellschaft", die vorgegebene Machtestablishments mit göttlicher Glorie umhüllen wollte, wie moderne Vorwürfe lauten[105]? Wer so urteilt, macht es sich zu einfach. Umgekehrt darf die Problematik auch nicht von einem vorgefaßten christlichen Standpunkt aus verharmlost werden. Zunächst ist daran zu erinnern, daß uns eine Entstehung der Haustafel des Kolosserbriefes im Zuge einer Bekämpfung enthusiastischer Tendenzen unwahrscheinlich erschien. Von einer Auseinandersetzung zwischen Enthusiasten und Nomisten, bei der die letzten mit der Proklamation der Haustafel den Sieg davongetragen hätten, ist nichts Sicheres auszumachen. Eher glaubten wir daran, daß angesichts von asketisch-weltflüchtigen Tendenzen zur Pflicht des Alltags zurückgerufen wird. Die Haustafel bietet ebenfalls keine Interimsethik. Die Situation von 1 Kor 7,17–24 ist nicht mehr gegeben. Die eschatologische Erwartung ist abgewandelt. Nicht mehr nur das Verharren im Status quo ist gefordert. Die von den einzelnen Ständen übernommenen Aufgaben müssen im konkreten Alltag erfüllt werden. Mit der Übernahme

---

[102] Vgl. G. STÄHLIN, in: ThWb III, 355f. Belege auch bei MOULTON-MILLIGAN s.v. – τὸ δίκαιον oft in Petitionen. Vgl. ebenfalls MOULTON-MILLIGAN s. v. Auch H. BELLEN, Studien zur Sklavenflucht im römischen Kaiserreich (Forschungen zur antiken Sklaverei 4) (Wiesbaden 1971) 132f.
[103] Zur rechtlichen Situation des Sklaven im Judentum vgl. BILLERBECK IV, 698–744, besonders 709–712.
[104] Zur räumlichen Kategorie „im Himmel" vgl. 1,12f; 3,1–4. 𝔎 D G it lesen den Plural „in den Himmeln".
[105] Gesammelt bei SCHRAGE (Anm. 13) 1. Das Zitat ist aus J. KAHL, Das Elend des Christentums oder Plädoyer für eine Humanität ohne Gott (1968) 19.

einer im stoisch-hellenistisch-jüdischen Raum geprägten Haustafel-Schematik wird die bestehende gesellschaftliche und soziale Ordnung im wesentlichen anerkannt. Dabei können zumindest Ansätze für eine Verchristlichung der übernommenen Haustafel nicht übersehen werden. Hierzu gehören: die vom Mann geforderte Liebe zu seiner Frau als Quintessenz seines ehelichen Verhältnisses[106], die Behandlung von Kindern und Sklaven als für ihr sittliches Tun verantwortliche Persönlichkeiten, die gleichrangige Unterordnung von Sklaven und Herren unter den gemeinsamen Kyrios Christus. Die vorgenommene Verchristlichung wird man freilich nicht überbewerten dürfen. Es bleibt weiter zu beachten, daß der in Kol 3,18ff siebenmal erwähnte Kyrios den entscheidenden Orientierungspunkt darstellt. Damit ist ersichtlich, daß die Pflichten des Christen gegen Gott nicht neben den anderen stehen, wie das in den vorgegebenen Haustafeln weithin der Fall ist, sondern die Mitte seiner Existenz bestimmen. Die Haustafel gibt, wenn sie auch die Strukturen der sozialen Ordnung nicht verändert, den christlichen Angehörigen der verschiedenen Stände die Möglichkeit an die Hand, ihr familiäres, bürgerliches oder berufliches Leben christlich zu verstehen. Dazu ist im Sinne dieser Paränese zuvörderst die Anerkenntnis der geschichtlichen Situation, in der sich der einzelne vorfindet, zu zählen. Im Blick auf die sittliche Botschaft des gesamten Neuen Testaments und insbesondere der Evangelien muß festgestellt werden, daß die Haustafeln nur einen Aspekt im Rahmen dieser Botschaft entfalten. Es ist die geforderte Bereitschaft, in der Nachfolge des Kyrios Leiden und Ängste zu übernehmen. Ein anderer und zweifelsfrei noch wesentlicherer Aspekt ist die radikale Nächstenliebe, wie sie Jesus verlangt hat und wie sie im Blick auf den neuen Menschen in Kol 3,11 definiert wird: „da gibt es nicht mehr Grieche und Jude, Beschneidung und Unbeschnittenheit, Barbar, Skythe, Sklave, freier Mann, sondern Christus alles und in allen". Die Spannung, die zwischen diesem Satz und der Haustafel besteht, kann und darf nicht so ohne weiteres übersprungen werden[107]. Sie wird aber begreiflicher, wenn man die Zwiespältigkeit der bestehenden Ordnung in Betracht zieht. Einmal bietet sie die konkrete Situation, in der der einzelne und natürlich auch der Christ sich antrifft und die er zu bejahen hat. Zum anderen ist sie der Raum, in dem er sich zu betätigen hat und in den er auch das Engagement seines Glaubens und seiner Liebe einbringen soll. In diesem Spannungsfeld dürfte der Christ sich auf jeden Fall nicht so verhalten, daß er seiner Bequemlichkeit oder seinem Egoismus verfällt. Viele Verhaltenskonstellationen sind möglich und unter Umständen gefordert[108]. Crouch erwägt die nicht unrealistische Möglichkeit, daß gegebenenfalls eine Zerstörung der vorgegebenen sozialen Ordnung die menschlichen Beziehungen überhaupt zerstören könnte und darum unterbleiben müßte. Die Lehre, die aus der Haus-

---

[106] SCHRAGE (Anm. 13) 13 bietet konterkarierende Beispiele. So sagt Seneca, const. sap. 1,1: „Der eine Teil ist zum Gehorchen, der andere zum Befehlen geboren." Die Praecepta Delphica raten: „Herrsche über die Frauen" (DITTENBERGER, Sylloge ³III, 395).
[107] Wenn CONZELMANN 199f streng zwischen Weltordnung und Heilsordnung trennt, kann das nicht befriedigen.
[108] (Anm. 13) 160f. Vgl. überhaupt 152–161.

tafel, die im Makrotext des Kolosserbriefes im Zusammenhang mit 3,11 gesehen werden soll, zu ziehen ist, lautet: Es käme darauf an, im Rahmen der jeweils bestehenden Ordnungen die christliche Nächstenliebe möglichst radikal zum Zuge kommen zu lassen. In der Konsequenz dieser Lehre könnte nach Lage der Dinge gegebenenfalls zu folgern sein, eine inhuman gewordene, der christlichen Liebe widersprechende gesellschaftliche Ordnung zu zerbrechen[109].

6. CHRISTLICHE SOLIDARITÄT (4,2–6)

2 Im Gebet harret aus, in ihm wachet zur Danksagung. 3 Betet zugleich auch für uns, damit Gott uns eine Tür für das Wort öffnet, um das Geheimnis Christi zu predigen, um dessentwillen ich auch gefesselt bin, 4 damit ich es offenbare, so wie zu predigen es meine Pflicht ist. 5 In Weisheit wandelt gegenüber denen draußen, die Zeit kaufet aus. 6 Euer Wort (sei) jederzeit freundlich, mit Salz gewürzt, daß ihr wißt, wie ihr einem jeden antworten müßt.

I

Der Abschnitt zerfällt deutlich in zwei Teile, die jeweils mit einem Imperativ mit vorangestellter Näherbestimmung eingeleitet werden: im Gebet harret aus (2), in Weisheit wandelt (5). Beide Imperative werden jeweils durch zwei Partizipien mit imperativischer Bedeutung fortgeführt (2b.3 und 5b.6a). Die parallele Struktur der beiden Teile erweist sich weiter darin, daß am Ende von einer Pflicht die Rede ist (δεῖ), der Pflicht des Apostels zu reden (4) und der Pflicht der Christen, einem jeden zu antworten (6b), und daß in beiden Teilen der Logos auftaucht, was damit zusammenhängt. Freilich hat das Wort, dem eine Tür zu öffnen ist (3), mehr Gewicht als das Wort der Gläubigen, das ein gewürztes sein soll (6).

Der erste Teil ruft zum Gebet auf. Dabei wendet sich die allgemeine Weisung zum Fürbittgebet für den Apostel und seine Mitarbeiter. Der Wechsel von der 1. Person Pluralis zur 1. Person Singularis verdient Beachtung: betet auch für *uns, ich* bin gefesselt (3). Der Martyrer Paulus, dessen Werk von seinen Mitarbeitern fortgesetzt wird, tritt erneut in den Blickpunkt. Beide müssen reden (3f: λαλῆσαι), den Mitarbeitern soll die Tür für das Wort geöffnet werden, damit sie reden können; der Apostel steht als Gefesselter unter dem Zwang des Redens. Ihm verbleibt nurmehr die letzte Aufgabe des Zeugnisses. Das wohlabgewogene Nebeneinander von Gott und Christus läßt wieder die theozentrische Sicht unseres Briefes hervortreten. Gott als der Initiierende öffnet die Tür, und so kann das Geheimnis Christi hervortreten (3). Der zweite Teil betrifft

---

[109] Die faktische weitere Entwicklung der Haustafel-Paränese verlief teilweise anders. SCHWEIZER 163f spricht zurecht von einer Repaganisierung. Vgl. das oben S. 206f ausgebreitete Material. Mit dem 2. Jahrhundert verschwindet die Haustafel aus der christlichen Literatur.

den Wandel, das Leben der Gläubigen unter dem besonderen Aspekt ihres Verhältnisses zu den Nachbarn, das durch ihr Wort, ihre Rede und Antwort hergestellt wird. Die Ermunterung, sich für das Wort zu rüsten, muß im Kontext der Auseinandersetzung mit der Häresie gesehen werden. Will man beide Teile auf einen Nenner bringen, so ist es die Solidarität, die die angesprochenen Beziehungen bestimmen soll, die Solidarität des fürbittenden Gebetes, das die Gemeinde mit dem Apostel und den Missionaren verbindet, und die Solidarität des verantwortlichen Dialogs, der Brücken schlagen kann von der Gemeinde zu den anderen Menschen in der Nähe.

II

V 2 Ohne die Markierung eines Übergangs – in 4,1 waren die Herren der Sklaven angeredet – wendet sich der Brief wieder der gesamten Gemeinde zu. Die abschließende Mahnung fordert zunächst zu beharrlichem Gebet auf[1]. Zu jeder Zeit zu beten, ist ein Gedanke, der im Neuen Testament öfter vorkommt (Lk 21,36; 18,1; 24,53; vgl. Röm 1,9f; 12,12; 1 Kor 1,4; Phil 1,3f; Eph 6,18; 1 Thess 1,2f; 5,17; Phm 4; 2 Thess 1,3.11; 2,13; 1 Tim 5,5; 2 Tim 1,3; Hebr 7,25). Bei Gott oder im Gesetz zu verweilen ist schon eine dem Judentum vertraute Vorstellung (z. B. Ps 1,2; 1 QS 6,6). Im christlichen Bereich ist sie verbunden mit der prinzipiellen Überwindung der Grenze zwischen sakral und profan. Hier ist das ausdauernde Gebet, das eigens auch als Danksagung gekennzeichnet wird, Ausdruck der Wachsamkeit (vgl. Mt 26,41 par.; Lk 21,36). Im ältesten Paulusbrief, der die Naherwartung des Kommens des Herrn widerspiegelt, ist die vigilantia auf dieses ausgerichtet. Der Vergleich mit dem Dieb, der überraschend kommt, erläutert die Notwendigkeit zu wachen angesichts des ungewissen nahen Tages (1 Thess 5,4–6). Die eschatologische Qualität der vigilantia bleibt in unserem Brief noch gewahrt, wenngleich die unmittelbare Verknüpfung mit dem Dank[2] und den folgenden Weisungen deutlich eine veränderte Situation anzeigt. Der Tag oder die künftige Offenbarung Christi (vgl. 1 Petr 5,4 und 8) werden nicht ausdrücklich genannt.

V 3 Im Gegentakt zum Gebet des Apostels für die Gemeinde am Anfang des Briefes (1,3 und 9) bittet dieser nun die Gemeinde um ihre Fürbitte. Paulus hat in seinen Briefen öfter die Bitte um das Gebet ausgesprochen (2 Kor 1,11; Phil 1,19; Röm 15,30). In der Regel hängt diese zusammen mit persönlicher Not, Gefangenschaft, Todesgefahr. Die Bitte lebt in den Deuteropaulinen fort (Eph 6,19; 2 Thess 3,1; Hebr 13,18). Das christliche Vertrauen auf die göttliche Führung gewinnt besonderes Relief, wenn man es mit der stoischen Einstellung vergleicht. Seneca sagt: „Ich meine, es gibt eine bindende Notwendigkeit für alles Geschehen und Tun, eine Notwendigkeit, die durch keine Gewalt gebrochen werden kann. Wenn du glaubst, eine solche Macht könnte durch ein

---

[1] προσκαρτερέω = bei etwas ausharren und emsig etwas betreiben. Vgl. Spicq, Lexicographie II, 758–761. – J 33 69 lesen statt des Imperativs das Partizip Präsens.
[2] Die beiden Präpositionalfiguren am Ende von V 2 überfrachten den Satz, der kaum so ins Deutsche übersetzt werden kann. D* Ambrosiaster streichen ἐν εὐχαριστίᾳ.

Opfer oder das Haupt eines schneeweißen Lammes umgestimmt werden, hast du wenig verstanden von der göttlichen Regierung."[3] Freilich geht es in unserem Brief um die dispensatio evangelica, um das Wort Gottes, dem eine Tür geöffnet werden soll, dessen Träger der Apostel und seine Mitarbeiter sind. Das in der Literatur viel verwendete Bild von der Tür beschreibt ein Hindernis, die Öffnung der Tür seine Überwindung. So gebraucht Epiktet wiederholt die Wendung „die Tür ist geöffnet", um zu sagen: ich bin frei, überall hinzugehen[4]. Im jüdischen Schrifttum wird das Bild auf das Verhältnis des Menschen zu Gott angewendet. Gott öffnet die Tür seines Erbarmens, der Mensch öffnet die Tür durch die Buße. „Gott sprach zu den Israeliten: Meine Kinder, öffnet mir eine Tür der Buße" (Midr Hl 5, 2)[5]. Paulus schließt hier an, wenn er in 1 Kor 16, 9; 2 Kor 2, 12 sagt, in Ephesos bzw. in Troas „hat sich mir eine (große) Tür geöffnet". Er will damit zu verstehen geben, daß Gott ihm an den genannten Orten die Herzen vieler Menschen geöffnet hat. In Kol 4, 3 wird man das Bild nicht auf die ersehnte Befreiung des Apostels aus der Gefangenschaft einschränken dürfen. Es ist zweierlei zu beachten: der Wechsel vom Plural zum Singular und die Öffnung der Tür für das Wort[6]. Der Apostel und seine Mitarbeiter sind mit der Verkündigung der Heilsbotschaft, die jetzt im Anschluß an 1, 26; 2, 2 Geheimnis Christi genannt wird, betraut. Gott ist der eigentliche Initiator und Wirker des Heils, der das Geheimnis offenbart hat und auch dafür sorgt, daß es bei den Menschen ankommt. Wenn in V 5 von denen, die draußen sind, die Rede ist, deutet das Nebeneinander von Mysterium und äußerem und innerem Kreis die Abhängigkeit von einem apokalyptischen Schema an. In der Apokalyptik werden die göttlichen Geheimnisse nur den Erwählten, den Weisen anvertraut[7]. Das Geheimnis Christi hingegen ist ein offenes Mysterium. Es beinhaltet gerade dies, daß das Heil für alle Menschen bestimmt und Christus schon jetzt unter den Heidenvölkern bekannt ist (1, 27). Die Erinnerung an den gefesselten Apostel, der um dieses Geheimnisses willen im Gefängnis liegt[8], weckt nochmals die Zusammenhänge, die in 1, 24–27 entwickelt worden waren.

V 4 So wird in einem zweiten Finalsatz auf Paulus hingelenkt, daß er weiter die Möglichkeit erhalte, das Geheimnis zu offenbaren. Die einzigartige Kennzeichnung der Evangeliumsverkündigung, die sonst mit den üblichen Verben der Verkündigungssprache umschrieben wird, als φανεροῦν ist wiederholt aufgefallen. Im Corpus Paulinum ist dieses Verb der Offenbarungstätigkeit Gottes

---

[3] Naturales questiones 2, 36. Vgl. SEVENSTER, Seneca 49.
[4] Vgl. die Ausgabe von H. SCHENKL, Index s. v. θύρα.
[5] Vgl. J. JEREMIAS, in: ThWb III, 174f; BILLERBECK III, 631.
[6] Kodex A fügt hinzu τοῦ λόγου ἐν παρρησίᾳ. Vgl. Eph 6, 19. – LIGHTFOOT erwägt eine Deutung des Bildes von der Tür im Sinn von Ps 141, 3.
[7] Vgl. 4 Esr 12, 36: „Nur du allein warst würdig, dieses Geheimnis vom Höchsten zu erfahren; ApkBarsyr 48, 3: „Doch offenbarst du nicht der Menge die Geheimnisse von dir; 20, 3; 4 Esr 14, 5.26.46; Mk 4, 11. Auch G. BORNKAMM, in: ThWb IV, 821f. Zum jüdischen Hintergrund des Schemas GNILKA, Verstockung 198f.
[8] Einzelne Hss (B G) beziehen auf Christus zurück: δι' ὄν B* L sprechen vom Geheimnis Gottes.

oder Christi vorbehalten (jedoch 2 Kor 2,14)[9]. Im Kontext des Mysteriums ist das Wort zwar angemessen, bedeutet aber gegenüber dem vorausgehenden und nachfolgenden λαλῆσαι eine klare Steigerung. Im Zusammenhang des Briefes greift es auf das Revelationsschema von 1,26f zurück, das Gottes rettendes Offenbarungshandeln schilderte. Der Apostel ist das auserlesene Werkzeug, dem die Realisierung dieses Geheimnisses, nämlich das Evangelium den Völkern zu bringen, übertragen war (vgl. Eph 3,8f). Die Interpretation des Evangeliums als der der endgültigen Offenbarung Gottes im nahen Gericht vorauslaufenden Kundgabe Gottes zur Rettung der Menschen in Jesus Christus bestimmt bereits das paulinische Evangelium[10]. Im Kolosserbrief verbindet sich das Konzept mit dem Mysterium, das bislang verborgen war und jetzt bekanntgemacht worden ist. Die Notwendigkeit (δεῖ), unter die Paulus gestellt ist, ist darum mehr als Ausdruck des Gehorsams gegenüber der übernommenen Aufgabe. Sie besagt auch mehr als 1 Kor 9,16. Sie weist hin auf den Heilsplan, den Gott beschlossen hatte und in den Paulus bis hin zu Gefangenschaft und Martyrium einbezogen war. Der schon oben vermerkte Einfluß apokalyptischer Gedanken schlägt hier erneut durch. Die Vorstellung von Notwendigkeiten in der Geschichte, die von Gott letztlich zum Heil gelenkt wird, ist in der Apokalyptik beheimatet. Wenn Paulus als einer hingestellt wird, der sich zu dieser Notwendigkeit bekennt, und die Gemeinde aufgerufen ist, für ihn und seine Mitarbeiter zu beten, bleiben die menschliche Verantwortung und Freiheit gewahrt.

V 5 Über die Fürbitte hinaus wird die Gemeinde zum selbständigen Zeugnis aufgerufen. Sie legt es ab durch ihr Leben. Ihr weiser Lebenswandel soll – offenkundig werbend – auf die Außenstehenden gerichtet sein. Weisheit als Lebensmaxime ist mehr als praktische Lebenserfahrung, auch etwas anderes als das, was der Stoiker darunter versteht: „Nicht von der Natur abzuweichen und uns formen nach ihrem Gesetz und Muster, das ist die wahre Weisheit."[11] Es handelt sich vielmehr um die Weisheit, die ihnen durch das Evangelium, das Mysterium Christi, geschenkt wurde. Weise werden durch Offenbarung, durch Empfang eines Geheimnisses, will auch der Apokalyptiker. Nach 4 Esr 12,26.46 erhalten nur die Weisen das Geheimnis. Die christliche Weisheit des Evangeliums muß so gelebt werden, daß sie die Außenstehenden überzeugt (vgl. 1 Thess 4,12; 1 Kor 10,32). Das unterscheidet sie von der Weisheit der Apokalyptik, die verborgen sein will. Vorausgesetzt ist demnach eine Übereinstimmung im sittlichen Urteil zwischen Christen und Heiden, die die Überzeugungskraft des christlichen Lebens erst zuläßt[12]. „Die draußen" (οἱ ἔξω) ist ein jüdischer Begriff (*chisonim*), der die außerhalb der Gemeinde Befindlichen

---

[9] Vgl. Röm 1,19; 3,21; 16,16; 1 Kor 4,5; 2 Kor 3,3 u.ö.
[10] Vgl. P. STUHLMACHER, Das paulinische Evangelium I. Vorgeschichte (FRLANT 95) (Göttingen 1968), besonders 56–108.
[11] Seneca, ep. 89,4.
[12] Hierzu SCHRAGE, Einzelgebote 196f.

oder auch die Häretiker bezeichnet und auch 1 Kor 5,12f verwendet wird[13]. An unserer Stelle schwingen wahrscheinlich beide Bedeutungen mit. Sowohl die Nichtchristen als auch die Häretiker, deren Weisheit nur Schein ist (2,23), sollen gewonnen werden. Bezieht man „die draußen" auch auf die Häretiker, schließt sich V 6 glatt an.

Unklar ist die Mahnung τὸν καιρὸν ἐξαγοραζόμενοι. Weil das seltene Verb sonst „abkaufen, loskaufen" (Gal 3,13; 4,5) bedeutet[14], meinte man, es käme darauf an, die harten Forderungen des letzten schlimmen Kairos abzugelten und zu befriedigen, oder die gegenwärtige Zeit, die für böse und gottlose Dinge gebraucht wird, zum Preis der persönlichen Wachsamkeit und Selbstverleugnung zurückzukaufen[15]. In Dn 2,8 LXX, Theod. hat dieselbe Wendung den Sinn von „Zeit gewinnen"[16]. Oder ist gemäß dem Wort Senecas zu interpretieren: „Halte deine Zeit zusammen und hüte sie"? Der Philosoph will mit diesem Thema zu wiederholten Malen zur ernstlichen Arbeit an sich selbst ermuntern[17]. Man wird das Verb am besten als Intensivform verstehen. Die Zeit, die als ein Raum vorgestellt ist, soll bis zum letzten ausgebeutet, ausgekauft werden. Die eschatologische Perspektive tritt hinzu. Die Zeit läuft auf ihr Ende hin zu (3,4), wenngleich die Naherwartung den Kolosserbrief nicht geprägt hat[18]. Der Kairos ist wertneutral (vgl. Gal 6,10) und bemessen. Als Entscheidungszeit ist er durch die Tat des einzelnen zu qualifizieren[19].

V 6 Im Alltagsleben stehen die Gemeindemitglieder in ständigem Kontakt mit den übrigen Bürgern der Stadt. Ihr Wort, auf das sie zu achten haben, fällt im Gespräch mit diesen. Dabei ist abgehoben auf das Gespräch als Verkündigungssituation. Nicht unbedingt soll jeder predigen oder missionarisch werben, aber darauf gefaßt sein, als Christ angesprochen zu werden. Die Fähigkeit zu reden ist vor allem in der Auseinandersetzung mit den Häretikern vonnöten. Die Charakterisierung ihres Wortes geschieht durch zwei bildhafte Wendungen, die nicht eindeutig sind. Die anmutige Rede ist dem Weisen vorbehalten: „Auf den Lippen des Verständigen findet sich Anmut" (LXX Sir 21,16: χάρις; vgl. Prd 10,12; ψ 44,3). ἐν χάριτι (vgl. Kol 3,16) aber wird mehr besagen wollen. Das menschliche Wort allein überzeugt nicht. Es muß zum Träger des Wortes Christi (1,5.25; 3,16f; 4,3) werden, das Gnade ist. Wenn der Satz oben mit „euer Wort sei jederzeit freundlich" übersetzt wurde, ist in diesem Sinn die

---

[13] Vgl. Meg 4,8: „Wenn einer die Kapsel der Gebetsriemen vor die Stirn oder auf die flache Hand bindet, so ist das die Weise der *Häresie*; wenn sie einer mit Gold belegt und auf den Ärmel bindet, so ist das die Weise der *draußen Stehenden*", und BILLERBECK II, 7.
[14] Vgl. PASSOW s.v.
[15] BAUER, Wörterbuch; MOULTON-MILLIGAN, jeweils s.v.
[16] Es ist das einzige Vorkommen des Verbs im griechischen AT. Das Verb ist überhaupt erst seit dem 3. Jahrhundert belegt.
[17] ep. 1,1. Goethe faßt die Regel in die weniger ernsten Worte: „Ihrer (der Minute) sechzig hat die Stunde, über tausend hat der Tag, Söhnchen, werde dir die Kunde, was man alles schaffen mag."
[18] Gegen LOHMEYER, der von einer kurzen Spanne bis zur Parusie spricht.
[19] SODEN versteht die Mahnung als fortgesetzte Aufforderung, die Außenstehenden zu gewinnen.

Freundlichkeit des Herrn zu vermitteln[20]. Ebenso meint „mit Salz gewürzt" mehr als das packende, aufrüttelnde, treffsichere, „gesalzene" Wort. Das Salz hat würzende, erhaltende und säubernde Kraft. Im Alten Testament gebraucht man es für das Opfer (Lv 2, 13; Ex 30, 35). Es wird aber auch im Judentum das Wort Gottes mit ihm verglichen: „Die Thora gleicht dem Salz, die Mischna dem Pfeffer, die Gemara den Gewürzen. Die Welt kann nicht ohne Salz und nicht ohne Pfeffer, auch nicht ohne Gewürze sein" (Soph 15, 8)[21]. Dieses jüdische Bildverständnis ist aufgegriffen. Ignatios fordert später: „In ihm (Jesus Christos) sollt ihr gesalzen werden, damit keiner unter euch (durch Fäulnis) verderbe, da ihr nach dem Geruch werdet überführt werden" (Magn 10, 2). Die Rede und Antwort soll jeden einzelnen befriedigen können, seinen Ansprüchen entsprechen. Auch dieses Erfordernis ist jüdisch: „Wohl dem Mann, der die Worte der Thora zu eigen hat und in dessen Hand sie verwahrt werden, und der es versteht, mit ihnen am rechten Ort eine vollkommene Antwort zu geben."[22] Wenn das Verb ἀποκρίνομαι im ganzen neutestamentlichen Briefkorpus nur in Kol 4, 6 begegnet, mag dies als Indiz für eine Auseinandersetzung gelten, in die die ganze Gemeinde hineingezogen war.

III

Im Abschlußteil der Paränese kommen nochmals zwei führende Anliegen des Briefes zur Sprache: die Einbindung der Gemeinde in die weltweite Verkündigung und kirchliche Gemeinschaft (vgl. 1,6), die über den gefangenen Martyrer-Apostel gewährleistet wird, und die Auseinandersetzung mit der Irrlehre in Kolossä. Das fürbittende Gebet, das sie wachsam sein läßt, verbindet die Kolosser mit Paulus und seinen Mitarbeitern und mit der Weltmission. Ihre Aufgabe ist das gelebte christliche Leben, das sie zu mündigen Christen werden läßt. Nur im Zusammenhang mit diesem kann ihr Wort Überzeugungskraft gewinnen. Dem Dialog des Gebetes entspricht der Dialog des Gesprächs. Als mündige Christen sollen sie in die Lage versetzt sein, Rede und Antwort zu stehen, weder aufdringlich werbend noch rechthaberisch, sondern getragen von der Weisheit, die in Christus verborgen ist (2, 3) und die ihnen durch das Evangelium, das Mysterium Christi, geschenkt wurde. Der verantwortete Glaube ist die letzte Sorge, die unser Autor angesichts konkreter Gefährdungen zur Sprache bringt.

---

[20] Das Fehlen des Artikels spricht nicht gegen diese Interpretation. Vgl. DIBELIUS. Die verbreitetste Übersetzung ist: in Anmut, anmutig, charming o. ä. (SODEN, DIBELIUS, LOHSE, ERNST, MOULE). DIBELIUS und LOHSE denken an eine Redewendung oder einen Spruch. W. NAUCK, Salt as a Metaphor in Instructions for Discipleship, in: StTh 6 (1952) 165–178, nimmt das Salz als Bild für die Weisheit in der Zeit des erfüllten Eschaton. Vgl. Eph 4,29.
[21] Weitere Belege bei BILLERBECK I, 235. Auch in der Gnosis spielt die Salz-Metapher eine wichtige Rolle. Bei den Markosiern gab es sogar ein Salzsakrament. Vgl. LOHMEYER 163 Anm. 7.
[22] Lv r 3 (Nachtrag), bei BILLERBECK III, 765 (zu 1 Petr 3,15). Hier weitere Beispiele.

Ausleitung: Persönliches 4,7–18

Den relativ umfänglichen Schlußteil unseres Briefes gliedert man am besten nach den in ihm vorkommenden Namen und ihrer Zuordnung. 4,7–9 spricht von der Delegation des Tychikos und Onesimos. Es folgen Grüße aus dem Kreis des Absenders (ἀσπάζεται, 4,10–14). Grüße und Weisungen an die Gemeinden schließen sich an (ἀσπάσασθε, 4,15–18).

1. TYCHIKOS UND ONESIMOS (4,7–9)

7 Was mich betrifft, wird euch Tychikos, der geliebte Bruder und zuverlässige Helfer und Mitknecht im Herrn, alles kundtun, 8 den ich zu diesem Zweck zu euch schicke, daß ihr wißt, wie es uns geht, und er eure Herzen ermutige, 9 mit Onesimos, dem zuverlässigen und geliebten Bruder, der von euch ist. Alles werden sie euch kundtun, wie es hier steht.

I

Wie in den meisten älteren Paulusbriefen stehen auch am Schluß unseres Briefes persönliche Nachrichten und Grüße. Es fehlt allerdings sowohl die Ankündigung eines persönlichen Kommens (anders Phlm 22) als auch die Kundgabe persönlicher Pläne für die Zukunft. Dies hängt mit dem deuteropaulinischen Charakter des Briefes zusammen und nicht allein damit, daß die Gemeinde von Kolossä dem Apostel persönlich nicht bekannt war. Die Verse 7f stimmen bis auf den Anfang in Eph 6,21 wörtlich mit Eph 6,21f überein. Auch erhält Tychikos dort nicht mehr das Epitheton καὶ σύνδουλος. Die Übereinstimmung zwischen Kol 4,7f und Eph 6,21f ist die weitreichendste innerhalb der Übereinstimmungen zwischen den beiden Briefen. Bezeichnend ist, daß im Kolosserbrief V 9 mit der Erwähnung des Onesimos, der als „einer von euch" charakterisiert wird, hinzutritt. Die Langfassung Kol 4,7–9 spricht klar dafür, daß sie Eph 6,21f als Vorlage diente[1]. Die prägenden Begriffe sind τὰ κατ' ἐμέ (7), τὰ περὶ ἡμῶν (8) – auch hier verdient der Wechsel vom Singular zum Plural Beachtung – und ὧδε (9). Die Adressaten sollen über die Lage des Paulus und seiner Mitarbeiter Kenntnis erhalten (8), durch die beiden Sendboten informiert werden (7 und 9). Formal wird Tychikos stärker herausgestellt. Er erhält

---

[1] Vgl. GNILKA, Epheserbrief 320f.

drei Bezeichnungen. Onesimos ist schlicht der Bruder. Als „geliebter" und „getreuer" gelten beide. Die Bevorzugung der Dreizahl wie der Wechsel von Partizip-, Relativ-, Finalsatz entsprechen völlig dem Stil unseres Autors.

II

V 7 Über das persönliche Ergehen des Apostels schweigt der Brief. Wir hörten in 4,3 nur von der Gefangenschaft. Ein persönlicher Mitarbeiter des Paulus, Tychikos, der auch als der Überbringer des Briefes zu denken ist, kann und soll Näheres berichten. Es fällt auf, daß hierfür das Verb γνωρίζω, das sonst für die Kundgabe des Evangeliums oder eines göttlichen Ratschlusses in Anspruch genommen wird (Röm 9,22f; 16,26; 1 Kor 15,1; 2 Kor 8,1; Gal 1,11; Eph 1,9 u.ö.; auch Kol 1,27) verwendet wird. Darum wird κατ' ἐμέ[2] mehr als nur persönliche Belange einschließen. Der leidende Apostel ist für seine Gemeinden bereits zu einem – fast verehrungswürdigen – Vorbild geworden (vgl. 1,24f). Dies soll kundgetan werden.

Tychikos stammt aus Kleinasien, ob aus Ephesos, muß fraglich bleiben[3], legt sich aber nahe. Der Name ist für Kleinasien auch häufig belegt[4]. Für Tychikos ist bezeichnend, daß er außer in Apg 20,4 nur in deuteropaulinischen Schriften erwähnt wird. Er erscheint regelmäßig als Delegat des Apostels, mit bestimmten Sendungen betraut (2 Tim 4,12; Tit 3,12; Eph 6,12). Man wird den Schluß ziehen dürfen, daß er erst nach dem Tod des Paulus eine herausragende Rolle in den paulinischen Gemeinden in einem übergreifenden Sinn gespielt hat, wahrscheinlich in der Provinz Asia. Nach Apg 20,4f begleitet er zusammen mit sechs anderen Gemeinderepräsentanten Paulus auf dessen letzter Reise von Griechenland nach Troas (und Jerusalem?), die die Überbringung der Kollekte für die Christen von Jerusalem zum Ziel hatte. Er ist demnach von seiner Gemeinde (in Ephesos?) dem Apostel als Mitarbeiter gegeben worden. Daß er mit dem in 2 Kor 8,18 genannten Bruder, „dessen Lob im Evangelium bei allen Gemeinden bekannt ist", zu identifizieren wäre, ist sehr fraglich[5]. Seine Bedeutung wird durch drei Epitheta sichergestellt: geliebter Bruder ist er als Christ wie Onesimos (4,9; vgl. 1,2; 4,15). Zuverlässiger Helfer ist er als Seelsorger und Missionar. διάκονος ist nicht als Amtsbezeichnung (Diakon) zu interpretieren, auch nicht als Diener oder Helfer des Apostels (wie Apg 19,22), sondern hat im Brief in 1,7 seine sachliche Parallele. Unser Brief betont die Zuverlässigkeit der apostolischen Mitarbeiter, in den protopaulinischen Schriften wird die Treue Gottes betont, in den Pastoralbriefen die Treue des Wortes (vgl. oben zu 1,7). Mitknecht, ein aus der Apokalyptik stammender Begriff[6],

---

[2] Zur Wendung vgl. Phil 1,12; Apg 25,14.
[3] Lightfoot und Ollrog, Mitarbeiter 107, mit Verweis auf 2 Tim 4,12; Apg 20,4.
[4] Allein in den Inschriften von Magnesia 9mal. Vgl. Bauer, Wörterbuch s.v.
[5] Vermutung von Lightfoot. Dieser nicht namentlich genannte Bruder wird einer der in Apg 20,4f erwähnten Begleiter des Apostels gewesen sein, vermutlich der Repräsentant einer griechischen Gemeinde. Vgl. H. Windisch, Der zweite Korintherbrief (KEK) (Göttingen ⁹1924, Nachdruck 1970) 264. Zur letzten Jerusalem-Reise des Paulus vgl. Suhl, Paulus 256–298.
[6] Vgl. oben zu 1,7.

Kol 4,7–9

den innerhalb des Corpus Paulinum nur der Kolosserbrief kennt, kennzeichnet den Tychikos als einen, der am Dienst des Apostels partizipiert. Paulus hat sich wiederholt „Knecht Christi Jesu" (z. B. Phil 1,1; Röm 1,1) genannt. Da auch Epaphras in 1,7 „Mitknecht" hieß, rückt Tychikos auf eine Stufe mit diesem. Tychikos muß neben (oder nach) Epaphras für das Lykostal eine christliche Autorität gewesen sein. „Im Herrn" – auf beide Funktionsbezeichnungen zu beziehen – versachlicht die übernommene Aufgabe.

V 8 „Senden" (πέμπω) ist das von Paulus wiederholt verwendete Wort für eine offizielle Beauftragung (1 Kor 4,17; 16,3; 2 Kor 9,3; Phil 2,19.23; 1 Thess 3,2.5)[7]. Erneut wird als Zweck der Sendung des Tychikos zunächst angegeben, daß die Gemeinde über die Lage des Paulus unterrichtet werden soll. Der Wechsel zum Plural „wie es uns geht" bezieht die Mitarbeiter mit ein und hebt ab auf die neu entstandene Missionssituation nach der Behinderung bzw. dem Ausfall des Apostels. Die bemerkenswerte, aber sekundäre Lesart „damit ich erfahre, wie es euch geht"[8] entspricht 1 Thess 3,5. Die zweite Aufgabe des Tychikos, die mit der ersten eng zusammenhängt, besteht darin, die Gemeinde zu ermutigen. Die ihm übertragene Paraklese hat das volle Gewicht des apostolischen Zuspruchs und darf keinesfalls auf ein Trösten eingeschränkt werden. Sie bezieht die Erinnerung an die apostolische Lehre mit ein. Die auffallende Übereinstimmung in der Wortwahl mit 2,2 legt nahe, daß die Gemeinde und die übrigen, die den Apostel persönlich nicht kennengelernt haben, durch die Erinnerung an seinen Leidenskampf gestärkt werden sollen. Die biblische Wendung „eure Herzen" faßt die Gemeinde als in der Gesinnung geeinte Gemeinschaft zusammen.

V 9 Deutlich von Tychikos abgesetzt ist Onesimos. Immerhin ist auch er gesendet und soll auch er berichten. Er hat sich als Christ bewährt. In der gegenwärtigen Forschung bestreitet niemand, daß Onesimos mit dem in Phm 10 genannten Sklaven gleichen Namens, um dessetwillen der Philemonbrief geschrieben wurde, identisch ist[9]. Onesimus (= der Nützliche) ist beliebter Sklavenname. Als einer „von euch" charakterisiert, muß er – wie Epaphras (4,12) – zu Kolossä in besonderer Beziehung stehen. Stammt er von dort? Jedoch teilt ein Sklave die Heimat seines Herrn. So wird auf seine Gemeindezugehörigkeit angespielt sein. Auffällig ist, daß Philemon, der Herr des Onesimos, im Kolosserbrief keine Grüße erhält. Die Verfechter der protopaulinischen Abfassung unseres Briefes verweisen auf den dann gleichzeitig abgesandten Philemonbrief. Dennoch bliebe ein ungeklärter Rest. Nimmt man die deuteropaulinische Abfassung an, ergeben sich verschiedene Erklärungsmöglichkeiten. Entweder wohnt Philemon nicht mehr in Kolossä, oder die Hausgemeinde des Philemon wäre gar nicht in Kolossä zu suchen, sondern an-

---
[7] ἔπεμψα ist Aor. epistolographicus.
[8] Gelesen von 330 451 P⁴⁶ C 𝔐 vg sy.
[9] Die Identität bestritt Calvin z. St., dem der Sklave Onesimos als einstiger Dieb und Flüchtling gilt.

derswo (im Lykostal?). Onesimos wäre dann, inzwischen von Philemon freigelassen, Mitglied der kolossischen Gemeinde geworden. Auf jeden Fall erfolgte dann die Sendung des Onesimos und Tychikos, der im Philemonbrief nicht genannt wird, zu einem späteren Zeitpunkt als die mit dem Philemonbrief verbundene Rückkehr des Onesimos zu Philemon. Onesimos mit dem im Epheserbrief des Ignatios rühmend erwähnten Bischof Onesimos von Ephesos, dem eine „unbeschreibliche Liebe" nachgesagt wird (1,3; vgl. 2,1; 6,2), zu identifizieren, ist sehr problematisch[10]. Als zuverlässiger und geliebter Bruder hat Onesimos wahrscheinlich schon manchen nützlichen Dienst für die Gemeinden getan. Die Wiederholung des Auftrags am Schluß bezieht den Onesimos mit ein (Plural). Die umfassende allgemeine Wendung πάντα... τὰ ὧδε[11] (wörtlich: alles Hiesige) läßt keinen Schluß zu, an welchem Ort Paulus zu denken ist. Diese Unbestimmtheit ist kein Zweifel[12].

2. GRÜSSE DER MITARBEITER DES APOSTELS AN DIE GEMEINDE (4,10–14)

10 Es grüßt euch Aristarchos, mein Mitkriegsgefangener, und Markus, der Vetter des Barnabas – ihn betreffend habt ihr Anweisungen erhalten; wenn er zu euch kommt, nehmt ihn auf –, 11 und Jesus, der Justus genannt wird. Sie sind aus der Beschneidung – diese allein – Mitarbeiter für das Reich Gottes. Sie sind mir ein Trost geworden. 12 Es grüßt euch Epaphras, der eure, Sklave Christi Jesu, allzeit für euch kämpfend im Gebet, damit ihr feststeht, vollkommen und völlig gewiß des ganzen Willens Gottes. 13 Denn ich bezeuge ihm, daß er viel Mühsal hat für euch und die in Laodikeia und die in Hierapolis. 14 Es grüßt euch Lukas, der geliebte Arzt, und Demas.

I

Der Kolosserbrief enthält eine der umfangreichsten Grußlisten des Corpus Paulinum. Im Gegensatz zu Röm 16 werden vor den Grüßen an die Mitarbeiter in der Gemeinde die Grüße der Mitarbeiter des Paulus bestellt. Im Gegensatz zu Röm 16,21–23 und Phm 23f erscheinen diese weitaus farbiger und plastischer. Auch hier schlägt der Stil unseres Autors durch. Vor allem aber sind sachliche Gründe verantwortlich. Lohmeyer hat etwas Richtiges gesehen, wenn er darin einen Nachklang des Martyriums des Apostels erblickt. Nurmehr durch Mitarbeiter sei Paulus mit seinem Werk, seinen Gemeinden, verbunden[1]. Die

---

[10] Gegen P. STUHLMACHER, Der Brief an Philemon (EKK) (Zürich 1975) 57.
[11] Die Handschrift G ergänzt πραττόμενα. Dies dürfte Einfluß des lateinischen Textes sein: omnia quae hic aguntur (vg).
[12] Im Gegensatz hierzu erwähnt Phil 1,13 wenigstens ein Prätorium, in Phm 22 kündet Paulus seinen Besuch an.
[1] 166. – Zum gesamten Abschnitt vgl. G. E. LADD, Paul's Friends in Col. 4,7–16, in: RExp 70 (1973) 507–514. – E. LOHSE, Die Mitarbeiter des Apostels Paulus im Kolosserbrief, in: Verborum Veritas (Festschrift G. Stählin) (Wuppertal 1970) 189–194.

Namen der sechs Grüßenden stimmt bis auf Jesus Justus, der in unserem Brief als sechster hinzutritt, vollständig mit der Grußliste in Phm 23f überein[2]. Nur ist die Reihenfolge eine andere. Epaphras ist aber auch dort bevorzugt, gefolgt von Markus.

Ein dreifaches „es grüßt euch" in 10, 12 und 14 teilt die Mitarbeiterliste in drei Blöcke von 3 + 1 + 2 Namen. Epaphras, abgehoben und in der Mitte stehend, überragt die übrigen, was durch das große ihm gespendete Lob nur unterstrichen wird. Im ersten Block, der durch eine gemeinsame Charakterisierung abgeschlossen wird, steht Markus als der wichtigste in der Mitte. Lobende Epitheta erhalten Aristarchos und Lukas. Jesus Justus und Demas werden nur namentlich aufgeführt. Es ist somit durchaus ein unterschiedliches Personenrelief erkennbar. Der Abschnitt ist in der 1. Person Singularis abgefaßt: mein Mitgefangener (10), mir ein Trost (11), ich bezeuge ihm (13). Partizipiale, relativische, finale Anschlüsse entsprechen wieder dem Stil unseres Autors, sein Hang zur Plerofforie kommt besonders in V 12 nochmals zum Ausdruck. Auch seine theozentrische Sicht bestätigt sich erneut, wenn das Reich Gottes (11) und der Wille Gottes (12) erwähnt werden.

II

V 10 Die Grußliste eröffnet Aristarchos. Es ist zu vermuten, daß dieser mit dem in Apg 27,2 erwähnten Makedonier Aristarchos aus Thessalinike identisch ist[3]. Dann hat dieser den Aufruhr in Ephesos mitgemacht (Apg 19,29) und zusammen mit seinem Landsmann Secundus den Apostel auf der sogenannten Kollektenreise (20,4), vor allem aber auf dessen Überfahrt als Gefangener von Kaisareia in Palästina nach Rom begleitet (27,2). Er tritt also erst in der letzten Phase des Wirkens des Paulus in Erscheinung. Der Ehrenname „Mitkriegsgefangener" (vgl. Phm 23; Röm 16,7) ist wie „Mitsoldat" (Phm 2; Phil 2,25) zunächst bildlich zu verstehen[4]. Aristarchos hatte aktiven Anteil an den Kämpfen und Leiden für das Evangelium. Darüber hinaus weist der Ausdruck „Mitkriegsgefangener" auf die Bereitschaft, mit dem Apostel die Gefangenschaft zu teilen. Am besten bezieht man das für den Makedonier auf die Begleitung des Paulus in Kaisareia und bei der Schiffsreise nach Rom. Alles andere wäre Spekulation[5].

Markus ist ein Mann der ersten Stunde in der paulinischen Missionsarbeit. Nach Apg 12,12.25; 15,37f heißt er Johannes Markus und stammt aus Jerusa-

---

[2] W. Foerster, in: ThWb III, 286 Anm. 18, möchte am Ende von Phm 23 statt ἐν Χριστῷ Ἰησοῦ: Χριστῷ, Ἰησοῦς κτλ. lesen, im Anschluß an einen alten Konjekturvorschlag. Dann wäre die Übereinstimmung vollständig. Abgesehen davon, daß diese LA keine Handschrift bietet, spricht gegen sie die Bevorzugung des Markus, der nach Epaphras der Bedeutendste ist. Jesus, der im übrigen Jesus Justus heißt, hat offenbar keine herausragende Stellung.
[3] Vgl. Ollrog, Mitarbeiter 46f. – Der Name Aristarchos war weit verbreitet. Vgl. Bauer, Wörterbuch s. v.
[4] Vgl. V. C. Pfitzner, Paul and the Agon Motif (NT. S 16) (Leiden 1967) 161. Es ist auffällig, daß es nicht σύνδεσμος heißt.
[5] Soden meint, die Mitarbeiter des Apostels hätten mit diesem abwechselnd die Haft geteilt oder seien als Zeugen einvernommen oder in Untersuchungshaft genommen worden.

lem⁶. Die Doppelnamigkeit weist ihn als jüdischen Graecopalästiner aus, wie auch sein Verwandter, der aus Cypern gebürtige Levit Josef Barnabas (Apg 4,36) zwei Kulturkreisen verpflichtet ist⁷. Damit schienen beide für die Heidenmission prädisponiert. Der Zwist zwischen Paulus und Barnabas (Apg 15,37–39) betraf, historisch betrachtet, vermutlich ein ähnliches Problem wie der Antiochenische Zwischenfall, in den Barnabas ausdrücklich einbezogen wird (Gal 2,13), so daß Markus höchstens indirekt berührt wurde. Es nimmt nicht wunder, wenn er jetzt wieder unter den paulinischen Mitarbeitern zu sehen ist. Von der Verwandtschaft des Markus mit Barnabas schweigt die Apostelgeschichte. Wenn er Kol 4,10 Vetter, Geschwistersohn des Barnabas heißt, setzt das voraus, daß letzterer den Kolossern zumindest dem Namen nach als bedeutender christlicher Missionar bekannt ist⁸.

Die Parenthese, die eine aktuelle, den Markus angehende Frage betrifft, ist unklar. Es sind Aufträge, Anweisungen – in mündlicher oder schriftlicher Form – ergangen. Aber von wem und welchen Inhalts? Aus der Luft gegriffen ist die Meinung, Markus sei mit der Organisation der Gemeinde beauftragt⁹. Am besten sieht man den Inhalt kurz wiedergegeben, die Aufnahme des Gesendeten. Der Übergang in die oratio recta könnte dies nahelegen. Dann handelte es sich um Empfehlungen oder Empfehlungsbriefe, wie sie in der frühesten Christenheit verbreitet waren (Apg 18,27; 2 Kor 3,1)¹⁰. Vielleicht kannte die junge Gemeinde noch nicht den Brauch der Beherbergung und Verköstigung christlicher Sendboten. Die Kommunikation zwischen den Gemeinden war lebhafter, als wir uns das oft vorstellen. Die Absicht des Markus, ins Lykostal zu reisen, konnte bis jetzt nicht verwirklicht werden. Da er nicht mit Tychikos reist, scheint es auch jetzt noch ein Hindernis zu geben. Es ist vor allem daran zu denken, daß die empfehlenden Weisungen von jenen herrühren, die in der Nachfolge des Apostels dessen Gemeinden betreuen.

V 11 Jesus Justus gehört als Doppelnamiger in dasselbe Milieu wie Markus und Barnabas. Über ihn wissen wir nichts Näheres. Da der Zweitname Justus bei Juden (und Proselyten) häufig anzutreffen ist, ist es unzulässig, ihn mit

---

⁶ OLLROG, Mitarbeiter 48, bezweifelt die Jerusalemer Abstammung des Markus und hält ihn eher für einen Antiochener.
⁷ Vgl. HENGEL, Judentum 193f. – Nach Apg 4,36 erhielt Josef von den Aposteln den Beinamen Barnabas, das heißt, Sohn des Trostes.
⁸ Barnabas, ein führender Glaubensbote, wird 29mal im NT erwähnt, Markus außer den genannten Stellen noch in 2 Tim 4,11; 1 Petr 5,13. Gelegentlich nahm man an, daß Barnabas zur Zeit der Abfassung unseres Briefes bereits verstorben gewesen sei. Vgl. LIGHTFOOT. Zur Frage der Abfassung des ältesten Evangeliums durch Markus vgl. J. GNILKA, Das Evangelium nach Markus I (EKK II/1) (Zürich 1978) 32f. – In den Papyri wird wiederholt unterschieden zwischen Vettern väterlicher- und mütterlicherseits, ὁ κατὰ πατέρα bzw. μητέρα ἀνεψιός. Vgl. PREISIGKE-KIESSLING s. v.
⁹ SODEN erblickt in den Pastoralbriefen Muster für die dem Markus gegebenen Instruktionen.
¹⁰ 1 Kor 16,3 erwähnt Begleitbriefe des Paulus, die die Überbringer der Kollekte erhalten sollen; Apg 17,15 eine Anweisung (ἐντολή) an Silas und Timotheos. SCHWEIZER übersetzt ἐντολάς mit „Briefe".

Titius Justus, einem Proselyten aus Korinth, gleichzusetzen (Apg 18,7)[11]. Die zusammenfassende Charakterisierung als Judenchristen (ἐκ περιτομῆς) betrifft, weil unter ein gemeinsames „es grüßt euch" gestellt, alle drei Vorausgenannten, also auch Aristarchos[12]. Die akzentuierte Einschränkung „diese allein" versteht man am besten als Parenthese. Die „reichlich pessimistisch" (Dibelius) klingende Anmerkung spiegelt weder Distanz noch Resignation[13], sondern ist Ausdruck des Schmerzes. Darum kann von Trost, Linderung, Zuspruch (παρηγορία)[14] gesprochen werden, den gerade diese Drei gewährten. Signal dieser Entwicklung war bereits der Antiochenische Zwischenfall. Die Bereitschaft der Heiden zum Hören (vgl. 1,27) ging mit der zunehmenden Entfremdung und Verhärtung der Juden Hand in Hand. Jedoch wird man die Aussage nicht pressen dürfen. Sie betrifft die aktiven Missionare des paulinischen Missionsgebietes.

Einmalig ist die versachlichende Kennzeichnung der Drei als Mitarbeiter für das Reich Gottes. Paulus sprach stets von συνεργοί μου oder ἡμῶν (Röm 16,3.9.21; Phil 2,25; 4,3; Phm 1 und 24) oder sagte, wenn er sich einschloß: „Mitarbeiter Gottes sind wir" (1 Kor 3,9)[15]. Die unpersönliche Wendung ist ein Indiz für eine andere Sprache, mag es auch zutreffen, daß Paulus kein „Virtuose der Freundschaft" war[16]. Das Reich Gottes kann hier nicht im herkömmlichen Sinn als endzeitlich-eschatologische Größe verstanden werden. Auch handelt es sich nicht um übernommenen älteren oder formelhaften Sprachgebrauch. Unserem Autor ist Konsequenz zuzutrauen. Die Basileia ist für ihn eine transzendent-gegenwärtige und räumliche, dem Bereich der Finsternis entgegenstehende Größe. Darum kann sie sowohl nach Gott als auch nach Christus benannt werden (vgl. 1,13 und Eph 5,5)[17].

V 12 Von den bisher Erwähnten abgesetzt, grüßt Epaphras, der wichtigste Mann der Grußliste. Schon am Anfang des Briefes haben wir ihn als Missionar von Kolossä kennengelernt (1,7f)[18]. Sein Name rahmt gleichsam den ganzen Brief. Jetzt erfahren wir, daß er Kolosser ist, in Kolossä seinen Wohnsitz hat, vielleicht dort geboren wurde. Gegenwärtig ist er von Kolossä abwesend. Der

---

[11] Zuletzt erwogen von SODEN. Apg 1,23 erwähnt noch den Josef Barsabbas Justus. – SUHL, Paulus 168 Anm. 92, hält dafür, daß alle in der Grußliste genannten Mitarbeiter des Apostels dessen Gefangenschaft geteilt hätten. Dagegen spricht schon, daß nur Aristarchos das entsprechende Ehrenprädikat erhält. Zu Epaphras vgl. unten zu 4,12.
[12] Anders SODEN.
[13] Gegen LOHMEYER.
[14] Das Wort – hapleg im NT – begegnet häufig in Grabinschriften. Belege bei MOULTON-MILLIGAN s.v.
[15] Anders nuancierte Formulierungen liegen in 2 Kor 1,24; 8,23; 1 Thess 3,2 vor.
[16] Das Wort stammt von F. HEILER, bei SEVENSTER, Seneca 180.
[17] In Eph 5,5 ist vom „Reich Christi und Gottes" die Rede. Hierzu vgl. GNILKA, Epheserbrief 249. – Anders LOHSE; STEINMETZ, Heils-Zuversicht 32; R. SCHNACKENBURG, Gottes Herrschaft und Reich (Freiburg ³1963) 202.
[18] ERNST 243 bestreitet dies zu Unrecht und reduziert die Bedeutung des Epaphras darauf, daß er entschiedenen Widerstand gegen die Irrlehrer geleistet habe. Für SUHL, Paulus 168 Anm. 93, ist er der Verfasser des Briefes. Hierzu vgl. oben S. 22.

Gruß ist ein „Ehrendekret" für Epaphras (Lohmeyer). Ausschlaggebend für das Verständnis ist, daß sein Wirken mit dem des Paulus völlig übereinstimmt. Wie Paulus ist er Sklave Christi Jesu (Röm 1,1; Gal 1,10; Phil 1,1; vgl. Kol 1,7; 4,7), kämpft er für die Kolosser (1,29; 2,1), jederzeit im Gebet (1,3), daß sie vollkommen seien und zur πληροφορία der Einsicht gelangen (1,28; 2,2), die den Willen Gottes betrifft (1,9).Dies muß mit der Bekämpfung der Irrlehre im Zusammenhang stehen. Das von Epaphras ins Lykostal gebrachte Evangelium wird als das gültige, apostolische ausgewiesen. Vermutlich wird nicht nur sein Evangelium, sondern auch Epaphras von den Irrlehrern angefochten. Letztlich ist die Sicherstellung dieses Evangeliums die Intention des gesamten Briefes.

Ist die Bedeutung des Epaphras für die Gemeinde erfaßt, bereiten die teilweise umstrittenen Einzelaussagen weniger Schwierigkeiten. Der Kampf des Epaphras im Gebet ist gelegentlich mit dem Ringen Jakobs mit Gott (Gn 32,23–33) verglichen worden[19]. Der Kampf betrifft aber nicht das Verhältnis zu Gott, sondern ist in der Missionssituation begründet (ebenso Röm 15,30f)[20]. Dann erblickt man dahinter am besten die Erinnerung an eine Gefangenschaft, die Epaphras mit dem Apostel in Ephesos geteilt hat (vgl. Phm 23). Gerade dies stellte die Glaubwürdigkeit dieses Glaubensboten eindrücklich unter Beweis. Auffällig bleibt, daß sein Kommen nicht in Aussicht gestellt wird. Dies hat mit der oben erwähnten Krise in der Gemeinde, in die auch Epaphras hineingerissen worden sein dürfte, zu tun. Das Verlangen des Epaphras geht auf den festen Stand der Gemeinde[21], ihre Vollkommenheit und Sicherheit in der Erkenntnis des Willens Gottes. In der Auseinandersetzung mit der Häresie, die eine falsche Vollkommenheit und Sicherheit verkündet, soll sie bestehen. Dem seltenen Wort πληροφορέω ist – nicht zuletzt wegen der Parallelität mit 2,2 – die Nuance des „volle Gewißheit, Überzeugung haben" zu belassen[22]. Diese Gewißheit wurzelt in der Einsicht in den ganzen Willen Gottes, der das Leben des einzelnen und der Gemeinde mit seinen verschiedenen Möglichkeiten, Bewährungen und Gefahren bestimmen soll.

V 13 Mit einer Beteuerungsformel wird nochmals die Zuverlässigkeit des Epaphras bekräftigt. Der Apostel tritt als Zeuge für ihn ein[23]. Die Zuverlässigkeit zeigte sich in der äußeren und inneren Pein, die der Glaubensbote für die Gemeinden des Lykostales durchzustehen hatte. Das seltene Wort πόνος, das

---

[19] HUGEDÉ.
[20] Vgl. die überzeugenden Ausführungen von PFITZNER (Anm. 4) 121–126.
[21] σταθῆτε geht auf den festen Stand in der Gegenwart wie Eph 6,14, nicht auf das Bestehen im Gericht wie Röm 14,4; Apk 6,17; Phil 1,10. – A C 𝔐 D G lesen στῆτε,I 327 ἦτε.
[22] Mit SODEN, DIBELIUS, MOULE, LIGHTFOOT, SCOTT. SCHWEIZER, LOHSE, CONZELMANN, ERNST nehmen das Verb rein pleroforisch. BAUER, Wörterbuch s. v., erwägt beide Möglichkeiten, möchte aber für die Stelle den Sinn von „vollständig, restlos, vollendet" vorziehen. Ähnlich LOHMEYER. Vgl. auch SPICQ, Lexicographie II, 707–709. – P⁴⁶ 𝔐 lesen das gebräuchlichere πεπληρωμένοι.
[23] Vgl. G. STÄHLIN, Zum Gebrauch von Beteuerungsformeln im NT, in: NT 5 (1962) 115–143; H. STRATHMANN, in: ThWb IV, 500f, und Röm 10,2; Gal 4,15; 2 Kor 8,3.

von neutestamentlichen Autoren gemieden worden zu sein scheint, bezeichnet die Mühsal, den Schmerz (oft in medizinischen Texten), auch die Anstrengung, die Plage des Kriegsdienstes. Weil es anstößig erschien, ersetzten es die Schreiber durch „Sehnsucht" (πόθον: 104 1912), „Eifer" (ζῆλον: 33), „Kampf" (ἀγῶνα: 6 1739), „Beschwerde" (κόπον: D* G). Die Fülle der Varianten ist beachtlich, bestätigt aber die Härte, die man bei πόνος empfand[24].

Laodikeia und Hierapolis werden eigens genannt. Wieder muß die weitgehende Übereinstimmung im Text mit 2,1 notiert werden (zu Laodikeia s. dort). Hierapolis[25], nordwestlich von Kolossä und nördlich von Laodikeia gelegen, besitzt einen Namen (= die heilige oder geweihte Stadt), der auf ein älteres Heiligtum verweist (Kybelekult, Brunnenheiligtum). Vermutlich zurückreichend bis in die Attalidenzeit, hat es den Namen wohl erst als hellenistische Neugründung empfangen[26]. Berühmt sind seine heißen, kohlensäurehaltigen Quellen. Die Bevölkerung lebte vor allem von der Wollindustrie. Inschriftlich bezeugt sind Gilden der Wollwäscher und Färber, deren Vorsitzende auch höhere Stadtämter innehatten. Die Stadt wurde wiederholt von Erdbeben heimgesucht, am schlimmsten unter Kaiser Nero nach der Mitte des 1. Jahrhunderts n. Chr. In ihr wurde Epiktet geboren. Mit der Gründung einer christlichen Gemeinde beginnt eine nicht unbedeutende christliche Ortsgeschichte[27]. Der bekannteste spätere Gemeindevorsteher ist Bischof Papias († um 120–130), dem wir wichtige Notizen über die Entstehung unserer Evangelien verdanken.

V 14 Lukas und Demas, die beiden letzten auf der Grußliste, gehören wie Epaphras zur Gruppe der Mitarbeiter aus dem Heidenchristentum. Beide werden, außer in Phm 24, nur noch in 2 Tim 4,10f, jedesmal aber nebeneinander stehend, erwähnt. Dabei rückt Lukas immer stärker in den Vordergrund. In Phm 24 ist Lukas der Letztgenannte, in unserem Brief ist die Reihenfolge umgekehrt, Demas erhält kein lobendes Epitheton. In 2 Tim 4,10f erscheint Demas geradezu als der Antipode des Lukas: „Demas hat mich verlassen, da er diese Weltzeit liebte, und ist nach Thessalonike abgereist ... Lukas allein ist bei mir." Demas ist wahrscheinlich Makedonier. Über die genauere Herkunft des Lukas wissen wir nichts Sicheres. Nach den monarchianischen Prologen und Eusebios sei er Syrer, näherhin Antiochener, gewesen. Aus den

---

[24] Der ℌ-Text ist zu bevorzugen. πόνος im NT nur noch Apk 16,10f; 21,4, auch 1 Clem 5,4. Vgl. Passow, Moulton-Milligan s. v. Nach Onesikritos 134 frgm. 17a beendete Zeus wegen der Hybris des Menschen den paradiesischen Zustand auf Erden und sandte den πόνος in das Leben der Menschen. Zu Kol 4,12f vgl. Plato, Phaedr 247B: ἔνθα δὴ πόνος τε καὶ ἀγών. Die Anstößigkeit des Begriffs πόνος lag nach Pfitzner (Anm. 4) 126 darin, daß dieser in Heroen-Mythen, besonders dem des Herkules, verwendet worden war.

[25] Pauly-Wissowa VIII, 1404f (Ruge); Der Kleine Pauly II, 1129f; A. H. M. Jones, The Cities of the Eastern Roman Provinces (Oxford ²1971) 73f.

[26] Blass-Debr § 115,2, möchte Ἱερᾷ πόλει schreiben, das heißt, noch kein Kompositum annehmen. Vgl. Apg 16,11.

[27] Vgl. A. von Harnack, Die Mission und Ausbreitung des Christentums in den ersten drei Jahrhunderten (Leipzig ⁴1924, Nachdruck 1965) 770. Am Konzil von Nikaia beteiligt sich ein Bischof Flaccus von Hierapolis.

Wir-Berichten der Apostelgeschichte biografische Daten für Lukas zu gewinnen ist nicht gestattet[28], da die Wir-Berichte heute als literarisches Mittel erkannt sind und außerdem die Abfassung der Apostelgeschichte umstritten ist. Eigens bemerkt zu werden verdient, daß Lukas und Demas in diesem Buch nicht vorkommen. Demas, wahrscheinlich Kurzform für Demetrios, ist ein selten belegter Name[29]. Lukas, Variante für Lukios oder Lukanus, wird als der geliebte Arzt apostrofiert[30]. Wahrscheinlich hat er als Arzt in den Gemeinden schon gute Dienste tun können und war die Zugehörigkeit eines ihrer Mitglieder zu einem angesehenen Berufsstand für die Mitarbeitergruppe ehrenvoll. Wie selten eines Mannes der apostolischen Zeit hat sich später die neutestamentlich-apokryfe Literatur des Lukas bemächtigt[31].

III

Die Grußliste eröffnet uns einen Blick in die Reihen der apostolischen Mitarbeiter. Diese haben es auch bei Behinderung und nach dem Ausfall des Apostels übernommen, sein Werk weiterzutragen. Die Mitarbeiter, deren Namen hier genannt werden, dürften zumindest für eine Zeit ein Missionsteam gebildet haben. Einige ragen heraus, Tychikos und – im besonderen Maß für die Gemeinden des Lykostales – Epaphras. Wichtig ist die Begründung ihrer Autorität. Sie wird nicht in erster Linie an der Persönlichkeit gemessen[32], sondern daran, wie das Wirken dieser Männer das apostolische Werk und Evangelium aufgreift und fortsetzt. Gewiß prägt das Evangelium den Missionar. Aber Tychikos kommt als Delegat des Apostels. Epaphras hat im Auftrag des Paulus und wie dieser das Evangelium verkündet und für es gelitten. Autorität wird primär nicht von der Gemeinde übertragen, sondern durch die apostolische Form bewirkt[33]. Noch kennt der Kolosserbrief keine hierarchische Ordnung oder apostolische Sukzession wie die Pastoralbriefe. Deutlich steht er aber zwi-

---

[28] So die ältere Literatur (DIBELIUS, LIGHTFOOT, LOHMEYER).

[29] Den älteren Autoren galt Demas gelegentlich als Schreiber des Briefes (BENGEL, EWALD). Dies beruht wahrscheinlich auf einem ungerechtfertigten Analogieschluß aus Röm 16,22. Demas könnte nach BAUER, Wörterbuch s. v., Kurzform für Demaratos sein. Der Name Demas wird belegt durch eine Grabinschrift. Vgl. H. LIETZMANN, Jüdisch-Griechische Inschriften aus Tell el Yehudieh, in: ZNW 22 (1923) 280–286, hier 280. In den apokryfen Acta Pauli et Theclae 4.12 ff wird ein Demas als Gegenspieler des Apostels eingeführt. Sollte unser Demas gemeint sein?

[30] Markion tilgte den Zusatz, auch 33. LOHMEYER deutet den Zusatz persönlich: „Arzt des immer kränklichen und von epileptischen Anfällen bedrohten Paulus". – Lukios in Röm 16,21, ein Judenchrist, ist nicht unser Lukas.

[31] Das Material ist gesammelt bei E. HENNECKE – W. SCHNEEMELCHER, Ntl. Apokryphen II. Apostolisches, Apokalypsen und Verwandtes (Tübingen ³1964) 37f. Weitreichende Spekulationen auch in der modernen Literatur, etwa A. VON HARNACK, Lucas der Arzt, der Verfasser des dritten Evangeliums und der Apostelgeschichte (Leipzig 1906); M. A. SIOTIS, Luke the Evangelist as St. Paul's Collaborator, in: NT und Geschichte (Festschrift O. Cullmann) (Zürich – Tübingen 1972) 105–111.

[32] Ein stoisches Persönlichkeitsideal darf nicht eingetragen werden. Zu dieser Frage vgl. SEVENSTER, Seneca 111f.

[33] Vgl. LÄHNEMANN, Kolosserbrief 58, der allerdings den Gedanken der apostolischen Bindung nicht scharf genug sieht.

schen diesen und den protopaulinischen Briefen. Die Gefährdung der Gemeinde von innen und außen hat diese Entwicklung gefördert. Treue zum übernommenen Dienst ist Treue zum apostolischen Evangelium, aber auch Bereitschaft zum Leiden.

3. GRÜSSE UND WEISUNGEN AN DIE GEMEINDEN
(4,15–18)

15 Grüßt die Brüder in Laodikeia und Nympha und die Gemeinde in ihrem Haus. 16 Und wenn der Brief bei euch vorgelesen wurde, veranlaßt, daß er auch in der Gemeinde der Laodikeier vorgelesen wird, und den aus Laodikeia, daß auch ihr ihn vorlest. 17 Und sagt Archippos: Achte auf den Dienst, den du im Herrn empfangen hast, daß du ihn erfüllst. 18 Der Gruß von meiner, des Paulus, Hand. Gedenkt meiner Fesseln. Die Gnade mit euch!

I

Grüße und Weisungen gehen Hand in Hand. V 18 setzt den Schluß. Die Imperative in den VV 15–17 richten sich an die Gesamtgemeinde, nicht an irgendwelche Amtsträger, die Brüder in Laodikeia zu grüßen, den Archippos zurechtzuweisen. Dazwischengeschaltet sind zwei konditionale Imperative: die Briefe nach Kolossä und aus Laodikeia sind, wenn sie verlesen wurden, auszutauschen. Wir hören plötzlich von einem zweiten Brief. Der Inhalt der auszuführenden Weisungen steht jeweils in einem ἵνα-Satz (16 f: 3mal). Auffällig ist die dreimalige Erwähnung von Laodikeia bzw. der Gemeinde der Laodikeier. Zwischen Kolossä und Laodikeia besteht offenbar ein reger Austausch. Warum wird Hierapolis nicht mehr genannt? Neben der Gemeinde von Laodikeia hören wir von einer Hausgemeinde. Sollte diese in Hierapolis zu suchen sein? Der Abschlußvers ist dreigeteilt: Unterschrift, Gedenken und Segensgruß. Im Vergleich mit dem im Philemonbrief vorkommenden Namen ergibt sich die Übereinstimmung im Namen Archippos (auch der Person?), der dort im Präskript angesprochen wird. Hingegen fehlt dort der Name Nympha, während unser Brief Philemon und Apphia (Phm 1f) nicht kennt. Die von den Kommentatoren immer wieder festgestellte Übereinstimmung in den Namen muß auf die Liste der Grüßenden eingeschränkt bleiben[1].

II

V 15 Wenn der erste Gruß den Brüdern in Laodikeia gilt, so bestätigt das, daß zwischen den Gemeinden von Kolossä und Laodikeia, die nur 14 km voneinander getrennt waren, enge Beziehungen bestanden[2]. Die Anforderungen

---

[1] S. oben S. 236f.
[2] MASSON erwägt, ob es sich bei den Brüdern um in Kolossä wohnhafte Laodikeier handeln könne.

und Probleme dürften in beiden Gemeinden weitgehend die gleichen gewesen sein. Der zweite Gruß geht an eine Hausgemeinde. Wo ist diese zu suchen? In Laodikeia oder abseits von den Brüdern, so daß sich dort eine eigene Hausgemeinde zusammenscharte[3]? Da aber doch erwartet werden kann, daß auch die Brüder in Hierapolis Grüße erhalten, wird man die Hausgemeinde am ehesten dort angesiedelt sein lassen. Hausgemeinden haben im frühesten Christentum – nicht nur des paulinischen Bereichs – eine außerordentlich wichtige Rolle gespielt[4]. Weil die Gemeinden keine eigenen Versammlungshäuser besaßen, war man darauf angewiesen, daß wohlhabendere Gemeindemitglieder ihr Haus für Versammlungszwecke zur Verfügung stellten. In privaten Häusern kam man zum gemeinsamen Gebet zusammen (Apg 12,12), zum Brotbrechen (2,46), zur Unterweisung (5,42; 20,20). Die Hausgemeinde (vgl. Röm 16,5; 1 Kor 16,19) umfaßte zunächst die Familie oder den Haushalt der Person, die mit ihrem „Haus" zum christlichen Glauben übergetreten war und dann bereit war, die eigenen Räume in besagtem Sinn für andere Einwohner des Ortes, die zum Glauben kamen, zu öffnen[5]. Die Hausgemeinde ist eine Urzelle christlichen Gemeinschaftslebens und in vorzüglicher Weise geeignet gewesen, Menschen aus verschiedener Herkunft und sozialer Schichtung zusammenzuführen und sie als Christen die brüderliche Gemeinschaft erleben zu lassen. Die unsichere Textüberlieferung erlaubt nicht, sicher zu sagen, ob der Vorstand unserer Hausgemeinde eine Frau (dann Nympha) oder ein Mann (dann Nymphas) gewesen ist[6]. Nympha ist ein dorischer Name[7], Nymphas die Abkürzung von Nymphodoros. Für das zweite könnte sprechen, daß das Neue Testament nur abgekürzte männliche Namen auf -as kennt und Nympha als dorischer Name in diesen Gegenden nicht so ohne weiteres zu erwarten ist[8]. Für das erste spricht, daß eine Frau als Vorstand einer Hausgemeinde späteren Textschreibern als anstößig erschien, so daß sie den Text entsprechend änderten. Die Christin Nympha reiht sich ein neben andere christliche Frauen, die in der ersten Stunde der Mission sich der Gemeinde zur Verfügung stellten wie Lydia (Apg 16,14), Phoebe (Röm 16,1) oder Maria, die Mutter des Markus (Apg 12,12).

---

[3] Letzteres vertritt LOHMEYER.
[4] Vgl. den Exkurs „Frühchristliche Hausgemeinden" im Kommentar zum Philemonbrief dieser Kommentarreihe.
[5] Vgl. O. MICHEL, in: ThWb V, 128–133; G. DELLING, Die Taufe von „Häusern" im Urchristentum, in: NT 7 (1964/65) 285–311.
[6] B 6 1739 Origenes lesen „und ihr Haus" (οἶκον αὐτῆς); D G K Ψ 181 Chrysostomos „und sein Haus" (οἶκον αὐτοῦ). Die LA οἶκον αὐτῶν (א A C P 33) ist sicher sekundär und wahrscheinlich in Analogie zu Röm 16,5; 1 Kor 16,19 gebildet. Dabei ist an ein Ehepaar oder „Nymphas und Genossen" gedacht.
[7] Die attische Form ist Nymphe. Vgl. BAUER, Wörterbuch s. v. Die apokryphen Paulus-Akten, PHeid S. 28–35, erwähnen eine Nympha, lassen diese aber in Myra zu Hause sein. Vgl. E. HENNECKE – W. SCHNEEMELCHER, Ntl. Apokryphen II. Apostolisches, Apokalypsen und Verwandtes (Tübingen ³1964) 252.
[8] Artemas für Artemidoros, Hermas für Hermodoros, Stefanas für Stefaneforos usw. Das Material ist gesammelt bei BLASS-DEBR § 125, 1. LOHMEYER, CAIRD; BAUER, Wörterbuch s. v., bevorzugen Nymphas; SCHWEIZER, LOHSE hingegen Nympha.

V 16 Der Brief ist – wie alle neutestamentlichen Gemeindebriefe – zur Verlesung in der Gemeindeversammlung bestimmt. Wenn Tychikos der Überbringer des Briefes ist, hat dieser ihn vielleicht zum erstenmal den Kolossern vorgelesen und dabei, zusammen mit Onesimos, weitere Einzelheiten mitgeteilt (vgl. 4,7–9). Durch die öffentliche Verlesung gewinnt der Brief besondere Bedeutung. Ähnlich wurde in der Synagoge die Schrift (Lk 4,16; Apg 15,21; 2 Kor 3,15) oder in der religiösen Kultversammlung aus gemeindeinternen Büchern vorgelesen[9]. Höchst aufschlußreich ist die Aufforderung zum Briefaustausch mit der Gemeinde von Laodikeia, die demnach auch einen Brief erhielt. Dies könnte gleichzeitig oder auch schon früher geschehen sein[10]. Keinesfalls darf man die verkürzte Formulierung „den aus Laodikeia" so verstehen, als handelte es sich um einen Brief der Laodikeier. Vielmehr wird vom Standpunkt der Kolosser aus gesprochen. Wegen der ähnlichen Bedrohung beider Gemeinden lag der Briefaustausch in diesem Fall besonders nahe, er zeigt jedoch eine über den aktuellen Anlaß hinausreichende Bedeutung der Schreiben zumindest im Ansatz an. Der Vorgang wurde immer wieder als Anknüpfungspunkt für eine Briefsammlung gewertet, vor allem, wenn man damit rechnet, daß man Abschriften anfertigte und diese austauschte[11]. Es ist darum um so verwunderlicher, daß der Brief an die Laodikeier höchstwahrscheinlich verlorenging.

Wo ist der Brief an die Laodikeier geblieben? Diese Frage beschäftigt die Interpreten seit Markion († ca. 160), der die bis in die Gegenwart hinein vertretene These begründete, daß der Laodikeier- mit unserem Epheserbrief gleichzusetzen sei[12]. Die These ist nicht stichhaltig, weil der Epheser- jünger als der Kolosserbrief sein muß, der Laodikeierbrief aber entweder älter ist als unser Brief oder gleichzeitig mit diesem entstand. Seit Markion sind etwa fünfzehn, teilweise recht phantasievolle Lösungen des Laodikeierbrief-Problems vorgelegt worden[13]. Neben der genannten Epheserbrief-Hypothese verdient noch der Vorschlag Beachtung, den Laodikeier- mit dem Philemonbrief zu identifizieren[14]. Dagegen jedoch spricht der besondere Charakter dieses Briefes, der, eine persönlich-menschliche Frage betreffend, für die offizielle Verlesung in einer Gemeindeversammlung kaum bestimmt sein konnte[15]. So wird man sich

---

[9] Aelius Aristides 45,29f. Belege bei BAUER, Wörterbuch 103.
[10] Vielleicht deuten die an die Brüder in Laodikeia auszurichtenden Grüße an, daß der Brief dorthin bereits abgeschickt worden war. Freilich könnten die Grüße auch nur die Gemeindebeziehungen intensivieren wollen.
[11] SODEN rechnet aufgrund von 2 Kor 1,1 auch mit einer Abschrift dieses Briefes von Anfang an. „Alle Heiligen in ganz Achaja" hätten nur so Kenntnis des Briefes erhalten können.
[12] Vgl. GNILKA, Epheserbrief 2f. Die Epheserbrief-Hypothese vertreten CAIRD, DIBELIUS, LIGHTFOOT. Neubegründet wurde sie durch A. VON HARNACK, Die Adresse des Epheserbriefes des Paulus (SPAW Berlin 1910) II 696–709.
[13] Gesammelt und besprochen bei LIGHTFOOT 274–286. Nach C. P. ANDERSON, Who Wrote „The Epistle from Laodicea"?, in: JBL 85 (1966) 436–440, schrieb Epaphras den Brief. Auch diese These ist nicht neu. Vgl. LIGHTFOOT 278.
[14] Neuerdings wieder SCHWEIZER, der aber auch mit dem Verlust des Briefes rechnet.
[15] Man glaubt, so erklären zu können, daß der kleine Philemonbrief überhaupt erhalten blieb. Das kann jedoch ganz andere Gründe haben. Gegen diese These spricht auch die Datierungsfrage. Außerdem, wo saßen Philemon und seine Hausgemeinde?

mit der Auskunft begnügen müssen, daß der Brief – wie auch andere paulinische Briefe – abhanden gekommen ist[16]. Der sog. apokryfe Laodikeierbrief, entstanden etwa im 3. Jahrhundert, ist eine „wertlose Zusammenstoppelung paulinischer Stellen und Redensarten, hauptsächlich aus dem Philipperbrief", geschrieben aus dem naiven Interesse, eine verlorene Schrift vorweisen zu können[17]. Er kommt für eine Rekonstruktion der Verhältnisse nicht in Frage.

V 17 Die letzte Weisung des Briefes betrifft Archippos. Der Name ist häufig belegt, auch für das westliche Kleinasien[18]. Archippos ist aller Wahrscheinlichkeit nach mit dem im Präskript des Philemonbriefes genannten Träger des gleichen Namens identisch (Phm 2). Erstaunlich ist, daß die ihn betreffende Mahnung nicht direkt an ihn ergeht (wie Phil 4,3), sondern an die Gemeinde. Man darf kaum daraus schließen, daß Archippos sich in Laodikeia befindet[19]. Dann gehörte die Mahnung in den V 15a. Auf jeden Fall tragen alle Gemeindemitglieder gemeinsame Verantwortung. Amt und Gemeinde sind noch nicht einander gegenübergetreten wie in den Pastoralbriefen. Archippos hat eine διακονία empfangen. Diese im Neuen Testament einmalige Formulierung weist auf die Übertragung eines Amtes hin[20], das aber nicht der spätere Diakonat ist. Unsere Stelle ist 2 Tim 4,5, wo eine ganz ähnliche Formulierung begegnet, näher als 1 Kor 12,5 oder 16,15. Vermutlich ist der übernommene Dienst der eines Evangelisten (wie 2 Tim 4,5), das heißt, eines für mehrere Gemeinden wirkenden Glaubenskünders. Wir werden in ihm den Nachfolger des Epaphras zu sehen haben. Ob er von diesem oder von der Gemeinde das Amt empfing, kann nicht mehr gesagt werden[21]. Die Mahnung darf keinesfalls als grober Tadel des Archippos gewertet werden[22]. Eher kann man annehmen, daß dieser

---

[16] Vgl. 1 Kor 5,9. Der sog. Tränenbrief (2 Kor 2,4) könnte wenigstens teilweise erhalten sein, wenn man 2 Kor für eine Briefredaktion hält.
[17] Zitat von Knopf-Krüger bei HENNECKE-SCHNEEMELCHER (Anm. 7) 81. Hier auch eine Übersetzung des apokryfen Laodikeierbriefes mit ausführlicher Einführung (80–84).
[18] Vgl. BAUER, Wörterbuch s.v.; DITTENBERGER, Sylloge IV,15.
[19] Vermutung von LIGHTFOOT, SCHWEIZER.
[20] Vgl. DITTENBERGER, Sylloge II, 663,12 (Delos-Inschrift etwa 200 v.Chr.). Hier bezieht sich παραλαμβάνω auf den Empfang des Amtes eines Serapis-Priesters.
[21] Das erstere vermuten CAIRD, HUGEDÉ. Die Meinung von LOHMEYER 169, Archippos sei am „Rücktritt" des Epaphras nicht unschuldig, paßt nicht zur Weisung des V 17.
[22] So HUGEDÉ, MASSON, nach letzterem sei Archippos der Sohn des Philemon gewesen. Nach SODEN war er jung und darum auf eine Ermutigung angewiesen. Eine originelle These, der DIBELIUS 101f zustimmte, hat J. KNOX, Philemon Among the Letters of Paul (London 1960) 49–61, vorgetragen. Archippos, nicht Philemon, sei der Herr des Sklaven Onesimos (vgl. Phm) und dem Paulus unbekannt gewesen. Die Erfüllung des Dienstes in V 17 richte sich auf die Freilassung des Onesimos, von der der Phm handelt. Philemon, ein dem Apostel befreundeter Mitarbeiter in Laodikeia und angesehener Christ des Lykostales, werde als Fürsprecher eingeschaltet. Abgesehen von der anderen Einordnung der Briefe – wir haben die Gleichsetzung des Laodikeier- mit dem Philemonbrief abgelehnt –, scheitert die These daran, daß der Auftrag in V 17 in dieser Sinngebung niemals hätte verstanden werden können. Auch spricht die Bezeichnung des Archippos als Mitkriegsgefangener in Phm 2 dagegen, daß dieser dem Apostel unbekannt gewesen sei. Die Deutung des Begriffs durch KNOX im Sinn von Kamerad, Helfer ist eine Verlegenheitslösung.

angesichts der Bedrohung durch die Irrlehre amtsmüde geworden ist oder sich überfordert fühlte. Vertrauen kann er daraus schöpfen, daß er sein Amt „im Herrn" übernommen hat, im Gehorsam gegenüber dem Herrn, aber auch von seiner Gnade getragen.

V 18 Es entspricht der Gepflogenheit antiker Briefe, daß der Absender einen persönlichen Gruß anfügt. Meist bedeutet dies, daß der Brief von ihm diktiert worden war, während er den Gruß und vielleicht einige persönliche Bemerkungen mit eigener Hand schreibt. Die reichhaltigen Papyrusfunde der letzten Jahrzehnte bieten hierfür ausreichendes Anschauungsmaterial[23]. Auch Paulus verfuhr bei der Abfassung seiner Briefe so[24]. Die Grußformel „Der Gruß von meiner, des Paulus, Hand" stimmt wörtlich mit 1 Kor 16,21 und 2 Thess 3,17 überein. Varianten derselben haben wir in Gal 6,11 und Phm 19[25]. Wie in 1 Kor 16,21 fügt sich der apostolische Gruß in unserem Vers in die voraufgegangenen Grüße ein (anders 2 Thess 3,17). Seine Funktion ist aber nicht mehr dieselbe. In 1 Kor, Gal, Phm hatte er die Funktion, die persönlich-menschlichen Kontakte zu unterstreichen. In einem deuteropaulinischen Schreiben hat er die Aufgabe, die Gültigkeit der im Brief vorgetragenen apostolischen Lehre abzusichern. Davon abzuheben ist die Frage, ob die Unterschrift persönlich von Paulus gesetzt wurde. Ist der Brief erst nach seinem Tod abgefaßt worden, will der apostolische Gruß die Anerkennung des Briefes gewährleisten[26].

Der Fesseln des Apostels zu gedenken verleiht dem Brief erneut den Akzent eines „Gefangenschaftsbriefes". Es ist der letzte und nachhaltigste persönliche Eindruck, den Paulus hinterließ. Das Gedenken, das im Corpus Paulinum in verschiedenem Sinn vorkommt (1 Thess 1,3; 2,9; 2 Thess 2,5; Gal 2,10), zielt hier nicht in erster Linie auf das Gebetsgedenken ab. Da seine Fesseln auch die Fesseln des Evangeliums sind (vgl. Phm 13), schließt das Gedenken vor allem das Bekenntnis zu diesem, gerade auch das opferbereite, mit ein. In 2 Tim 2,8f sind ganz ähnliche Zusammenhänge entfaltet: „Jesu Christi sei eingedenk, der von den Toten auferweckt wurde, aus dem Samen Davids stammt, gemäß meinem Evangelium, durch das ich Leid erdulde bis zu den Fesseln wie ein Verbrecher. Aber das Wort Gottes ist nicht gefesselt." Hier ist das Evangelium bereits in bekenntnishafte Sätze auseinandergefaltet. Im Kolosserbrief soll das Gedenken die Gemeinde ermuntern, der Irrlehre zu widerstehen und am Wort des Apostels festzuhalten.

---

[23] Ein schönes Beispiel bei J. HENGSTL, Griechische Papyri aus Ägypten (München 1978) 187f. In einem Brief aus dem 3. Jahrhundert n. Chr. gratuliert ein Vater seinem Sohn zur Hochzeit und fügt einen launigen eigenhändigen Glückwunsch am Schluß hinzu. Zur Sache vgl. O. ROLLER, Das Formular der paulinischen Briefe (BWANT 58) (Stuttgart 1933) 72f.
[24] 1 Kor 16,21–24; Gal 6,11–18 können als eigenhändige Schlußbemerkungen aufgefaßt werden.
[25] Den Philemonbrief dürfte Paulus ganz mit eigener Hand geschrieben haben.
[26] Hierzu vgl. oben S. 19–23. Auch OLLROG, Mitarbeiter 242 Anm. 23; W. TRILLING, Untersuchungen zum zweiten Thessalonicherbrief (EThS 27) (Leipzig 1972) 101–104; G. DAUTZENBERG, Theologie und Seelsorge aus Paulinischer Tradition. Einführung in 2 Thess, Kol, Eph, in: J. SCHREINER, Gestalt und Anspruch des NT (Würzburg 1969) 96–119, hier 99f.

Der Schlußgruß lautet im antiken Brief oft „Lebet wohl" (vgl. Apg 15,29). In den paulinischen Briefen ist der Schlußgruß zu einem Segenswunsch umgestaltet, der an den Eingangssegen anschließt (vgl. Kol 1,2) und in die Gemeindeversammlung hineinspricht. Regelmäßig ist es die Gnade, in den Protopaulinen die Gnade des/unseres Herrn Jesus, die zugesprochen wird. Im Detail ist der Segenswunsch variabel und erweiterungsfähig (vgl. 2 Kor 13,13). Unser Brief stimmt mit der absoluten Rede von der Gnade wieder mit den Pastoralbriefen und Hebr 13,25 überein (vgl. 1 Tim 6,21; 2 Tim 4,22; Tit 3,15)[27]. Im Kontext des Briefes ist es die Gnade, die sie erkannten (1,6), in der sie Gott zujauchzen (3,16), aus der sie verantwortet leben (4,6)[28].

III

Der Schlußteil des Briefes gewährt uns einen Einblick in die Gemeinden des Lykostales. Nach Kolossä geht der Brief. Die Gemeinde soll den Brief mit einem an die Gemeinde der Laodikeier abgesandten Brief austauschen. Die Hausgemeinde der Nympha vermuteten wir in Hierapolis. Die zahlenmäßig wohl noch kleinen Gemeinden lebten in enger Verbindung miteinander. Nur so konnten sie überhaupt bestehen und sich durchsetzen. Es entsteht eine kleine Kirchenprovinz.. Nur wo Christen, auch über Ortsgrenzen hinaus, einander beistehen und helfen, kann Gemeindeleben gelingen. Alle zusammen sind für die übernommene Sache verantwortlich. Archippos hat zwar einen besonderen Dienst übertragen bekommen, er steht aber den Gemeinden nicht wie ein Befehlshaber gegenüber. Vielmehr haben diese die Pflicht, ihn zu ermutigen und zu stärken. Der leidende Apostel hinterließ mit seinem Wort und seinem Werk ein verpflichtendes Testament. Nur wenn sie, seiner Fesseln gedenkend, an seinem Evangelium festhalten, werden sie die gegenwärtige Bedrohung überwinden. Diesem Evangelium muß je neu die Tür geöffnet werden (4,3), damit Kirche werde, für die der Apostel litt (1,24) und zu der zu bekennen der Christ durch die Gnade gerufen ist.

---

[27] Tit 3,15 und Hebr 13,25 erweitern: „mit euch *allen*".
[28] Zahlreiche Handschriften fügen Amen hinzu (ℵ D K P Ψ 88 1739), eine Hs πάντοτε. ἀμήν (1985). Dies bestätigt den späteren liturgischen Gebrauch des Briefes. In K und L folgt die subscripto: „Geschrieben von Rom aus, durch Tychikos und Onesimos". Die Rom-These entspricht der verbreiteten Auffassung.

SACHREGISTER

Arbeit 202
Auferstehung Christi 70f

Bild Gottes 59–61 79f

Christologie 8f 11f 59–81 83–87 116 131

Dekalog 185
Deuteronymität 23–26
Drangsale Christi 95–98
Dualismus 48

Ehe 216–219
Ekklesiologie 9 13 69f
Elemente s. Stoicheia
Engel s. Mächte
Epaphras 3 10 36f 239–241
Epheserbrief 15f
Erkenntnis 40f 110f
Erlösung s. Soteriologie
Erziehung 219–221
Eschatologie 9 49 174–177 223
Evangelium 10 34–36 91f 98f

Frieden 74–76 198f
Fülle s. Pleroma
Fürbitte 39f 228f

Geduld 43
Geheimnis 99–102 230f
Gemeindeleben 193–203
Gesetz 138f 145–148 157–160
Glaube 12 32
Gnosis 164–166
Gott 31
Gottesdienst 199–201

Hausgemeinde 244
Hierapolis 241
Hoffnung 33f

Jude 2f

Kirche s. Ekklesiologie
Kolossä 1–4
Kosmologie 59 63–68 83–87 180 197f
Kreuz 137–141

Laodikeia 2 109 245f
Laster 181f

Leib s. Soma
Leiden 94–98

Mächte, kosmische 65 126 141–143 149f
Markus 237f
Menschenbild 177–192
Mission 83
Mysterien 150f 161f 167–169

Natur 83–87

Offenbarung 99–102 229f
Onesimos 235f

Paulus 94–102f 247f
Paulus-Schule 21f
Parusie 175–177
Philemon 3
Philosophie 121f
Pleroma 72–74 81f 128–130

Qumran 164f

Religion 85

Schöpfung 63–68 81
Seelsorge 104f 108 200–202
Sekte 169f
Sklave 215f 221–224
Soma 67 69 152f
Soteriologie 9 50 70–76 81 137–144
Sprache 16–19
Stoicheia 123–127 156f 166

Taufe 131–137
Taufparänese 9f 171–177
Timotheus 22 28
Traditionen 11–16 115f
Tychikos 234f

Vergebung 196
Versöhnung 74–76 81–83 90f
Vollkommenheit 103f 197

Weisheit 111f
Weltelemente s. Stoicheia
Wille Gottes 40f

Zorn Gottes 182f